21世纪通才教育系列教材

西方文化概论

（第3版）

方汉文 著

中国人民大学出版社
·北京·

出版说明

通才教育、通识教育，或者素质教育、博雅教育，是一组具有家族相似性的概念。尽管不少学者撰文辨析这些概念之间的细微差别，但是大体来说，它们都指向一种共同的教育理念，即教育的目的是使受教育者不仅具备一定的专业知识和能力，而且要兼具多种才能，具有较宽的知识面、较高的文化素质和健全的人格，成为全面发展的创新人才。

当代大学生应该具备哪些知识、能力和素质，可能仁者见仁，智者见智。从我国高等教育的人才培养目标来看，大学生不论学习什么专业，都应该是复合型的高素质人才，不仅应该掌握某个专业的知识和技能，还要具备人文精神与科学精神。许多高校在借鉴国外高等教育经验的基础上，根据我国国情和社会对人才的需要，设计出了各具特色的公选课程体系，在通才的培养方面进行了有益的探索。但是，课程设置随意性大、缺乏适用教材的情况还比较普遍，不利于通才教育规范而有效地开展。

为了满足全国普通高等学校进行通才教育的需要，我们在广泛征求专家意见和对几十所大学进行调研的基础上，推出“21世纪通才教育系列教材”。其宗旨是拓宽大学生的视野，扩大其知识面，提高其人文素养，塑造其科学精神。我们将陆续推出由兼具专业功底和教学经验的优秀作者编写的、涵盖人文社会科学和自然科学的系列教材，供高校教师和学生选用，从而为我国的高等教育和人才培养服务。

中国人民大学出版社

第 3 版修订前言

21 世纪第二个十年即将结束，全球化的西方经历了前所未有的激烈变革，西方文化的本质特性更凸显，但新时代与西方新格局都要求新的审视与评价。

金融危机之后，欧美经济进入复苏阶段，但与“金砖五国”等新兴经济体相比，特别是中国成为世界第二大经济体后的持续高质量增长，欧美经济增长仍显迟缓。中美国经济贸易一直保持最高水平，中国“一带一路”倡议的推动，使得中国与欧盟经贸达到年数百亿欧元。不过也要看到，全球化在西方激起的冲击波也愈加深化，西方的贸易保护主义、民粹政治、应对难民潮的呼声一浪高过一浪，而且暂时没有消退的迹象。欧洲各国此起彼伏的“恐怖袭击”与美国多发的“枪击事件”，都完全改变了欧美国家经济发达、社会安定的外部形象。还有其他变数更是出人意料之外，英国曾经被认为西方文化的中坚，是欧洲工业革命的先锋，现在英国宣布“脱欧”，令昔日以西方文化为荣的人感到胆寒。

古希腊罗马文明是西方文化的源头，而希腊近年来经济不景气，负债累累，成了欧盟的包袱，甚至面临被甩掉的危险。西方文化如果没有古希腊文明之源，同样堪称匪夷所思。

所有这些现象，就本质而言，都与西方的历史文化中所存在的宗教、政治、思想与法律制度内在冲突有关，可以说这些现象发生在西方并不是偶然的，这只是西方文化内部矛盾冲突与全球化新时代总趋势之间必然产生的对立，从本书对西方文化的历史与性质的分析中，很容易看到这种因与果的关联。

当然，正如前哲所言：社会问题的产生就意味着解决矛盾的条件已经形成。在新时代中，西方仍然是世界发达国家与经济体的集中，特别是其科技文化的优势依然相当明显。中国希望有一个繁荣的欧洲。所以在本书的修订中，着重分析近年西方文化所面对的新课题是如何产生的。这些问题其实都不是从天而降，其爆发的内因往往从古希腊罗马时代就存在。比如近年欧洲反应强烈的“移民潮”，其实亚非移民进入欧洲，早在古希腊人建立殖民地，古罗马大帝国后期就已经产生。而美洲移民更是几个世纪以来从未间断的，最早的美洲移民则是欧洲各民族。所以，一方面，我们要以历史主义观念来看待西方文化的历史现象，“太阳底下没有新的东西”，作为一种文化体系，它是稳定的而且传承有序的，各种事件都有其源流，有因必有果。另一方面，“太阳每天都是新的”，希腊哲人说：这个世界上唯一不变的就是“变化”，中国古人也说过“苟日新，日日新，又日新”，新时代的到来是必然的，这就是融新之道。

总的来说，西方文明在全球化时代中必然与东方文明建立一种“文明互鉴”关系，文明之间的冲突并非不存在，但是冲突必然产生融合，而融合则有新文化形成，因为全球化就是建构人类命运共同体，这就是不同文化融新所产生的必然结果。

以上是为本书此次修订的动因与目标。希望长期以来使用本书作为通识教材的广大师生，能从中看到新时代中西方文化的前进与成就，能正确地看待与评价新时期东西方的融新。

作者谨识于 2018 年元月

目　录

绪 论

基本范畴

西方文化（western culture）与西方文明（western civilization）的研究在世界各国高等学校中的学习与教授已经有久远的历史，这是一个众所周知的事实。但在传统的教学中，这种研究是按照具体的学科分类所进行的研究，如西方文学、西方历史、西方哲学、西方宗教与西方科学技术史等分学科的研究，或是更具体的按照民族语言与国家来划分的学科，如英国语言文学与历史哲学、法国语言文学与文化、德国或美国的历史宗教与文化等，并不是对西方文明与文化的整体性研究。

将西方文化作为一个整体，从文化原理与历史规律进行体系化的研究，在高等院校开设西方文化概论课程，在世界各国包括西方国家中，其实并不多见。

在我国，西方文化概论的研究，不但是一门新的课程，同时还是一门新的学科，是一门跨越原有学科界限的综合性学科。这就使它不同于以前在中国高等院校中开设的西洋文化史或西方文化史等课程，而是一门以研究西方文化的本质特性、主要范畴与结构组成的理论课程。在开始研究西方文化之前，我们必然要遇到的问题是，这门学科的内涵与功能是什么？它的规范如何形成？为什么要学习这门学科？

要解答这些问题，我们先要对这门学科的一些中心范畴与概念进行分析，这些基本概念是学习这门学科的前提。

一、世界文化体系的划分

在研究世界文化时要按照不同的文化区域对国家民族进行划分，这种划分以地域或行政区域等方面为标准。例如联合国教科文组织编写的《世界文化报告——文化的多样性、冲突与多元共存（2000）》中就将世界分为8个地区：包括撒哈拉沙漠以南非洲的41个国家、阿拉伯14个国家、南亚和中亚16个国家、东亚6个国家与地区、东南亚和太平洋地区12个国家、拉美和加勒比地区22个国家、北美2个国家、欧洲37个国家，一共150个国家地区。①

除此之外，也可以依据世界文化的历史形态进行不同体系的划分，这样更有利于从历史与现实的结合上把握文化特征。根据这一标准，我们可以将世界文化划分为以下8个大的体系：

1. 亚洲太平洋文化体系：从中国的黄河长江流域一直到东北亚地区，包括日本、朝鲜等国都属于这一文化体系。美国、俄罗斯、土耳其等国都有亚太地区的领域与利益，另外它还分布于东南亚到南太平洋的部分地区。

2. 南亚文化体系：以南亚印度半岛为中心形成南亚文化体系，它同样传播到东南亚地区并在这里与亚洲太平洋文化相交汇。古代南亚文化还曾经影响过东亚、中亚与西亚的部分国家与地区。

3. 地中海大西洋文化体系：最早从地中海地区的希腊罗马起源，以后文化中心向西欧移动，形成地中海大西洋文化体系，也包括东欧、北欧、西欧直到俄罗斯。其中东西欧、南北欧虽然有一定差异，但基本文化类型是相同的。

4. 中东阿拉伯文化体系：从阿拉伯半岛、西亚到欧洲的土耳其、东南亚部分地区与南亚印度、巴基斯坦、阿富汗、非洲部分地区。这是以伊斯兰教为主体的文化体系。

5. 北美大洋洲文化体系：包括美国、加拿大及澳大利亚、新西兰等国家，主要是15—16世纪发现新大陆与环球海上航线开通之后，由大量的移民与原住民所共同形成的文化。

6. 拉丁美洲文化体系：分布在中美与南美的拉丁语系国家为主体所形成的文化体系。传统的美洲三大古代文化玛雅文化、阿兹特克文化与印加文化被西方殖民主义者所征服后，混合形成了一种新的文化体系。

7. 非洲文化体系：北非地区的埃及是世界上最早的古代文明，海上大交通之后，东西非与南部非洲和中非陆续被殖民，在古代文化传统与外来文

① 联合国教科文组织编. 世界文化报告——文化的多样性、冲突与多元共存（2000）. 关世杰，等译. 北京：北京大学出版社，2002：417-421.

化影响下，形成了独特的非洲文化体系。

8. 犹太文化体系：以色列是在古老的犹太文化基础上重新建立的国家，是犹太文化最集中的区域。犹太教是一种古老的宗教，犹太文化以这种宗教为中心。在现代社会中，除以色列之外，犹太民族与宗教主要分布于欧美国家。

可以看出，我们这种划分主要是以区域与文化传统结合进行的一种划分。世界历史上曾经存在过大量的文化类型，其中许多文化其实已经不存在，它的传统已经由后起的文化所继承或是改型。比如曾经在世界历史上盛极一时的腓尼基文明、巴比伦文明、亚述文明等等，现在都已经成为历史，所以我们就不再列为独立文化体系。此外，还有一些国家和民族的文化，虽然也有自己的特色，但是基本从属于某一种大的文化体系。如俄罗斯与中东欧一些国家，以东正教为主要宗教，与西欧的基督教国家虽然有一定差异，但由于其文化传统上仍有相当大的共同特性，我们不再分别列出。总之，这种划分的原则只能是反映主要文化流派与大的文化体系，而不可能对所有民族文化进行详尽无遗或是过于琐细的划分。

我们所要研究的西方文化，就是以地中海大西洋文化为主体的文化，由于历史原因，它与北美大洋洲文化也有较密切的关系。从地域上说，它以欧洲为中心，兼及北美洲与大洋洲。

二、"西方"与"东方"的范畴

中国伟大的历史学家司马迁在《史记·六国表》中说过：

> 东方物所始生，西方物之成熟。

2 000 年前的司马迁所说的"西方"与"东方"与我们现在所说东西方并不相同，但是他对文化和时空的感受与思考，以及其中充溢着的哲理，对于我们今天仍然有参考价值。

另一位比司马迁时代晚近的西方学者同样思考过东西方的关系，这就是 19 世纪德国哲学家黑格尔，黑格尔在《历史哲学》中说：

> 世界历史从"东方"到"西方"，因为欧洲绝对地是历史的终点，亚洲是起点。世界的历史只有一个东方 κατ' ἐξοχήυ（"东方"这个名词的本身是一个完全相对的东西）；因为地球虽然是圆的，历史并不围绕着它转动，相反地，历史是有一个决定的"东方"，就是亚细亚。①

黑格尔的东西方已经与我们今天的概念十分相近了，因为从古代希腊起，欧洲已

① ［德］黑格尔．历史哲学．王造时，译．上海：上海书店出版社，1999：110-111.

经开始把自己称为西方，亚洲（亚细亚）则代表东方。当然，黑格尔的说法是片面的，因为并非只有“东方”是一个“完全相对的东西”，地球是圆的，所以西方同样是完全相对的。

其实西方还有一种奇怪的现象，世界主要文化体系中，除了地中海大西洋与北美大洋洲之外，近代以来几乎都被看成是“东方”，包括非洲与拉丁美洲也都被笼统地称为“东方”，有人将这种现象称为“无边的东方”。

实际上世界文化不可能用绝对二元的观点来看，并不是只有东方与西方，更不是除了西方之外全部是东方。东西方文化只是历史所形成的两种具有一定代表性的文化类型，这两种文化类型及其划分对于世界有重要影响，同时也要看到，这两种文化都不是孤立存在的，它们与其他多元文化之间有着密切的联系。

东方与西方，是客观存在的空间概念，人类的认识来自空间与时间，这是认识论的基本原理，所有的认识都从时空关系开始。但是，地球是一个运动的球体，它的任何方向都只是相对的，在宇宙中，可以说既没有绝对的东方，也没有绝对的西方。地球是圆形的，如果我们向东或是向西一直运动，经过一次环球航行，仍然会回到出发点。这一事实在1519年到1521年由葡萄牙人索尔南多·德·麦哲伦（Fernão de Magalhães，约1480—1521）的船队所进行的环球航行中已经得到证明。虽然麦哲伦本人于1521年4月在菲律宾遇难，但是他的船员们回到了出发点西班牙。时空的相对性决定了东西方文化之间的互相联系，从古代直到现代，东西方文化之间都是互动与互补的。

最早从文化的意义上明确划分出西方与东方的，应当追溯到公元前一场影响深远的战争。公元前492年到公元前447年，欧洲爱琴海岸的古代希腊的雅典与东方帝国波斯进行了多次战争，在这场大战中，希腊人认识到自己与波斯人之间，不但在地理位置、民族习俗、宗教信仰等方面大不相同，而且在政治、军事制度乃至语言文化之间都存在巨大差异。由于波斯帝国在希腊的东边，是亚洲国家，于是希腊人产生了最早的东方文化概念，并且开始把自己视为相对于东方的西方民族。希腊历史学家希罗多德（Herodotos，约公元前484—约前425）在其名著《历史》中，根据当时的世界地理知识，对于希腊的位置与其他国家关系提出自己的看法，他认为希腊地处欧罗巴大陆，东边是亚细亚大陆，波斯是位于亚细亚的国家，最东边的国家是印度。欧罗巴大陆属于西方，亚细亚大陆属于东方。希罗多德写道：

> 印度以东的全部地区是一片沙砾地带；在我们多少确实知道的所有亚细亚民族当中，住在日出的方向，住在最东面的民族就是印度人，因为由印度再向东便是一片沙漠而荒漠无人了。①

① ［古希腊］希罗多德．历史．上册．王以铸，译．北京：商务印书馆，2001：239．

希罗多德明确地把亚细亚及亚洲大陆的国家如波斯、印度等说成是位于东方的、日出方向的民族，以区分于地中海的希腊地区，这是较早的东西方文化的区分。希罗多德是希腊杰出的历史学家，他的观点对于后世有相当大的影响。黑格尔所引用的希腊文的“东方”与“西方”的名称，正是反映了欧洲这种古老观念的起源。

我们认为，人类文化史上，东方与西方之间一直存在着密切的联系，东西方都有灿烂的古代文明，在现代社会中，东西方文化仍然对世界有重要影响。世界主要古代文明中，东方的美索不达米亚文明（又称两河文明或西亚文明，即幼发拉底河与底格里斯河流域的文明）、埃及文明、印度文明与中国文明，相对来说较早成熟，而古代西方文明即以希腊罗马为主体的地中海文明产生相对较晚。西方古代文明形成的过程中，曾直接受惠于相邻的两河文明与埃及文明。中世纪之后，中国的四大发明传入欧洲，促进了欧洲的科学技术发展。在不同的历史时期，波斯、印度、巴勒斯坦文化等也都对西方的发展有过贡献。16世纪之后，随着地理大发现，环球海上航线的开通，西方开始大扩张与殖民运动，成为世界经济发达地区。在这一历史过程中，非洲、亚洲与美洲受到殖民者的掠夺，成为西方经济发展的资源供给地与大市场。从宏观来看，西方文化虽然是以西方民族国家为主体的文化，但它并不是独立于世界，更不是独立于东方的文化。

在这种认识的基础上，我们才能对西方与东方等概念做出界定。

西方

经过2 000多年的历史演变，“西方”演变成为一个在不同历史时期具有固定所指的概念。

从地理、经济与政治的意义而言，西方主要指欧洲与北美国家美国与加拿大。如果从欧洲文化的历史来看，它可以划分为三个大的文化系统：

其一是地中海文化系统，这是西方文化的起源。以地中海区域的国家为主，古代希腊罗马文化就在这里诞生。其二是西欧文化系统，也是所谓的“大西洋文化”的主体。其三是东欧文化系统，欧亚大陆的欧洲东部地区，地跨欧亚两大洲的大国俄罗斯曾经在这里建立起沙俄大帝国的势力范围。实际上，自文艺复兴以来，这三个大的文化系统就逐渐融合起来，共同构成了大的西方文化范围。

在欧洲之外，西方文化还包括了北美与大洋洲的文化，它可以看作西方文化的第四个组成部分。

有一种说法是，日本也应当包括在西方国家之中。日本在近代以来进行了社会改革，学习西方的社会思想，曾经有过“脱亚入欧”的口号。日本在经济政治上也被认为属于西方国家集团，参加了西方七国首脑会议等组织。但是从地理位置而言，日本位于东亚，属于东方国家。日本历史上曾经长期受到中国文化影响，又保持了本土的文化传统，所以一般认为，日本的文化类型仍然属于东方。

综上所述，西方作为一个与东方相对的文化形态，主要指以希腊罗马文化为起源，以基督教为主要宗教信仰，以近现代工业为经济模式的文化形态。

东方

“东方”，是一个相对宽泛的概念。主要指亚洲国家与民族。按照距离欧洲的远近不同，分别被称为中东地区与远东地区。中东，指与欧洲距离较近的阿拉伯半岛与西亚地区，西亚包括伊拉克、伊朗、科威特、沙特阿拉伯、巴林、卡塔尔、阿拉伯联合酋长国、阿曼、也门、叙利亚、黎巴嫩、约旦、巴勒斯坦、塞浦路斯、土耳其、以色列等国家与地区。这一地区宗教信仰复杂，以伊斯兰教与基督教为主，特别是伊斯兰教在中东是最重要的宗教。此外还有与西亚相邻的中亚地区，古代曾经受到过西亚相当大的影响，中亚国家包括土库曼斯坦、乌兹别克斯坦、塔吉克斯坦、吉尔吉斯斯坦、哈萨克斯坦等。20世纪以来，中亚国家曾经属于苏联，直到苏联解体之后，中亚各国才独立。从文化历史来看，中亚地区是世界多种文明交汇的地区，中国古代文明、西亚文明与欧洲文明都对中亚有过较大的影响。

远东则有三个主要地区，第一个是东亚与东北亚地区包括中国、蒙古、朝鲜、韩国、日本等国家；特别是中国古代文化，被看成是远东的代表。第二个是指南亚地区，包括尼泊尔、不丹、孟加拉国、印度、斯里兰卡、马尔代夫、巴基斯坦、阿富汗等国家与地区；印度由于历史久远，在文化研究中影响较大。第三，东南亚国家有时也被看成是远东，东南亚包括越南、老挝、柬埔寨、缅甸、泰国、马来西亚、新加坡、菲律宾、印度尼西亚、东帝汶、文莱等国家。

以上只是粗略的划分，世界历史的演变中，曾经产生过难以计数的各种各样的文化类型，各个国家与民族的构成、疆域、政权都有过相当大的变化，很难进行绝对的划分，甚至有的国家领土、区域归属至今仍然没有得到彻底解决。

东西方之间有没有一个固定的地理分界线？

有这样一种看法，如果从地理位置进行具体的划分，东西方的划分是以安那托里亚高原为界，安那托里亚高原位于土耳其。这是一片位于东西方之间的地域，安那托里亚高原之西为西方，高原之东为东方。所以这种划分反而给土耳其带来了意想不到的后果，直到今天，土耳其应当属于东方国家还是西方国家还是有一定争论的。这个国家位于亚洲最西端，它的历史上曾经存在过奥斯曼大帝国，也可以说是位于东西方之间的历史文化。

另外，在现实生活中，人们经常用欧美国家来代表西方，或是用欧洲发达国家甚至用欧洲联盟或是发达国家集团组织来代表西方。虽然这些说法并不精确，但由于约定俗成的所指，也已经广泛流行。比较典型的是所谓“西方七国首脑会议”。20世纪70年代初期，工业化国家中普遍爆发了经济危机，西方各国为了协调彼此间的经济关系，采取共同立场以应对全球性的危机。经法国政府提议，于 1975 年 11 月 15 日至 17 日，在法国巴黎郊外的郎布依埃召开了有法国、联邦德国、美国、日本、英国、意大利 6 国参加的西方国家首脑会议。次年，在波多黎各的圣胡安市举行了西方国家第二次首脑会议，加拿大参加了此次会议，因此这一会议被人称为“西方七国首脑会议”。欧洲联盟（European Union，即欧盟）前身是欧洲共同体，总部设在比鲁塞尔，1993 年正式成立。欧盟旨在建立一个有共同政治、经济、市场贸易和货币的共同组织，日前，如果英国“脱欧”后，欧盟暂有 27 个国家。

在本书中，我们以上文所指出的西方三种文化构成及其定义为准，赋予“西方”概念以具体的范围与内容，以防止概念的含混不清。

三、关于“文化”的定义

“文化”是一个争议很多的概念，存在着各种互相反对的说法。关于文化的定义更是众说纷纭，莫衷一是。为了学习的需要，我们只能对这个概念进行最简单的梳理，归纳出其基本的意义，以利于掌握运用。

其一，从语义与词源的角度来定义“文化”概念。

德文 kultur，英法文的 culture，都是“文化”的含义，在语源学上一般认为是来自拉丁文 cultus，其词根是 col，也就是希腊文中的 koa，是农业的意思。中国学者陈序经曾考察过这个词，他指出：

> Cultus 的意义，有了好几种：第一，是含有耕种的意义，比方，agri non omnes Frufiferi suntqui Coluntur（Cicero，Tusc，2，5. 13），就是这个意思。第二是含有居住的意义，比方 colitur ea（urbis）et habitatur frequentisslme（Cicero，Verr，2，4. 53），就是这个意思。第三，是含有练习的意义（比较 Cicero，Brut，9，1）。第四，是含有留心或注意的意义。这不只是指人类留心或注意于某种东西，而且含有神灵留心或注意于某种事物。比方，Deos deaque vencror qui hanc urbem colunt（看 Plaut 5，1，19），就是这个意思。第五，是含有敬神的意义，比方：Hos deos et venerari et colere debemus（Cicero，De Deorum Matura，2，28. 71）；又如，西塞罗所谓哲学灵魂的文化（Cultura arrirui est Philosophia），也可说是表示文化的精神方面的意义。[①]

从这个词的语源学分析中，首先可以看到的是农业生产和定居生活对于人类社会生活的历史作用。从大约12 000年前开始的新石器时代起，人类进入农业文明时

---

① 陈序经. 文化学概观//杨深编. 走出东方——陈序经文化论著辑要. 北京：中国广播电视出版社，1995：333-334.

代，这是古代人类经历了蒙昧与野蛮时代，创造出采集渔猎的生产方式之后的一个新阶段。从这时起，人类不再完全依赖自然，并且改造了自然，人们自己种植粮食，驯养牲畜，不再以采集自然中生长的野果为主要食物，不再以狩猎为主要生活方式。从事农业的民族最早定居下来，创造了语言文字，发展了理性思维与道德观念，建立了人类社会。

农业生产需要一定的地球环境，首先是土壤层的形成，为农业种植活动提供条件。同时需要一定的气候条件，在地球第四纪的三百万年历史上，只有全新世的近一万年，气候变得温暖起来，才真正为农业生产创造了条件。公元前4000年，尼罗河流域的农业生产已经相当发达，上下埃及王国形成，文字出现。美索不达米亚人在稍后，也就是在公元前3000年前后，进入乌鲁克文化时期，农业生产大发展，创造了象形文字。稍后，苏美尔人创造了城邦。文化的创造也在东亚与南亚同时产生，印度河流域、中国长江黄河流域都独立创造出了高度发达的文明与文化。

人类在文化的发展中，创造了一系列的重要社会生活条件，如生活与生产工具的使用，文字的发明，青铜器到铁器的应用等等，这些都成为人类文明的标志。通过文化的创造，人类从蒙昧与野蛮进入到文明社会。

了解各种关于“文化”的定义，有助于加深对文化的理解。更应当注意的是古代中国人的一种见解，这就是《易经》中的一段名言：

> 天文也，文明以止，人文也。观乎天文，以察时变。观乎人文，以化成天下。①

汉语中的“文化”一词，就是从这句话中衍生出来的，它同样表达了人类在与自然的关联中，利用自然，创造并且传播文化的意思。

其二，从文化的性质与特点来定义“文化”概念。

当代西方与东方一样，学术界有过多次文化研究的热潮，学者们往往把它的起源归之于英国的马修·阿诺尔德，对于这种看法正确与否我们先不做结论，但阿诺尔德确实发表过关于文化的定义。阿诺尔德认为文化其实是一种：

> 对于完美追求，一种趋于对于思索与精神境界的向往。……文化完全是企图接近那完美、文雅和发展的事物。②

对于这种文化与美好的境界，只有通过教化才能得到。虽然东西方关于教化的目标与方式的理解可能有所不同，但是强调教化思想仍然是基本相同的。

另外，美国学者鲁本·本尼迪克特也提出自己的文化概念：

---

① 周易正义．十三经注疏．影印本．上册．北京：中华书局，1980：37.

② Gordon Mathew. *Global Culture / Individual Identity*. Routledge，2000：1-2.

> 文化是通过某个民族的活动而表现出来的一种思维和行为模式，一种使该民族不同于其他民族的模式。①

这一概念中有两点是值得注意的，其一是把文化理解为思维与行为模式，基本上是偏重于人的精神活动领域，包括语言、风俗等相关方面。其二，它的重点是强调民族的文化特性，是某一民族所特有而不同于其他民族的地方。这是与上述定义所不同的，上述定义主要是从人类文化的共同特性来思考的。

其三，是从社会构成的角度来定义“文化”概念。

当代著名历史学家汤因比（Arnold Joseph Toynbee，1889—1975）曾经对于文化有过这样的定义：

> 我同意并采用 P. 巴格比（Bagby）对文化所下的定义，即文化是“一个社会成员内在和外在行为的规则，但那些原本是明显遗传下来的规则不算文化”。巴格比附加的：由于文化是“在历史中业已成型或重复出现的成分”，所以“文化是历史可被认知的一面”。……怀特海说：“世上每一个因具有高级活动而闻名的时代，在其顶峰阶段，以及在造成这一顶峰阶段的代表人物中间，都能发现某种深刻、普遍的特征，它们被不声不响地接受，在人们日常发生的行为上打下自己的印记。”如果依从怀特海的说法，我就应在精神的意义上给文明一个定义。它也许可以称之为创造一种社会状态的努力，在这个社会状态中，整个人类成一个无所不包的大家庭的成员，将在一起和谐地生活。我相信，这就是迄今已知的所有文明一直有意无意追求的目标。②

将文明或是文化作为一种和谐的“社会状态”，这是一种理想化的定义。它并不是文化的基本定义，因为这种理想的“大家庭”式的社会状态当然是所有文明所追求的，但是毕竟目前并未能在所有的民族与国家中实现，但不能因此说现在就没有文明或是文化。我们赞同的是，将文化与社会状态联系起来，从广泛的意义上来理解文化。这是当代文化概念的一个重要特点，即从社会生活的多层次、多角度理解文化，而不是对文化作过于狭隘的理解。

最后要提到的是，“文化”一词的意义在当代西方的“文化研究”等流派中有特有的含义与理解。从 20 世纪中期起，“文化研究”与“文化批评”在西方蓬勃兴起，出现了文化唯物论、新历史主义等学术流派。文化是他们的中心观念之一。对他们来说文化是指学科界限的突破，是“历史大联合”（弗里德里克·杰姆逊语），其关注的中心是“大众传媒”与“话语权力”等特有的概念。这种理解与传统的概念有所不同，这是需要注意的。

---

① ［美］本尼迪克特. 文化模式. 张燕，傅铿，译. 杭州：浙江人民出版社，1987：45-46.

② ［英］阿诺德·汤因比. 历史研究. 刘北成，等译. 上海：上海人民出版社，2000：19.

要特别指出的是，在日常生活中，人们对于文化有多种层次的理解，这也是正常的。如有人将文化看成是文学艺术、体育与娱乐活动，甚至有人认为只有吹拉弹唱、书法绘画、小说戏剧等才算是“文化”，社会生活其他方面不应当属于文化的范畴。应当说，这种理解与学术意义上的“文化”属于不同层次的理解，各有自己的侧重，不可相提并论。我们在本书中是从学术意义上来理解文化的，所以要有自己的定义。

我们认为：文化是人类社会具有独立特性的综合体系，它主要包括社会生产与生活方式、社会组织形态和精神意识形态三个大的层次。这三个大的层次是互相关联的。它也就必然是人类的行为与精神活动的总体。从本质上说，这是一种文化的总体性构成的观念。这种类型的观念在文化研究中相当普遍，正因为它流传非常广，也就顺理成章地成为大多数人最常使用的概念，也就是说，它在各种研究文化的论著中经常看到，虽然各有不同之处，但基本内容是相近的。

四、文化体系的构成

文化作为一个系统结构就是说它具有体系性与整体性。它的各个组成部分是相互联系、互相影响的，部分不能取代全体，而且各部分之和也不等于全体。体系是独立的，自足的，同时又是区分于其他体系的，这是体系研究的基本原则。

文化体系的构成基本上可以划分为五个方面：1. 各国与各民族人民的衣、食、住、行等社会生活及其风俗习惯。2. 社会生产类型，指文化类型的主要生产方式，如畜牧生产、渔猎生产、农业生产或是工业生产等，在人类历史上，古代文化一般是从农畜业为主的生产形态开始，逐步进入工业社会。由于社会生产类型在文化发展中地位重要，所以一般直接称为工业文化、农业文化、渔猎文化等。3. 国家政治机制，包括国家政体与国体、国家法律制度、政府机构等。4. 语言文字、科学技术等。5. 文化的精神取向，主要是宗教信仰、思想观念、文化逻辑与民族精神、道德评价等。它反映一个民族文化的价值判断与精神取向。以上五种因素可以分为三个大的层次，即社会生产生活层次（包括以上所说的社会生活与社会生产）、社会组织层次（包括以上所说的国家政治机制与科学技术和语言文字）、精神意识形态层次（包括文化的精神取向）。由于对文化体系也经常有不同的看法，我们无意于要求大家削足适履，只是做出简单的层次划分，以便利于掌握和分析。

五、文化与文明

文化与文明是一对互相关联的概念，如何看待这两个概念之间的关系，它们是否可以等同，也经常存在争论。

文化与文明，彼此之间没有共同词根。从语源学来看，具有非同源的可能性。在拉丁文中，前者以农业耕作为本义，而后者则是强调一种城邦的意识，拉丁文 civil 的本义为“公民的”“城市的”。可以说，两者语源上的差异是存在的。但是，如果真正从人类社会历史看，两者并不是完全没有联系，我们已经指出，人类文明是伴随着农业生产而形成的，进入农业社会之后，才有了最早的城邦与公民。所以从历史时代来看，两者也还是有一致之处的。

为了正确理解文化与文明之间的关系，有必要回顾一下中外学者关于这一问题的看法，在分析这些意见的基础上，再确定我们的看法。

我们先来看德国学者斯宾格勒（Oswald Spengler，1880—1936）关于文明与文化关系的理解。

> 每种**文化**都有它自己的**文明**。**文化**和**文明**这两个词一直是用来表达一种不确定的、多少带有一点伦理意义的区别的，在这本书里是第一次当作一种周期性的意义来用，用以表达一种严格的和必然的有机连续关系（organic succession）。**文明**是**文化**的不可避免的归宿……这样，我们就第一次懂得了为什么罗马人是希腊人的后继者，从而古典晚期的埋藏得最深的秘密也就第一次得到了说明。关于罗马人是未曾开启一种伟大发展、反而结束了这种发展的野蛮人这一事实的意义，除此之外，还能有什么呢？……一句话，希腊的心灵，罗马的才智；这一对照就是文化与文明的区别素。①

这里容易产生的误解是斯宾格勒把文明看成是历史时代的特征，其实恰恰相反，他是把文明作为文化终结的意义，从而有周期性的发展。这就是他所说的：“作为一种历史进程，纯粹的**文明**就是要不断地摧毁那些业已变成无机的或僵死的形式。”他的公式是，文化——文明的不断循环，文明破坏旧有形式，以创造新的文化。这种观念其实是一种古老的神话的再现，时代是循环发展的，春夏秋冬，萌生——成长——死亡——重生，如此而已。显然，这种观念是反科学的，是一种陈腐的历史循环论。

在文化与文明研究领域里，西方学者发表了相当多有益的看法，但也有一些见解不足为训，或是需要我们一一甄别，不能盲从。我们也要看到，当代中国学者也有许多很有价值的看法，如黄盛璋先生就认为：

> 在我看来，文化是人类对自然加工、改造即用劳动而创造出来的在物质或精神方面的各种表现；文明则是文化发展到一定高度，从而脱离野蛮状态的一个社会阶段。在一定时间和地区内，一种文明常是由多种文化汇合而形成。就原始文化和文明而论，最简单的区别，一是低级与高级发展之不同；

① ［德］奥斯瓦尔德·斯宾格勒．西方的没落．上册．齐世荣，等译．北京：商务印书馆，2001：54.

> 二是有个体与综合的差异。一般理解：文化和自然相对待，文明和野蛮相对待，文化可以有糟粕，文明只能为精华。考古证明，野蛮时代已有各类文化，但不能称为“文明”，文明高于文化，且为综合与精华的表现，概括地说：文明是文化长期汇流成的河。例如，中国文明就是由各地区、各时期、各种不同的文化汇合而成。某一时期，某一地区文化即使再重要，也不能代表或称为中国文明。基于这一认识，我们认为：作为一个社会源远流长、根深蒂固的精神基础的，应是文明，而不是文化。①

可以说，这种理解具有历史主义观念，并且依据研究实践做出了综合与概括，恰当地区分了文明与文化的含义，是相当有意义的一家之说。只是表达上并非全无可改进之处，如“文明高于文化”等论断就是作者自己独特的看法，也可能在其他人看来，是值得商榷的。

至此，我们可以阐明关于文化与文明概念的最主要看法，主要是两点意见：

第一，我们认为文化与文明是两个相关联但又有各自意义与用法的概念。文化与文明不能断然分隔开来，这是因为它们的所指有共同部分，这是众所周知的事实。但是，毕竟所指范围又有相对差异，在长期的使用过程中，二者又产生了相对的意义的不同。

从基本的意义上，文明指人类一定历史发展阶段所形成的历史形态。这一形态是历史的累积，表明人类脱离原始社会与野蛮生活，因此它具有历史类型学的意义。其中既包括有世界影响的古代文明如埃及文明、中国文明、印度文明、巴比伦文明、希腊罗马文明等，也包括地区性的文明，如爱琴文明、米诺文明、西伯里亚文明、阿尔梅特文明、玛雅文明、印加文明等。中国《易经》中说“天下文明”，指的是人类从蒙昧转向智慧与知识的历史过程，也可以说与这一意义基本相符。

在本书中，我们也使用了“农业文明”“工业文明”的概念来说明一定的社会形态与历史时期。

文明包括了文化的基本构成，所有的文化都是一定文明的具体存在模式，文明在所处的时代就是一定的文化实践。与文明概念相比，文化的概念更注重现实的实践性质，文化是文明形态的实践方式。一般来说，文化是具体的、感性的、实践行为；而文明是概括的、总体的、历史的形态；这只是相对的区分，不是一个绝对标尺。我们说“西方文明”是指由于西方历史文化所形成的这个传统，这个文化形态。而说到“西方文化”时，则主要指西方文化的类型特点，也包括文化当前的与历史的实践方式。举例来说，我们说武术、京剧、中医等是中国的“文化”，但一般不说它们是中国的“文明”。说“相扑”是日本的文化而不说它

① 黄盛璋. 亚洲文明·代序//亚洲文明. 第 2 集. 合肥：安徽教育出版社，1992：2.

是日本的“文明”，说可口可乐与爵士音乐是西方文化，但很少说它们是西方“文明”。这种含义上的差异是明显的，它是人们观念中自觉地对于文化与文明的具体区分。

我们要注意的是，汉语中的“文明”一词有不同用法，我们所研究的主要是文明的学术意义。在日常生活中，“文明”一词有另外的用法，如“举止文明”“文明卫生”等，而且还有一些时代所留下的词汇，如“文明戏”“文明棍”等，与我们所使用的“文明”一词不同，不属于研究的范围了。

第二，虽然“文明”与“文化”有概念的差异，但是，二者之间的相互联系与相互重合的部分，远远多于它们所表现出来的差异与区分之处。所以在大多数的使用中，没有必要过多地纠缠于它们的细微差别，甚至进行无谓的争议。从广义来说，文明与文化完全可以等同起来，看作基本相同的范畴。这样有助于我们全面地理解它们的实质内容，而不必过分沉溺于概念的分辨。

汝信在其主编的《世界文明大系》丛书的“总序”中说道：

> 应该指出，人们对“文明”的理论也如同对“文化”的解释一样各不相同，有许多种定义，迄无共识。我们的研究课题的主要目的不在于探讨哪一种定义更加合适，而在于具体研究世界文明本身。在本书中我们基本上采取目前国际上比较通行的看法，即把“文明”理解为广泛意义上的“文化”，更具体地说，是指占有一定空间的（即地域性的）社会历史组合体，包括精神文明与物质文明两方面，即人们有目的的活动方式及其成果的总和。[①]

我们认为，这种分析与对概念的使用是合理的，也是合乎当代文化研究与文明研究实际的。基于以上对于文化与文明的意义分析，我们在对西方文化的研究中，将文明作为文化的总体形态来看待，并不刻意区分两个词。一般情况下，我们取这两个词的基本含义相同的部分，可以通用。

六、关于“概论”

什么是“概论”？

关于概论，经常见到的有这样一种错误理解，是将“概论”理解为一般的介绍（introduction），或是将概论看成是基本知识的简介，这样的“概论”理解当然是不合适的，因为概论并不是泛论，不是基本知识或历史常识的介绍，更不是历史知识百科全书。如果将概论理解为简介或是文献资料，不利于从理论上把握研究对象的实质，理论是在知识基础上的认识深化，它以理性分析的方式来把握对象的本质与变化规律。

---

① 汝信．世界文明大系·总序//潘光，陈超南，余建华．犹太文明．北京：中国社会科学出版社，1999：2.

概论，首先是一种“论”，就是理论。

论与史不同，论以观念分析为重点，史则以事实陈述为特点。中国古代学者刘勰的《文心雕龙·论说》中说：

> 圣哲彝训曰经，述经叙理曰论。论者，伦也……是以论如析薪，贵能破理。

引述经典，叙说道理，就是论说。他还用了一个形象的比喻“论如析薪”，就是论说的这种方式如同用锋利的斧头来劈木柴一样，势不可挡，直达目的，这真是十分精彩的说法。概论就是这样的理论研究，它的要点是对于某一学科基本原理的分析阐释与本质特征的把握，所以英语中的“概论”也经常表达为“原理”（the principles）。

西方文化概论，就是关于西方文化基本原理的研究，是对于西方文化体系的基本构成、本质特性与发展规律的揭示。这就决定了它不是一般的文化史，而是对于西方文化历史过程的理性观照。同时也要看到，史与论之间不是对立的，理论是建立在众多文化现象的分析之上的，历史过程总是呈现为现象性的，没有历史事实的“概论”是空洞的。而单纯现象的描述，同样是绝对不可能取代理论阐释的。故此，史论结合是一种理想的途径，也是本书所努力的目标。

西方文化概论，主要内容包括西方文化产生的欧美国家与民族的地理环境、民族历史与现状的情况综述；西方文化发展历史阶段的分期与历史进程；欧美国家的民族宗教信仰、社会生产与生活状况、科学技术、教育、政治经济与国家制度、文学艺术等相关方面的分析；西方与世界其他民族，特别是与东方民族之间的联系等方面。它所要达到的目标在于：通过对西方文化的历史作用及其现象的研究，加深对西方文化本质特性的理解，为我国的改革开放与参与全球化进程，为借鉴西方文化中的有益成分，提供有一定学术价值的参考。

西方文化与中国文化一样，是具有悠久历史传统、创造了光辉成就的文化。它与世界其他文化一起，为人类社会发展做出了贡献。但是长期以来特别是进入近代社会之后，由于西方国家较早实现了工业化与科学技术的现代化，所以一些西方学者和思想家们，宣扬一种西方中心主义观念，认为西方文化优越于其他民族文化，对于其他民族文化则没有正确的评价。这种“西方中心”观念论受到西方国家有识之士的反对。真正优秀的文化能够公正地看待世界多种文化，肯定其他文化的贡献与创造。当然，只有极少数人赞同西方中心或是自我中心，特别是21世纪以来，中国与“金砖国家”经济发展迅速，习近平主席提出的构建人类文明共同体观念受到联合国的高度评价，非常有利于世界各国树立不同文化之间互相补益、互相促进的历史主义观念，促进不同文化之间的融合与汇通，真诚学习世界各民族的先进文化，发扬民族文化传统，促进全球化时代多元文化的共存与共同发展。

第一编
西方文化的起源与历史

第一章

西方国家与民族概况

西方文化分布于不同的地域与国家，如果要真正了解西方，先要对这些国家与地区的自然环境、人种、民族与宗教信仰等状况进行研究，通晓其风土人情。《汉书》中说："凡民函五常之性，而其刚柔缓急、音声不同，系水土之风气，故谓之风。"自然环境与民俗风情，这是研究西方文化的前提与条件，是文化的物化形态的基本因素。

第一，历史上的西方文化主要分布在欧洲，所以我们重点介绍欧洲地区的地理环境与民族国家，特别是地中海与西欧地区。美国历史学家斯塔夫里阿诺斯（L. S. Stavrianos）曾经说过，"地理因素是中世纪欧洲跑到其他地区前面去的重要因素。其中之一是所处的有利位置"[①]。无论我们是否认同这一观点，欧洲地理环境都是我们要研究的内容之一。我们将从这种文化形态分布的自然地理环境与民族状况开始，追溯其历史，分析它的现代类型，目的在于对这种文化有一个全面的认识。

第二，西方文化的现代类型中，西欧与北美地区是其核心，北美的美国与加拿大虽然位于美洲新大陆，但它们都曾经是欧洲的殖民地，其人口构成中欧洲移民占相当大的比例，它们的文化发展与欧洲有千丝万缕的联系。在现代社会中，

① ［美］斯塔夫里阿诺斯. 全球通史——1 500年以前的世界. 吴象婴，梁赤民，译. 上海：上海社会科学出版社，1999：457.

北美又成为西方世界的重要构成，这不仅仅是由于它的经济发展水平与欧洲相同，都是世界发达国家，同时也与它们有共同的文化传统有密切关系。18 世纪后期，美国独立之后，经济发展迅速，取代了英国，一跃而成为世界超级经济大国，成了西方世界的首领。美国的早期移民大多数来自欧洲特别是美国，因而具有欧洲文化的传统，还融入了古老的美洲印第安文明、来自非洲的黑人文明、世界各国的移民所带来的各种传统。所有这些复杂的成分，共同形成了新大陆的文化创造，这种创造反过来又极大地丰富了西方文化的固有内容。所以西方文化研究中，除了对欧洲进行介绍之外，北美地区包括美国和加拿大自然也应当列入研究的范围。

第三，从历史主义观念来看，西方文化是一个历史范畴，不同时期有不同的西方文化，西方文化经历了不同时期的扩张与变化。西方文化是从地中海地区的古代希腊罗马起源，但是在中世纪，西方文化中心转移到大西洋沿岸的西欧，范围也加以扩大。西欧不是纯粹地理上的概念，地理学的西欧只包括英法等 7 国，我们所说的西欧是文化意义上的西欧，除了英法等地理学的西欧国家外，还包括北欧的斯堪的纳维亚半岛、中欧与南欧以及伊比利亚半岛的西班牙、葡萄牙等国，这是一个大的西欧文化概念，也就是所谓的大西洋文化圈。

第四，由于欧洲特殊的自然与人文环境，各国之间历史交往频繁。所以欧洲历史上就有相当多共同的社会组织，使欧洲各国之间的经济、政治与社会生活产生了密切的联系。从罗马帝国开始，欧洲大多数地区就处于大一统的制度之下。以后虽然历经沧桑，欧洲建立了众多的民族国家，每个国家都有自己的历史进程，但是彼此之间的联系却从未完全割断。近现代社会中，欧洲建立了多种经济、政治的共同组织，研究这些组织是了解西方文化的重要途径。其中最重要的有军事上的北大西洋公约组织和欧洲联盟。北大西洋公约组织，简称北约，成立于 1949 年 4 月 4 日，成立大会在华盛顿召开，总部设在布鲁塞尔。北约成立时有美国与西欧、北欧的 16 个国家，宗旨是“促进北大西洋地区的稳定和福利”，在“集体防务和维持和平与安全方面联合努力”。近年来北约扩大，东欧地区各国陆续加入。欧洲联盟，最早是法国、联邦德国、意大利、荷兰、比利时和卢森堡 6 国于 1965 年 4 月 8 日签订了《布鲁塞尔条约》，决定将原来的欧洲煤钢共同体、欧洲原子能共同体和欧洲经济共同体等 3 个机构合并，统称为欧洲共同体，又称欧洲共同市场。1991 年 12 月欧共体在荷兰通过《马斯特里赫特》条约，于 1993 年 11 月 1 日条约正式生效，欧共体改为欧洲联盟，简称欧盟。但无可讳言，特别是 21 世纪以来，欧盟正经历严峻考验：英国脱欧，民粹思潮泛起，难民涌入引发的内部冲突，以及频繁发生的恐怖袭击事件，都深度动摇欧盟各国的信心。

除此之外，主要还有成立于 1945 年的欧洲委员会，成立于 1948 年的西欧联盟，成立于1951年的北欧理事会，成立于1964年的欧洲安全和合作组织，成立于1960年的欧洲自由贸易联盟等。这些组织使欧洲各国（有时也包括美国）建立了千丝万缕的联系，在经济、政治、军事上都有相当密切的合作。这些组织虽然大多数只是欧洲的区域性组织，但是在经济全球化中，由于西方经济政治的特殊地位，它们也对世界政治经济发生直接或间接的作用，这是我们研究西方文化时必须关注的。

第一节　欧洲的自然与人文环境

一、欧洲的自然与社会环境

欧洲是古代文明的起源地之一，西方文明发源于欧洲并且在欧洲完成了各个历史阶段的进化，所以通常人们以欧洲来作为西方文明的原生地。

欧洲在西语中名为欧罗巴（Europe），是与亚洲连为一体的大陆。大约在中新世，由于地壳的运动，使得欧洲大陆与美洲之间断裂，纽芬兰与爱尔兰以北的地区，原本是与欧洲大陆和格陵兰联结在一起的，从这时开始分离，大西洋的出现隔断了旧大陆，形成了新大陆。

欧洲北濒北冰洋，西临大西洋，东部是俄罗斯高寒地区的亚洲部分，欧洲虽然与亚洲大陆相连，但是有相对明显的划分标志。从乌拉尔山、乌拉尔河、黑海、高加索山到马尔马拉海、达达尼尔海峡、博斯普鲁斯海峡，这条分界线将欧洲与亚洲分离开来，简单说就是：一陆（欧亚大陆）两大洲。欧洲处在亚非两大洲的交通要道，是世界古代文明荟萃的地区。

从地理位置来看，欧洲在欧亚大陆的西部，位于东半球的西北部，其最东的临界点是位于俄罗斯的极地乌拉尔山脉；最西点是属于葡萄牙的罗卡角；最北点是挪威的诺尔辰角；最南点是西班牙的马罗基角。最北部是北极圈，北欧是世界上最北的地区之一，斯堪的纳维亚半岛的挪威、瑞典与芬兰等国的一些地区已经进入北极圈。但是气候却并不是最寒冷的，因为北大西洋暖流给这一地区提供了相当大的热量。相对于俄罗斯的西伯利亚地区来说，这里仍显得温暖，大西洋沿岸终年不结冰。只是由于受到极地气候影响，北欧与俄罗斯北方有极光现象，这里属于寒带气候。欧洲大部分地区是北温带，从最北的挪威的诺尔辰角，到最南边西班牙的马罗基岛，温度适宜，不过没有热带的国家与地区。

作为世界第四大洲，欧洲的土地总面积约有1 016万平方公里（不包括俄罗斯），只比中国一个国家的面积稍大。欧洲土地面积占世界陆地总面积的7%，人口总数在20世纪末尚不足10亿人，约占世界总人口的12%，所以它的人均土地面积相对均衡，但并不具有太大的优势。这里地势较低，平均海拔高度只有300米，而且土地平坦，平原面积大约占60%，而且都在海拔200米以下。土质大多为黑土，土地肥沃，西部欧洲遍布茂密的森林，东部则为平畴千里的草原，这为欧洲的农牧业发展提供了优越的条件。如果从历史地理学看，欧洲是自然环境变化不大的地区，古代欧洲西部与中部曾经有大面积的森林，东部有草原与森林互生地带，至今没有大的改变。特别是20世纪末进入后工业化社会之后，欧洲国家的重工业与污染源基本上迁出本土，工业结构得到重组，以环保型工业与科技开发为主，使得自然环境得到相当好的保护。

欧洲唯一的高山是阿尔卑斯山，平均高度不过3 000米，长度也不过600公里。由于没有高山阻隔，欧洲陆路交通相当发达，从西欧到东欧的公路与铁路运输十分方便。对于一些重大的行动来说，阿尔卑斯山并不能真正形成阻碍。中世纪后期，意大利诗人但丁因政治原因流亡巴黎，曾经翻越阿尔卑斯山到意大利来策划反对佛罗伦萨当局的行动。拿破仑的军队也曾经翻越阿尔卑斯山，实行突袭，取得了决定性的军事胜利。

水上航运是欧洲最发达的交通方式之一，这里河流众多，水量充足，大多数河流都可以通航。最为突出的当然是海上运输，欧洲的海岸线曲折，沿海遍布众多的岛屿与半岛，整个欧洲土地其实约有1/3是半岛与海岛。它的总海岸线长度达37 900公里，仅次于亚洲。但是它的每平方公里的平均海岸线长度却远超过亚洲，大约相当于亚洲的两倍还多。欧洲大约有62%的地区内陆距海的平均距离小于400公里，这也是世界各大洲中少见的，这意味着欧洲基本上没有绝对意义的内陆。这种地理环境为欧洲的航海提供了便利，欧洲人是世界上最早的航海民族之一。地中海与爱琴海从远古时代就有了发达的近海航行，小亚细亚与希腊人通过海上贸易互相接触，地中海成为欧洲古代商业经济的中心。欧洲人也较早地进行了远洋航行，15世纪之后，葡萄牙人与西班牙人成为横跨大西洋与太平洋的航海家，发现了美洲，形成世界历史上影响深远的“地理大发现”，最终完成了环球航线的开通。其他的欧洲国家如荷兰人也是习惯海上航行的重要民族，被称为“海上马车夫”。

欧洲自然地理所独具的条件，培育了欧洲文明的特色。海上贸易发达有利于工商业发展，工商业在社会生产中占有重要地位，所以西方文化中，商人的社会地位并不低。13世纪以德国商人为核心成立了欧洲历史上著名的商人联盟——汉萨同盟（Hanse，或称汉萨联盟），其势力并不仅限于商业，而是深入到政治经济各方面，实力强大，足以对抗欧洲各国。1284年汉萨同盟与北欧国家挪威发生冲突，决定对挪威进行商业封锁，最后挪威政府被迫让步，以同意汉萨同盟的所有条件而告终。世界史上，类似商业联盟战胜国家政府的事例虽然也有，但像这样有世界影响的大事件实为罕见，它突出地表现了西方文化的特点。近代西方国家的经济崛起，更是依赖于发达的工商业。所以在全球化时代中，西方的政治经济权力会向大资本财团与阶层倾斜，是有历史渊源的。

发达的工商业贸易有助于城市化，特别是像交通便利的沿海国家意大利、英国等较早进入工业化。从中世纪后期起，欧洲以大庄园经济、手工业与商业的兴旺发达、城市自主等潮流引领了民族经济的飞跃。16 世纪以后，欧洲积极发展资本主义，开通环球海上交通，进行海外殖民，成为世界经济发达地区。

二、三大文化系统

我们上文已经指出，欧洲文明历史悠久，它可以划分为三个大的文化系统：

其一是地中海文化系统。欧洲南部的地中海是整个西方文化形态的起源地。地中海是世界上最大的大陆之间的海洋，位于欧亚非三大陆之间，交通位置极为重要。古代希腊人最早是以地中海东部的爱琴海为中心，创造了爱琴海文明。从公元前 8 世纪起，古代希腊城邦国家大批建立，雅典是最发达的城邦之一。希腊人开拓了广大的海外殖民地，成为西方古代文明中心。自公元前 492 年开始，地中海文明的希腊与东方帝国波斯之间进行了长期的战争，最后，实行城邦民主制度的希腊人战胜了君主专制的波斯帝国，胜利极大地鼓舞了希腊人。战后，希腊文明进入历史发展的高峰，直到公元前 4 世纪前期才开始衰落。

意大利半岛上的罗马人在公元前 6 世纪创造了发达的罗马文明，罗马人军事力量强大，在征服了马其顿与希腊之后，于公元前 2 世纪中期，建立起罗马共和国。罗马共和国是奴隶制的共和国，经历了一个多世纪的繁荣之后，公元前 30 年，罗马改为元首政治，从共和国变为帝国。罗马帝国经历了两个世纪的和平发展，逐步衰落，分为东西罗马两个部分。476 年，西罗马帝国在欧洲蛮族入侵之中崩溃。罗马帝国时代，欧洲主要民族之间建立了紧密的联系，已经具有一个统一的欧洲雏形。罗马帝国分裂后，欧洲诸民族形成相近的文化传统，这一传统其实就是日后西方文化的根基。

中世纪之后，意大利以文艺复兴运动影响全欧。在欧洲的工业化中，意大利成为最早的工业化民族，并且向欧洲其他地区扩散，所以说，地中海地区一直在欧洲发展中居于重要地位。

其二是西欧文化系统。西欧可以将地理学上的英、爱尔兰、法、比、荷、卢森堡等国与北欧的斯堪的纳维亚半岛、德国、瑞士，南欧的希腊、意大利、梵蒂冈、西班牙、葡萄牙、马耳他、列支敦士登、圣马力诺、摩纳哥、安道尔等国包括在内。主要是从阿尔卑斯山到比利牛斯山的东西方向，从多瑙河到斯维瓦河，再到斯堪的纳维亚半岛的南北方向，其范围包括了整个大西洋地区，这一地区有比较相近的人文、社会与生活习俗。大约从 12 世纪到 16 世纪前后，西方文明中心从地中海转移到了西欧，西欧国家取代了地中海国家的领先地位，建立起大西洋文化，原地中海国家也逐渐融入大西洋文化。西欧地区气候相对温暖，交通便利，工业化之后与北美洲一起成为世界经济发达地区。

其三是东欧文化系统。欧亚大陆的东部地区，土地广阔。主要大国俄罗斯曾经在这里建立起沙俄大帝国的势力范围，俄罗斯的领土横跨欧亚两大洲，它的政治经济中心偏于国家西部的欧洲地区，东部是世界上最寒冷的西伯利亚地区，属于亚洲。在不同的历史时期中，俄罗斯甚至扩充到中亚等地。东欧历史上曾经受到东罗马拜占庭帝国的影响，基督教的东正教等在这里占有重要地位。东欧国家包括波兰、捷克、斯洛伐克、匈牙利、保加利亚、罗马尼亚、巴尔干地区民族与阿尔巴尼亚等。俄罗斯位于欧洲东部，与东欧诸国历史渊源极深，但也有人认为，俄罗斯现在不应当属于东欧国家，而应当是一个独立的文化系统，当然，这只是一种可供参考的说法。此外，关于乌克兰、白俄罗斯与波罗的海三国（爱沙尼亚、拉脱维亚和立陶宛）应当归属于哪一个具体的文化系统，目前还没有完全固定的说法。

东欧是古代斯拉夫人的居住地，斯拉夫文明是这里的主要民族文明。斯拉夫文明分为三个主要支系：西斯拉夫人即波兰人、捷克人和斯洛伐克人，他们居住于东部欧洲与西部欧洲交界的地区，主要是现在德国的易北河东、奥得河与维斯瓦河之间的地区。斯拉夫人国家古代实行农村公社制度，而且保持时间较久。有的斯拉夫民族经历了农奴制度，或是从氏族社会直接进入封建国家。西斯拉夫文化虽然以斯拉夫文化为主，但历史上受西欧文明的影响相当深。

东斯拉夫人包括俄罗斯、白俄罗斯与乌克兰，他们主要居住于德涅斯特河东、第聂伯河以西、黑海以北的地区。东斯拉夫人以东正教为主要宗教，同时，俄罗斯地跨欧亚两大洲，与东方文化有较深的渊源。在所有斯拉夫人中，东斯拉夫人受到西方文化影响相对较少，直到近代以后，与西欧之间的联系才密切起来。

南部斯拉夫人包括保加利亚、塞尔维亚、克罗地亚、斯洛文尼亚、黑山和马其顿等民族。南斯拉夫人同样与希腊罗马文化有密切关系，他们经历了神圣罗马帝国、拜占庭与奥斯曼帝国等多种统治与侵略，所以富于反抗，民族性格坚强。但巴尔干半岛集聚了众多的不同宗教信仰与历史传统的民族，相互间的冲突经常引起世界的关注。

值得注意的是，罗马帝国崩溃之后，中世纪欧洲各国之间的交往相当频繁，政治经济格局变化很大，原来的地中海文明诸国逐渐与西欧国家合在一起。宗教改革之后，启蒙主义等各种思潮不断从西欧向东扩散，东欧各国受到极大影响。进入近代社会，随着工业化的推进，东欧与西欧国家之间的联系也变得更加紧密，相当多的东欧民族受到大西洋文化的影响，西斯拉夫与波罗的海国家现在已经加入欧盟。

了解欧洲国家的自然与历史状况，就可以深入理解其文化特性的形成与来源。由于欧洲有大致相同的自然与人文环境，在长期的历史发展中，形成了基本相同的文化特性，包括共同的宗教信仰、相近的民族与人种、类似的生活习俗等方面。深谙西方文明特性的中国学者严复就曾经说过：

> 不惮艰险而乐以从军走海上者，欧洲之民，大抵如此。而图敦、日耳曼之种犹然。此其与中国所甚异而绝不同者也。欧罗巴能雄视五洲以此。支那常恐为其所逼而终不足自存者，其端亦在此。[①]

这种说法虽然并不一定完全正确，但对于了解欧洲文化特性也可以作为一种参考。世界各地都有海洋，各国沿海也都有渔民。但是以海上商业贸易为主要经营，开辟环球航线的民族并不多，欧洲民族在这一方面所起的历史作用是相当重要的，这是历史事实。但是也无可讳言，进行海外扩张，开拓殖民地，也是从古希腊就开始的一个传统。

同时也要看到，欧洲各国的文明系统又各有不同，特别是由于宗教流派、民族传统与性格、社会生产与经济形态等差异的存在，各国的文化系统又可谓各有特色。如果从历史唯物主义观点看，决定一个民族文化特性的并不完全在于其自然与人文环境，而主要是其社会生产方式与经济发展的历史阶段特性，西方文化当然也不例外。西方文化之所以能在世界文化发展中取得先进地位，归根结底是由于它的工业化社会生产，它较早地发展了资本主义。这样才可能使它能够掠夺世界各殖民地国家，积累财富，成为发达国家，这是我们研究西方的认识前提。

三、欧洲国家的种族和民族

欧洲人的种族主要是白种人，也就是欧罗巴或称为高加索人种。他们骨骼比较高大，最突出的特征是头颅形状前后狭长，与亚洲人的扁平形、非洲人的圆形不同，肤色多数较浅。这一人种一般头发柔软，多为黄、灰色，高鼻深目，口形扁，嘴唇平，低颧骨，面庞较窄，体毛多。但是如同其他种族一样，这并不是一个单一的种族。欧洲历史久远，早自旧石器时代起，就有无数古代民族在这里生活。在比利时、法国和德国都有古代人类遗迹发现，德国海德堡人是大约五十万年前的古人类，这证明欧洲是古人类居住地。19 世纪在欧洲相当多的地区发现了尼安德特人的遗骨，这一人种大约生活于 7 万年前的中更新世晚期。

一般来说，欧洲人的种族分布于 4 个大的区域：(1) 大西洋人，主要位于西欧或欧洲西北部；(2) 地中海人，主要位于地中海区域或是欧洲西南部；(3) 白海

---

① 南京大学历史系，国营红卫机械厂《严复诗文选注》注释组选注．严复诗文选注．南京：江苏人民出版社，1975：220-221.

人，主要位于欧洲东北部接近北冰洋的地区；（4）高加索人，主要分布于欧洲东南部与俄罗斯。不同人种在肤色、头发、身材与五官方面都有区别，也有语言文化与宗教信仰方面的差异。其发展趋势是从西向东，从北向南，人种肤色加深。形成这一现象的原因相当复杂，主要是与北方日照时间相对少等因素有关。另外，东方的亚洲蒙古人种与南方具有非洲人种特征的人，以及与西方人种间的相互通婚，造成了人种的差异，也是一个原因。具体来说：

（1）大西洋人，即从大西洋到波罗的海地区的北欧人与西欧国家民族，外形特征比较突出，身材高大，肤色白，碧眼金发，体毛多而密。这些人以英法德荷等国居民为主，他们多数是日耳曼民族与罗曼语民族。

（2）地中海人，西班牙、葡萄牙、法国与意大利南部的人是所谓地中海人，他们的主要特征是眼睛已经变成深色，头发与皮肤等颜色也较深。头发是卷曲或有波纹。他们的身材在中等以上。头颅形状仍然是欧洲人所共有的前后较长的特点，面庞不宽，鼻子高而突出。这一人种主要分布于法国南部、意大利与西班牙。另外，葡萄牙人也应属于此类，但相对来说，肤色显得深，具有尼格罗人种的一些人体特点。

（3）白海人，即所谓白海—波罗的海人，包括芬兰、立陶宛、拉脱维亚、卡累利阿、维普斯、一些俄罗斯与白俄罗斯地区。他们身材比波罗的海以西的人显得较矮，其骨骼粗大，身体显得更为结实，脸庞宽，肤色也显得较深一些。

（4）高加索人，也称为巴尔干—高加索人，他们分布于巴尔干半岛、奥地利南部、高加索地区、意大利南部与希腊北部地区，与地中海人相似，只是面庞宽一些，头颅形状则显得短，鼻子中部高。

欧洲人的种族其实相当复杂多样，此处只能进行最简要的划分。相当多的国家中，主要民族其实都是多种族混融而成。同时，每一个国家中几乎都有各种民族与种族，特别是中部欧洲的一些国家，其人种混杂现象十分严重，例如德国、奥地利、捷克、波兰、乌克兰、俄罗斯与白俄罗斯等国家都具有多种种族。这些种族长期共同生活，互相通婚，种族特征已经不明显，也有人将这些国家地区的人称为阿尔卑斯人或中欧人。

必须说明的是，种族与民族问题在欧洲如同在世界各地一样，是一种客观存在的现象，回避这种现象的存在是毫无意义的。欧洲的各个种族与各个民族共同为欧洲的进步发展贡献自己的力量，他们都是欧洲的主人。任何种族歧视都是不公平的，只有坚持种族平等，才会有欧洲的繁荣。

欧洲人种虽然数量比较多，但是欧洲民族与世界其他地区相比较，并不算太复杂。欧洲共有160多个民族，只有俄罗斯人是欧洲的人口巨人，拥有1亿以上的人口。另有13个民族是千万人以上的，即英格兰、法兰西、德意志、意大利、乌克兰、波兰、西班牙、葡萄牙、罗马尼亚、匈牙利、荷兰、捷克与希腊。其余的欧洲民族中，有 50 个是超过 1 万人的。

欧洲的国家与民族分布中有一个重要特点，即所谓民族国家，也就是以一个民族为一个国家。这是近代欧洲历史所形成的特点。欧洲民族国家的起源可以追溯到罗马帝国崩溃之后，原罗马帝国的各个行省与殖民地的人民取得独立，原来没有被罗马人所征服的一些民族即所谓的蛮族们也纷纷建立封建国家。这一时期其实已经产生了封建民族国家的雏形。进入近代社会之后，欧洲主要的封建民族国家开始建立。19 世纪之后，西欧首先成立了现代意义的民族国家，这种民族国家的思潮影响到世界其他地区。但是，所谓民族国家并不是绝对的，没有一个国家是绝对由一个民族组成的，即使最纯粹的民族国家也是多民族的。相对来说，东部欧洲国家中，民族更为多样。

但是不可否认，欧洲国家民族相对单纯，有的国家中，某一民族可能占到全国人口的 90%以上甚至更高。希腊、葡萄牙、冰岛、丹麦、爱尔兰、德国、匈牙利等国就是这种以一个民族为主的国家。但多数国家并非如此，其中又可以分为两大类，第一类是主要民族占到国家人口的多数甚至达到 80%以上，包括法国、芬兰、罗马尼亚。第二类国家中，没有一个单一民族人口能达到 80%以上，特别是在英国和西班牙这样的国家中。其余一些国家，根本谈不到以某一民族为主，瑞士、荷兰、比利时等国，没一个民族能被看成是主要民族。所以在这些国家中民粹主义不易成为主流，近年来愈演愈烈的“难民与移民安置”问题，正是对欧盟的一个大考验。

四、主要语种与语系

公元前 1000 年前后，腓尼基人（Phéniciens）发明字母，向各国传播，经过漫长的历史演变，欧洲各国的语言逐渐走上以拼音文字为主的道路。这是欧洲语言文字的重要特点之一，这里是世界上拼音文字最普及的地区。古代希腊创造的希腊文字是一种把字母与元音对应起来的发达文字，在地中海地区曾经普遍使用，直至今日，作为西方古代文字，仍然是学习的重要内容。罗马帝国时代，拉丁文成为西方统一的语言文字，是西方历史上的“书同文”。在封建社会中，欧洲各民族基本上采用拉丁文。现在世界上以拉丁文为基础的字母表共有 70 多个，其中 30 多个是欧洲语言所使用的。可以说，欧洲是拉丁文的故乡，拼音文字是相当普及的。

文字学家乔治·让（Georges Jean）曾这样评价世界文字的地理分布：

> 采用拉丁字母书写的语言非常之多，分属不同语系。使用拉丁字母的地区，分布也最广。拉丁字母的历史中心在西欧，但是它扩展至南北美洲、大洋洲和整个南半球。它和阿拉伯文字争夺北非，通过土耳其和前苏联各共和国，闯进了亚洲，在那里占据了一些据点。在不同国家和地区使用拉丁字母

> 的人，总数约为9.62亿（按照惯例，不区分会书写和不会书写的人）。希腊字母和从它派生出来的斯拉夫字母（西里尔字母），主要通行于中欧和东欧，约有2亿人使用……
>
> 文字的地理分布不像语言那样复杂。在历史上，文字的民族主义可能远不及语言的民族主义强烈。尤其在近一个世纪，使用拉丁字母的地区大幅扩张，俨然拼音文字的主流。①

除了汉字之外，拉丁文字母是世界上最重要的，也是使用最为广泛的文字。

欧洲语言有5个语系，即印欧语系、乌拉尔语系、高加索语系、阿尔泰语系与闪含语系。

(1) 印欧语系是世界最古老的大语系，它包括三个大的语种与三种单独的语言。这三种单独的语言是希腊语、阿尔巴尼亚语和克尔特语，这三种语言都是古代语言保存下来并仍在使用的语种。希腊人的语言文字曾经是欧洲最重要的语言，但是很早就被拉丁文所取代，拉丁文字是在希腊字母的基础上发展起来的，希腊语言文字是欧洲语言的母体，包括斯拉夫语言文字也都借鉴了希腊文。但是多数国家早已经不使用希腊语，当代仍然在使用希腊语的人口有1 000万左右。而阿尔巴尼亚语是古代色雷斯语遗留下来的，这种语言早已经灭亡，只有阿尔巴尼亚仍然在使用经过拉丁语与希腊语作用后的这种古代语言。克尔特语即是古代的高卢人所使用的语言。

三大语种即日耳曼语、罗曼语和斯拉夫语。

日耳曼语分布于北欧、中欧与大不列颠地区，西部与北部日耳曼语还有一些不同。西欧主要是荷兰、英格兰、苏格兰、奥尔斯特、弗里斯、佛拉芒、阿尔萨斯、卢森堡、奥地利、德意志和说德语的瑞士人。北欧的一些民族如丹麦、挪威、瑞典、冰岛等地使用的语言同为日耳曼语，但与西欧是不同的。日耳曼语使用人口约为2亿，约占欧洲人口的1/3强，次于斯拉夫的俄罗斯语。

罗曼语分为两大语种，一是西罗曼语，在西欧与南欧国家中通用，包括法兰西、意大利、西班牙、葡萄牙、瓦隆、加泰隆、列托罗曼、卢森堡、科西嘉等国家与地区的民族。另一种是东罗曼语，主要是东欧国家，包括罗马尼亚、摩尔多瓦、塞尔维亚与马其顿的阿罗蒙人，人数不多。罗曼语的民族人口总数不足2亿人，略少于日耳曼语，大约也占欧洲人口的1/3略强。

斯拉夫语是东欧与东南欧国家的语言，主要有东斯拉夫语、西斯拉夫语与南斯拉夫语。东斯拉夫语分布于俄罗斯、乌克兰和白俄罗斯。说西斯拉夫语的民族是波兰、捷克、斯洛伐克等。南斯拉夫语则使用于保加利亚、塞尔维亚、克罗地

---

① ［法］乔治·让．文字与书写——思想的符号．曹锦清，马振聘，译．上海：上海世纪集团，上海书店出版社，2001：208.

亚、斯洛文尼亚、马其顿、黑山、波斯尼亚等巴尔干地区。

印欧语系的民族占了欧洲人口的大多数，大约有近 5 亿人口使用印欧语系，占欧洲总人口的绝大多数。印欧语系在世界古代语言中是极有影响的，18 世纪比较语言学的重大发现即是古代印度的梵语与古代欧洲的希腊语是同源的，推测是由于雅利安人的南迁，使得这一语系从欧洲流传到亚洲的印度，这一发现揭开了世界比较文明的秘密，印欧语系也因此得名。

(2) 乌拉尔语系的主要民族是匈牙利人、芬兰人、爱沙尼业人等，除了这些国家之外，欧洲历史变迁中，一些散居于不同国家的民族也属于这一语系。首先是匈牙利人，即所谓的“马扎尔人”（Magyar），他们是典型的欧亚人种混合型。据有的学者考证：

> Magyar 人的祖先曾居住在乌拉尔山脉和伏尔加—卡玛—奥卡河流域的森林地带；他们与西西伯利亚鄂毕河流域的 Vogul 人和 Ostiak 人，在语言上有亲缘关系。由于某种不见诸记载的原因，使他们迁徙到南方的草原地带。在 9 世纪时，Magyar 人和一些突厥部落，在黑海北岸结成了一个名为 On-Ogur（突厥语“十箭”）的部落联盟，这个名字被邻近的斯拉夫人讹读为 Vengr，而其谐音即是今天世人皆知的 Hungary。
>
> ……根据欧洲的历史记载，在此后的半个多世纪中，Magyar 人仍以其游牧部落的快速袭击能力骚扰西欧各国，并曾引起西欧地区的一片恐慌。但是在 953 年，他们在巴伐利亚地区被日耳曼人决定性地击败，此后他们便退守家园，开始农耕生产，并皈依基督教，从而在文化和意识上开始转化为欧洲居民的一部分。①

匈牙利民族历史上经历了多种苦难，以后又曾经被成吉思汗的孙子拔都所征服，并且经历了德意志人的大移民，16 世纪之后基本上被奥匈帝国所控制。第二次世界大战中又为德国法西斯所占领，经历了多民族与帝国的侵略。所以匈牙利人语言复杂，其语言属于乌拉尔语系的芬兰—乌戈尔语，人民流散于东欧罗马尼亚、捷克等国家，仍使用其语言。

萨阿米人是分布于芬兰、挪威和瑞典等国家的民族，他们居住地偏北，也属于乌拉尔语系。俄罗斯的一些少数民族也属于这一语系，如莫尔德瓦人、卡莱利阿人、科米人、乌德穆尔特人等。

乌拉尔语系总人口大约为 2 000 万。

(3) 阿尔泰语系主要居民是土耳其人，除了土耳其之外，他们也生活于东欧国家中。另外还有加告兹人、鞑靼人、巴尔基尔人、楚瓦什人等，他们的人数在欧洲大约为 300 万人。

---

① ［美］朱学渊. 中国北方诸族的源流. 北京：中华书局，2002：2.

（4）高加索语系民族生活在俄罗斯的北高加索地区，这是一个从古代起就居住着多个民族的地区，其中如印古什人、车臣人、阿迪盖人、切尔克斯人、卡巴尔达人等，还有达格斯坦自治共和国的阿瓦尔人、列兹金人等。

（5）闪含语系起源地不在欧洲，它来自亚洲。目前在欧洲的民族中，马耳他岛上的马耳他人，分布在东欧的犹太人都属于闪含语系。但他们两个民族的语言又有所不同，马耳他人的语言近似于阿拉伯语的一种小方言。而犹太人的语言是希伯来语，属于闪含语。欧洲语言分布的总体特征是通用语言较多，如印欧语系的英语、法语和德语都是世界多民族通用的语言，美国与加拿大都在使用这些语言，欧洲许多国家也在通用这些语言。另外，双语或是多语现象较为常见，在俄罗斯各共和国民族语言与公共语言俄语通用，东欧国家中以第二语言为俄语的民族也相当多。此外，欧洲各国之间交通便利，共同的宗教，共同的历史文化基础，使得欧洲居民通晓多种语言者较多，如马耳他规定的官方语言是马耳他语与英语，其实意大利语在这个国家中相当普及。

生活在欧洲多个民族交界地区的人们更是多种语言并用，例如具有独特文化传统的巴斯克人会说西班牙语、法语、意大利语等多种语言。欧洲的历史与现实使得多种语言之间的交叉使用超过了世界其他地区，这也是西方文化的一种特色。

五、欧洲国家的主要宗教及其分布

基督教是欧洲最重要的宗教，它在欧洲的分布与欧洲历史和宗教历史都有密切关系。同时也与国家政治与语言体系有一定联系。

西欧与西南欧洲是天主教的根据地，意大利罗马在历史上就是天主教的中心，教廷就设在梵蒂冈。西班牙、葡萄牙、法兰西与瓦隆人都是天主教徒，他们都属罗曼语系。除此之外，奥地利人与部分德意志人、荷兰人与佛拉芒人、卡森堡人也都是天主教徒，他们属于日耳曼语系。波兰人、捷克人、斯洛伐克人、克罗地亚人、斯洛文尼亚人以及一部分乌克兰人和白俄罗斯人，他们虽然是斯拉夫语系的民族，并且生活地区与东正教徒们交错在一起，但他们仍然坚持信仰天主教。匈牙利人、巴斯克人与爱尔兰人也都是天主教徒，最有意思的是，马耳他人虽然从语系上属于阿拉伯语，但他们是天主教徒。

德国是宗教改革运动的发源地，也是新教的大本营，大多数德国人是信仰新教的，路德派是其主要教派。1517年德国教士马丁·路德领导德国人进行宗教改革，成为基督教历史上最重要的革命。德国新教成立以后，传播到欧洲各地。现代欧洲国家中，拉脱维亚人和爱沙尼亚人受其影响，信仰新教的路德派，而荷兰人与瑞士人中则以加尔文派较多。英格兰人以英国国教即圣公会为主要宗教。新教分布的主要地区是在中欧、北欧与不列颠地区，包括瑞典人、冰岛人、丹麦人、挪威人与苏格兰人等大多数是新教徒。从这里也可以看出16世纪的宗教改革、文艺复兴与工业化一样，是西方历史文化的一次重要改革。

基督教中的第三大势力是东正教，这是盛行于东欧与巴尔干半岛的宗教。1054年基督教分为了东西两派。西方基督教供奉罗马教皇，它的地区主要是拉丁语国家。而东正教则是由拜占庭所控制。东正教使用希腊语或是本民族语言，所以被称为希腊正教。16世纪末期，莫斯科主教宣布脱离君士坦丁堡的控制，独立为俄罗斯正教，使用古斯拉夫语言。从此之后，东正教的其他一些国家也相继独立，其中以东斯拉夫人最多，俄罗斯人、乌克兰人和白俄罗斯人多数信仰东正教。南斯拉夫人包括塞尔维亚人、黑山人、马其顿人、保加利亚人、希腊人、罗马尼亚人、摩尔多瓦人等也都是东正教徒。

欧洲的第二大宗教是伊斯兰教，但是民族分布较散。阿尔巴尼亚、波斯尼亚是以伊斯兰教为主的国家。土耳其属于亚洲，居民主要信仰伊斯兰教，但有一部分信仰伊斯兰教的土耳其人分散居住在东南欧的一些国家之中。

俄罗斯境内的伊斯兰教民族集中于北高加索地区与伏尔加河流域，如鞑靼人、巴什基尔人、车臣人、印古什人、阿维盖人等，他们大多数是阿尔泰语系的民族。近年来，这些民族由于与俄罗斯主要宗教东正教之间的信仰不同所引起的冲突正在受到关注。

欧洲是犹太教等民族分布最广的地区之一，但是自第二次世界大战起，欧洲犹太人就开始大批地迁往美国与以色列，现在这两个国家是犹太人最集中的地区。综上所述，欧洲自然与社会环境决定了其重要特性，罗马帝国以来的统一文化与各具特色的多民族宗教、语言独立性，经常产生民族与区域的“独立”要求，民粹思潮的流行。

第二节　部分西欧国家

无论历史还是现实，西欧国家在西方文化中都有重要地位，我们有必要先对西欧国家进行重点研究。

从古代到今天，西方的概念经历了三次大的变化，范围不断扩充。在东西方历史上，第一个西方是指希腊与爱琴海文明，也包括了以后的罗马帝国，这是公元前5世纪的希腊波斯战争之后产生的概念。西欧国家只是在罗马帝国时代才真正进入了西方的地理范围。从中世纪开始，西方的概念再次变化，西罗马帝国成了西方的主体，这时的西方已经以西欧地区为中心，原有的地中海文明也逐渐与西欧文明结合了起来。第三次变化则发生于 20 世纪第二次世界大战之后，西方与西欧的概念再次扩大，西欧已经包括了英、爱尔兰、法、比、荷、卢森堡等国，并且将北欧的斯堪的纳维亚半岛、德国、瑞士，南欧的希腊、意大利、梵蒂冈、西班牙、葡萄牙、马耳他、列支敦士登、圣马力诺、摩纳哥、安道尔等国也包括在内，共有 24 个国家。主要是从阿尔卑斯山到比利牛斯山的东西方向，从多瑙河到斯维瓦河，再到斯堪的纳维亚半岛的南部。与历史上相比，这可能是最大的西欧区域划分，仅从这里，我们也可以看出西欧在西方文化中的地位变化及其扩展。

由于篇幅关系，不可能对于西欧所有国家进行逐一介绍，只能对其中部分国家的状况进行概括性的说明。

一、大不列颠及北爱尔兰联合王国

在欧洲大陆的西北角，通向大西洋的海路口有一个大岛——不列颠，这里原本与大陆相连，上古时代的地质变化，使得不列颠岛与大陆分离，中间出现了一个海峡，这就是今日的英吉利海峡。不列颠岛就是现在的英国，英国人喜欢称其为大不列颠。岛上的原住民是创造了巨石文化的民族，但已经很难考证。最早进入大不列颠岛的是凯尔特人，距今 4 000 年前他们已经在岛上生活。凯尔特人没有文字，其社会形态属于原始社会。公元前 43 年，罗马统帅恺撒带领军队进入大不列颠，从此这里就成为罗马帝国的一个行省，开始了文明社会的历程，英国全称是大不列颠及北爱尔兰联合王国（The United Kingdom of Great Britain and Northern Ireland），简称英国或英格兰，也称为联合王国。

英国位于大西洋与北海之间，地扼美洲与欧洲交通要道，地理位置十分重要。英国其实是一个以大不列颠岛为主的岛国，领土面积包括大不列颠岛、爱尔兰岛东北部与部分小岛，面积大约 24.42 万平方公里，英国本土面积大约相当于中国领土的四十分之一左右。海岸线曲折，长度达到 11 450 公里。港湾密布，陆地中心距离海岸不超过 120 公里，有优越的航海条件。英国曾经是世界历史上的航海大国之一，它取代了伊比利亚半岛上的西班牙与葡萄牙，积极开拓海外殖民地。英国与欧洲大陆上的法国隔着英吉利海峡，来往方便，虽然严格意义上英国不是欧洲大陆国家，但人们往往不把它与欧洲大陆分开。

大不列颠岛的西北高，东南低，奔宁山脉在英格兰的西北部，平均高度只有 600 米。泰晤士河经过首都伦敦流入北海，全长 346 公里，通航便利，伦敦是著名的世界大港。苏格兰以山地为主，中部比较平缓。西北高原上有尼维斯山，海拔 1 343 米，是英国最高的山峰。全国的气候由于受到墨西哥湾暖流的影响，属于海洋性温带阔叶林气候，四季变化不大，温暖湿润，但全国地形复杂，气候也较为多样。英国的矿产资源主要是煤、铁、石油与天然气等，但并不太丰富。土地是灰化土，适宜于耕作。苏格兰与威尔士则以沙土地为主，宜于畜牧业的发展。英国现有人口约为 6 000 万人左右，全国大多数人口集中于城市，可以分为 7 个大的城市经济中心区：伦敦区；以曼彻斯特为中心的东南兰开夏区；以伯明翰为中心的西部平原区；以里兹和约克郡为中心的西约克郡区；以利物浦为中心的麦西河区；以纽塞为中心的泰因河区；以加的夫与斯旺西为中心的东南威尔士区。苏格兰地区则以格拉斯哥为中心集中了人口的三分之一，独立成为一个中心。

英国的民族按居住地分为英格兰人（English）、苏格兰人（Scotch）、威尔士人（Welsh）与爱尔兰人（Irish）。英格兰人最多，约占全国人口的 78%左右，他们是欧罗巴人种，是由凯尔特人、盎格鲁-撒克逊人与丹麦人长期结合所形成的，主要居住于英格兰与威尔士。苏格兰人大约占全国人口的 9%左右，是由皮克特人、斯科特人、大不列颠人与盎格鲁-撒克逊人所形成。皮克特人是最早来到英国的凯尔特人中的一支，他们受罗马文化的影响较小。斯科特人则是罗马时代从欧洲大陆迁移到英国来的克尔特人，9 世纪前后，斯科特人建立了苏格兰王国。盎格鲁-撒克逊人进入苏格兰后，苏格兰开始受到英格兰的影响，1560 年长老教会被立为苏格兰国教，从此与英格兰在宗教上分开来。1707 年，苏格兰与英格兰合并为大不列颠王国。

爱尔兰主要是斯科特人，他们与伊比利亚人、诺曼人、盎格鲁-撒克逊人等通婚，形成了新的民族。他们的人口约占全国人口的 4%。威尔士人是由罗马时代的金姆里人与不列颠人所组成的，他们在历史上曾经形成过自己的国家。13 世纪末期，盎格鲁-撒克逊人占领了威尔士。威尔士人口占全国人口的 1.3%左右，信仰公理会等教派。此外，英国还有犹太人等多种少数民族。

19 世纪的英国曾经是世界上经济最发达的工业化国家，20 世纪以来，它的领先地位逐渐为美国所取代，但英国仍然是一个工业强国。根据 20 世纪末期的统计，英国全国铁路线总长 1.7 万公里，公路 37 万公里，交通发达，运输便利。

英语是英国的国语，但它的影响早已经远远超出了英国国境，成为世界最为广泛流行的语言，世界上除了英国之外，美国、加拿大等国家也都讲英语，以英语为母语的人数多达 3 亿人。英国广播公司即 BBC 所使用的英语是剑桥地方的发音，自然也就成为除美国式英语之外的英语标准语音。虽然英语号称世界语言，在国际事务中有最广泛的应用，但是英国人并不全说英语，威尔士、苏格兰北部的高原地区和北爱尔兰地区，仍然有相当多的民众说克尔特语、盖尔语等民族语言。在当代社会中，在英语的故乡，这些民族仍然在使用非英语的本族语言，足见这些民族十分珍爱自己的语言，重视保持自己的文化传统。

联合国五大常任理事国中、美、俄、英、法，英国是其中之一。

二、法兰西共和国

在欧洲大陆西部的边缘，隔英吉利海峡与英国相望的是法国。早在上古时代这里就有人类活动，已经发现了从旧石器到新石器时代的完整的人类文明遗址。大约 3 000 年前，凯尔特人来到这里定居下来，在罗马时代，这里被称为高卢。公元前 2 世纪这里已经成为罗马的一个行省，到 51 年，罗马人全部占领高卢。3 世纪起，罗马人在高卢发展了农庄，建立了早期的手工业。5 世纪时，古代日耳曼人中的法兰克人从原来的中欧居住地进入高卢。6 世纪初期，法兰克人建立了法兰克王国的墨洛温王朝，从此，法国以法兰克人而得名，称为法兰西。到 9 世纪时，法兰克帝国分裂之后，法兰西民族开始形成，这是法国民族国家的开端。10 世纪初期，诺曼底人从北欧入侵法国，建立了诺曼底公国。这样，由于南部法国深受罗马文化影响，南北之间形成差异，北方称为法兰西人，南方为普罗旺斯人即南法兰西人。直到 12 世纪，分裂已久的法国终于统一，建立了强大的王权统治。14 世纪到 15 世纪，法国与英国之间爆发英法百年战争。15 世纪末，法国领土最终统一，16 世纪，法国成为西欧最大的王权国家。1789 年的法国大革命之后，现代意义上的法兰西民族与民族国家才真正成立。

法国全称是法兰西共和国（The Republic of France），西临大西洋，西北方就是英国，东南则是地中海，东北部与意大利、瑞士、摩纳哥、德国等国相邻，西南是西班牙与安道尔。领土总面积为 551 602 平方公里，面积居西欧国家之首。

法国的地势是西北低而东南高，全国以平原为主，而且大多为海拔 250 米以下的平原，山地与丘陵地总共占全国土地的 40%左右。东南部的阿尔卑斯山平均海拔 3 000 米上下，主峰勃朗峰高达 4 810 米，位于法国与意大利之间。法国主要河流罗讷河及其支流顺山流下，水力资源较为丰富。西北部是丘陵与盆地，巴黎盆地在中央高原与丘陵之间，塞纳河与卢瓦尔河从中流过。沿着地中海分布着海岸平原。法国河流众多，塞纳河是北部的主要河流，它起源于东部的高原，流入英吉利海峡。此外还有卢瓦尔河、加隆河、罗讷河与发源于阿尔卑斯山的莱茵河。莱茵河从法国起源，流经德国到荷兰入海，全长 1 360 公里，已经是西欧最大的河流了。法国气候温暖，属于海洋性气候，基本上在温带地区，只有部分地区处于亚热带。在地中海与大西洋之间，海风与洋流调节了法国的气候，使这里温暖宜人。与邻近的英国相比，法国矿藏丰富，尤其是铁矿石储量极为丰富，居于世界前列，但质量不太高。此外还有铝矾土、煤、石油等储量较大的矿藏。不过其有色金属与稀有金属储量不高。

法国总人口约 6 000 万，其中城市人口所占的比例大约为 70%至 80%之间，随着社会风尚的变化略有调整。法国是一个移民国家，与其他欧洲国家不同的是，欧洲历史上曾以对外移民为主，法国向内移民却相当多。法兰西人约占法国人口的 90%，大约有 5 000 万，由凯尔特人特别是高卢人同古代伊比利亚人、利古里亚人、西哥特人、勃艮第人、法兰克人等多个民族所形成，现在，他们统称法兰西人，是法国主要的民族。早在罗马帝国时代，高卢人其实已经与罗马移民结合在一起，这些罗马化的高卢人就是当代法兰克人的主体。如果从民族构成而论，法国的移民多数加入法国国籍，据估算，现代法国人口中大约有三分之一是外来移民的后裔，21 世纪以来，由于欧洲移民问题争论激烈，法国民粹派思潮较为活跃。

阿尔萨斯人居住在与德国相邻的阿尔萨斯与洛林地区，约占全国人口的 2.7%。阿尔萨斯人的祖先是日耳曼人，他们与当地的凯尔特人互相结合，形成了阿尔萨斯人。从 17 世纪起阿尔萨斯人归法国统治，但是，1871—1918 年间，德国人占领了阿尔萨斯与洛林地区，并且在该地区推行德语。法国作家的作品中，曾经描写过这一历史过程。第一次世界大战之后，德国战败，法国收回了阿尔萨斯与洛林地区。此外，居住于法国西部的布列塔尼半岛上的布列塔尼人，居住于科西嘉岛上的科西嘉人，居住在法国北部靠近比利时的敦克尔刻与阿兹布鲁克的佛拉芒人，居住在法国南部的比利牛斯山东部与西班牙交界地区的加泰罗尼亚人，居住在法国西南部的巴斯克人等，都是法国的重要民族。这些民族各有自己独特的文化传统，2017 年西班牙的加泰罗尼亚人中还曾出现过短暂的“独立”活动。

法国大革命期间，取消了国内税卡与行会，工商业自由开放，统一币制与度量衡，改革了兵役与征税制度，建立了全国统一的语言。从此法兰西语言成为国家的语言与民族的骄傲。法语属于印欧语系中的罗曼语。由于历史上法国曾经是一个殖民宗主国，同时也由于法国发达的文学与文化所形成的多种原因，法语传播相当广泛，是国际交往的一种重要语言。法国重视法语的推广，经常与英语互相攀比，争夺国际地位。除了法国本土之外，世界上说法语的地区主要有：比利时南部、加拿大的魁北克、瑞士的部分地区、卢森堡、海地等，特别是非洲的一些国家由于曾经是法属殖民地等原因，法语一直是其国家语言或是其中之一，如塞内加尔、马里、几内亚、民主刚果、刚果、贝宁、布隆迪等，世界上使用法语的人口已经超过 1 亿人。

从宗教信仰的角度来看，法国也是一个有特色的国家。天主教是法国最主要的宗教，天主教徒占全国总人口的大约 80%稍弱，特别是在法兰西人中，天主教是其主要信仰。全国分为 17 个教省与 90 个教区，设立 8 名红衣主教与百余名大主教，天主教在学校中颇具势力，教会学校占到法国中小学的一半以上，特别是小学中，教会学校数量相当多。此外基督教新教中的加尔文教派、路德教派在法国也有相当多的教徒。基督教于 2 世纪传入法国，法兰克人征服高卢之后，墨洛温王朝的统治者们以罗马天主教为自己的信仰，实行政教合一的政策，一直到

16世纪宗教改革运动之前，天主教一直居于统治地位。1559年，法国的新教会联合起来组成了国家新教会，就是所谓的胡格诺派。1598年在法国国王亨利四世的《南特敕令》中宣布，天主教是国家宗教，但是新教享有传教与举行活动的自由，新旧教徒在社会生活中平等，不得歧视新教徒。经过启蒙主义与法国大革命，教会的权力逐渐下降，1905年，法国正式宣布政教分离，结束了自中世纪以来的政教合一局面，这标志着法国宗教与社会生活的一个新阶段到来。

东正教在法国约有50万教徒，主要集中于巴黎地区，亚美尼亚东正教徒大约有20万人。伊斯兰教是法国第二大宗教，8世纪时，穆斯林曾经进入高卢西南部，从此伊斯兰教进入法国，目前有200多万人，其中三分之一左右集中于巴黎。此外还有犹太教徒50多万人，也主要分布于巴黎等地。

与英国一样，法国也是联合国五大常任理事国之一。

三、德意志联邦共和国

早在公元前1000年前，日耳曼人就已经生活在波罗的海周围，大约于公元前50年，日耳曼人进入到莱茵河流域并且在这里定居下来。476年，受到匈奴等游牧民族的压迫，日耳曼人攻入罗马，罗马帝国灭亡。486年，法兰克王国成立，以后接受了基督教。9世纪，法兰克帝国分裂为三个部分，其中东法兰克人以后建立了德意志王国，这就是德意志民族的来源。

德国，全称德意志联邦共和国（The Federal Republic of Germany），位置在欧洲中部，周边国家分别是北边的丹麦，东边的波兰与捷克，南边是瑞士、奥地利，西边是荷兰、比利时与法国，西北边是英国。德国地扼欧洲之咽喉，位处交通中心。领土面积354 072平方公里，总人口8 000多万。德国三面都是陆地，只有北部有两个出海口，一个是北海，一个是波罗的海，海岸线长度只有1 333公里。德国地形复杂，地势北低南高，北部沿海土地低平，南部则是巴伐利亚高原与阿尔卑斯山，莱茵河从南向北流过，全长1 300公里。中部是山地，山脉都不太高，一般不超过600米。莱茵河流域是德国最富饶的地区，土地肥沃，气候温暖，宜于发展农业。这里也是德国工业集中的地区，化工工业、石化工业都在莱茵河流域，近年以来，德国的高科技工业发展迅速，沿着莱茵河已经形成了颇具规模的产业带，是世界上经济最发达的地区之一。欧洲大河多瑙河从德国发源，其余还有易北河、威悉河与奥得河等较大的河流，这些河流大多都是穿越多国的河流。德国气候基本上属于过渡地带，它从西部欧洲的海洋性气候向东部欧洲的大陆性气候过渡，全国年平均气温为9℃左右。

德国主要的矿藏是煤炭与钾盐，产量都在世界占重要地位。而其他矿藏并不多。十分突出的是，德国的森林资源丰富，全国森林覆盖面积达到国土的近三分之一，这些森林中相当多的是人工培育的，从这里也可以看出德国人重视环境保护、爱护祖国林木的优秀传统。

德意志民族是德国的主要民族，人口达 8 000 万以上，公元初年，莱茵河与奥得河流域的日耳曼人、克尔特人、列托人、普鲁士人逐渐混合成为了德意志人。843 年，法兰克王国分裂使得东法兰克人独立起来。962 年，罗马教皇为德国国王加冕为“神圣德意志罗马帝国”皇帝。虽然在中世纪经历了长期的封建统治，但是德国工商业发展仍然相当迅速。中世纪后期，以德国商人为主体结成的“汉萨同盟”显示了商业阶层与市民的强大力量，他们富可敌国，统治着东西欧洲、地中海与波罗的海的商业贸易，为西方工商业发展开拓了路径。从 15 世纪到 19 世纪，由于海上环球航线的开通，欧洲各国经济地位发生变化，伊比利亚半岛的葡萄牙与西班牙等国成为海外冒险的先锋，英法等大西洋国家也急起直追，殖民主义与海外贸易使这些地区与国家的经济发展突飞猛进。而德国却陷入长期的分裂与封建主义旧制度统治，经济发展缓慢。直到 1871 年，德国的 300 多个城邦才联合起来，成立了德意志帝国。

最早记录日耳曼人历史的罗马历史学家在《日耳曼尼亚志》中指出，德国人的先祖哥特人本来属于所谓的蛮族，社会结构简单，人民生性淳朴。经过中世纪与其后的长期分裂，德意志人要求统一与强盛的愿望极为强烈。第一次世界大战中，德国原本想通过战争来分取一份殖民主义的利益，但不料却成了战败国。第二次世界大战前，1933 年 1 月 30 日，希特勒的法西斯政党通过选举获得多数选票，窃取国家大权，希特勒当上了政府总理。他立即在德国实行法西斯专政，仿效罗马帝国专制君主，自称“元首”，执行对外侵略政策，发动世界大战，给世界人民造成了重大损失。这是德意志民族的悲剧与永远不能忘记的历史教训。第二次世界大战后，德国分裂为民主德国与联邦德国两个国家，直到 1990 年 10 月 3 日，德国才实现了统一。

德国原本是个单一民族为主体的国家，但现在已经成为一个多民族的国家，大量的移民进入德国，改变了它的民族结构。目前，德意志人仍然占全国人口的绝大多数，但其他民族如奥地利人、意大利人、西班牙人、葡萄牙人、塞尔维亚人、罗马尼亚人、土耳其人与希腊人在德国的总人数都超过了 10 万人。

基督教是德国人最主要的宗教，特别是新教对于德国人意义重大，因为历史上著名的宗教改革就是从德国发起的。神圣罗马帝国留给德意志人的文化遗产中包括坚实的基督教传统，教会势力大，而教职人员腐败，这引起德意志民族有识之士的极大不满，16 世纪终于爆发了宗教改革运动。马丁・路德领导的宗教改革运动对于整个西方文化都有巨大的历史作用，更是完全改变了德国人的信仰世界。现代德国人中，基督教是主要宗教，其中天主教与新教派平分秋色。路德派、加尔文派与联合派等各新教派集中于德国北部的汉堡、不来梅、下萨克森与石勒苏益格—荷尔斯泰因等州。天主教的势力则主要分布于莱茵兰—普法尔茨、萨尔和巴伐利亚等州。

德语是德国的国语，除此之外，欧洲的一些国家也使用德语，被称为德语国家，如瑞士、奥地利与列支敦士登等，历史上曾经受到德意志民族文化的影响，德语是其重要语言。德语语法规范，大约于 18 世纪就已经形成统一的标准，是较早形成的规范语言。德语虽然在国际事务交往中的应用似乎不如英语与法语那样广泛，但是德语在文化交往中的作用却并不亚于以上两种语言。德国是一个科学技术与学术研究大国，其自然科学、哲学、历史、音乐、文学艺术等方面人才辈出，文化遗产丰厚，德语的图书出版业在世界一直领先，世界各国优秀图书译成德文的数量最多，超过其他语言。

13 世纪初期，欧洲从庄园制度向城市化迈进，商业与工业经济向传统的农业经济发起挑战。德国工商业迅速发展，汉萨同盟的德国商人创造了世界商业的转型，形成了以德国为主体的商业路线。这一路线经诺夫哥罗德—雷瓦尔—吕贝克—汉堡—布鲁日—伦敦，联结中欧、北欧与西欧。德国传统工业中，纺织、机械、采矿与印刷业都曾经在欧洲领先。经历了封建割据时代的落后之后，1834 年德国实行了各邦国的关税同盟，开始了工业革命。到 1913 年，德国后来者居上，以工业经济为主的德国国民经济超过了英国，坐上了欧洲的第一把交椅。

两次世界大战特别是第二次世界大战给德国人民带来巨大的损失，也使德国工业经济几乎崩溃。经过战后的重建，德国工业再次进入世界先进行列。现代德国工业以钢铁、机械、化工、燃料、汽车、精密仪器与电子等最为发达。德国工业区域性强，集中于北莱茵—威斯特法伦、巴伐利亚、巴登—符腾堡、下萨克森、黑森等州。著名的鲁尔区是欧洲工业最发达的地区。一批世界知名的国际公司如西门子公司、大众汽车公司、巴斯夫化学公司、拜尔化工公司、赫希斯特化工公司、蒂森—克虏伯钢铁公司、鲁尔煤炭公司等出自德国，现在已经在世界多个国家与地区投资发展。中德两国贸易与投资发展迅速，德国是中国在欧洲最重要的经济合作伙伴之一。

德国土地并不肥沃，气候也不利于农业发展，所以重点发展畜牧业与经济性作物，基本上实现了农业现代化，农业机械普及，生产方式先进。德国的交通运输极为发达，铁路分为两个系统，一个系统是联邦铁路，另一个系统是非联邦铁路，两类铁路总长大约为 45 000 公里。德国铁路系统具有高度发达的科学技术，不但电气化程度高，而且有多种高速列车。1994 年起，汉堡到柏林之间的磁悬浮列车开通，最高时速可达到 400 公里，两城市之间交通仅需 53 分钟。近年来，中德合作在上海浦东开通了从浦东到上海机场的磁悬浮列车。德国的公路密度分布在世界上位居第一，公路总长度约为 60 万公里。海运船只的总吨位虽然只有 4 000 多万吨，有 1 000 多艘商业运输船只，在世界海运业的排名并不高，但是以其安全性与效率为世界所公认。德国内河航运航道总长度达 4 400 公里，莱茵河等河流运输繁忙，在欧洲腹地的交通中起着重要作用。

第三节　西方的重要构成：美国与加拿大

一、美国的自然条件与民族

北美洲在西半球的北部，处于太平洋与大西洋之间，它西边是太平洋，东边是大西洋，北边是北冰洋，南边是墨西哥湾与加勒比海，基本上是独立的大陆。北美洲可以分为两个大的部分，一个是北部的盎格鲁美洲，也就是习惯称呼的北美洲，包括美国与加拿大这两个以英国与欧洲移民后裔美洲原住民及新移民组成的国家，也包括格陵兰岛。另一部分是南部的墨西哥与哥伦比亚以北的中美洲与西印度群岛，这就是所谓的拉丁美洲。

北美洲地理环境的特点是两侧高，中间低。在陆地的东西两侧是南北走向的山脉，东部是阿巴拉契亚山脉，西部是科迪勒拉山系的北段。中间是北美大平原，沃野千里，一马平川。

美国全称为美利坚合众国（The United States of America），本土的土地面积约为 9 372 614 平方公里，位于北美洲的中部。它的领土还包括了北美洲西北的阿拉斯加和太平洋上的夏威夷群岛。北接加拿大，南临墨西哥湾，西临太平洋，东濒大西洋。海岸线长 22 680 公里。大部分地区属于大陆性气候，南部属于亚热带，中北部平原温差比较大。北方城市芝加哥气温 1 月份平均为－3℃，7 月份平均为 4℃，南方的墨西哥湾沿岸 1 月份平均为 11℃，7 月份平均为 28℃。人口 2.8 亿，大多数是城市人口，人口分布东部多于西部，沿海多于内地。美国人口自然增长率较高，第二次世界大战后，美国人口进入增长高峰，最高时达到 8%左右。

从 16 世纪开始，西班牙、荷兰、英国与法国等西方国家就开始在这里进行殖民，18 世纪之后，英国确立了在美国国土上的统治权，建立了 13 个殖民地，成为以后美国各州的基础。殖民者们大批屠杀印第安人，贩运非洲黑人进入美国，使美国人口发生巨大变化，白人占人口绝大多数。英国对于殖民地的压迫引发了反抗，1775 年波士顿地区人民举行起义，反对英国殖民统治。1776 年 7 月 4 日，原来英国的各殖民地的代表齐聚费城，召开了第二次大陆会议，在这次会议上通过《独立宣言》，成立美利坚合众国。经过 8 年的战争，美国独立，19 世纪 60 年代通过 4 年南北战争，废除了蓄奴制度。

美国是世界上人口状况最复杂的国家，它是一个移民国家，几乎世界各国都有移民进入美国，号称“民族大熔炉”。据统计，美国有 100 多个民族。其实可能远不止这个数字，所以有人称美国是“小联合国”。虽然美国仍然有相当严重的种族歧视与人权的不平等，但美国社会仍然为世界各人种与民族的公平竞争提供了相对宽容的社会环境，少数族裔在美国的政治、经济、文化各领域里人才辈出，表现出色。曾经在欧洲受到过严酷迫害的犹太人，在美国社会中扮演了重要角色。美国大约有 600 万犹太人，分布在美国的各大主要城市。美国富豪中间，大约有 1/5 以上是犹太人。有人曾经做过一个统计，美国诺贝尔奖获得者中，犹太人血缘者达到一半左右。犹太人还是美国政界的重要力量。来自东方的亚洲人后裔也成为美国这块新大陆的主人之一。19 世纪初，由于高速发展的美国经济迫切需要大量劳动力，在黑奴贩运遭到禁止的情况下，大量华工进入美国。在横穿美国全境的太平洋大铁路的修建中，条件极为艰苦，来自中国广东等地的华工成为建筑工程的主力，为美国的经济繁荣立下汗马功劳。由于华人吃苦耐劳，聪明勤奋，在美国社会的生存斗争中逐渐处于有利地位。经过一个多世纪的奋斗，华人从经营社会服务性中小企业如中餐馆、洗衣店、汽车旅馆等，逐渐进入主流社会。中国儒学重视教育的传统在华人中得到保持，华人子女大量进入名牌院校，毕业以后从事科学技术及相关职业者居多，所以其社会地位不断提高，已经有 5 名华裔科学家获得诺贝尔奖，充分显示了其优秀的民族素质。

美国的早期移民以欧洲人为主，1775 年美国立国之前，来自欧洲的移民已经多达 200 万人，同时有来自非洲的黑人 70 万人。建国之后，美国移民人数持续增加。在当代美国人口中，由各种肤色的移民组成的民族集团占人口大多数，其中白人占总人口的 84.1%，黑人占到 12.4%，人数为 3 000 多万，华人大约有 100 万。印第安人等美洲原住民人数已经极少。

由于民族复杂，美国的宗教信仰同样呈现出多种多样的色彩，基督教是美国第一大宗教，其中天主教人数为 5 000 万人左右，新教徒人数为 7 000 多万。东正教各派人数有 400 多万。其余还有犹太教徒 600 多万，穆斯林人数也相当多。以上材料统计并不完全准确，也有的统计结果为：美国基督教新教徒为居民的 57%，天主教徒为 28%，犹太教徒为 2%，其他宗教为 4%，另有 9%的人没有宗教或是有其他信仰。

美国是一个英语国家，美国在英语发音与语法上都与英国有相当大的不同，被称为美式英语，是英语中最具影响的流派之一。美国的英语方言有 7 种，以中西部语言为标准语音。

二、美国的社会经济

从 1492 年哥伦布登陆美洲，欧洲的文明就开始在新大陆传播，但是，美洲毕竟是一个新发现的古老大陆，在欧洲人之前，美洲大陆已经有印第安古代文明，这种文明传统虽然被人为切断，但它毕竟会对新文明产生间接的影响，所以美洲文明既有与欧洲文明的密切关联，又形成了自己独特的模式。

1620 年，一艘名为“五月花”号的英国移民船来到美洲，船上有 102 名清教徒，这就是最早的美国移民。经过一个世纪的殖民与垦荒，英国人建立了 13 个北美殖民地，即美国最早的 13 个州。殖民者们从非洲大陆贩运来黑奴，作为廉价的劳动力，在白人经营的种植园里劳动，在各地开矿采金，建立工厂，发展工业生产。18 世纪时，英国进入工业化时代，由于早期移民中多数来自英国等欧洲国家，美国作为英国的海外殖民地，成了英国的主要资源供应地与加工工场，这也使得美国建立了当时最先进的工业系统的基础。

1776 年 7 月 4 日，大陆会议通过《独立宣言》，美国宣布脱离英国独立。1787 年制定了联邦宪法，两年之后，美国第一届联邦政府成立。美国的政治制度不同于英国的君主立宪式的议会制度，它同样是建立在三权分立原则之上，但是联邦政府并不具有中央集权性质，在行政与司法，包括经济发展规划方面，各州都有相对独立的权力。美国的联邦制度虽然仍属于欧洲资本主义政治制度的范围，但具有自己的特点，对于世界政治制度的改革有自己的贡献，这是无可怀疑的。

美国独立后，南北的政治与经济之间产生裂痕，北方是民主力量集中的地区，南方则是殖民主义的大本营。北方工业化程度相当高，成为典型的资本主义社会。但南方的种植园里，仍以黑奴为主要劳动力，蓄奴制度仍然盛行，这种南北制度上的不平衡必然引发战争。1861 年 2 月南方的种植园主们发动反政府的叛乱，美国总统林肯发布命令征集军队，保卫联邦政府，南北战争爆发。经过 4 年内战，北方军队获胜，美国真正实现了统一。从此，美国的资本主义迅速发展，到 1894 年，美国已经成为世界上工业总产值最高的国家。在第一次与第二次世界大战中，虽然美国都参加了战争，但是美洲远离战场，战争并未波及美国本土。美国在战争期间向世界各地供应军火，坐收渔翁之利，大发战争财。两次世界大战后，美国成为世界第一经济大国，同时也达到了其军事与政治发展的顶峰。

从 20 世纪 50 年代开始，美国在国际事务中处于霸主的地位，它的经济发展虽然经历了多次波折，但其发达的科学技术与工业生产，一直使得其实力居于世界第一的地位。美国是世界上最大的工业国，生产品种齐全，工业部门分布合理，其工业总产值在 20 世纪末期已经达到 8 万亿美元左右，2016 年美国生产总值（GDP）为 18.57 万亿美元，是世界第一大经济体，中国是第二大经济体，约为 10 万亿美元。传统的工业中，美国的汽车、建材、化工、木材加工、食品、橡胶、纺织等部门一直在世界上保持优势。美国的高科技工业是世界最发达的，其计算机、电子、生物工程、化学工业等生产在世界上名列前茅。同时，美国也是一个农业大国，其主要农产品如小麦、棉花、玉米、大豆等都是西方国家中产量最多的。交通运输发达，铁路总长达40多万公里，占世界铁路总长的35%左右。公路总长度为640万公里，无论铁路还是公路，都是世界首位。同时，美国也有世界上最大的航空运输线路，约等于世界的一半。

三、加拿大的历史文化

加拿大是北美洲北部的大国，这里原来居住着大约在二三万年前从亚洲进入美洲的古代移民，他们是印第安人与爱斯基摩人的祖先。16世纪海上全球航线开通之后，欧洲殖民者们来到了北美。1534年，法国人雅克·卡蒂埃的船队从东部海域进入加拿大，以后沿着圣劳伦斯河逆流而上，开始了法国人的殖民时代。当卡蒂埃登陆后，向印第安人的易洛魁人询问这里的地名，当地酋长指着身后的棚屋说“加拿大”，这个印第安词原意指棚屋。其后，英国人与法国人进行了顽强的争夺，经过一个世纪的激烈斗争，英国最终得到了加拿大。历史虽然已经过去，却为以后英语与法语在加拿大的使用留下了难以消除的影响。

加拿大的陆地面积992万平方公里，位居世界第二，仅次于俄罗斯。西部是科迪勒拉山脉，这里有落基山脉与山间高原，最高的洛根峰海拔达6 000多米。向东延伸的是大平原，与其南方的美国平原连接成为北美大平原，茫茫千里草原，一望无际。在加拿大土地上分布着星罗棋布的湖泊，是世界上湖泊面积最大的国家。位于美国与加拿大之间的五大湖是世界上最大的淡水湖群，总面积达到24万多平方公里。

加拿大大部分国土处于高纬地区，一半的国土在北纬60°以上。气候寒冷，冬季长，夏季短，雨水稀少，这是加拿大气候的特点。其全国大部分地区冬季积雪，东部地区积雪甚至达到1米以上。虽然一直有大量移民进入，但是总人数并不多，至今仍然只有3 000万人。而且人口高度集中于城市，特别是集中于与美国邻近的南方地区。东部的蒙特利尔与多伦多地区，集中了全国人口的30%以上，另一个人口集中的地点是温哥华。除了这些大城市之外，全国大部分地区，特别是辽阔的北方，人烟稀少。

加拿大人基本上使用两种语言，使用英语的占总人口的60%，使用法语的占25%以上，只有极少数人使用其他民族语言，这些人主要是一些新移民。加拿大与美国一样，是一个移民国家，以欧洲移民为主，从英国来的移民人数最多，而且来自英国各地。其余来自法国、荷兰、意大利、德国与美国，也有来自东欧国家的。近年来亚洲与南美各国的移民大量进入，使这个过去以白色人种为主的国家成分有所改变。但是由于它靠近美国，迁居美国比较容易，所以加拿大移民虽然迁入的数量相当多，迁出的数量也不少，特别是进入美国者甚众。

基督教也是加拿大的主要宗教，大约有85%的人口为基督徒，天主教人数与新教徒大致相当，天主教人数略占优势。与美国移民的宗教信仰状况大致相同，英国人多数信仰英国国教，德国人中信仰路德教派的人数相对多一些。在这个移民国家中，其余的宗教有路德教、浸礼会教、希腊东正教、犹太教与乌克兰教。近年来，随着亚洲移民数量增多，加拿大的佛教等宗教徒也在增加。

在 16 世纪殖民主义者来到美洲之前，这里原来生活着印第安人与爱斯基摩人。16 至 17 世纪，英法等国的殖民者来到加拿大，以后又有部分黑奴被贩运到此，而原来的印第安人与爱斯基摩人遭到屠杀后，人数锐减。18 至 19 世纪，加拿大独立运动风起云涌，1867 年，加拿大成为英联邦的自治领，1926 年独立，直到 1931 年，才争取到了与英联邦平等的地位。从 19 世纪末到 20 世纪初，加拿大经济开始高速发展，第一次世界大战中，它为盟国提供军事物资与武器，获取不少利润。第二次世界大战中，加拿大成为同盟国的军工厂，经济实力大大增强，成为西方经济大国。20 世纪 50 年代之后，加拿大保持了经济的持续增长。1976 年，参加西方七国首脑会议，标志着其西方经济大国的地位得到国际承认。加拿大交通运输发达，铁路公路交通都十分方便，航空运输也相当先进。加拿大工业中采矿业极为发达，由于矿产资源丰富，其采矿业生产居于世界第三，仅次于美国和俄罗斯。此外如纤维工业与化学工业在世界经济中也有重要地位，但机械制造业依赖于美国，相对较弱。加拿大是世界上的农业大国，如果按人口平均粮食产量计算居世界第一位。

加拿大虽然是美洲国家，但是属于英联邦，具有典型的欧洲文明传统。政府实行三权分立，基本上仿效英美等国的体制，其思想来源是孟德斯鸠等人的学说，代表了近代资本主义的利益与要求。西方各国相比之下，加拿大与美国更为接近，都是联邦制度。加美不同之处在于，英国元首是加拿大名义上的元首，只不过是由总督代行权力，而总督则是由总理提名的，所以说加拿大内阁总理掌握实际权力。美国在独立战争中彻底摆脱了英国，与英联邦没有什么联系了。加拿大的政府实行内阁制，由众议院中占多数席位的政党组阁，总理则由这一政党的领袖来担任。加拿大也实行议会制度，分参众两院。它还设有枢密院，全称为“加拿大女王枢密院”，委员由总督任命，终身任职，这一机构也显示了加拿大的历史文化特色。

第二章 西方文化的起源及古典时代（上古时期—5世纪）

第一节 地中海文明的起源

欧洲是人类最早活动的地区之一。20世纪初期，在德国海德堡发现的直立人化石，是欧洲发现最早的晚期猿人化石。这说明在距今180万年到30万年前，欧洲已经有人类存在。1856年在德国杜塞多尔夫城发现的尼安德特人化石，是早期智人，也称为古人，其生存年代距今大约30万年到5万年前。生活于5万年前到1万年前的晚期智人化石在欧洲也有发现，1968年在法国发现的克罗马农人化石就是其代表。考古研究的发现证明，欧洲与非洲、亚洲一样，是古人类长期居住的地区，具有连续性的文明传统。

欧洲的先民们创造了自己的史前文化，中国考古学家裴文中曾把欧洲旧石器时代的文化列表如下：

旧石器时代

旧石器时代前期：

舍利文化期（Chellean）

阿哈文化期（Acheullean）

旧石器时代中期：
　　莫斯耶文化期（Mousterian）
旧石器时代后期：
　　奥瑞聂文化期（Aurignacian）
　　梭鲁特文化期（Solutrean）
　　马格德林文化期（Magdalenian）
新旧两石器时代过渡期：
　　阿奇文化期（Azilian）[①]

进入新石器时代之后，农业文明产生，人类开始社会生活的新纪元。

公元前 2 万年（一说为 12000 年）前后，也就是从历史上的旧石器时代后期的细石器时代向新石器时代转化之际，古人类的生产活动从采集与渔猎的文明进入农业文明。考古学中称之为“新石器革命”。中国著名考古学家夏鼐曾说过：“文明是由‘野蛮’的新石器时代的人创造出来的。现今考古学文献中，多使用‘新石器革命’（neolithic revolution）一词来指人类发明农业和畜牧业而控制了食物的生产这一过程。经过了这个‘革命’，人类不再像旧石器或中石器时代的人那样，以渔猎采集经济为主，靠天吃饭，这是人类经济生活中一次大跃进，而为后来的文明诞生创造了条件。”[②] 这是对于新石器时代农业文明意义的准确概括，欧洲大陆上的古代文明就起源于这一历史时期。

新石器晚期到青铜时代早期，众多的民族来到爱琴海地区。爱琴海只是地中海的一个小海区，具有地中海的自然与气候特征。这一地区的自然条件属于中等，以山地为主，粮食与其他农作物不多，只有葡萄和橄榄等作物比较适于生长。但由于这一地区的海岸线绵长，岛屿密布，有相当好的深水良港，有利于海上航行，所以希腊人自古就善于航海。爱琴海地区与尼罗河、印度河、黄河、两河流域的自然条件区别较大，人民生活风俗也不一样。总体来看，这一地区发展农业与畜牧业并没有太大优势，但有利于经商与航海，大规模的工商业贸易起源较早。

古代民族主要是从两个方向到这里聚集。首先来到希腊半岛的是亚细亚民族，包括皮拉斯吉人、勒勒古人、卡里亚人等。从人种来说，他们是地中海人种与其他亚洲种族，其中地中海人种的民族至今还有相当多的人在北非、西亚地区生活。另一个方向是来自北方，这是印欧语系的民族，被称为“赫伦人”。公元前 3000 年后期，这些人来到了希腊的中南部，与当地人混合，成为希腊人的主体，以后他们之中的阿开亚人在希腊半岛上创造了迈锡尼文明。除此之外，还有

---

① 裴文中. 旧石器时代之艺术. 北京：商务印书馆，1999：14.

② 夏鼐. 考古学论文集（下）. 石家庄：河北教育出版社，2002：677.

爱奥尼亚人、伊奥利亚人、马其顿人等。这些民族在以后的希腊文化创造中，各自做出独特的贡献。

荷　马

古代希腊罗马文明的发展大致分为这样几个大的阶段：（1）最早产生的是爱琴文明，这是希腊罗马文明的前奏。爱琴文明产生于爱琴海地区，它主要包括两个分支，一个是克里特文明（公元前 30 世纪至公元前 15 世纪），另一个是迈锡尼文明（公元前 1500 年至公元前 1200 年），这两种文明都已经是奴隶制国家。（2）荷马时代（公元前 11 世纪至公元前 9 世纪），公元前 12 世纪迈锡尼文明灭亡于多利亚人的入侵，希腊地区进入荷马时代。这一时期希腊社会从奴隶制度向氏族社会倒退。（3）希腊以奴隶社会为主的城邦制度形成，进入古希腊城邦时期（公元前 8 世纪到公元前 4 世纪）；公元前 4 世纪前期，希腊文明开始衰落。希腊的近邻马其顿兴起，希腊受到马其顿人统治。（4）公元前 2 世纪中期，罗马帝国征服马其顿，受马其顿统治的希腊成为罗马帝国的一部分。475 年，西罗马帝国灭亡，辉煌的古代希腊罗马文明终于落下了帷幕，从此，欧洲进入封建社会。如果从希腊城邦时代计算起，希腊罗马文明大约有 1 300 年的历史，西方一般把希腊罗马文明称为“古典时代”。

新石器时代后期，克里特文明产生。这一文明开始于一种被称为米诺斯的文化，最终形成于克里特岛上，至少于公元前 3000 年就已存在。克里特岛是爱琴海的岛屿群中最大的岛，总面积大约有 8 600 多平方公里，地扼爱琴海向地中海的出口，是亚、非、欧三大洲的交通要道。荷马史诗《奥德赛》中描绘这一岛时说它“美丽富饶，在它的九十座城镇中，最大的就是米诺斯”。这说明米诺斯当时已经是克里特地区的文化中心。1900 年，著名考古学家阿瑟·伊文思在克里特岛米诺斯宫发现了古代文字，人们称之为“米诺文字”。这是一种陶器文字。米诺斯第一宫修建的时间大约是公元前 2000 年，毁于公元前 14 世纪，这就意味着，米诺文字是公元前 14 世纪之前的文字。荷马史诗经过口头流传，证明当时希腊还没有文字。那么克里特岛的文字可能是古代希腊文的前身。这证明古代希腊人可能独立创造过文字，以后由于某种历史原因，有人推测是异族入侵，才改用腓尼基字母。人们关注古希腊文字存在与否的原因之一就在于，文字是文明成立的重要标志之一。

克里特文明是爱琴海地区最早的文明，经过对这里文明遗址的发掘，人们发现它曾经有过建筑精美的宫殿，工艺精良的手工艺品，而且发现了线形文字 B 版

荷马史诗的作者荷马在街头吟诵

文书。这就证明它已经是相当发达的文明。克里特人是世界上最早的航海民族之一，他们首创了爱琴海地区的航运业，扬帆希腊半岛，甚至远航埃及，运去这里出产的精美工艺品，以交换粮食等。这一地区大约于公元前 3000 年进入青铜文明时代，与中国的青铜时代、埃及和两河流域的青铜时代相近，但发达程度并不完全一致。克里特的农业与种植业也比较发达，农业产品中包括谷物、葡萄与橄榄油等。克里特文明已经进入奴隶社会，宗教信仰以自然神与生殖崇拜为主。岛上的城邦中，以克诺索斯城邦最为强大。考古发掘表明，克诺索斯王宫的建筑宏伟，具有相当高的水平。宫中用具讲究，象牙、陶品与青铜器制作精美，具有独特的民族风格，展现了古代爱琴海人民高度的金属工艺水平。

这种文明后来被来自希腊半岛上的迈锡尼文明所取代。迈锡尼文明产生于伯罗奔尼撒半岛，它的形态是一种早期城邦文明。迈锡尼是古代世界的一个军事强国，曾经与埃及人等异族进行过战争。但是最著名的战争当数他们攻打小亚细亚的特洛伊城邦，这场战争发生于公元前 13 世纪，经过长期的战争，迈锡尼人为首的希腊联军终于攻克特洛伊城。古代希腊著名史诗即荷马史诗，就是以特洛伊战争为题材的，诗中讴歌了希腊的英雄，同时也对特洛伊人的英勇不屈表示赞赏。从史诗中，可以看出古代希腊人的性格与心理特征。

迈锡尼出土文物中，青铜武器、工艺品制作精美，工艺考究，其工艺水平已经超过了克里特人。迈锡尼人发明了一种文字，书写于泥板之上，称为线形文字 B，这是世界上最早的文字之一。这种文字经过英国考古学家文特里斯与柴德威克的艰苦探索，已经可以解读。

就在特洛伊战争后不到一个世纪，多利亚人入侵迈锡尼。多利亚人是一个文明程度相对较低的民族，他们征服迈锡尼之后，恢复了氏族制度。荷马史诗中所反映的社会生活，基本上属于这一时期，所以这一时期称为荷马时代。这一时期希腊人从氏族社会向全面的奴隶制社会过渡，私有财产已经十分普遍，阶级分化严重。估计在荷马时代后期，奴隶制已经出现，氏族首领成为大奴隶主，奴隶属于奴隶主所有。从荷马史诗中所描述的战俘分配的情况，可以看出当时社会中奴隶的主要来源及生活状况。希腊地区的农业在这时取得较大进展，铁制农具逐渐取代青铜农具，开始使用铁制的武器，这都是迈锡尼人所不具有的。荷马时代的农业耕作中还使用了双牛牵引犁、铲、鹤嘴锄、镰刀等农具，手工业的工艺虽然可能不如迈锡尼时期精美，但仍然相当发达。

荷马时代的社会形态是氏族与部落为主的农村公社制度，实行军事民主制，由各部落与氏族首领组成联盟，设立议事会、人民大会与军事首领三大机构进行社会管理。由部落首领们组成的议事会是常设的管理机构。人民大会决定重大事宜，是最高权力机构，对重要决议采取表决制度。军事首领一般就是部落首领，通过选举产生。在战争年代，军事首领担任指挥工作，平时还要主持诉讼等方面的行政事务。这种制度是荷马时代的一个重要贡献，它对于希腊人的民主制度有深远影响。

第二节　古希腊文化

一、古希腊的社会与环境

自公元前 8 世纪起，希腊社会结构发生变革，从原来的农村公社向城邦制度转变，各个部族与民族开始重新组合，经过吞并与联合，形成了多个以城市为中心、周边是农村的城邦社会。

希腊城邦众多，分布于各地，各自成为一个中心，形成多中心的局势。这种布局有利于民主制度形成，而不利于建立大一统的专制统治，这是希腊文化不同于世界上其他地区的专制大帝国之处。其中最为著名的城邦是：小亚细亚西部沿海地带的米利都和以弗所；希腊本土中部的雅典、底比斯、德尔菲等；希腊南部的科林斯、麦加拉、阿哥斯和斯巴达等。这些城邦星罗棋布，如颗颗明珠，分布于地中海岸边。希腊城邦中，封闭型的单一农业经济的城邦少，而大多城邦商业发达。这种经济类型不同于世界其他古代文明，在世界古代文明发展中，最常见的是以农牧业为主的经济类型。

希腊城邦较早推翻王权，实行民主制度，大多数城邦是共和制，基本上没有出现君主专制。由于思想政治领域十分活跃，哲学、历史、文学艺术、科学技术繁荣，使希腊人创造了当时世界上最发达的文化之一。希腊城邦林立，却并没有产生分裂与割据，各城邦之间虽然也有战争，如最大的两个城邦雅典与斯巴达之间就曾经发生过著名的伯罗奔尼撒战争，但是并没有达到征战不息、烽火连天的地步。

希腊人有基本相同的宗教信仰，有共同的文化，有共同的民族。希腊人信仰德尔菲阿波罗神庙的神谕，使用共同的希腊语言文字，这种文字的字母原本是腓尼基人所创造的，被善于学习其他民族长处的希腊人改造后，成为希腊人通用的文字。长期共同的生活，使他们形成共同的民族性格与民族心理。希腊人崇尚勇敢，热爱自由，敢于为自由而战。他们鄙视怯懦与盲目屈从，激烈反对奴役与专制。他们虽然有宗教信仰，但并不迷信，而是尊重理性，推崇科学。他们重视体育，全体希腊人都参加奥林匹克运动会，他们相信，没有健全的身体就不会有健全的精神。他们自称为“希腊人”，把其他民族称为“异邦人”。这种文化认同，使希腊人保持了民族统一，成为希腊文明崛起的基础。

公元前 8 世纪之前，希腊文明的中心在爱琴海，以后随着城邦的兴起，希腊文明向周边扩张，并且带动了整个地中海文明的兴盛。这里，我们有必要把地中海及希腊与周边国家的交通联系进行简要介绍。

阿波罗像

地中海是世界上第二大内陆海，东西长度达到 4 000 公里，南北相距最远的地方达到 1 800 公里，面积约 250 万平方公里，平均水深 1 600 米，最深的地方达到 4 000 米以上。它的地理位置非常重要，在欧洲、亚洲与非洲之间，所以地中海文明可以影响到这三个大洲。它的交通之便利也是可想而知的，从直布罗陀海峡可以进入大西洋，可以通过达达尼尔海峡、马尔马拉海峡、博斯普鲁斯海峡进入黑海，从苏伊士运河出红海可以直达印度洋。这样，南欧、西亚与北非，古代希腊文明、两河流域文明、伊朗文明与埃及文明，甚至印度洋的南亚印度文明，都汇聚于地中海。就连最为遥远的中国，也可以通过丝绸之路，取道西亚，将中国货物运到地中海。现在地中海沿岸的重要港口如贝鲁特、塞得港、亚历山大、阿尔及利亚、马赛、巴塞罗那、热那亚、那不勒斯等，这些港口的名称在西方文化史上早就经常出现。

在地中海北岸有三个大的半岛向南方伸出，形成了爱琴海、亚得里亚海与利古里亚海。这里的气候主要随南北方向的气压带移动而发生变化，夏季当副热带高压位于地中海上空时，天气干热少雨，冬季则刮西风而且温热多雨，这就是举世闻名的“地中海气候”类型。

随着希腊各个城邦的兴旺发达，希腊文化向周边地区扩散，它的影响范围沿黑海海岸扩展到遥远的北方，东到与中国相接的中亚地区，南达埃及，西到大西洋岸边，遍及欧、非、亚三大洲。从此，原本以爱琴海为中心的希腊文化扩展开来，成为一个包括了整个地中海及周边地区的、名副其实的“地中海文明”。

二、古希腊的主要城邦

从公元前 6 世纪到公元前 4 世纪，希腊进入城邦社会的兴盛时期。一般的城邦人口仅有几万，地域不超过百里，但是各自独立，被称为城市国家或是城邦，希腊人称之为“波里斯”(Polis)。城邦形式多样，以民主政治为基本特色，各自具有民族文化特性，共同构成繁荣昌盛的希腊世界。在众多的城邦中，最具特色的有两种：斯巴达城邦与雅典城邦，它们是希腊两种城邦、两种社会政治类型的典型代表。

公元前 12 世纪到公元前 11 世纪，多利亚人南下来到伯罗奔尼撒半岛，发现了全希腊唯一的水土肥美、地势平坦的平原，这种自然条件令他们惊喜万分。但是，斯巴达的居民却是希腊人中最难以征服的。根据希腊神话，大英雄赫勒克勒斯的后代中有一对双胞胎是这里的统治者，所以这里实行双王制。经过长期征战，多利亚人最终完全控制了斯巴达，并且夺取了附近的美塞尼亚平原，公元前 9 世纪建立了斯巴达城邦。斯巴达土地面积约为 8 500 平方公里，是全希腊所有城邦中最大的。这里以农业经济为主，物产丰富，基本上可以自给自足。除斯巴达人之外，城邦中的奴隶被称为希洛人，是不同时期被征服的民族沦为奴隶后的总称。斯巴达人与其他城邦特别是雅典城邦不同，雅典城邦注重工商贸易，民族性格开放，较早实行民主政治制度，积极从事海外的移民性殖民活动。而斯巴达人则以农业经济为主，重农抑商，规定斯巴达人不得经商。在斯巴达经商的是皮里阿西人，这是除奴隶身份的希洛人之外的一个第三等级，他们没有公民权，社会地位远远低于斯巴达人。斯巴达国家在经济与政治上封闭自守，王权统治时期较长，以后则以贵族寡头政治为主，对外实行军事扩张。

斯巴达早期统治者来库古曾经建立了全面的法律制度，并且在公元前 9 世纪的前 25 年间推行了政治改革。据说来库古从德尔菲神谕中获得启示，要求为宙斯神和雅典娜女神建立神殿，要组成新的部落和选区，建立包括两个国王在内的 30 人议事会，按季节召开公民大会。议事会向大会提出建议并且宣布休会。全体公民都有权利参加大会并且有表决权。可以看出，以上这些内容除了双王制度之外，与其他城邦并没有大的区别。虽然有公民大会，但是这种公民大会在斯巴达政治中并不是最高权力机构，它只能就贵族的提案进行表决。所以，政权主要由贵族掌握，实行土地与奴隶国有制度。斯巴达有严格的军事制度，成年男子要接受军事训练，60 岁以后可以解除兵役。斯巴达人的教育制度十分独特，目的是为国家培养英勇的战士，对此，我们在有关章节将有详细论述。

斯巴达的军事力量相当强，它基本控制了伯罗奔尼撒半岛。公元前 6 世纪后期，斯巴达组织伯罗奔尼撒半岛上的科林斯、麦加拉等城邦，成立了“伯罗奔尼撒同盟”。斯巴达人以这个同盟与以雅典城邦为首的提洛同盟相对抗，以反对雅典的霸主地位。伯罗奔尼撒同盟是维护斯巴达利益的军事同盟，在内部，它是一个不平等的同盟，斯巴达人是实际上的盟主，有权召开同盟的会议，不过决议要经过同盟的大多数人同意才能生效。斯巴达文化落后，在哲学、诗歌、戏剧与艺术领域都没有重要贡献，与同时期的雅典城邦不可同日而语。斯巴达城邦所代表的是希腊人精神的另一个侧面，即生活朴素，英勇善战，在战争中从不恐惧，视死如归，这种精神已经成为斯巴达人的社会风气。当斯巴达战士出征时，母亲送儿上战场，妻子送丈夫去杀敌的情景十分常见。每当临别之际，母亲就要指着战士的盾牌说：如果不是你带着盾牌得胜回来，就让这个盾牌抬着你回来。如同赞颂中国古代守卫边防的将士的诗中所说，“誓将马革裹尸还”。我们从这里可以看到的不仅仅是斯巴达人的民族心理，也是整个希腊人的性格特点。

雅典是与斯巴达相对的另一种典型，如果从历史发展的总体进程来说，以工商经济与民主政治为主要特色的雅典城邦是希腊文化的杰出代表，雅典人在政治思想、哲学理论、文学艺术等方面的才能得到充分发挥，成为古代世界的典范。

公元前 8 世纪时，阿提卡半岛的 4 个小城邦联合起来，建立了雅典城邦，成为希腊的核心。雅典是古代希腊最大最繁荣的城邦之一，但是它的规模也很有限。《剑桥古代史》中认为，到伯罗奔尼撒战争之前，雅典城中也不过只有公民 14 万至 17 万人，当然其中不算外邦人。

作为古代奴隶制度国家，雅典制定了维护其统治的法律，划分了城邦居民的阶层。居民分为三大阶层：贵族、农民与手工业者，规定只有贵族才可以从事政治，充当政府官职。这也就意味着早期的国家已经出现。恩格斯指出，雅典是国家形成的“最典型”与“最纯粹”的形式，它是直接地而且主要地从氏族社会自身内部发展起来的。

在社会各个阶层中，社会地位最低的是奴隶，除了奴隶之外，所谓“异邦人”地位也不高。奴隶的数量大约有 13 万。据有关记载，奴隶们生活状况差异较大，一般的城市中奴隶生活条件尚好，但是农村中奴隶生活较差。雅典公民生活简朴，贫富差异不太大。他们饮食十分简单，食物主要是鱼、洋葱和大麦饼，这可能与希腊农业和渔业生产虽然还算发达但物产并不太丰富有关。希腊的纺织业也不太发达，多数人只使用布和粗糙的毛纺织品。服饰的样式比较单一，主要是将长布围在身体上，宽大舒适，也易于保暖，但是显得比较简单。雅典人的精神生活十分丰富，他们经常举行戏剧大赛，著名的希腊三大戏剧家埃斯库罗斯、欧里庇得斯和索福克勒斯都曾经在戏剧大赛中获奖。城市中经常举行大型戏剧表演，政府鼓励市民观剧，一旦上演新戏，往往是人山人海，市民们如同过节日一般兴高采烈，结伴前往观剧。雅典人热爱艺术，城市与神庙的建筑艺术庄严宏伟，由于有世界上一流的雕塑家，所以他们雕出的神像个个神态传神，栩栩如生，达到古代艺术的最高峰。雅典社会思想活跃，产生了一大批杰出的哲学家与思想家，苏格拉底、柏拉图、亚里士多德等哲学家在生前就已经名满天下，他们聚徒授学，创办学校，写下了大量传世之作。

雅典城邦仍然是一个以农牧业为主要生产方式的国家，但是它的工商业十分发达，是地中海地区的货物运转中心，来自希腊各城邦、希腊各殖民地的大量货物集中于海港，供给于雅典的市场。希腊城邦人口较多，运来的货物以谷物为主。而希腊出产的酒、橄榄油和布运往各地。希腊船队庞大，在商业运输方面是主要力量。希腊商人前往各地经商，他们已经使用了硬币，这种货币使用方便，改变了最初以物易物的贸易方式，使经济流通更加活跃。虽然是一个民主社会，但是在雅典家庭生活中，妇女的地位不高，夫妻不能享受平等的权利。妇女生活的这种状况与古代社会其他国家相似，从这里可以看出，古代希腊并不是绝对完美的社会。

市民们精神生活丰富，积极参加各种文化活动。他们相当多的时间花在公共活动上，流连于集会与市场。但这并不意味着雅典人堕落或是懦弱，在波希战争中，雅典人为民主而战，勇气惊人。公元前478年到公元前477年，建立了以雅典为中心的提洛同盟，这一同盟组织希腊各城邦，共同抗击波斯人。公元前449年，波斯人被迫与提洛同盟签订了卡利阿斯和约，雅典人取得了波希战争的胜利。此后，希腊文化进入最兴盛的阶段。如果说波希战争开始了希腊文化的兴盛时代，那么是另一场战争结束了希腊的兴盛时代，这就是伯罗奔尼撒战争。公元前432年，伯罗奔尼撒同盟向雅典提出，要求解散提洛同盟、放逐伯里克利，遭到雅典方面的拒绝。次年，两个同盟之间爆发战争，公元前405年，雅典战败。这场战争象征着雅典城邦与整个希腊文化的衰落。

三、古希腊的海外殖民与希波战争

古代世界中，由于交通不发达和人类认识能力的局限性等原因，古代民族大多数都有一种民族的自我中心认识方式。希腊人与世界其他民族一样，自认为是世界的中心。在希腊人开拓海外殖民地的扩张过程中，希腊人与其他民族特别是东方民族之间产生了复杂的联系。虽然希腊人可以说是从政治与经济上左右了殖民地的发展，但是对于希腊本身的地理位置与希腊民族在世界文明中的地位也有了新的认识。在希腊城邦的对外联系中，有两个大的历史事件对于希腊和世界都发生了深远的历史影响，这就是希腊的大殖民运动与希腊—波斯战争（简称希波战争）。

从公元前8世纪到公元前6世纪，希腊各城邦纷纷开拓海外殖民地，史称“大殖民”运动。由于希腊城邦经济繁荣，人口增长迅猛，而希腊地区土地狭窄，山地多而适于耕作的平原少，所以形成了地少人多的局面。希腊社会中，各个阶层之间的矛盾加剧，农民失去土地的情况严重，社会经济发展受到严重制约。于是，希腊的各个阶层向周边地区与远方寻求新发展，形成以移民为主要形式的“大殖民”。移民成分复杂，主体是流离失所的农民，城邦中各个阶层人士也纷纷参加，包括政治上失败的贵族、贫困的市民和雄心勃勃而企图借机开拓海外市场的商人们，都成为大殖民运动的推动者。希腊人的殖民方式主要是移民，以较发达的希腊文化对殖民地进行教化，从事垦殖与开拓活动。在长达两个世纪的时间里，向南北西三个方向建立了100多个海外殖民地，参加殖民活动的希腊城邦达40多个。新建立的殖民地也是城邦建制，相对独立，并不附属于原来的希腊城邦。不过，这些新城邦受到了希腊城邦的社会制度与生活方式的影响，扩大了希腊人的势力范围。这些新城邦同时又在重建更新的城邦，并且在这一过程中，有力地传播了希腊文化。殖民地城邦最集中的地区是意大利南部与西西里岛，这里几乎成为新的希腊。除此之外，南到埃及与利比亚，西到意大利南部、高卢与西班牙东海岸地区，北面一直到黑海和色雷斯地区，都建立了大批的希腊殖民地，其中包括叙拉古、那不勒斯、拜占庭等地。历史上有一个人所皆知的比喻：地中海好比是一大池塘，众多的希腊殖民地如同生活在大池塘周围的青蛙们，发出共同的蛙鸣。这个比喻形象地说明了希腊大殖民运动产生的文化扩散，这也是以后历史上著名的“希腊化”时代之所以能形成的原因之一。

海外殖民使希腊人直接进入北非、西亚、中欧与西欧等地成为殖民者，雅典城邦与这些地区建立了更为密切的多重联系。经过这一时期的殖民扩张，希腊经济文化的影响范围扩大，从地中海到黑海沿岸，从亚细亚、非洲到中欧大草原，建立起了一个地域广袤、经济类型多样、交通方便的大经济共同体。大殖民运动也在历史上第一次实现了东西方文明之间的大规模交流，这种交流是双向的，在希腊文化影响其他民族的同时，希腊社会出现了“东方化”的热潮，古老的东方文化影响了希腊，希腊人从中学习了丰富的科学文化知识。大殖民给希腊城邦带来的不仅仅有经济利益，也有政治上的收获。大殖民运动使得城邦的经济与政治压力减轻，参与大殖民活动的工商业主们获得经济与政治上的成功，他们在城邦中的地位得到巩固，这种形势有利于民主力量的加强，而对贵族们是不利的。

希腊的大殖民运动，如果从性质上分析，与近现代西方资本主义的殖民是不同的。希腊殖民以移民活动为主，最初目的是减轻城邦内部压力，寻求经济发展的新途径。资本主义殖民活动则是一种以侵略与掠夺为目的的活动。希腊殖民地不是原城邦的附属地，没有形成政治上的统治与被统治的关系，也没有经济上的不平等关系，这也与以后的殖民主义有所不同。资本主义殖民地一般没有主权，被殖民国家人民遭受到压迫与剥削。但是，也无可否认，希腊大殖民运动并不是一般意义上的民族大迁徙，它毕竟是一种殖民性质的活动，而且是一种文化的扩张。通过大殖民，希腊文化建立了在地中海及周边地区的领导地位，雅典与提洛同盟的城邦共同建立了霸权，希腊人获得了海外市场，各殖民地城邦的生产原料与产品通过各种渠道进入希腊，对希腊经济发展起了重要作用。希腊人通过大殖民的成功，鼓舞了海外冒险的勇气，形成了进行海外冒险与殖民的传统，这种传统对于西方文化不能说完全没有影响。

从东西方文化关系而言，对希腊人产生最大影响的是希腊与波斯之间的战争。

公元前6世纪后期，东方的波斯帝国相当强大，并且开始向外扩张。波斯人的势力深入到小亚细亚与爱琴海，这一地区原本是希腊文化的中心地带。公元前500年，亚细亚地区的城邦米利都发生反抗波斯人的起义，雅典与爱勒多里亚城邦派军支援，但是，起义最后被波斯人血腥镇压，米利都陷落，雅典人受到挫折。从此，希腊与波斯之间进行了长达半个世纪的战争，这场战争既给希腊人留下了可歌可泣的英雄颂歌，也给希腊人留下了惨痛的记忆。通过这场战争，希腊人对于东西方文化以及它们之间的关系有了更加明确的新认识，希腊历史学家希罗多德的名著《历史》一书，就是以希波战争为内容的。希罗多德关于希腊与波斯关系，关于东西方文化关系的看法，代表了希腊人当时最普遍的观点。

马拉松战役是希腊人取得的一次重要胜利。公元前490年，大流士一世派遣的波斯军队大约二万人渡海作战，占领了爱勒多里亚，并且在中希腊的亚提加半岛东北部沿海登陆，准备进攻雅典。雅典统帅米太亚率领12 000人军队迎敌，战斗之前，米太亚发表著名演说，他说道："雅典是戴上奴隶的枷锁，还是永远保持它的自由，关键就在于你们。"双方在距离雅典42公里的马拉松（Marathon）平原上激战，希腊人奋勇无比，跑着冲向波斯军队，几乎是两倍于希腊人的波斯军队终于不敌拼死作战的希腊勇士，扔下6 000多具尸体，落荒而逃。为了将胜利的喜讯传给雅典，希腊战士菲迪皮茨从马拉松飞跑回雅典城，当他向雅典人传达了捷报后，当场力竭而死。为了纪念这场战役与这位英勇的战士，雅典人将马拉松长跑定为奥林匹克竞技项目。

希波战争过程中，双方各有损失，长期对峙，难以决定胜负。公元前480年，波斯新国王薛西斯登位后，立即率领50万大军再征希腊。在中希腊的温泉关发生惨烈战斗，希腊军队英勇迎战，虽然大量杀伤敌人，但温泉关最终失守，希腊守军全部阵亡，波斯军队攻入雅典。不过，随后的萨拉米海战中，希腊人击沉波斯300艘战船，自己不过损失40艘战船，大获全胜。萨拉米战役后，战争从陆战转为海战，希腊人的海上优势再次体现出来，逐渐掌握了战争的主动权。

公元前478年到公元前477年，雅典为了组织所有城邦共同抗击波斯，在提洛岛上创立了由全体希腊城邦共同参加的"提洛同盟"。雅典是同盟的主导，战争局势向有利于希腊方面发展。公元前449年，波斯提出求和，双方签订卡利阿斯和约，这场东西方之间的第一次大战才宣告结束。在希腊人看来，希波战争是实行民主制度的希腊战胜了实行专制制度的波斯帝国，是西方战胜了东方。从此，东西方文明分化成为一种众所周知的事实，而西方的一些历史学家，在东西方的比较中，已经把东方看成了专制统治的国度。

从大殖民运动到希波战争，希腊的对外关系发展进入新阶段，希腊文化远播海内外，成为最有影响力的文化类型。

希腊文化兴盛并不是永恒的，公元前 431 年到公元前 404 年之间的伯罗奔尼撒战争宣告了这一伟大文明古典时代也是它最兴盛时代的结束。这场战争是希腊人内部的战争，战争的双方是斯巴达与雅典。斯巴达原本是希腊诸城邦中的霸主，但是，希波战争之后，雅典的威信大增，作为提洛同盟的首领，雅典工商经济发达，拥有巨大财富，已经成为希腊诸城邦中最富有与最强大的城邦。雅典与斯巴达的城邦类型不同，双方政治立场、经济发展形态等方面都不相同，产生对立是难免的。

公元前 432 年，伯罗奔尼撒同盟向雅典提出：放逐伯里克利并且解散提洛同盟。雅典拒绝之后，翌年春，斯巴达人进攻雅典，双方正式开战。在战争进行中，雅典突然受到瘟疫的袭击，雅典居民 1/4 病死，就连斯巴达人所要求放逐的伯里克利也未能幸免。公元前 421 年，双方缔结了和约。公元前 415 年，雅典大将亚西比德率军进攻西西里岛失败，斯巴达则拥有了希腊最强大的军队。公元前 405 年，在羊河战役中，雅典海军被斯巴达海军击败，雅典人被迫求和。公元前 404 年，双方缔结和约，提洛同盟被解散，雅典只保留了少量的军事力量，连城市的防御工事也被拆除。

伯罗奔尼撒战争给世人以反思，从表面上看，实行民主政治的雅典被实行贵族政治的斯巴达所战胜，令许多历史学家难以接受。但是，如果结合双方的历史环境来看，事情远不是那样简单。雅典人战胜波斯人时，民主政治曾经是鼓舞雅典人浴血奋战的精神力量。但是在伯罗奔尼撒战争期间，雅典已经不再是当初兴旺发达的民主制度下的城邦，伯里克利病逝后，雅典陷入一片混乱，野心家与政治流氓利用民主派的势力，陷害战争中建立功勋的将军，致使军心涣散，士无斗志，最终失败。这场战争使整个希腊元气大伤，城市被破坏，自由民大批破产沦为奴隶，经济生产进入低谷。以后又爆发了城邦之间的内战，波斯人利用城邦之间的矛盾，各个击破，几乎所有城邦都不同程度地遭受了损失。

亚历山大

公元前 4 世纪初期，位于希腊北方的马其顿逐渐兴起，国王腓力二世进行的国家改革，使得马其顿成为一个军事强国，希腊人错误地把振兴希腊的希望寄托在马其顿身上。公元前 338 年，马其顿在喀罗尼亚战胜了希腊军队，第二年在科林斯召开了泛希腊会议，决定了马其顿的领导地位。公元前 336 年，腓力二世被刺身亡，亚历山大即位，这位亚里士多德昔日的学生野心勃勃，立即准备远征东方。公元前 334 年到公元前 325 年，经过十年征战，亚历山大王建立了庞大的帝国。但是亚历山大这位雄才大略的君主却不幸是个短命的英雄，正当其事业的高峰时，他于公元前 323 年病亡，年仅 33 岁。从此开始了“希腊化”时代。所谓希腊化，是指地中海文明与西亚北非文明汇融在一起，互相影响，共同发展的一个时代，时间从公元前 323 年亚历山大逝世起到公元前 30 年罗马灭亡埃及止，也就是说，希腊化时代是从古典时代结束到罗马兴起之间的过渡。

亚历山大死后，庞大的帝国分裂为三个国家，不复再有昔日的霸气。公元前 2 世纪中期，罗马人征服希腊，原属于马其顿的希腊城邦从此归属罗马帝国。这时的希腊已经全无当初的气象，城邦老旧，毫无生气，人类文明史上的奇葩——古代希腊文化——已经开始凋谢。

第三节　古罗马文化

一、古罗马文化源流

亚平宁半岛是古代罗马的诞生地，现在属于意大利共和国，地理位置在地中海中部的北岸，北部是阿尔卑斯山与波河平原。亚平宁半岛周围小岛相当多，半岛像一个细长的长筒靴伸入到地中海。亚平宁半岛与西西里岛连接起来，刚好把地中海分成两个大致相等的大块，中间由突尼斯海峡连接起来，西西里岛以南就是马耳他海峡。这里山峦重叠，阿尔卑斯山是欧洲大山脉，西起利古里亚海岸，东到亚得里亚海的北头，全长 1 220 公里，平均海拔 1 000 米以上。其中最高峰勃朗峰高达 4 810 米，是欧洲最高的山峰。这里林木茂盛，山谷幽深，著名的奥斯塔山谷中，至今仍有欧洲最具代表性的佛尼斯古堡与巴德古堡。

石器时代中，以采集渔猎为主的生产活动在这一地区已经展开。进入青铜时代之后，波河与台伯河流域的原住民以渔猎为生。在欧亚草原上活动的印欧人，携带着自己的铁器，进入了半岛，并且与半岛上的居民混合为一体，这就是以后的罗马人，也就是意大利人。意大利人（Italian），这个称呼大约始用于公元初年前后，最初是希腊人用来称呼亚平宁半岛上除罗马人之外的民族，以后被罗马人所使用，泛指半岛上所有的居民。半岛居民虽然有了统一的称呼，但仍然分为不同的部落。

半岛北部与波河流域的伊特鲁里亚人、威尼托人、高卢人和台伯河流域的拉丁人是较早的农业民族。公元前 753 年，生活于台伯河流域的拉丁人建立了罗马城，以神话人物罗慕洛的名字命名。公元前 8 世纪之后，希腊人在这里开拓殖民地，建立大量城邦，这些城邦统一称为“新城”，意大利名城“那不勒斯”的本义就是“新城”。在所有这些城邦中，罗马城邦最为强大，以后发展成为罗马帝国，接续了古代希腊文化，与希腊文化一起，成为西方文明的起源。

罗马，原本只是亚平宁半岛上的一个小城邦，其文化类型与希腊并不相同，倒是与实行军事制度的斯巴达人相似。与发达的希腊文化相比，罗马在很多方面还十分落后。虽然在罗马周围都是希腊的殖民地，但是罗马竟最终取代了希腊，它如何能成为战胜希腊的强国，这是研究罗马文明的人经常关注的问题。

二、罗马的共和制度与帝国制度

罗马城邦于公元前753年建立，经历了千年发展，到476年，西罗马帝国的末代皇帝罗慕洛·奥古斯都被日耳曼人所俘，罗马帝国正式灭亡。罗马的历史大致分为三个时代。

1. 罗马王政时代。从罗马建城到公元前510年，共有7个国王当政，历时二百多年，这个时代被认为是军事民主制度的时代，罗马从原始社会进入阶级社会。有学者认为，罗马人没经历过母系社会，而是以父系社会为社会结构，我们认为这种说法尚欠缺足够的证据。但是可以确定的是，王政时代的罗马主要有三个大的部族，每个部族由十个胞族组成，每个胞族又由十个氏族组成。此时罗马社会最高机构是库里亚大会，所谓库里亚就是部族的意思，也有人认为库里亚应当是更小一些的胞族。库里亚大会相当于公民大会，但没有希腊人的公民大会那样全面的设置，与其相比，罗马人更具有氏族社会的特点。

罗马王政时代最大的改革是由第6代国王塞维·图里乌所做出的，当时，罗马社会已经进入新的时代，平民阶层成为社会重要力量。他在平民的支持下进行改革，把所有的居民划分为5个等级，划分的标准主要是财产的多少，这样就等于对贵族与平民阶层的对立进行了调整。他把居民编为“百人团”，组成罗马军队。同时打破了原来的血缘部落划分，把原有的3个部族分为4个城市部族与16个乡村部族，从此确立了按地域而不是按血缘来划分居民的原则，为建立真正意义的国家奠定了基础。以“森都里亚会议”取代了原来的库里亚会议，完善了民主政治机构。也就是在罗马最初的国家里，出现了没有财产但却享有政治权力的贫民——“无产者”，他们不是奴隶。

青铜母狼像

公元前510年，罗马人起义反对暴政，最后一个国王塔克文被推翻，塔克文王朝从此结束了统治，罗马进入共和国时代。

2. 罗马共和国时代。罗马共和国是奴隶制国家，政府权力由贵族掌握。国家政府是由百人团投票产生的。罗马百人团会议是议事机关，由他们推选出两名执政官，这两名执政官必须是贵族出身，但是执政时间只能一年。政府的中心是元老院，执政官必须尊重元老院的意见。国家权力掌握在贵族手里，公民只能参加公民大会，并没有实际上的民主权利。平民遭受的深重压迫激起了巨大的反抗，从共和国建立起，平民们就一直进行激烈斗争。这种斗争持续了两个世纪之久，在这种斗争中，平民取得了相当重要的胜利。两名执政官中的一名必须由平民担任，平民的上层可以与贵族通婚，普通的平民获得自由与人身权利，国家出现了自由民。在共和国时代，罗马法律与法学极为发达，著名的十二铜表法及其他法律制定了许多重要的法规制度，其中包括各级官职向平民开放的条例，最重要的是，公民大会获得立法权。平民可以分得一定数量的土地，虽然极少，但毕竟体现了共和国的民主精神。

与希腊一样，民主制度的确立极大地增强了民众的爱国热情，使罗马一跃成为世界强国，并且开始向海外扩张。罗马文明本身就有强大的军事传统，共和时期这种传统得到空前加强。罗马实行民兵制度，所有公民都有服兵役的义务。战争时期，国家有权力征召所有公民入伍作战。罗马军队兵种齐全，骑兵、重装步兵与轻装步兵共同组成著名的“罗马方阵”。这种方阵分为三列，每列有10队重装步兵，分别是投枪手、主力队与老兵队。方阵两侧是骑兵，全方阵壁垒森严，进退有序。在长期的征战中，这种方阵战无不胜，令敌丧胆，成为世界军事史上古代战争的重要模式之一。

罗马的主要对手是迦太基。迦太基城虽然在北非，但它已经是地中海上的一个军事大国，迦太基的疆域西到西班牙南部，东到西西里岛，战略地位也很重要。由于占据了盛产粮食的西西里岛，使迦太基兵精粮足，对罗马帝国构成强大威胁。从公元前264年到公元前146年，罗马与迦太基进行了三次“布匿战争”，以争夺霸权。“布匿人”就是迦太基国的腓尼基人的拉丁称呼，所以把这些战争称为布匿战争。公元前149年，罗马人最终攻克迦太基城，成就了在地中海地区的霸权地位。就在同时，罗马人四处扩张，先后征服了马其顿、希腊与小亚细亚，从而成为世界大帝国，辽阔的疆域跨越欧亚非三大洲，建立了统一而强大的西方世界。

奴隶制度是罗马帝国必然要灭亡的根本原因，就在罗马最强盛的时期，却不断爆发大规模的奴隶起义，公元前137年和公元前104年，西西里岛的奴隶起义声势浩大，已经令罗马帝国的将军们感受到奴隶们的威胁。但真正的重创却是公元前73年的斯巴达克起义，这是世界古代史上最大规模的起义之一。虽然罗马将军克拉苏等人镇压了起义，但罗马帝国的衰落之象已经暴露出来。罗马统治者内部的改革派支持农民们的斗争，失去土地的农民进行了平分土地运动，但立即被镇压。

3. 罗马大帝国时代。从1世纪到2世纪，这是罗马帝国最后的兴盛时代。公元前82年，罗马政治局势发生变化，从共和国制度转向专制帝国，苏拉在元老院的支持下，当选为执政官，民主力量失败。公元前27年，屋大维在罗马实行独裁，成为罗马帝国的第一位皇帝，号称“奥古斯都”，正式开始了罗马帝制。皇帝得到出战、媾和与缔结条约的授权。屋大维所推行的政治已经不是民主政治，公民大会已经不再具有最高权力，元老院也失去了作用。屋大维自称为“普林斯”，意为元首，即国家的第一公民、元老院的首席元老，这表达了他实行政治独裁的愿望。长期以来的民主制度至此画上了一个句号，元首专制就是君主专制，共和国已经名存实亡。

屋大维实行了一系列的措施来加强帝制，他改组了元老院，把拥护自己的一批骑士新贵塞进了元老院，使元老院听命于他。另外，他还建立了“近卫军”用来保护自己，并且扩大了常备军队。他做出一副关心文化的样子，拉拢文人学士，附庸风雅，为自己唱赞歌；而对奴隶加强统治，残酷镇压。同时，加强对外扩张，征伐西班牙、多瑙河、莱茵河等地区。屋大维所奠定的帝国在他死后变为王国，从1世纪到2世纪，有克劳狄王朝、弗拉维王朝、安敦尼王朝等先后统治罗马帝国，这一历史时期被称为“罗马和平时期”，政治相对稳定，经历200年和平生活，国力强盛。

罗马成了世界最强大的帝国，疆域广大，总人口大约5 000万。罗马城也是当时世界人口最多的城市，有人估计有60万，有人说有100万，无论怎样，罗马城的规模是相当大的，仅从罗马城堡遗址也可以看出这一点，巨大的环形角斗场充分显示了当年帝国的气派，这种建筑只有罗马时代才可能具有。就如同散布在黄土高原上的汉唐的帝王陵墓一样，代表了一个时代的风格，是其他任何时代所不具有的。

地中海文明的农牧业最初从西亚地区传入。欧洲土地肥沃，河流较多，农业生产条件相当优越，但是欧洲农业生产基础薄弱，特别是生产技术落后，一直没有大的进步。罗马帝国是一个重视农业的国家，特别是在罗马帝国前期，水磨、风车等农业机械在各地应用普遍，使农村手工业与农业生产技术都得到提高。罗马皇帝与政府重视农业技术进步，出现了老加图等三大农学家，写出一大批农业科学技术名著。生产方面，主要实行了生产工具的改进、作物轮作和土壤改良，农业生产有了一定的进步。但是，从总体来说，欧洲特别是西欧地区的农业仍然相当落后，大量土地仍是荒地，这一状况直到10世纪的欧洲大垦殖运动中才得到根本改观。

从3世纪起，罗马帝国急剧衰落，陷于动乱之中。3世纪中期，先是国内发生起义，宫廷内乱不断。纵横驰骋于欧亚大草原上的游牧民族不断向西移动，逼近罗马帝国。罗马周边的蛮族如哥特人、法兰克人、阿曼尼人也经常与帝国发生战争。从395年起，罗马帝国一分为二，分裂为东罗马与西罗马两个帝国。西罗马帝国的首都仍是罗马城，而东罗马以君士坦丁堡为首都。476年，曾经是西方文化中心的西罗马帝国最终灭亡，欧洲进入了封建社会。

三、罗马帝国的灭亡

根据西方历史记载，是欧洲的蛮族入侵最终导致了罗马大帝国的灭亡，但是，关于什么人是蛮族，西方学者说法不一，我们试做以下说明。

欧洲北部的克尔特人、日耳曼人和斯拉夫人是欧洲古代民族，早在公元前数个世纪他们就生活在这一地区。但是对于罗马帝国而言，他们属于蛮族。这一方面是因为他们反抗罗马人的征服，坚持独立，罗马人认为他们没有受到文明教化。另一方面则是因为他们的生产仍然处于落后的畜牧业与农业阶段，生产技术水平不高，他们的生活也保持了从部族而来的一些原始习俗。

日耳曼人是其中最为强大的民族，他们一直居住于从波罗的海到多瑙河之间的广阔地区，以后又分化为多个民族。世界上古代游牧民族中，大多数民族没有历史记载，除了中国北方的突厥、匈奴等主要民族在历史记事最为发达的中国古代典籍中有过记载之外，欧洲史家对于这些古代民族的状况知之不多。我们也只能做一个简略的介绍。哥特人分为东西两部，东哥特人（East Goths）生活于黑海以北的地区，主要是奥斯特哥特人（Ostrogoths）；西哥特人（West Goths）生活于多瑙河以北，主要是威西哥特人（Visigoths）。无论是东哥特人还是西哥特人，都是相当强大的部族集团，他们以后成为灭亡罗马帝国的主力军。法兰克人主要生活于莱茵河地区，历史较久，对于罗马帝国有较大威胁。撒克逊人（Saxons）在法兰克人以北地区居住，他们与盎格鲁人（Angles）关系十分密切，以后统称为盎格鲁-撒克逊人，他们主要活动是渡过海峡，成为大不列颠的主人。其余还有苏维汇人、阿勒曼尼人、汪达尔人与伦巴底人等。其实他们的历史起源对于任何人都仍是未知之谜，在爱德华·吉本的名著《罗马帝国衰亡史》中曾经详细描述了法兰克人等蛮族的起源：

> 由于法兰克人的后代组成了现代欧洲最大和最开化的民族之一，为了弄清他们的无知的祖先，已经耗尽了人们的聪明和才智。在似乎可信的传说之外又加上了各式各样的猜想。凡有可能透露出他们的渊源的任何一般文字都曾被逐字研究，任何一个地点都经过详细调查。一直有人猜想这个著名的集中居住的好战民族的祖先是潘诺尼亚人，是高卢人，是北部地区的日耳曼人。最后，最为明智的批评家们，抛弃了出于想象的理想的征服者大移民的

> 理论，渐渐承认了一种以其简单明了而使人更觉可信的设想，他们估计，大约在公元 240 年，下莱茵河和威悉河地区的原来的居民，以法兰克的名称组成了一个新联邦。现在的威斯特伐利亚地区、黑森的领地及不伦瑞克和吕讷堡公爵领地便是古代乔西人的地盘，他们凭着无法逾越的沼泽地，完全不把罗马的军力放在眼里，那里也是以阿尔米纽斯的名声自豪的切鲁西人的地盘，是以拥有坚定、无畏的步兵而十分强大的卡蒂人的地盘，也是另几个力量较弱的不甚出名的部落的所在地。热爱自由是这些日耳曼部落的最主要的特点；享受自由是他们的最大财富。①

虽然对于这些日耳曼蛮族的祖先研究不够，但是关于他们民族心理与特性的把握还是相当准确的。关于他们的生活，记载最为详细的是塔西佗的《日耳曼尼亚志》，其中说到日耳曼人时这样描述他们：这些人血统极纯，一般不与外族通婚，他们金发碧眼，身材高大，十分勇敢。所居住的地区多为森林与沼泽，主要以种植谷物与饲养牛羊为生。他们生活朴素，住房简陋，生活环境十分安静，没有城市。他们所使用的生活器皿主要是陶器，只有武器是铁器。他们的社会组织形式是落后的部族形态，“由多个家族或是关系密切的部族结合在一起组成军事力量”。他们相信宗教，社会政治由民主会议来决定，国王和军事首领全都由人民大会选举产生。所以人民大会是他们最重要的政治形式，这种大会开会时讨论重大事项，平时由部族首长决定日常事务，人民大会的决定也要由部族首长最后确定。开会时，所有与会成员是平等的，但是年高德劭者，有战功者的言论更受重视。可能在当时他们还没有文字，私有财产并不多，所以阶级分化不明显。

关于日耳曼人的奴隶制度也是必须注意的，它不同于罗马帝国中严酷的奴隶制，而是一种近乎佃农与地主的关系，塔西佗说道：

> 至于一般的奴隶，不像我们的奴隶这样被分派以各种不同的家务，他们每人都有自己的一所房屋和一个家庭。像我们对待佃农一样，奴隶主只从奴隶那儿索取一定数量的谷物、牛和衣服；奴隶的属从关系仅此而已。②

总而言之，日耳曼人与罗马人形成鲜明的对比，罗马帝国是当时世界上最发达的文明之一，无论是共和制度还是封建帝制，罗马经济文化的高度发达都是前所未有的。大型都市的出现，工商业与手工业的繁荣，隶农制度的实行，生活设施的完备，政府机构力量的强大，法律的健全，国家宗教基督教得到确立，文学艺术中出现了划时代的鸿篇巨制，这一切与蛮族的部族制度不可同日而语。日耳曼人

---

① ［英］爱德华·吉本．罗马帝国衰亡史（D. M. 洛节编本）．上册．黄宜思，黄雨石，译．北京：商务印书馆，2002：157.

② ［古罗马］塔西佗．阿古利可拉传·日耳曼尼亚志．马雍，傅正元，译．北京：商务印书馆，1997：67.

的生活仍然处于不发达的农牧生产时期，宗教也相当原始，甚至没有建立起自己的城邦。所以罗马帝国被蛮族所灭亡，这一现象引起极大的困惑，在探讨罗马帝国衰亡原因时，历史学家们百思不得其解。

从 4 世纪末到 5 世纪初期，北方蛮族开始大规模入侵罗马帝国，引起这一次大进攻的原因很多，首先是罗马帝国与蛮族长期冲突的必然结果，罗马在几个世纪与蛮族的斗争中不能战而胜之，蛮族反而日益强大。另外，罗马大帝国风光不再，内外交困的政治经济形势，使得罗马人对于广大帝国的统治已经难以继续下去了，蛮族随时有可能发动毁灭性的进攻。相当重要的原因还是游牧民族与农业文明之间的差异，当游牧民族的军事力量发展到一定阶段，对于农业生产资料与财富的追求，必然导致其发动战争。当然，重大历史事件都有其具体的环境，原本生活于中亚地区与中国北方的胡人即西方史学家所说的匈奴部落的西征，可以说是引起蛮族南下的导火索。

罗马帝国灭亡的真正原因，其实并不是至少不完全是外来民族的攻击，更重要的可能要从罗马帝国内部来思考。世界史上类似的庞大帝国突然崩溃的现象并不少见，比罗马帝国稍早的东方大帝国秦朝同样看起来非常强大，最后仍然为“瓮牖绳枢之子”的陈胜、吴广等农民起义军所亡，其实亡秦者非六国或其他人，乃是秦人自己。也可以说，亡罗马者非蛮族，而是罗马本身。

吉本认为，基督教的兴起是罗马帝国灭亡的原因所在，因为基督教劝诱人们把希望寄托于来世，对于现实世界不关心，最后促使帝国灭亡。法国启蒙主义思想家孟德斯鸠（Montesquieu，1689—1755）则在《罗马盛衰原因论》一书中提出，由于开明的共和制度被帝王专制所取代，人民失去自由，对外侵略，贵族飞扬跋扈，奢侈腐败，社会道德败坏，最终使帝国灭亡。这些看法都有自己的道理，可谓见仁见智，各有千秋。

我们认为，罗马帝国的灭亡最终是由世界文化发展的规律所决定的，从共和制度向帝制的退步是导致其灭亡的重要政治原因，这是无可否认的，帝国后期的社会混乱已经充分说明了这一点。也有经济原因，这是由于欧洲庄园制度等新的社会生产关系的形成，对于罗马社会来说，旧的奴隶制度已经不适合于当时的社会现实。布匿战争之后，大量的奴隶制庄园形成，已经为封建社会关系打开了大门。新经济体制严重削弱了帝国的社会基础，庄园主与贵族的对立使社会矛盾尖锐化，维护帝制的贵族阶层最终要被新兴的庄园主所战胜，这是一个无可挽回的历史进程。另外，罗马人建立的大帝国其实并没有牢固的基础，各个外省的民族与罗马统治者尖锐对立，民族矛盾不可调和，当帝国经济与社会秩序混乱时，各民族起来反抗罗马皇帝，罗马帝国必然灭亡。当然，罗马统治者与贵族们醉生梦死的生活，残酷压迫奴隶，压制市民，政治腐败，这一切都是使罗马帝国走上灭亡的直接原因。

第四节　古希腊罗马文化的特性及评价

如何评价西方文化的源流——希腊罗马文化——其实也是一个存在一定争议的问题，我们首先来看西方的主流评价。针对有人批评希腊奴隶制度，美国著名学者斯塔夫里阿诺斯曾经说过：

> 常有人说，普通雅典人因有奴隶来养活，能够整天看戏、担任公职、讨论哲学和政治，这是不符合实际的。
>
> 评价古典希腊，不应看它哪些没有做到，而应看它做了些什么，如果这条标准可以确立，那么古典希腊的贡献及其历史意义也就极其明显而突出。自由探究的精神，民主政体的理论和实践，多种形式的艺术、文学和哲学思想，对个人自由和个人责任心的强调——所有这些构成了希腊留给人类的光辉遗产。①

作为一位当代学者，斯塔夫里阿诺斯的看法在西方很有代表性。

我们认为，评价希腊文化，关键是把它置于具体的历史环境中来评价它，既不能脱离历史环境用今天的标准来苛求它，也不能放弃历史主义原则，看不到它所存在环境的局限性。从希腊文化的性质来说，它是一种以人文主义为主体的文化类型。同时期或是在其之前的世界其他地区的古代文明中，宗教都占据了统治地位，文化类型属于宗教型。只有中国及少数文明与希腊文化一样，是以人文主义为主导的文化体系。这种文化体系并不排斥宗教，相反，希腊一直有包括犹太教等多种宗教的存在，但是这些宗教一直没有能成为统治思想。另外，作为一种人文主义文化，它重视的是对人类社会的人道主义精神的关注，这种关注不同于宗教式的救世或是赎罪，也不是所谓的大慈大悲、救苦救难。人文主义是以人的主体精神、人的自我精神完成为终极目标的思想，它对人的精神激发是其他宗教所不可取代的。依靠这种自我解放与精神的自我完成，希腊人的理性与科学思想成为文化的中坚，这是希腊人真正超越其他同时代民族的本源所在。

在社会发展史上，希腊社会是奴隶制度，这是一个历史事实。雅典贵族与统治者依靠大量的奴隶劳动才可能生存，整个希腊文明的繁荣都是建立在奴隶们创造的物质基础之上的，这是无可怀疑的。对奴隶的压迫这一历史现象，是希腊受人类社会历史发展规律支配所决定的，不能因此而讳言希腊奴隶制度。同时也必

① ［美］斯塔夫里阿诺斯. 全球通史——1 500 年以前的世界. 吴象婴，梁赤民，译. 上海：上海社会科学出版社，1999：220.

须肯定，希腊仍然是民主制度，虽然是奴隶社会的民主制度，这本身也是希腊文化对世界的重要贡献之一。如果再进一步来说，希腊的繁荣还与它的殖民地有直接关系，也可以说，没有这些殖民地，也就没有希腊文化。所以，“自由探究精神，民主政体的理论和实践……”等方面，既是希腊人的杰出贡献，也是包括殖民地人民在内的大希腊文化的贡献。这也证明，对外的开放与多种文化的吸纳是希腊历史发展的重要推动力。最后，我们也要看到，希腊民主制度可能导致极端民主，甚至会易于形成个人野心家利用民主来篡夺政权。希腊民主制度是一种历史的产物，不能把只在古代一些小城邦中存在的民主制度作为样板，运用到人类社会的各个历史阶段中去。

古代希腊是以理性为主导的文化类型，并以此开创了西方文明的传统。这又表现为不同层次，一是作为文明的整体倾向是对理性的崇尚；这与其他一些以对宗教崇拜或是其他崇拜为主导的古代文明是不同的。古代希腊虽然也有多神教等信仰，但是宗教并不能取代理性。另一层次则是对理性观念的思想建构。古希腊的亚里士多德建立了形式逻辑体系，为西方理性思维的发展打下了逻辑基础，西方理性以这种形式逻辑为准绳，规矩行为、道德、思想观念。虽然西方的理性中心观念与亚里士多德逻辑在近代以来，多次受到严峻挑战，从弗朗西斯·培根到弗洛伊德、萨特等近现代思想家都已经看到这种形式逻辑的不足之处，有的想用新的逻辑体系特别是辩证逻辑来取代形式逻辑，有的则从非理性角度来反对理性中心，但至今还不能说改变了西方的这一基本特征。西方反理性思潮的不断出现，正说明了理性中心的作用是何等强大，难以改变。

西方理性思想建构主要有三个大的阶段：古代希腊以亚里士多德为代表的古代阶段，在此之后，中世纪宗教神性压抑理性发展，这种压抑直到文艺复兴之后才得以解除。第二阶段是以 17 世纪法国思想家笛卡儿为代表的近代阶段，这个阶段中把理性与道德伦理、封建统治和以后的资产阶级的理想结合起来，建立了一种理想王国。建立这种理想性的王国，从柏拉图起到启蒙主义思想家，一直是西方思想家的努力目标。第三阶段是以黑格尔为代表的从近代向现代社会过渡的理性中心思想，这一阶段中增添了丰富的辩证思想内容，但没有从根本上改变以理性为中心的思想方式，反倒是反映出理性主义发展到顶峰之后的迷惘，它对西方社会现实的批判显得越来越无力，丧失了启蒙主义思想家的战斗传统。

西方的理性中心表现于文化的各个方面。在法律中，西方法哲学也是一种纯粹理性的法律实践。西方的社会制度甚至宗教观念，无一不受到理性中心的影响。这就形成了西方对于理性的崇拜与倡导，这种精神对于人类的启蒙与觉醒，破除蒙昧，追求知识和进步有巨大的推动力，这也是近代以来西方取得巨大成就的原因之一。但是，如果形成理性中心观念，人类对于自我与世界的认识也就会形成自我中心，产生民粹主义，或是相反，形成理性对于人性的压制。我们这里并不是故作惊人之语，许多西方学者也已经看到，历史上出现了这样一种奇怪的现象，正是在理性中心的西方国家中，宗教仍然占据统治地位，乃至各种邪教主张甚至恐怖主义、极端思想都可能有巨大的市场。这正是由于在经过近代科学批判之后，原有的造物主形象改变了，变成了理性的代表，重新受到崇拜。而且更令人沮丧的是，在理性的重压下，极端的非理性作为理性的对立面而存在，也没有被消除，反而发展迅速，在意识形态中居于重要地位。这就使人不能不反思理性中心观念。

可以说这就是理性中心的偏颇。19 世纪后期以来，西方知识界的一个重要任务就是批判理性中心。从哲学方面有存在主义、现象学等，一直到后现代主义的哈贝马斯、德里达等的哲学思想，从对形而上学的批判到对技术理性的批判，基本上都是这一范围。另外如心理学方面的弗洛伊德、荣格、拉康等人，文学理论方面的加拿大学者弗莱等，都在一定程度上批判了理性中心论。对于理性中心的批判，就是对于西方文化深层内容的批判，这种批判的角度可能不同，但对理性中心的危害的纠正必然是有益的。无须赘言，对理性中心的批判不等于对理性的批判，理性是人类思维之花的沃土，没有理性就没有人类进步。

在理性的指引下，肯定科学精神是西方文明的重要特征，这里所说的科学精神是指对于自然现象的本质及其规律的观察、实验和运用，这是西方文明对世界的重要贡献之一。世界各主要文明都有科学发明，埃及与中国古代科学史上都有重要发明，但是西方较早地发展出以理性为指导的系统科学观念，并通过一种科学精神把它变为人类社会生活最重要的推动力，从而使人类社会不断进步，使人类社会具有强大的征服利用自然的能力。

早在希腊毕达哥拉斯学派中，数学已经是最重要的思想认识工具，欧几里得几何学的建立为数学几何学提出了重要的模式，人类通过自己的观察与分析，将自然的规律性表现掌握在手，并且加以利用。文艺复兴之后，实验方法进入科学，使科学长足发展，成为人类社会中举足轻重的力量，科学是一种生产力并且是一种对社会有重要影响的思想观念，以科学精神分析事物已经成为最重要的思想方法。

从文化认识论的主客体之间的关系来说，西方的主体精神以个体自我意识为代表，主张以理性和科学为工具对客体进行利用和分析，从而实现人类驾驭自然、征服自然的目标。晚年的黑格尔曾经在《历史哲学》中这样总结希腊精神：

> 总括希腊精神的元素来说，我们发现它的基本的特性是这样的，“精神”的自由受“自然”刺激的限制，并且和这种刺激结有本质的关系。希腊的思想自由是一种外来的东西所激起的；但是它是自由的，因为它从自身变化，并且产生了这种刺激。这个决定是中间物，介乎人类方面个性的丧失（如像我们在亚细亚的原则中所看见的，那里“精神的东西”和“神圣的东西”只存在一个“自然的”形式之下）以及自身为纯粹确实的“无限的主观性”，

> 就是以自我为一切可以取得实体生存的根据的思想。希腊“精神”是介乎以上两者间的中间物，从“自然”出发，再把它变化为它自己生存的一种单纯客观的形式。①

黑格尔对于东方精神（“亚细亚原则”，此处主要是指与欧洲相对的中国及印度文化）的总结十分荒谬，黑格尔所说的“以自我为一切可以取得实体生存的根据的思想”和把自然变为自己生存的“一种单纯客观的形式”的思想，这是希腊的而不是东方的精神特征，这种特征在当时曾经被引为自豪，但今日正面临着一种世界性的反思，

长期以来有一种误解，认为柏拉图与亚里士多德主张贵族政治，反对雅典城邦实行民主制度。其实他们两人主张的是一种贤人政治，贤人（aristocratos）就是品德出众的优秀人物。由于当时人们认为贵族是品德出众者，所以也称贵族是 aristocratos，这就产生了意义的混淆，使得柏拉图与亚里士多德的本意被歪曲了。从他们两人的著作中可以看出，虽然他们对于雅典城邦政治有很多不满，但他们都认为雅典城邦国家在政治上远非其他国家所能比拟，对于民主制度的优越性是肯定的。

西方文明以希腊罗马文明为起始，在它的历史发展中，经历了两次大的文明转型。第一次是罗马帝国时代，将原本是民间的宗教基督教定为国教，开始了长达千年的中世纪封建统治。这就改变了希腊文化原有的非一神教宗教的模式。由于基督教教义的原因，原有的希腊文化经典受到贬斥。希腊的人文主义精神与基督教是有相当差异的，即使是希腊的神话和宗教，对于基督教来说也是异教。我们从一个典型的事例就可以看出基督教对于希腊精神的排斥，意大利诗人但丁是中世纪后期的伟大诗人，他的《神曲》中已经有对于当时的宗教的不满，但诗中仍然充溢着对基督教的虔诚之情。他把古代希腊的伟大诗人荷马、哲学家亚里士多德等人放在地狱之中，尽管无人不知这些人对西方文化有巨大贡献。可是基督徒认为他们生活于耶稣之前，当然只能是异教徒了，所以必然有罪。这其实是对希腊文明人文主义思想的一种排斥。第二次转型是文艺复兴，兴起于 14 至 16 世纪的文艺复兴运动，不但是古代希腊人文主义精神的再生，而且产生了对西方文化有重大影响的科学思想，自此之后，科学技术在西方文明中的地位日益重要。

西方文明不是一个绝对的统一体，所以罗素等人认为西方文明有三种重要精神：古希腊精神、基督教宗教和科学技术观念。我们认为，这是具有一定的历史主义观念的，西方文化从历史发展来看，的确是多种精神所汇集起来的，它有一个历史发展的过程。只用一两种观念来代表西方文化的整体，虽然是简明的，但必然有偏颇之处。所以只能说希腊文明是西方文明的主要源流之一，不能用希腊

---

① ［德］黑格尔．历史哲学．王造时，译．上海：上海书店出版社，1999：246.

文明来取代整个西方文明的概念。

由于存在不同的文化构成因素，所以必然形成西方文化内部的矛盾冲突，主要表现为：宗教与人文思想的冲突；基督教与科学思想的冲突；民主与自我中心的民粹思想，甚至排除异教的极端思想与多元和谐的冲突；理性中心与人的全面发展的冲突；个人自由与社会统一秩序的冲突；民族独立与一体化经济共同体的冲突等。这种内部冲突的存在，并非完全是不利因素，西方历史上，这种文化的内在冲突，对于它的发展曾经起了推动作用。

第三章

欧洲中古封建文化(6世纪—16世纪)

第一节　关于欧洲中古封建社会的历史评价

西方学术界一般把西方社会历史分为三个大的阶段：古代（ancient）文化，以希腊罗马文化为代表；中世纪（medieval）文化，也称为中古时代，时间从罗马帝国灭亡之后到文艺复兴结束；现代（modern）文化，一般从文艺复兴之后算起一直到当代，由于西方语言中“现代”与“近代”是同一个词，所以这里的现代也包括了近代。罗马帝国灭亡之后，欧洲进入中古时代。从6世纪到16世纪，欧洲经历了1 000年的封建社会。也有学者把14至16世纪的文艺复兴（The Renaissance）另外划分开来，不作为中世纪的组成部分。我们认为，文艺复兴是一个从中古时期向近现代时期的转化阶段，的确出现了科学与思想文化上的巨大变化，但是如果依据其社会的生产类型、政治与经济形态来看，把文艺复兴作为中世纪来看更为适宜。

关于中世纪，如果从对于西方文明传统的保持与发扬来看，这是一个野蛮、落后的时期。由于基督教教会在中世纪占据统治地位，以神学为衡量文化的最高标准，所以把基督教之前的希腊文明看成是异教文明，贬低希腊文明与基督教立为国教之前的整个西方文明的成就。这样，就中断了西方文明传统，用来自东方的一神教宗教取代了希腊文明中的人文主义精神与民主传统。正如恩格斯所说：

> 中世纪是从粗野的原始状态发展而来的。它把古代文明、古代哲学、政治和法律一扫而光，以便一切都从头做起。它从没落了的古代世界承受下来的唯一事物就是基督教和一些残破不全而且失掉文明的城市。[①]

文明进程被中断，以宗教专制取代了民主制度，以宗教文化取代了人文主义思想与科学，这些方面都说明中世纪是野蛮的、倒退的。

同时也要看到，马克思与恩格斯曾经多次高度赞扬中世纪特别是中世纪后期的宗教改革与文艺复兴运动。我们也不可讳言，中世纪是西方文化的一个重要发展阶段。基督教在中世纪并不是一成不变的，经历了理性化的过程与宗教改革，最终使基督教成为具有广泛社会基础的世界性宗教，它对于推动人类社会文明进程有一定的作用。同时，中世纪欧洲经济形态变化极大，大面积开垦荒地，农业技术进步迅速，采用了轮耕制度，发明了重犁深耕，这些先进科学技术的普及，使原本农业基础薄弱的欧洲成为农业较发达地区。中世纪欧洲的工业更是发展迅速，意大利、尼德兰、德国、英国等国家都是在中世纪后期就有了纺织工业的基础，其余如采矿、冶金、制造等工业在中世纪也取得相当大的进步。社会政治格局也有所变化，从罗马大帝国的统治，到封建君主割据、城邦王公们的独立，再发展到采邑制度的出现，大庄园与城市化，最终形成了欧洲国家以工商业文明为主要发展方向的突出特征。欧洲是在中世纪，确切地说是在中世纪后期真正成为社会经济较发达地区的。中世纪西欧国家的社会政治从最初政教合一的统治，逐步演绎出政教分离、封建民族国家的建立，最终较早地结束了专制制度与封建社会，进入工业化与资本主义。大约从 10 世纪起，西欧国家农业与工商业普遍进步，经济发展迅速，取代原地中海地区成为新的文化中心。由于西欧国家临近大西洋，所以称之为大西洋文化。

也正是在中世纪后期，西欧才成为了与东方的中国、印度一样的，拥有一定社会生产能力与国民经济财富积累的地区。当然，西欧由于具有了这种地位与经济实力，才可能出现骑士与破落贵族进行的十字军东征。也正是在新经济发展的需求下，15 世纪后期到 16 世纪，伊比利亚半岛国家首先开始海上探险，导致了地理大发现。同时，不可否认的是，也正是由于有了这样的社会条件，才可能出现思想文化领域里的文艺复兴与宗教改革，代表工商业阶层与城市市民意志的各种思潮才可能得以兴起。由此可见，中世纪文化是西方文化链条中不可缺少的一环，剖析中世纪文化的结构与历史功能，是全面理解西方文化所必需的。

---

① ［德］恩格斯．德国农民战争//马克思恩格斯全集：第 7 卷．北京：人民出版社，1959：400.

第二节　拜占庭与斯拉夫文化

一、欧洲民族的大迁徙

自公元初年开始，到以后的几个世纪中，世界众多的农业民族与游牧民族在欧亚大陆上的活动变得更加活跃。欧亚大陆土地辽阔，自然环境多样，从古代起就形成多种文化并存的局面。如果从亚洲向西，以大兴安岭—昆仑山—高加索山—喀尔巴阡山画一条线，南北两个方向散居着两种大的文明：农业文明与畜牧文明。南方农业文明的地区有中国黄河和长江流域、印度恒河和印度河流域、地中海、波罗的海、英国与乌克兰等。北方畜牧业文明包括西伯利亚、蒙古、高加索、南俄罗斯与东欧大草原的游牧民族。

这两个大文明在中古时期交往十分频繁，由于生产方式与民族精神的差异，它们之间既有经济上的互补性，也存在相互冲突与争夺。在亚洲主要有中国、印度等农业国家，分布于它们周围的游牧民族则有匈奴、乌桓、康居、大宛、月氏等。欧洲主要的农业国家是东西罗马，在中东欧草原上，生活着斯基泰人、萨尔马特人、日耳曼人和部分斯拉夫人等游牧民族或是半农半牧的民族。1世纪中期，中国北方的匈奴民族被强大的汉王朝军队所击溃，大约于公元91年，开始向西迁徙，经过漫长而艰苦的行程，进入欧洲。匈奴的西迁引发了亚欧大陆上的一次大动荡，特别是进入欧洲之后，匈奴与欧洲各农业民族与游牧民族之间展开激烈斗争，从而使欧洲众多民族也随之进行了迁徙。民族迁徙触发各种形式的冲突，民族战争风云席卷欧洲。

360年前后，匈奴沿伏尔加河而下，来到下游，定居于这里。历史学家阿米阿纽斯在《罗马帝国后期史》中说，374年，匈奴人渡过伏尔加河，战胜阿兰人(Alans)并且灭亡了他们。罗马人的战车在对付一般的步兵时屡战屡胜，而对于灵活驰骋于战场上的匈奴骑兵却显得十分笨拙。结果颇具军事象征意义，战车民族无法战胜散骑兵，这可能也是以后哥特人在战场上被匈奴所战胜的主要原因之一。375年，匈奴进攻里海附近的东哥特人，这些东哥特人随即被征服。匈奴继而开始攻击西哥特人，西哥特人不能抵挡，376年，西哥特人被迫渡过多瑙河，逃向色雷斯地区。一时间，匈奴人不可阻挡的攻势令罗马人与欧洲各蛮族感到无比震惊。395年，匈奴人突然转向了近东地区，他们进入亚美尼亚、叙利亚和巴勒斯坦地区，挥师急进，沿途攻陷所有城邦，俘虏臣民，直到波斯帝国。最终在波斯首都哥列斯封与波斯军队决战，然而不敌波斯军队，于是退回到伏尔加河流域。

5 世纪中叶，匈奴再一次令欧洲震动，著名的匈奴王阿提拉（Attila）的部队攻入东罗马的巴尔干地区，罗马人被迫割让潘诺尼亚（Pannonia）地区。451 年，阿提拉发动对高卢地区的进攻，并与东哥特人联合在一起，与西哥特人大战，双方都损失惨重。次年，阿提拉进攻意大利，后在接受罗马的进贡与联姻的条件下，才收兵回到潘诺尼亚地区。匈奴人的衰亡是以阿提拉的死为标志的。453 年，阿提拉在新婚之夜突然去世，这一消息令整个欧洲震动。阿提拉死后，匈奴失去了统帅，遂一蹶不振，迅速衰败。但是，匈奴人却在欧洲定居下来，并且没有完全销声匿迹，直到 6 世纪，匈奴人还曾与突厥人联合作战，不过已是强弩之末了。值得注意的是，虽然以后相当多的匈奴人被迫从潘诺尼亚地区离开，但这个地区却永远烙上了匈奴人的印痕，潘诺尼亚地区包括今天的匈牙利、奥地利北部和克罗地亚。这个地区虽然以后又经受过突厥人与蒙古人的侵略，但最早来到这里的游牧民族，并且长期定居于此的，可能仍然是匈奴人。

匈奴西迁引起哥特人的一系列变化，迫使哥特人南侵，引起了罗马帝国的大崩溃。这是欧亚大陆间文明交往的重要事件。匈奴民族是一个游牧民族，虽然在伏尔加河流域长期生活，但其文明水平与罗马相比仍然是落后的，匈奴入侵对意大利等地甚至高卢这样一些地方的社会生活会造成一定的损失，这是无可怀疑的。另一方面，这种入侵对于欧洲封建民族国家的建立起了推动作用，从宏观而言，这也是一种文明间关系的辩证发展。

实际上早在 5 世纪初，欧洲的蛮族就已经建立起了古代民族国家的模式，我们上文所提到的日耳曼人的勃艮第王国、阿兰王国、苏维汇王国、哥特王国都是这种古代民族国家。这种民族国家一般是在部族的基础上建立的，已经有了国家的基本形态。476 年，罗马大将奥多亚克发动兵变，废黜罗马皇帝罗慕洛·奥古斯都，宣布西罗马帝国灭亡。从此，欧洲开始进入封建时代，民族国家建立是这一时期的主要标志。形成民族国家的主要原因是西罗马帝国灭亡之后，各民族的独立意识开始觉醒，对于自己的民族文化有一个认证。489 年，狄奥多里克统率的东哥特人进军意大利，与奥多亚克争夺意大利，493 年，狄奥多里克战胜奥多亚克，建立了东哥特王国。这一时期，在高卢建立了法兰克王国，意大利北方有伦巴底王国，不列颠也建立起了一批封建王国，形成了欧洲封建民族国家建立初期的一个高潮。

应当看到，这个时期其实是东西方文明分化的又一个重要历史时期。这已经不仅仅是以希腊罗马与波斯印度所形成的东西方了，这是在欧洲内部的文明分化，是欧洲民族国家与东罗马和拜占庭帝国之间的分化。由蛮族形成的民族国家，大多集中于欧洲西部。自从民族国家建立之后，经历了跨越式发展，西欧一跃成为世界经济最发达的地区之一。这个时期也是世界范围内封建主义的兴旺时代。与西欧相对应的是，东方封建文明大国中国也在 7 世纪前后进入大唐盛世。

从秦朝以后，中国封建民族国家逐渐强大，到汉唐时代进入鼎盛时期。世界文明史的一个共同现象是，当文明民族处于封建国家高峰时代，外来民族的入侵都不会成功。从 632 年穆罕默德去世到 732 年普瓦提埃战役，这一个世纪是阿拉伯帝国扩张的时代。扩张的结果是建立了地跨欧、亚、非三大洲的倭马亚王朝，穆斯林的军事进攻一度令各国难以抵挡。使阿拉伯人势力真正遇阻的是大唐帝国与查理曼帝国，在东西方这两个高度发达的封建文明与军事强国面前，阿拉伯人止步了。也就是说，在儒家文明与基督教文明面前，穆斯林都遇到了最强有力的抵抗。

二、拜占庭帝国的文化成就

与西欧国家有着完全不同道路的东罗马帝国，在这一时期也进入一个新阶段。东罗马主要包括欧洲巴尔干半岛、爱琴海诸岛、亚洲的小亚细亚、亚美尼亚、巴勒斯坦和美索不达米亚北部、北非的埃及和利比亚等地，横跨欧、亚、非三大洲。4 世纪初君士坦丁大帝在博斯普鲁斯海峡边的原希腊殖民地拜占庭建立了君士坦丁堡。随着东西罗马分裂，东罗马成为拜占庭帝国。东罗马帝国最初的几个世纪中，一直保持经济繁荣。特别是 6 世纪中叶，查士丁尼统治时期，致力于法制建设，完成了《罗马民法大全》。这是欧洲历史上第一部成文法典，是西方大陆法系的代表文献，对世界法律与法学都有重要影响。它的主要思想是巩固王权，建立帝国的统治。它提出了“君权神授”的思想，把皇帝的权力变成了法律。查士丁尼企图恢复昔日的罗马大帝国，从 533 年开始，进行了长达 20 年的对外征伐，虽然在北非、意大利与西班牙都占领了大片的土地，但长年征战使国力耗尽，社会动乱。查士丁尼还曾经想恢复奴隶制度，由于不得人心，最后以失败告终。查士丁尼死后，拜占庭进入封建时代。7 世纪中叶，阿拉伯人占领了西西里岛等战略要地，开始长期的对拜占庭的进犯，直到 10 世纪，拜占庭才基本消除了阿拉伯人的威胁。11 世纪，塞尔柱突厥人崛起，再次对拜占庭帝国构成威胁。拜占庭求助于罗马教皇与西欧各国，其结果是引狼入室。1204 年，西欧的十字军竟然进攻君士坦丁堡，并且建立了所谓的“拉丁帝国”。虽然这个不伦不类的帝国只存在了 50 多年，但拜占庭帝国大势已去，很难再恢复昔日威风了。1453 年，奥斯曼帝国的军队攻陷君士坦丁堡。君士坦丁堡改称伊斯坦布尔，成为奥斯曼帝国的首都。

拜占庭帝国跨越东西方广阔地域，国内民族众多，有多姿多彩的文化成分，使它具有其他大帝国所没有的特殊地位，特别是东西文化的交汇与融合，为后世留下了丰富的文化遗产。

古代的史诗传统对于拜占庭有不可低估的意义。历史学与诗歌相结合，创作出现代史诗与传世之作，是拜占庭历史学家与诗人们的梦想。历史学家普罗可比的《查士丁尼战争史》反映了查士丁尼时代的大征伐，作者亲历对波斯、汪达尔与哥特人的大战，感受深刻，所以记叙生动真实，具有深厚的历史感。诗人康斯坦丁·塞勒斯的《戍边战士迪吉尼斯》描写了反击阿拉伯人战争的历史，这部叙事长诗流传很广，阿拉伯文学名著《一千零一夜》有的方面曾经受到它的影响。

拜占庭的绘画与雕塑是在综合东西方艺术的基础上形成的，希腊罗马艺术中表现强烈生命冲动的人体艺术在这里逐渐淡化了，装饰性的图案与辉煌夺目的神圣光彩，成为绘画的基调。拜占庭工艺发达，波斯地毯、黄金饰品、玻璃工艺等成就很高，这些工艺技术对绘画和雕塑的装饰性有极大帮助，使它们显得色彩艳丽，庄重大方，但也显得有些刻板。杰出的建筑设计师安提密阿设计的圣·索菲亚大教堂，采用巨大的圆形顶，与传统教堂风格不同，有明显的东方特色。教堂内的四壁全部用色彩光明的壁画来装饰，气势宏大，显示出天国与人世间权威的庄严，与西欧的教堂风格完全不同。英国历史学家赫·乔·韦尔斯在评论拜占庭艺术时说："这种艺术曾一度衰颓而又兴起，在11世纪达到了新高峰。它在东欧仍然是现代的艺术传统。它说明了新的官方基督教的抑制和冲动。东方的特性，尤其是埃及和波斯的倾向被强加于古典传统之上。辉煌灿烂取代了天真和文雅。"① 这个评价基本揭示了拜占庭艺术的倾向与特色，也说明了它与古代希腊包括希腊化时代艺术的不同之处。拜占庭艺术是结合了东西方艺术传统的创造，与希腊罗马的传统相比，东方帝国的艺术风格特别明显。无论如何，作为一种特殊历史环境下的艺术，它具有自己的历史地位。

三、多姿多彩的斯拉夫民族文化

曾经深受拜占庭文化影响的斯拉夫人，这时也以不同的方式，先后进入封建社会。斯拉夫人是欧洲最古老的部族之一，大约在公元前1300年到公元前400年间，他们已经创造了青铜时代的乌日茨文化，斯拉夫人作为世界上最早的掌握金属冶炼技术的民族之一，较早地迈过文明社会的门槛。铁器使用之后，斯拉夫人进入奴隶制社会，这种形态在斯拉夫社会中保持时间非常长。有的学者认为，斯拉夫人没有经过奴隶制，是直接从氏族社会进入封建社会的。这种说法对于个别东部斯拉夫民族可能适用，但对于大多数斯拉夫民族，奴隶制仍然是一个较长的历史阶段，而且以后在封建民族国家中仍然有农奴制的存在。在欧洲民族大迁徙之后，斯拉夫人分为三个大的民族，分别在不同时期开始了民族国家化的历程。我们评价斯拉夫文明时，应当说它不同于罗马文明，但是也与日耳曼蛮族有所不同，基本上是居于二者之间的民族，有更为偏向于蛮族的成分，或者说他们

---

① ［英］赫·乔·韦尔斯．世界史纲．下册．吴文藻，谢冰心，费孝通，等译．桂林：广西师范大学出版社，2001：485.

是有别于日耳曼蛮族的另一种蛮族。相对来说，他们与罗马人之间的关系还是缓和一些，彼此间存在商贸交易。罗马人为斯拉夫人提供青铜工艺品、纺织品和玻璃等产品，斯拉夫人则主要为罗马人提供如毛皮、牲畜等。

南斯拉夫民族以巴尔干半岛为中心，分布着塞尔维亚、克罗地亚、斯洛文尼亚、马其顿、黑山和保加利亚等民族，这是斯拉夫人中宗教信仰最为复杂、人种与部族构成也极其多样的地区。681年，南斯拉夫人建立了保加利亚第一王国，这是斯拉夫人建立的第一个重要的民族国家，其民族主体是从黑海附近迁移到这里的保加利亚人与斯拉夫人。9世纪，鲍里斯大公宣布立基督教东正教派为国教。这个国家的封建制度已经发展得比较完善，出现了早期城市，农业发展迅速，成为斯拉夫人中最为发达的民族国家。但它的兴盛时间很短，11世纪初期就受到拜占庭帝国与来自东方的罗斯人（古代的俄罗斯民族）的夹攻，1018年保加利亚第一王国被拜占庭所征服。但是保加利亚人民争取独立的斗争持续不断，1187年成立了保加利亚第二王国，可惜的是，虽然战胜了拜占庭帝国，却又被另一个新生的帝国——奥斯曼土耳其帝国——所灭亡。南斯拉夫人的另一部分即塞尔维亚人于1217年建立了塞尔维亚王国，在南欧地区逞强一时，以后也被奥斯曼帝国所灭亡。

塞尔维亚王国为历史留下了一部重要法典《斯提芬·杜尚法典》，这是一部代表欧洲民族国家进程的法典，它反映了封建社会土地与社会制度的变化，这部法典虽然不如罗马法典那么著名，但其意义却并不小，它可以说是民族国家建国经验的总结。

西部斯拉夫人主要是波兰人、捷克人和斯洛伐克人，在斯拉夫人中，西斯拉夫人受到罗马帝国与西欧文明影响最大。他们原本居住于奥得河与维斯瓦河流域，后来在匈奴入侵的压迫下向喀尔巴阡山移动，成为捷克与斯洛伐克地区的主要民族。一般认为，西斯拉夫人是最早建立民族国家的，这是指632年建立的萨摩公国。这个公国原本是由斯洛伐克、摩拉维亚和波希米亚等不同民族与部族所组成的，其主要目的是抵抗外来民族的侵略，因为多瑙河中游的阿瓦人与法兰克人都对这一地区有威胁。但是萨摩公国存在时间不长，由于多民族之间没有共同的思想文化基础，随着萨摩大公的去世，其公国也随之消亡。830年，大摩拉维亚国成立，它才真正标志着西斯拉夫人进入了封建社会。但是历史再一次证明了，不同民族组合成民族国家需要一定的条件与机会，因地域接近或是政治军事利益所组成的国家往往最后仍然会分裂。西斯拉夫地区与南斯拉夫地区一样，是多民族多种文明交汇地区，所以组成民族国家的过程也相当艰难。大摩拉维亚国成立后，同样面临内部的民族分裂。另外就是，东欧特有的大公贵族领地相当多，彼此之间本身就不合作，再加之异族的入侵，于906年被匈牙利人所灭。从此，西斯拉夫人放弃了这种建立大型公国的企图，转而寻求较小的、比较单一的民族国家的建立。

9世纪建立的波兰公国其实只是一个民族联盟，还不具备民族国家的功能。10世纪后期，梅什科一世统一波兰全境，这就是现代波兰国家的前身。这一时期发生的重大事件是基督教信仰的确立，从此改变了波兰国家的文化性质，波兰与其他东欧国家相比，其与西方文化的历史联系更加紧密一些。几乎在波兰建国的同时，捷克人也建立了自己的民族国家，996年，捷克公爵建立了普舍美斯王朝，这是第一个统一的捷克国家。历史证明，9世纪到10世纪建立的西斯拉夫民族国家与西方文明之间的联系相当紧密，民族与宗教是这种联系的有力纽带。虽然政治与意识形态因素是一种重要因素，但在一定历史条件下，文明因素会起到重要作用。20世纪末到21世纪初期，所发生的历史巨变就是一个证明，捷克与波兰的民族与宗教因素使得它们一直具有自己的独立性。当世界形势发生变化时，这些国家可能较容易接受西方文化的影响。

东部斯拉夫人的先祖在5世纪初来到东欧平原上，这里土地辽阔，北起伊尔门湖，南到基辅，西到德涅斯特河。他们部族众多，但是以罗斯人为主要民族。其生活制度相当原始，一直到7世纪之后，这些畜牧业与农业部族才开始农村公社的生活。以大家族为主体的农业公社是东斯拉夫人很有特色的生活方式。这里其实已经实行了私有制度，有了不同社会阶级与阶层的划分。9世纪，瓦里亚格人留里克建立了第一个民族国家古代罗斯国，其统治者虽然是瓦里亚格人，但主要臣民却是罗斯人。留里克王朝于882年征服基辅，以后迁都于基辅，从此古罗斯变成了基辅罗斯。981年，罗斯大公弗拉基米尔正式确立基督教东正教派为国教，这一决定对于整个东斯拉夫人影响深远。10世纪后，罗斯人的王公贵族强取豪夺，利用各种手段建立自己的封建统治，出现了一批王公城堡与王公庄园，这是相对落后的罗斯民族特有的封建化模式。1054年，罗斯人的领袖雅罗斯拉夫大公逝世，原有的罗斯人联盟开始分裂，形成封建割据的局面，12个大小公侯各自为政。

古代的斯拉夫人宗教形式不一，以多神教与自然崇拜为主。多神教中，战神与雷神是相当重要的大神，几乎所有的斯拉夫人都信奉这两个大神。除此之外，各个民族还有自己独特的信仰，如西斯拉夫人的火神斯瓦罗日茨、战神马尔斯、爱神维纳拉、天神约维什等，他们修建寺庙，雕刻神像进行祭祀。南斯拉夫人长期信仰多神，也雕刻神像，供人参拜与祭祀。东斯拉夫人信仰天神与天火神斯瓦罗格，除此之外，还有美人鱼、家族保护神、行业保护神等等。

10世纪前后，基督教以不同方式进入了斯拉夫各民族之中。山于接受不同的基督教教派，斯拉夫人也因宗教信仰不同有了新划分：天主教民族主要包括波兰人、捷克人、斯洛伐克人、克罗地亚人、斯洛文尼亚人，他们的文化受到西欧国家影响较大；东正教国家包括罗斯人、塞尔维亚人、黑山人、马其顿人和保加利亚人，他们与拜占庭文化关系更为密切。

虽然教派不同，但都属于基督教文化，基督教文化改变了斯拉夫人，使他们进入较发达的文明阶段，其中最重要的是斯拉夫字母的引进。863 年，拜占庭皇帝派遣一对兄弟传教士前往摩拉维亚传教，这对兄弟传教士就是基里尔与麦托迪兄弟。他们早在接受任命之前，就已经以研究创立斯拉夫字母闻名于世。他们来到摩拉维亚之后，推广应用自己创立的斯拉夫字母，这就是使用至今的基里尔字母。基里尔字母是在希腊宗教文字字母（即所谓“多角体”字母）的基础上，根据斯拉夫语言发音特点，增加了斯拉夫语特有的音，所创造出来的一种字母体系。基里尔兄弟还把《圣经》与其他希腊文的文献译成斯拉夫文，扩大了斯拉夫文的影响。从此之后，斯拉夫文字取代希腊文，成为斯拉夫民族中的正规语言。斯拉夫字母先在保加利亚传播，以后传入俄罗斯，立即得到推广。俄国人用这种语言整理了古代史诗《伊戈尔远征记》《罗斯法典》等重要文献，书写大量宗教文献。随着斯拉夫文字的传播，书籍、印刷术、造纸术（最初是以羊皮纸制造为主）、书写墨水与印刷颜料等也迅速在斯拉夫各民族之间传播，这极大地推动了斯拉夫文化的发展。

另一个相当重要的文化推动就是教育事业。基督教教会在斯拉夫人中间开始兴办学校，立即受到斯拉夫人的欢迎。从中古时代后期起，原本教育科技落后的斯拉夫各民族奋起直追，迅速成为文化较发达的民族，进入现代社会之后，其文化成就令世界众多有古老文明传统的民族感到惊讶。

14 世纪后，俄罗斯普遍建立了学校，教会与世俗学校分布于各地。16 世纪，乌克兰各地都成立了中学。彼得一世于 18 世纪初期在莫斯科和彼得堡建立了航海学校、炮兵学校、医科学校等多种专业学校。1755 年，由米·瓦·罗蒙诺索夫提议，成立了莫斯科大学。18 至 19 世纪，俄罗斯科学水平大大提高，出现了一批杰出的科学家如物理化学的创始人罗蒙诺索夫、非欧几里得几何学的创始人数学家尼·伊·洛巴切夫斯基等，使俄罗斯的科学研究达到欧洲先进水平。这一时期，俄罗斯文学艺术界不再受西欧文艺思潮的支配，创造出具有本民族特色的文学艺术作品。杰出诗人与作家普希金奠定了俄罗斯民族语言的基础。优秀作家大量涌现，如莱蒙托夫、冯·维辛、果戈理、屠格涅夫、契诃夫、列夫·托尔斯泰等，他们的作品远播欧洲各地，使欧洲文坛为之震动。其余如绘画、音乐方面也涌现出许多优秀的流派与创作。

捷克于 1348 年创办的东欧第一所大学布拉格大学，成为东欧的学术文化中心。16 世纪后，捷克的教育、自然科学、医学、宗教研究等方面都取得很大的进展。布拉格建立起各种类型的多所大学，地理学家与医生法布里奇乌斯绘制了第一版摩拉维亚地图。

在文学艺术与建筑方面，斯拉夫各民族有一定的相通之处，共同点是积极接受外来艺术思潮的影响，各种外来思潮进入后，又会与本民族的艺术传统相结合，产生出新的艺术形式。各国发展基本上可以分成如下阶段：

9至12世纪时，拜占庭艺术在斯拉夫各民族艺术中占重要地位。这一时期的教堂受到君士坦丁堡艺术的影响较大，一般采用木结构，圆形顶，金碧辉煌，风格庄严肃穆。11世纪基辅的索菲亚大教堂、诺夫哥罗德索菲亚教堂与波洛次克的索菲亚大教堂，都与君士坦丁堡的索菲亚大教堂同名，建筑样式与风格也相近，明显是模仿了拜占庭建筑。当然，这些教堂建筑中也有各自民族特色。10世纪后，部分国家传入了罗马式建筑，采用石砌教堂，但仍是圆形的拱顶。

13世纪到15世纪后期，哥特建筑传入东欧，打破了拜占庭式教堂建筑的一统天下。布拉格的圣维特天主堂是14世纪捷克教堂建筑的代表作，著名艺术大师彼得·帕尔列尔绘制的彩图、雕塑都是捷克建筑艺术的精品，既采撷了西欧艺术的精华，又体现出捷克民族艺术的深厚基础，它标志着捷克民族艺术的成熟。克罗地亚原本是以罗马建筑为主，此时出现大量哥特式教堂，高耸的屋顶，彩色玻璃大窗户，从窗口中进入的阳光成为七色，表达了基督徒升入天堂、来到上帝身旁的愿望。斯洛文尼亚的哥特式教堂最为壮观，科斯塔尼耶维察的切斯特教堂闻名遐迩，采用极精美的石雕，结构却十分简明，以十字甬道引入，令人产生一种亲近感。14世纪中期，莫斯科建成了克里姆林宫。一个世纪之后，1497年，克里姆林宫的乌斯宾教堂建立，虽然采用圆形顶，但五个圆顶高耸入云，可以说结合了外来艺术与本民族艺术的特点。

西班牙圣保罗大教堂

文艺复兴式建筑在16世纪时传入东欧，各地纷纷建立文艺复兴式的城堡，斯洛伐克这一时期的城堡建筑相当发达。而波兰则接受了文艺复兴艺术的另一种影响，以对称与和谐为审美标准，瓦韦尔宫的建筑艺术就体现了这种风格。

17至18世纪，西欧的巴洛克等艺术风格再次对斯拉夫民族产生影响，捷克的布拉格米库拉什大教堂就是一个典型，其

爱沙尼亚的塔林

装饰相当豪华，具有异域色彩，而且相当多的雕塑都是由外来的艺术家所创作的。波兰克拉科夫的圣彼得大教堂、圣帕韦尔大教堂也是巴洛克宗教艺术的杰作。其余如乌克兰、白俄罗斯等地，巴洛克教堂与建筑随处可见。最为突出的是克罗地亚与斯洛文尼亚，这里的巴洛克式的建筑最集中，成为其艺术的基调。除了教堂之外，各国的绘画与雕塑中也有不少具有巴洛克艺术特征的作品。

19世纪后，斯拉夫民族的艺术发生了根本性的改变，古典主义风格与现实主义风格成为主流，尤其是艺术风格的民族化，使斯拉夫艺术从西欧的影响下解放出来。

第三节　中世纪西欧文化

一、西欧封建社会的建立

5至16世纪西欧封建社会的发展，经历了相当艰苦的过程。首先是外来民族的大规模入侵，除了匈奴人之外，阿拉伯人也不断西进。从9世纪起，北非的阿格里布王朝与法蒂玛王朝从海上进攻，这是8世纪阿拉伯人大进攻之后的又一次大征伐。9至10世纪，来自亚洲的马扎尔骑兵席卷西欧，马扎尔人是一个游牧民族，关于他们的起源尚且没有定论。他们进入欧洲之后，最终在匈牙利定居下来，与当地民族结合为一。马扎尔人先后袭击德国、法国与意大利，后来因为自身演变为农业民族，才停止了对西欧的骚扰。北欧国家的诺曼人是西欧国家最严重的威胁，诺曼人原本是古代日耳曼人的一个分支，分布于丹麦、挪威与瑞典等地。9至10世纪，几乎与游牧民族袭击的同时，诺曼人开始大规模进攻西欧国家。经过多年战争，其结果是诺曼人最终融入了西欧民族之中。丹麦人曾经在英格兰建立过帝国，11世纪时，帝国崩溃，部分丹麦人加入了英格兰。诺曼海盗罗洛曾经在10世纪时建立过诺曼底公国，以后这个公国归属于法国，成为法国对外战争的主力之一。瑞典人在对东欧的入侵中，逐渐与斯拉夫人合为一体。至此，西欧国家的外来进犯才算暂告平息。

从10世纪到13世纪，西欧兴起了农业大垦殖运动。西欧国家的传统是重视工商业经济，农村以畜牧业为主。由于过去农业生产技术落后，森林、草原与荒地面积很大，无力开垦。大垦殖运动最初是从西欧开始，开荒吸引了各国的贵族、商人、教士、牧民和农民，他们在几个世纪中，纷纷将财力、人力投入开荒之中。后来这种运动向外拓展，进入到西欧的周边地区，包括中东欧、西班牙等地，斯拉夫人等东欧民族受到吸引，投入开荒，率先实行深耕，大垦殖成为波及整个欧洲的一场农业生产运动。这一场农业运动从根本上改变了欧洲特别是西欧的经济状况，使农业经济成为社会生产的中坚，也改变了原来粮食依靠外来的局面。西欧人口增加，工商业经济繁荣，封建社会形态建立起来。此后，原有的农村公社制度解体，土地实行庄园化，城市自治化兴起，在复杂动荡的社会形势下，欧洲封建社会进入了它的兴旺时期。

封建社会发展中，改革是不可避免的。每一次重大的国家制度的变革都与民族文化传统之间有密切关系，凡是一个新起的民族取得政权后，往往会对原有政权进行大的改变，以适应自己的要求，而这种改变又经常有革新性。例如，英国诺曼底王朝取代威塞克斯王朝犹如中国李唐王朝取代秦汉。诺曼底民族来自法国，原本是北欧地区的民族，在战争中归顺了西欧文化。以后，诺曼底作为异族又入主英国王政，改变了原有民族的统治。世界文明史上，各封建王朝统治者经常为异族所取代，每一新统治者必然进行一定的革新，这是历史规律所决定，几乎没有例外。所以诺曼底贵族所采取的改革措施也是必然的。在一定的历史时期进行兵役制度、土地制度与政府民主制度的改革，这在封建制度下是常见的，但这种改革是极为有限的。只有资产阶级民族国家的建立才可能从根本上改变这一状况。

> 政府组织的类型就像动物的类型一样，是多种多样的，而且会不知不觉地从一种类型过渡到另一种类型。在每一类型的政治组织中，都有不同程度的统一性。但没有一种类型能有绝对的统一性，因为一个国家中的绝对的统一性会消灭个人意志的多样性。不过，在所有的类型中，又都可以找到程度不同的统一性，即使是在最松散的联盟中，也会在某些问题上产生或推进联合行动。①

虽然如此，我们可以概括地说，西方民族国家的性质并非无可捉摸，而且它虽然经历多年发展，并没有根本变化。虽然当时的民族国家实行封建制度，经济政治上并未成为世界文明中最发达的国家，但它毕竟是民族国家，这是一个不可改变的历史事实。这种国家形态的形成，成为西方文化的一个特点，也决定了封建社会中欧洲国家经济政治发展的大格局。

西欧封建社会的历史进程有自己的特点：

（1）西欧封建社会最突出的特点之一是多元化的政治经济局面，这是法兰克大帝国之后，西欧多个古代国家与民族发展的必然趋势。从10世纪起，西欧大地上如天际繁星一般零散地分布着大大小小的公国、帝国与小王国，诸侯割据，各自为政。这种局面的形成有多种原因，有的历史学家认为是由于农业生产的封闭性所致，也有人提出是因为西欧国家行政管理机器普遍不完善等等。其实，这

---

① ［英］F.C. 蒙塔古.《政府片论》编者导言//［英］边沁.政府片论.沈叔平，等译.北京：商务印书馆，1997：82-83.

些原因都很难服人，西欧如果与西亚、北非甚至东欧比较起来，都不能看成是典型的封闭性农业经济，这是明显的。再者，所谓国家行政管理机器不完善更不是理由，西欧国家行政管理从来不比任何地区差，相反，由于文明程度高，可以说远比一般落后地区完善得多。最根本的原因在于，西欧是大西洋文化的核心地区，从古代希腊的城邦国家开始，就形成了一种以地方为中心的自治传统。这种传统在罗马帝国时代被破坏，众多的城市被毁，各民族在罗马统治下，成为统一体。但在中世纪后期，地方自治的要求越来越强，所以大小公国林立，这是西方文化传统在起作用。从政治经济角度来看，西欧的庄园经济与城市经济有一个共同特征，它们都要求有自治权力，允许庄园主有权力赋予农奴人一定的自由。所以，法兰克王国，也就是加洛林王朝（或称为查理王国）9世纪崩溃之后，西欧再也无法建立起统一的大帝国，只有处于边缘地带的神圣罗马帝国还维持着虚假的繁荣。在此之前，西欧封建进程已经加快，国家与教会分封土地，产生最早的一批封建地主就是教会与政府直接分封的。以后查理·马特推行的采邑制度为封建社会的建立奠定了基础，到9世纪，西欧封建社会进入采邑制度建立的高潮，从国家的各级官员、高级神职人员到大大小小的封建庄园主，纷纷“封土”，就是分封土地。从此，西欧成了一个从上到下、各级普遍有自己封土的社会，各领主维护自己的一方土地与地方利益，这是产生西欧多元化局面的主要原因。这一局面曾经被许多历史学家认为是落后的，是不利于统一的。如果从历史发展来看，这种局面可能对于直到今天的欧盟发展都有相当重要的影响，是它推动了不同民族与国家之间的互相竞争、互相贸易与互相联系。与此同时，东欧地区的一些国家仍然处于农村公社制度阶段。

（2）世俗政权与神权之间的权力斗争相当激烈。在中古欧洲，基督教与世俗政权在共同利益的基础上，实行了政教合一的统治。罗马教会在欧洲有强大的经济与政治力量，它所占有的土地达到欧洲的三分之一，教会实行“什一税”，收敛巨额财富。教会享有经济与政治特权，教会财产全部免征一切税收，任何人不得进入教堂抓捕逃犯，甚至政府要逮捕的人也可以进入教堂申请“避难”，至于其他因宗教或是其他原因受到迫害者，教堂均有权提供保护。西方文字中的“避难”（asylum）就是由此而被广泛使用的，这一规定对社会生活产生了巨大作用。法国作家雨果的名著《巴黎圣母院》中描写了15世纪路易十一时代的社会历史风貌，其中就有关于犯罪人可以入教堂避难的情节。同时，教职人员享有司法豁免权，他们犯罪后，世俗法庭无权审理，只能由宗教法庭处理。6世纪以后，政教合一的程度加深，神职人员大量出任政府官员，国家法律的制定，还要有大主教参加，教会权力极大，它具有更改法官判决与处分官员的权力。自从“丕平献土”之后，罗马教皇国成为欧洲大地上凌驾于一切世俗国家之上的权力机构，教会授予国王以权力，教会与国王互相联系，共同统治。

政教合一使教会获得了巨大的政治权力与经济利益，也促进了教会的发展，使教会势力迅速扩大。但是，物极必反，否极泰来，教会的扩张使它内部矛盾尖锐化。一方面，教会的世俗化形成了教会的腐败，教士们不再忠诚于信仰，只是把宗教作为捞取利益的工具，他们违反教规，作恶市井，霸人妻女，为非作歹。这种行为严重败坏了宗教的威信，使基督教士们成为笑料，堕落为恶徒的形象，从根基上动摇了政教合一的基础。

另一方面，教会与王权的权力之争愈演愈烈，这是政教合一体制不可逾越的障碍。基督教认为，君权神授是合乎宗教原理的。但是，王权是神授，并不是由教皇所授予的，国王代行神的权力并不是代行教皇的权力。从基督教原理来说，任何个人都不能真正取代神。因此，教皇虽然从形式上代表神授予王权，但这种做法并不能说明教皇的神圣性。在世俗政权下，教皇与国王谁是最高权力，这是斗争的关键。

综观西方历史，教皇权力虽然相当大，但是从社会权力总体来看，教皇仍然要通过王权来统治，教皇受制于王权。在法兰克王国的历代君主们统治下，教皇必须依附于这些国王才能得到利益。查理大帝是接受教皇加冕才成为皇帝的，但是查理却十分看重自己的权力，并不听命于教皇。而且查理死后，教皇立即无所依赖，罗马贵族们根本看不起毫无权势的教皇，以后德国皇帝又经常压制教皇，教会不得不听计于皇帝。

但是教会并不甘心于失败，从10世纪起，教会内部不断掀起改革运动，主要目的是要先清除教会内部的腐败现象，然后再夺回教会的世俗统治权力。1073年，意大利人希尔德布兰德由于长期鼓动宗教改革，终于当上教皇，号称格列高利七世，从此，教会权势再上一个新的台阶。1075年的罗马宗教会议与1215年的第四次拉特兰宗教会议，使教会内部纪律得到加强，改变了原来的各地大主教兼任教皇使节的决定，改为由枢机主教到各地巡查，实质上是加强了教会中央集权。经过内部整顿后，教会与王权展开了更加激烈的权力争夺，在格列高利七世与英诺森三世在位时代，教会在与王权斗争中屡次获胜或是形成和局，维护了教皇的权力与威信。英诺森三世与英国国王约翰的斗争中，英诺森三世最终获得胜利，约翰不得不对教皇俯首听命，并且向教廷纳贡，其余如法国、葡萄牙、瑞典、丹麦、波兰、匈牙利等国，也都被迫服从于英诺森三世。英诺森三世还干涉德国内政，连皇太子继承这样的事也要听从于他。所以，中世纪王权与宗教之间的斗争一直是各种社会矛盾集中的焦点。

16世纪宗教改革之后，欧洲的政教分离已经成为必然趋势，但这一过程却是漫长的，欧洲各国政教分离的步伐也不一致。英国王权实际上早已经摆脱了宗教的绝对控制，亨利八世与罗马教廷断绝了一切关系。1534年通过的国会法案，宣布英国国王不应听从教会，而且国王是宗教最高首领。英国圣公会是国教，但是无法控制国家政权，女王担任教会首脑，有权任命大主教。虽然女王的加冕仪式是由坎特伯雷大主教主持的，但教会的大主教、主教和教长都是由首相建议，女王最后任命的。所有的牧师宣誓忠于国王。在英国两会中，上议会有部分宗教席位，下议会没有教会的席位。从英国历史看，无论是 16 世纪的伊丽莎白时代还是 19 世纪的维多利亚时代，英国王室都能较好地利用宗教为王权服务。英国资产阶级革命开始之后，清教徒甚至与罗马教廷决裂，拥护资产阶级革命。18 世纪法国大革命后，宗教与世俗王权之间的力量对比发生根本性的变化，宗教势力衰退，但是法国政府直到 1905 年才正式做出政教分离的决定。无论如何，政教合一的制度，到 20 世纪在欧洲已经寿终正寝，只有少数较小的国家例外。

（3）基督教不但与世俗王权相对立，而且必须面对宗教异端的反抗。所谓宗教异端，主要是指基督教内部的不同教派的斗争。基督教内部有多种流派，这些流派起于对宗教经典的不同解释，反映了不同势力的理论与实践，最后发展到组织团体，公开反抗，甚至组织起义。11 世纪意大利的“鞭笞教派”是早期的异端派别，虽然受到教廷的镇压，但是引起了后世更加激烈的反抗。12 世纪以后，各种异端纷纷出现，如法国的阿尔比派、英国的威克里夫派、罗拉德派。15 世纪后期，捷克出现胡司派与市民圣杯派等等。这些宗教派别都在民间广为流传，反叛教会与朝廷，使得罗马教廷不得不兴师动众，前往征伐，从而发展成宗教战争与武装起义，所以中古时代起义不断，如捷克的胡司战争、德国农民战争、英国瓦特·泰勒起义、意大利多里奇诺起义、法国扎克起义等等。

（4）中世纪的西欧各国封建王朝建立后，原来的东法兰克王国成为德意志帝国。这里原是经济相当落后的地区，封建社会关系建立较晚，马尔克制度在这里长期占有重要地位，这是一种农村公社制度。在这里建立的封建制度也有自己的特色，一般以公国为主要形式，这种形式是从贵族与部落领袖发展而来的，有深厚的地域与血缘关系。10 世纪，这里建立了神圣罗马帝国，虽然有“罗马帝国”之名，统治范围其实只是德国与意大利部分地区，且以后意大利分离开来。这种局面长期维持，不仅使这里政治经济相对落后于西欧各国，而且使得近代以来的德国较长时期处于分裂状态。

二、西欧文化事业的败落与更新

在中世纪，由于基督教教会排斥古代希腊罗马文化，致使古代文明几乎沦丧，这使欧洲进入西方历史上最落后的时代，史称“黑暗时代”。在这一漫长的历史时期中，随着西欧经济形势的改变，封建社会的政治经济特点充分显现出来，教会专制的局面受到越来越大的压力。特别是中世纪中后期，各种文化事业复苏，并取得了缓慢的进步，其中还出现了“加洛林文艺复兴”和“12 世纪文艺复兴”等阶段性的文化高潮，不过未能形成大的推动力。

民族语言建立是中世纪所取得的一个重要文化成就，这个方面经常为人们所忽略，其实语言的作用与地位绝不可以轻视。语言是人类思想与行为的载体，是人类社会交往的工具，同时，它也是民族文化创造的精华，一个民族语言的发达与否，直接显示出这个民族文明程度的高低。中世纪以拉丁文为官方语言，不准许各民族使用自己的民族语言，压制民族语言的研究。实际上，虽然加洛林王朝规定拉丁文是唯一的书面语言，但是在口语中，各国已经不再使用拉丁语，拉丁语已经成为一种死亡了的语言。11世纪到13世纪，西欧各国开始使用自己的民族语言。民族语言的使用一般经历了三个阶段，第一阶段是民间使用。11世纪初期，法国的工匠与农民开始使用所谓的“法兰西亚语”，成为现代法语的前身。意大利人开始使用所谓的“俗语”，西西里岛等地语言还更复杂，古代英语与德语也在民间开始大量使用。第二阶段是民族语言为官方语言，大约到13世纪，法语成为官方文件用语，巴黎地区的语言又作为法语的精华得到推广。第三阶段，从13世纪到16世纪，出现以民族语言创作与书写的伟大文学作品，法国的《罗兰之歌》与莎士比亚的戏剧等，这标志着民族语言已经成为成熟的经典语言，具有了不可动摇的地位。民族语言是民族国家建立的重要条件，每个独立的国家都有自己的独立语言，甚至可以有一种以上的民族语言作为国家语言。民族语言的使用，是民族独立的象征，它可以凝聚民族，形成共同的民族心理与性格，建立民族自信心。多种民族语言的使用，使欧洲的多元文化更兴旺地发展。

经院哲学是中世纪所创立的最庞大神学体系，由于思想僵化，观念陈腐，一直名声不佳。如果以历史主义观念来看，其实经院哲学也是不断变化的。2世纪起出现教父哲学，奥古斯丁等人将教父哲学发展到极致，建立了严密的神学体系。8至10世纪，经院哲学在意大利神学家安瑟伦等人的推动下形成，这种神学理论融合了希腊哲学与阿拉伯哲学等方面的内容，建立了基督教系统理论，13世纪的阿奎那将这种哲学推向顶峰。应当说，经院哲学虽然是一种禁锢思想的陈腐宗教思想，但是对于基督教的理性化有重要作用，它在中世纪哲学史上有一定地位。

中世纪的文学艺术发展处于低谷，是西欧历史上最落后的时代。宗教文学与骑士文学成为主体，其余有中世纪英雄史诗、城市文学与民间文学等方面的发展。在本书的有关章节我们将介绍这一时期文学的得失。这里要说的是中世纪音乐，其中相当重要的是宗教音乐，这是世界音乐史上一种历史久远的音乐形式。当我们走向基督教教堂时，唱诗班表演的别具一格的宗教音乐，以其激昂、深沉、飘逸的乐音给每一位听众留下深刻印象。9至12世纪，在英国等地出现了重唱，不同的乐曲错综复杂地结合在一起，使音乐的表现力大为增强。13世纪时，英国已经有能记录复音的曲谱。最早记录的曲谱之一是福恩斯特的约翰的旋舞曲《夏天到来》，这是一位牧师的创作。法国人与意大利人发明了和声，教堂音乐与世俗音乐都普遍采用和声，使乐音更加动听，加强了音乐的感染力。

罗马帝国时代已经发明了键盘乐器风琴，这一发明意义重大。风琴于 9 世纪从拜占庭传入西方，成为西方重要乐器。876 年，神圣罗马帝国皇帝路易派人到威尼斯，请祭司格鲁吉乌斯为他制作一架风琴，可见当时风琴是何等珍贵的乐器了。大约从 10 世纪起，风琴成为教堂音乐中主要乐器。10 世纪末期，一位英国牧师伍尔斯坦甚至为英格兰温切斯特的风琴写了一首诗，赞美它的作用：

喧闹的声响正回荡在四面八方，
你只好用双手把两只耳朵掩上，
那逼近的轰鸣已令人难以忍受，
竟还有各种声音与它一道合唱，
诗人的旋律飘荡在城市的上空，
飞翔的名声传遍了陆地和海洋。①

中世纪键盘乐器的大量使用，不但对于教堂布道有很大的帮助，也为世界音乐开辟了新领域。西方音乐史上，相当多的音乐家都与宗教音乐有密切关系。被誉为“音乐之父”的巴赫（Johann Sebastian Bach，1685—1750）就是一位教堂牧师，早年以擅长演奏管风琴而出名。18 世纪维也纳古典乐派代表人物海顿（Franz Joseph Haydn，1732—1809）从 8 岁起就在唱诗班当歌童，从小接触宗教音乐。欧洲音乐家中，出身于宗教音乐世家者数量相当多。

除了宗教音乐外，行吟诗人与歌者对中世纪音乐也有较大贡献，11 世纪后期，法国南部的普罗旺斯、意大利、西班牙北部等地出现了大批的诗人，其中相当多的人是贵族与骑士出身，而且很多人还参加了十字军东征。在十字军东征中，他们接触了东方阿拉伯的诗歌与音乐，东西方音乐的碰撞，丰富了音乐技艺与诗歌表现力。中世纪著名的骑士诗歌中，相当多的产自这些地区。诗人们行吟四方，传播诗与音乐，成为一时之盛。

中世纪的建筑艺术为西方艺术留下了深刻的印痕，特别是它的教堂建筑，其建筑风格崇高神圣，内外装饰豪华，使人领略基督教艺术独特的意义。这种建筑艺术全面提高了教堂建筑在社会上的地位，使教堂建筑成为西方艺术的代表形态之一。

中世纪欧洲建筑的五种模式对后世影响最大：（1）神殿式：又名巴西利卡式，这是罗马时代的教堂建筑样式，是一种平面十字形的建筑。（2）罗马式：以大教堂为中心的建筑，以圆形的拱顶、石砌的墙体与台阶等为特点。（3）哥特式：具有高耸入云的尖顶，屋顶呈斜坡形，装饰彩绘玻璃，高大的拱形门。许多世界知名的大教堂都是这种建筑，如法国巴黎圣母院、英国坎特伯雷大教堂等。（4）文艺复兴式：以几何化图形为主要特征的建筑风格，它不只在教堂艺术，也

① ［英］彼得·詹姆斯，尼克·索普．世界古代发明．颜可维，译．北京：世界知识出版社，1999：607.

在世俗艺术如城堡建筑方面成就突出，代表作包括枫丹白露城堡、罗浮宫正面的装饰等。(5) 巴洛克艺术："巴洛克"一词来自葡萄牙语，原指形状不规则的东方珍珠，后来指16世纪末到18世纪弥散于欧洲艺术的一种风格，它与文艺复兴式的讲求理性、规则相对，以曲线与不规则的斜线为主要风格，应用于建筑后，主要特征表现于装饰方面，代表作如罗马耶稣教堂等。这里不包括我们上文已经提到过的东方拜占庭式建筑，这种建筑也在西欧发生过一定影响。其余影响较小或是有相近作用的如罗曼艺术、洛可可艺术等，虽然它们在历史上的某一个时代也曾经占有重要地位，但与以上五种重要艺术模式相比，仍然不够突出。我们这里只是指出这五种主要式样的历史作用，关于它们的代表作品与审美的分析，在相关章节另有详细的论述。

《圣母子》

由建筑带动了相关的雕塑、装饰、绘画、圣像制作、玻璃彩绘、木工工艺、金属工艺、地毯加工与纺织工艺方面的巨大进步，使风格独特、内容丰富、形式多样的西方艺术获得了艺术史上的地位。

中世纪的教育成就主要表现于大学的建立。英国历史学家科林·琼斯说："大学是'12世纪文艺复兴'的最杰出的产物，包括了艺术、建筑、宗教的复兴和本土文学以及求知教育"①。这种说法是有一定道理的。从12世纪起，欧洲各国纷纷建立大学，欧洲所有古老的大学几乎都是中世纪建立的，首先在意大利建立了第一所大学，以后法国、英国与德国都纷纷建立大学，如举世闻名的巴黎大学、牛津大学等先后成立。最初的大学以神学、医学等方面的学科为主，以后发展到理工农类等多学科，促进了欧洲的科学发展，为欧洲的经济现代化打下了坚实基础。

第四节　十字军东征

宗教战争在世界文明史上十分常见，不同宗教教义与其利益之间的冲突经常会导致战争。但是，像基督教的十字军（Crusade）征伐这样大规模的宗教战争

① ［英］科林·琼斯. 剑桥插图法国史. 杨保筠，刘雪红，译. 北京：世界知识出版社，2005：127.

却是少见的。

11世纪后期，长期在丝绸之路沿线和东罗马活动的突厥人向西亚移动。突厥人是一个相当古老的民族，关于他们的历史由于受到文献的影响，人们知之不多。中国文献是最早记录突厥历史的，中国学者耿世民曾经指出过汉语中“突厥”一词的来历，“据学者们的最新研究，汉文‘突厥’二字应为古代突厥语 Tū rkit～Tü rü k（意为‘强有力的’）一词后加粟特语复数附加成分——t，即 Tü rkü t 的音写。阿拉伯文为 Turk，希腊文为 Turkoi，梵文为 Turuṣka，莱特文为 Twrk，藏文为 Drugu”①。他们早在6至8世纪之间，就在中国北方建立过突厥汗国，以后就逐渐西移，离中国远去，后来文献就没有记载了。而突厥人11世纪在西亚的出现，应当说是再现，其迁徙的历史过程仍然是一个谜。但无论如何，塞尔柱突厥人在11世纪末占领了耶路撒冷，基督教圣城陷落。

突厥人的信仰十分复杂，除了他们原有的原始宗教外，以后陆续接受过佛教与伊斯兰教，这对于排斥异端的基督教来说，显然是不能容忍的。1095年教皇乌尔班二世在法国召开了克勒芒宗教会议，参加者是来自各地的修道院院长与主教们，教皇在会上发表了长篇演说，提出组织十字军，收复失去的圣城耶路撒冷，向东方进军。一时间整个欧洲为之沸腾。在欧洲封建制度与工商业发展中，相当多的封建家族在激烈的竞争中失去财产与土地，十字军东征对于这些破落贵族和封建领主的子弟不啻是一次发财的大好时机。也不可否认，基督教会长期的排斥异端的宣教、西方文化中固有的异域征服与冒险的传统、宗教忠诚、商人们借机发财的欲望，甚至一些破产农民子弟以战争军功作为发财立身的本钱等，所有这些因素集合起来，形成了十字军东征的高潮。从1095年到1291年，十字军有9次大的征伐。第一次是1096年春季出发的农民十字军，由于参加者都是仓促组织起来没有军事经验的农民，出师不久就几乎全军覆没。当年秋天，所谓的骑士十字军再次出动，1099年7月，十字军攻占了耶路撒冷，建立了耶路撒冷王国，这一王国是宗主国，所属有爱德沙（Edessa）伯国、特里波里（Tripoli）伯国与安条东（Antioch）公国。在宗教与政治上，制定了《耶路撒冷条约》，这是西欧的封建制度与宗教合一统治的东方版，对于东方文化是完全陌生的。以后，十字军东征的浪潮不可遏止，战争狂热席卷欧洲。最可笑的是，最后竟然完全改变初衷，战争蔓延到原发起国拜占庭。拜占庭原本是十字军的积极支持者，它的目的是通过十字军东征以保障自己的安全，得到西欧的支持。可是十字军在东方取得胜利之后，由于意大利商人们的策划，第四次东征军队竟然转向攻打拜占庭，攻占了君士坦丁堡，成立了所谓的“拉丁帝国”。不过，从此之后，十字军东征也走向了低潮，1291年，十字军在东方的最后据点阿克城（Acre）失守，

① 耿世民．突厥汗国//耿世民新疆文史论集．北京：中央民族大学出版社，2001：239．

标志着十字军的最后失败。

十字军的东征是亚历山大王之后西方最大的一次东征，在世界史上也有特殊地位。东西方大的战争先以波斯人西征为开端，这次西征到希波战争结束。然后是亚历山大王的东征，东征到印度为止，没有进入到中国。这次短暂的东征之后，就是十字军东征。十字军之后则是蒙古成吉思汗的西征，蒙古人虽然西行直到黑海，但相对来说，蒙古人的根据地仍是东方草原，其最终归属仍是中国文明。可以说从近代以来，没有发生过像十字军东征那样的大规模宗教战争，这是世界人型战争的一种转化。现代的两次世界大战都不再是宗教战争，经济与政治的因素居于更重要的地位。但是，在每一次战争的背后，都有着深刻的宗教与民族原因。

东征的骑士们掠夺了东方的财富，法国的圣殿骑士团成为举国皆知的首富，战争的不义之财终于给他们带来了意想不到的灾难。13世纪末，法王腓力四世与教皇矛盾加剧，圣殿骑士团就成为引火索。法王为了抑制宗教势力，占有教会的财产，对圣殿骑士团大加迫害。1302年，腓力四世用武力胁迫，把罗马教廷迁向法国阿维农，此即所谓“阿维农之囚”。在战争中发财暴富的圣殿骑士团团长及主要成员，在教廷失去权力之后，竟然被腓力四世处以火刑，于是，十字军骑士们抢掠来的巨大财富，最终落入王室。英国牛津大学神学教授约翰·威克里夫（John Wycliffe，约1330—1384）以后在论述教会改革的重要性时，公开宣称教会的大量财富是不正当的，应当由国王没收。所有这些，都无可避免地把宗教改革提到了议事日程中。但是，应当说宗教改革除了这些直接因素外，还有着更重要的思想内容。

第五节 文艺复兴运动

文艺复兴（the Renaissance）运动是14至16世纪在欧洲产生的一次思想解放运动，由于它以复兴古代希腊文化为口号，所以称为文艺“复兴”，实际上要注意的是，第一，它的意义绝不仅仅是复古，而是一次重要的社会思想革新；第二，其意义并不只限于“文艺”，而是广泛涉及整个思想文化领域的一次革命。

14世纪后期，西欧经济从封建社会向资本主义转型。庄园经济与采邑制度引起了城市化运动，推动了工业化的进展，市民与商人等新兴阶层的思想急切需要得到表现。同时，西方文明的中心已经从地中海向西欧转移，西欧国家英国、法国与德国的经济发展极为迅速，农业与工商业均居于领先地位。中国的四大发明传入欧洲，丝绸生产技术也经过阿拉伯人进入欧洲，阿拉伯航海技术促进了欧洲的海外远航。1492年哥伦布到达美洲，1521年麦哲伦完成了首次环球航行，地理大发现为西方提供了充满想象力的巨大空间，也为全球文化交流提供了新的可能性。

随着欧洲资本主义工商业的兴起，工商资产阶级、城市平民与农民成为重要的社会力量，他们与封建贵族、教会之间的对立成为社会斗争的中心。文艺复兴运动就是这一社会时期的产物，它的中心是反对宗教与封建专制，所用的武器是人文主义思想。

反对宗教专制主要表现为：其一，反对基督教神学思想。基督教主张神的创世说，世界是神创造的，人类只不过是神的创造物，人的生存与命运都是神的安排。基督教的基本教义就是人生来有罪即所谓的“原罪说”，只有神才能进行最后的审判，人在天国才能得到救赎。这种消极的世界观为宗教与封建制度存在的合理性辩护，所以受到人文主义者的反对。城市平民与资产阶级需要新的、改变社会现实的新世界观，就必须创造文化或是借用古希腊人文主义精神进行革新。其二，对腐朽教会组织的抨击。中世纪的教职人员腐败，教会纪律松弛，道德堕落，已经无法维护教会的基本威望。改革这种教会已经成为社会普遍的呼声，所以文艺复兴时期一大批文学作品揭露教会黑暗，描写神父们搜刮民财、好色淫乱的事实。所以在文艺复兴中，进步人士宣扬人文主义世界观。“人文主义”（Humanism）这个词原本是与神学相对的一种思想观念，在罗马人将基督教确立为国教之前，希腊与罗马的古代文明虽然都有宗教信仰，但是人文主义是他们的思想主流。中世纪基督教会严酷镇压一切人文主义思想，这是违背广大人民愿望的。人文主义与科学思想有内在关联，它们都把人类看成是自然的产物，相信人类具有利用自然、改造自然的能力，这一思想恰与宗教思想格格不入，所以遭到了教会的残酷镇压。人文主义者歌颂现世生活，主张人类精神与思想的自由，维护人类的合理要求。人文主义者的口号是：

> 我是人，我具有人类的一切特性。

肯定人们追求幸福、爱情的权利；主张探索自然、发扬冒险精神；提倡理性与科学，维护唯物主义思想；主张社会平等与博爱，歌颂个人创造。这些都是人文主义的基本观念。可以说，人文主义思想符合社会发展的要求，具有进步意义。西方的人文主义，从古希腊开始，经过文艺复兴得到加强，以后在启蒙主义中得到进一步发展，形成了自由平等博爱的资产阶级思想，具有鲜明的西方文化特色，对于世界文明有不可否认的进步作用。

但是也无可否认，文艺复兴与启蒙主义等思想并不是完美的，它们本身就有内在矛盾。以神为中心与以人为中心是两种根本对立的世界观，文艺复兴时期虽然重申人文主义思想，但实质上并没有也不可能解决这一矛盾，更不可能完全放弃宗教。西方文化中基督教思想体系仍然占统治地位，直至今日，西方的人文主义思想传统仍不能断言已经完全战胜了神学。所以，人文主义尽管有进步性，但也有它的历史局限性。

文艺复兴不仅提倡人类创造精神，并且涌现出一批富于创造性的杰出人物，以此证明了人类所具有的巨大创造能力。在经过 1 000 年宗教禁锢之后，这些人物与其精神分外令人振奋，这可能也是文艺复兴给世界留下如此深刻印象的原因之一。如恩格斯那段名言所说：

> 这是人类以往从来没有经历过的一次最伟大的、进步的变革，是一个需要巨人而且产生了巨人——在思维能力、激情和性格方面，在多才多艺和学识渊博方面的巨人的时代。给资产阶级的现代统治打下基础的人物，决不是囿于小市民习气的人。相反地，成为时代特征的冒险精神，或多或少地感染了这些人物。那时，差不多没有一个著名人物不曾作过长途的旅行，不会说四五种语言，不在好几个专业上放射出光芒。莱奥纳多·达·芬奇不仅是大画家，而且也是大数学家、力学家和工程师，他在物理学的各种不同分支中都有重要的发现。阿尔布雷希特·丢勒是画家、铜板雕刻家、雕塑家、建筑师，此外还发明了一种筑城学体系，这种筑城学体系，已经包含了一些在很久以后被蒙塔朗贝尔和近代德国筑城学又加以采用的观念。马基雅弗利是政治家、历史编纂学家、诗人，同时又是第一个值得一提的近代军事著作家。路德不但清扫了教会这个奥吉亚斯的牛圈，而且也清扫了德国语言这个奥吉亚斯的牛圈，创造了现代德国散文，并且创作了成为 16 世纪《马赛曲》的充满胜利信心的赞美诗的词和曲。[①]

文艺复兴运动发源于意大利，文艺复兴最早的代表人物之一是意大利诗人但丁，但丁在《神曲》中对教会的批判，在《帝国论》中所提倡的政教分离的原则都使他成为文艺复兴的先驱者之一。意大利作家薄伽丘、法国作家拉伯雷对宗教思想与教会的批判，英国伟大作家莎士比亚对教会与封建社会制度的批判，都成为世界文学最宝贵的遗产。杰出的物理学家伽利略在《关于托勒密和哥白尼两大世界体系的对话》中，明确支持哥白尼的太阳中心学说，成为近代物理学的代表人物。政治家闵采尔揭露了封建贵族与教会的贪婪和无耻，思想家托马斯·莫尔在《乌托邦》中抨击英国圈地运动，讲述了“羊吃人”的悲惨历史，此外如彼特拉克、伊拉斯谟、培根、塞万提斯、洛培·戴 ·维伽等杰出人物，如星汉灿烂，这种状况也是空前绝后的。文艺复兴运动在哲学思想、军事学、政治学、诗歌、小说、戏剧、历史学、绘画、音乐、雕塑与雕刻、地理学、医学、生物学、数学、物理学、化学等各方面，都取得了辉煌的成就。它从意大利兴起，向英、法、德、西班牙、荷兰、北欧各国、中东欧各国、俄罗斯迅速蔓延，如同一场风暴刮过欧洲，使大西洋文化焕然一新，成为世界先进文化之一。

---

① 马克思恩格斯选集：第 4 卷. 北京：人民出版社，1995：261-262.

文艺复兴运动的发生其实已经标志着欧洲社会进入了新的时代，文艺复兴是以古代希腊文化的复兴来迎接这个时代的，希望未来的社会能比中世纪宗教统治时代更加美好。然而事实上，未来时代的发展却并不如文艺复兴的巨人们所设想的那般美好，这也是以后启蒙主义思想产生的历史原因。

圣彼得大教堂

第四章

现代西方文化
(16 世纪以后)

第一节　新历史时期的大西洋文化

从 10 世纪开始，西欧国家的经济实力加强，向外进行扩张，十字军东征就是欧洲向外扩张的信号。十字军在西班牙、意大利南方与西西里地区、荷兰等国都取得了对穆斯林的胜利，并且占领了拜占庭帝国。北欧地区的条顿人的十字军一路东进，到达奥得河东岸，占领了原本是由斯拉夫人与波罗的海民族统治的地区。从 14 世纪到 16 世纪，西欧地区更是经历了天翻地覆般的变化。经过文艺复兴、地理大发现与宗教改革，西欧经济突飞猛进，农业技术、商业贸易、科学技术都进入世界最发达地区的行列。特别是城市化与近代工业的发展，使西欧国家发生了历史性的转变。欧洲文化的中心早已经从地中海地区转移到了大西洋沿岸，以西欧国家特别是英法等国为代表的大西洋文化兴起，取代了古老的、以希腊罗马文明为代表的地中海文化。这是欧洲历史上也是世界历史上一次重要的文化变迁，它代表着西方古代文化的结束，近现代西方文化的兴起。

从地理位置与环境来看，大西洋文化具有更广阔的地域、更丰富的资源、更便利的交通条件与更重要的战略地位。

地中海原本也属于大西洋水系，通过直布罗陀海峡就可以进入大西洋。广义的大西洋地区包括地中海，只不过地中海的位置偏南，而西欧地区则是大西洋沿海地区，海洋交通更发达。英国原本就是海岛国家，更具海上交通优势。

西欧地区不但外海交通方便，同时，它还有相当发达的内海内河交通，通过这种内海内河交通，可以便捷地到达欧洲各地，这也是大西洋文化中心形成的重要条件之一。

黑海是内海的交通中心之一。与地中海相通的黑海位于欧洲大陆与小亚细亚半岛之间，黑海可以联结欧洲大陆的一些大河如顿河、多瑙河、第聂伯河等进行运输，从而将地中海文明与斯拉夫文明甚至阿拉伯文明联结起来。黑海沿岸有伊斯坦布尔、敖德萨、康斯坦萨等港口。在欧洲大陆西北的北海只是一个浅海，平均海深不足 100 米，但是它的经济与运输地位却十分重要，英国、法国、比利时、荷兰、德国等国家的海上运输都要经过北海，北海的大港口有汉堡、阿姆斯特丹、安特卫普与伦敦等。再向北方，就是波罗的海了，它与北海、大西洋相通，通过大小贝尔特海峡与厄勒海峡连接北海与大西洋，19 世纪末期，基尔运河的开通大大缩短了它通向大西洋的路程。波罗的海对于东欧具有重要战略意义与经济意义，它是东欧内陆的出海口，历来是兵家必争之地。主要港口有圣彼得堡、格但斯克、什切青、基尔、哥本哈根、斯德哥尔摩、赫尔辛基等。另外，北方的挪威海也是大西洋地区的一个重要海域，它占据了通向俄罗斯与斯堪的纳维亚半岛的要津，并且受到北大西洋暖流的作用，冬季不结冰，所以既是大渔场，又是交通要道。可以看出，大西洋文化中心的形成，对于西方文化发展是一个重要的转折点，它的影响力辐射到整个欧洲甚至达到亚洲西部地区。

17 世纪之后，科学技术革命与产业革命首先在西欧地区出现，随之引起西欧社会的全面变革。尼德兰资产阶级共和国建立，英国君主立宪制度确立，美利坚合众国立国，法国革命推翻了波旁王朝，这四个欧美国家的政治革命，代表着资产阶级夺取国家政权、反封建斗争的巨大胜利。这些巨大变化，标志着大西洋文化进入兴盛阶段，通过大规模的海外殖民与扩张，英、法、德、意、美等国相继成为世界发达国家。19 世纪到 20 世纪，三次工业革命取得成功，现代科学技术高度发达，而且欧洲列强通过掠夺获得巨大财富，成为世界上最富裕的国家。随之而来的两次世界大战，却给西欧国家与整个大西洋文化的兴盛景象蒙上了一层阴影。现代主义文学艺术以其惊世骇俗的形式与内容，揭示了西方繁荣背后的空虚。进入 21 世纪，金砖国家兴起，特别是中国文明复兴。有的西方学者已经预言，西方文化已经经过了它的兴盛期，即将走向没落。无论这种预言是否科学，有一点是可以肯定的，全球化时代中，各种文化都有自己发展的广阔前途。中国的丝绸之路经济带与海上丝绸之路直通欧洲腹地，欧盟各国与英国和中国的经贸交往空前繁荣，形势相当好。

第二节　启蒙主义思想家的学说

文艺复兴运动使西方社会摆脱了教会统治的束缚，并且有了早期资产阶级思想的萌芽。同时也必须承认，人文主义精神主要是一种号召，直到启蒙主义兴起，才有了资本主义思想的形成。有的学者如马克斯·韦伯等人提出，基督教清教徒的“宗教伦理”是产生资本主义的思想基础，实际上这种看法并不是很全面，因为基督教清教徒的伦理只是一种宗教伦理，无论就其性质还是作用，它都不可能左右整个社会生产与人类生活的发展。工业化社会这种新的社会形态的成立，仅有宗教的伦理还不够，还要有与其社会经济与科学技术发展相适应的思想体系。我们认为，这一思想体系就是 18 世纪启蒙主义思想体系。在启蒙主义思想的推动之下，形成了全欧洲的启蒙主义运动。

启蒙主义思想家是欧洲历史上最大的思想家群体之一，其杰出代表人物包括伏尔泰、狄德罗、孟德斯鸠、卢梭、休谟、亚当·斯密、康德等人，他们的学说虽然有所不同，主要观念却是统一的，这就是宣扬理性精神、科学方法与民主制度。他们认为：人类社会是发展与进步的而不是循环与重复的；人类可以掌握世界，人可以为自然立法（康德）。他们的精神主体是批判性的，是对于宗教与封建专制的批判。从方法论上，启蒙主义以实证主义与形而上学结合，以批判与建树结合的方法，对后世有重大贡献。康德说过，启蒙主义者所处的时代是一个批判的时代，一切事物都无法逃脱这种批判，宗教躲在神的背后也无法逃脱这种批判。所有的批判其实都不约而同地集中到对西方文化的旧传统的批判。同时，启蒙主义思想家的思想观念被人称之为“启蒙规划”（enlightenment project），这个规划是对于未来社会文化的规划，有破有立，可以说启蒙主义是一种比较全面的思想体系。

18 世纪的主导精神是什么？亚·沃尔夫有一个简明的规定，他用了三种主义来说明它：现世主义、理性主义和自然主义。其实还应当加上“世界主义”，这些思想都是与 17 世纪不同的新精神，它们共同组成了新世纪的以人为中心的现代精神。这种精神引导了重要的科学技术普及，农业的打谷机与切草机发明出来，怀亚特与保罗的纺织机、阿克莱特的水力纺织机等各式新纺织机也陆续发明出来。18 世纪末期发明了火车、蒸汽机车与轮船、气球与降落伞。化学工业中生产出大量的硫酸与碱。[①] 这些重要的发明中的任何一项，在以前都是难以想象

① ［英］亚·沃尔夫．十八世纪科学、技术和哲学史．下册．周昌忠，等译．北京：商务印书馆，1984：9．

的，但是这些发明却在一个世纪中完成，足见现代社会科学技术进步之迅速是前所未有的。

科学技术与社会生产的结合，是现代社会的一个特有现象。工业化的兴起必然引起对农业文明的反思，18 世纪法国出现一批研究社会经济的学者，被称之为“重农主义者”，当然他们所研究的并不只是农业经济，而是全部社会经济，他们是世界经济学也是政治经济学的第一个学派。

如果只从这一学派的名称而言，“重农主义”可能给人一个错误的印象，似乎他们是封建经济的拥护者，如同中国的重农抑商论者一样。其实并非如此，虽然魁奈也认为，农业与矿业是“生产性行业”，而其他行业只是“有用的”。但是这个学派的真正贡献却不容抹杀，这个学派进行的主要是对国家与社会生产和人民生活关系的研究，他们反对国家过度干预经济发展，主张让经济活动更加自由。国家的主要工作应当是保障社会安全、财产和自由，而人民应当有人身自由、支配生产与财产的自由。重农主义的贡献是使社会科学关注现实社会的经济，同时，它还提倡一种自由主义的态度，提出在税收与财政方面进行改革，并最先使用一个“自由放任”（laissezfaire 法语）的词来表达自己的思想，这两者间接地对于现代经济观的建立有促进作用。

在经济学领域中，为现代经济奠定理论基础的是声名远扬的亚当·斯密，他是真正的资本主义经济理论的祖师，也是经济学领域里现代性的最早的系统阐释者。他在巨著《国民财富的性质和原因的研究》中宣布，人类行为的中心是自我的利益，在经济活动中，同样围绕着自我的利益。如果社会经济活动的原则以自身的利益为杠杆，这种活动就有了坚实的基础。这种观念虽然在当时已经并不新鲜，但是却包含了新兴的资产阶级道德观。更为重要的是，他指出了资本最大的秘密是对利润的追求。在原始的劳动形态下，全部劳动产品属于劳动者，但是由于资本家与地主的产生，资本或是财产就在个别人手中积聚起来，资本家利用资本雇佣劳动者，从劳动者产品的出售或是劳动者对于材料增加的价值上取得利润。国家的土地成为私有财产之后，地主利用地租不劳而获，农民劳动产生的附加价值成为地主的利润。这本是最简单的原理，以前的经济学家也曾经指出，但是亚当·斯密把前人的论述加以系统化，构成了一个有机的体系。这个体系成为启蒙主义关于现代社会经济的大纲，我们从以后马克思对于资本主义道德的批判中，仍然可以看出亚当·斯密学说的影响，马克思所说资本的每一个毛孔中都充满了血汗，其观念的原型就是来自亚当·斯密学说。

在思想政治与社会制度方面，启蒙主义思想家卢梭与孟德斯鸠等人对西方有重要影响。卢梭的民主政治与个人自由主义思想开现代西方自由主义之先河，他所主张的社会契约思想对现代西方哲学与社会思想都具有开拓性贡献。孟德斯鸠所提出的“三权分立”的思想已经成为现代西方国家体制与政治体制建立的基本原则，立法、司法与执法三权分立也早被美国等国定为国家的宪法原则。

启蒙主义思想直接启发了欧美国家的社会革命，法国大革命与美国独立运动等都把启蒙主义思想作为指导思想，直到今日，启蒙主义思想观念仍然对西方国家有重要意义。

第三节　工业文明时代

一、工业文明时代与三次工业革命

16 世纪是西方历史上的一个重要时期，经过中世纪后期的文艺复兴，西方国家已经面临一个新的时期——工业文明时代，这是人类社会经历了农牧业文明之后的又一种新的文明。从这时起，欧洲实现了封建社会的农业经济向工业化经济的全面转换，这一转换的意义不但体现在社会生产与经济中，同时也代表着社会政治的变革，它意味着一种现代生活方式与思想方式。它是人类社会前所未有的，它也代表着一种新型的文化的形成，这是 15 世纪末期到 16 世纪初期的地理大发现之后，东西方文化经过交流而形成的新世界文化体系。

马克思与恩格斯认为，从社会生产角度而言，15 世纪最后 30 多年到 16 世纪初，欧洲发生了世界性的工业革命，其实也就是所谓的“产业革命”，这两种说法没有根本的区别。马克思指出：

> 为资本主义生产方式奠定基础的变革的序幕，是在十五世纪最后三十多年和十六世纪最初几十年演出的。由于封建家臣（这些封建家臣，正如詹姆斯·斯图亚特爵士正确指出的，“到处都无用地塞满了房屋和城堡”）的解散，大量不受法律保护的无产者被抛向劳动市场。虽然王权这个资产阶级发展的产物在追求绝对权力时，用暴力加速了这些家臣的解散，但王权绝不是这件事情的唯一原因。不如说，同王室和议会顽强对抗的大封建主，通过把农民从土地（农民对土地享有和封建主一样的封建权利）上赶走，夺去他们的公有地的办法，造成了人数更多得无比的无产阶级。在英国，特别是弗兰德毛纺织工场手工业的繁荣，以及由此引起的羊毛价格的上涨，对这件事起了直接的推动作用。大规模的封建战争已经消灭了旧的封建贵族，而新的封建贵族则是他们自己的时代的儿子，对这一时代说来，货币是一切权力的权力。因而，把耕地变为牧羊场就成了他们的口号。①

① 马克思恩格斯全集：第 23 卷. 北京：人民出版社，1972：786.

马克思从政治经济学角度来解释这一变革的形成与意义，变革的实质是资本主义生产方式的产生，农民土地被夺取，工业生产从中世纪的手工业作坊转化为机器大生产，大工业生产特别是英国当时的纺织业等工业获得重大发展。从理论上，马克思重点强调了“货币经济”与“市场经济”这种新的经济形态的产生。

这一巨大的变化作为历史事实是无可否认的，以后的学者包括西方当代的马克思主义者与各学派的理论家们，从各种角度来理解和分析这一历史时期到来的意义。当代颇受推崇的西方学者布罗代尔等人则认为，从16世纪起，在古代希腊文明产生的地中海地区，产生了一个发达的经济共同体，这个经济体是以国家为主要观念，却恰恰是超越国家范围（这里主要指民族国家）的新生经济共同体。也有的学者将其简略地总结为：欧洲出现了一个“世界经济体”，当代美国学者伊曼纽尔·沃勒斯坦说：

> 15世纪末16世纪初，一个我们所说的欧洲世界经济体产生了。它不是一个帝国，尽管它像一个大帝国那样幅员辽阔，并带有其某些特征。它却是不同的，又是崭新的。这是世界上前所未有的一种社会体系，而且这正是现代世界体系与众不同的特点。它有异于帝国、城邦和民族国家。因为它不是一个政治实体，而是一个经济实体。①

沃勒斯坦称其为“资本主义农业与欧洲世界经济体”的诞生，并且认为这一团体产生了世界性影响，开始了一个现代世界体系的时代。在一定程度上，马克思所说的资本主义生产方式与沃勒斯坦所说的资本主义经济共同体，是从不同角度来观察这同一历史时期所发生的巨大变化的，是对同一历史现象的不同观察与理解。沃勒斯坦也是一个马克思主义者，他的理论基础仍然是来自马克思主义。可以肯定的是，从16世纪起，一种影响以后五个世纪的新文明开始成为世界的主要形态，这就是近现代工业文明。工业生产首先是在西方国家逐步取代农业生产的统治地位，成为国家经济中增长最迅速的部门，当然，一个国家的经济中，工业与农业不可能互相取代，它们都非常重要，只是在不同历史时期与历史环境中有不同的增长方式。应当看到，工业化是16世纪以后的全球大交通实现后，世界各主要文明互相交流、互相促进才取得的成果。同时，工业化也是西方国家对非洲与美洲的掠夺的产物。也必须承认，工业化是人类长期文明创造的成果。如果没有中世纪就已经传入欧洲的来自中国的四大发明，没有亚洲、非洲、拉丁美洲的资源、劳动力与市场，根本不可能形成工业文明，也不会有西方文化的高速发展与现代化。

---

① ［美］伊曼纽尔·沃勒斯坦．现代世界体系．第1卷．尤来寅，等译．北京：高等教育出版社，1998：12.

但也无可讳言，西方文化对工业化与现代社会的形成具有自己的贡献。工业化经历了近三个世纪的发展，在 18 世纪末形成了更为宏大的新“产业革命”浪潮，终于遍及全世界。到了 20 世纪，世界绝大多数国家都已经处于工业化的冲击之下。

世界工业化的历史大致可以分为三个阶段，称之为三次工业革命。第一次工业革命的时间是从 1769 年开始，这一年英国的阿克莱水力纺纱机发明，标志着英国工业革命开始，以 19 世纪 30—40 年代机械工业的出现为结束；第一次工业革命是从手工业向大机器工业发展的历史：它从纺织工业开始，发展到轻工业与重工业，以机械制造工业，即制造机器的机器工业兴起为止。以英国工业革命为代表的大工业起步后，引发欧洲大陆的工业化浪潮。第二次工业革命从 19 世纪的 60—70 年代开始到 19 世纪末期与 20 世纪初期，第二次工业革命是以能源、钢铁工业、新机械与新工艺为代表，电气化与机械化是这次革命的成果。这一时期，世界市场形成，资本主义达到空前发达的程度。第二次工业革命在 20 世纪初期得到普及，有力地推动了世界文明的进步。

第三次工业革命也称为技术革命，它形成于第二次世界大战之后，从 20 世纪 40 年代末期开始，先是美国，然后是西欧国家与日本、苏联等国家中的核能源、电子技术与空间技术等高科技取得突破性进展，这些科学技术成果反过来对国家经济起了巨大的推动作用。如果说前两次工业革命都是以工业生产为主体的革命，那么这一次工业革命其实是以科学技术为中心的，所以也称之为技术革命。它引起的产业结构与社会生活的变化超过以往任何一个时代，欧洲工业完全转型，传统的轻工业与重工业被转移到不发达国家，发达国家主要发展电子、航天、材料工业、生物工程等新兴工业与服务业，以科学研究为推动力，引导世界技术革命方向。可以说，从 21 世纪起，世界进入“后工业化”或“高科技与技术革命”新阶段。人类社会生活实现了质的飞跃，家庭与社会生活开始走向现代化，各种家用电器取代了人工服务，即使是发展中国家，其物质性消费也迅速增长，交通运输日益发达，出行更加方便。最重要的是人的精神的现代化，人的心理状态与价值观念不断革新，保持优秀传统与追求新生事物相结合，以科学精神对待生活。

二、工业文明的历史贡献

工业文明是现代社会中具有代表性的社会生产形态，或是更准确地说是现代文明的代表。在世界文明史上，这是人类社会的第三次最重要革命。第一次革命起于中石器时代的渔猎生产，人类发明了渔网、长矛、弓箭等武器与生产工具，采集植物果实，围猎动物，获取食物，保证了人类生存。第二次革命是新石器时代的农业革命，人类培育了农作物，用陶器、青铜器和铁器煮水熟食，驯养家畜，解决了人类衣食住行的基本需求，创造了人类文明的不同类型。第三次革命，也就是工业革命，它的意义在于使人类基本可以脱离自然的控制，当然我们居住在地球之上，我们不可能脱离宇宙，也就不可能脱离自然。但工业社会所引起的变化使人类改变了完全依赖于自然供给的状况，使人类创造的产物取代了自然产物，成为社会生活的主要产品。这一变化，从根本上改变了人类社会的生产结构与生活方式，也改变了人类社会的价值与道德观念，促使一种新的社会行为方式的形成，人们称之为现代文明。

从文明本位而言，16 世纪以来的工业化是从物质到精神的一种渐变，使人类社会经历了前所未有的社会变革。这种变革的主要特征之一就是文明类型与社会生产方式和社会制度的直接结合，如果说渔猎生产的社会以原始社会为主，以后的农牧业社会以奴隶社会和封建社会为主，那么工业化时代出现的资本主义社会与社会主义社会等多种社会形式，多种文化的共存则是这个时代的产物。当然，这里并不存在完全的对位与对应关系，即使在工业化时代中，各国社会的发展阶段并不完全一致，社会发展不平衡的状况是永远存在的。当代社会中个别民族仍然处于传统社会甚至于原始社会阶段，只不过世界潮流与国际事务中的主流已经发生变化，工业文明已经成为一种代表着社会发展的方向。

世界范围里的文明转型虽然在 16 世纪实现，但是它的起源最早可以追溯到中世纪后期。特别是 10 世纪到 15 世纪间，在经历了采邑制度、庄园经济与城市化后，西欧早期的威尼斯商人与以后的佛罗伦萨毛纺织业突起，北欧汉萨商业联盟形成，直到欧洲民族国家建立，西欧从罗马人的农业经济变成了以工商业经济领先的发达地区。古代的丝绸之路从东方国家向西欧运送大量手工业品与农产品，现在相反，西欧成为技术发达的地区，其工业产品销往包括东方国家在内的世界各地。工商业经济的形成使得商人成为国家有地位的阶层，从封建社会以来，国家管理人员中一般不得由商人担任政治要职的历史局面被彻底改变了。工商业经济所产生的新的意识形态特别是资产阶级的自由平等观念有力地冲击着封建思想。这种经济与思想观念，为以后的英国工业革命与法国大革命提供了条件。16 世纪之后，大工业生产兴起，从而最终完成了世界文明发展的历史性转化。

从农业文明向工业文明形态转换的一个重要意义在于“世界历史”的形成，也就是“世界文明”体系的实现，也有人称之为“世界体系”的形成。所谓“世界历史”就是世界各不同民族文化之间联结为一体，世界各国之间互相联系，形成一种整体性。不同文化共同体之间协作机制的形成使人类社会开始有共同的存在意识与历史观念。

在人类社会的不同发展阶段中，不同文化共同体之间的联系方式与密切程度都大相径庭。古代部族的交往早自渔猎生产时代就已经存在，就是曾经一度中断的美洲文明与亚洲文明之间的关系，其实在新石器之前可能就已经存在。欧洲与亚洲之间的交流在农业文明时代的基本发展趋势是从弱到强，中世纪之后交往更加频繁。但是工业化时代的文明交往与以前的文明交往有相同的方面也有不同之处。工业化生产本身就是世界化，工业生产所需要的劳动力与市场使得它必须以海外市场开拓为目标，这是形成文明关系的主要推动力。欧洲的工业化是从对非洲与拉丁美洲文明的毁灭性掠夺开始的，所以，海外冒险、殖民地开拓与奴隶贩运、世界市场的争夺是西方工业化进程所必不可少的、紧密结合的三部曲。欧美工业化国家无一例外都全身心地投入其中。从其目的来分析，当然是对利润与利益的追求。从世界文明的历史来看，这就是工业文明的特色，工业文明从产生起就决定了它是一种世界文明，一种国际性的文明实现模式。它与农牧业文明的封建制度、本土主义观念是决然不同的。

罗马帝国、蒙古帝国、阿拉伯帝国等都自认为是世界大帝国。但这种“世界”只是地球上有限的某个地区，充其量是跨越了部分陆地与海洋。在这种历史环境下，世界还不是一个整体，因为世界没有一种共同的文明本位，一种使世界实现一体化的模式。此时人类不能从理性上认识世界文明的同一性。在地理大发现之前，世界各大洲之间互相隔绝，欧亚大陆上的人们还不知道美洲与大洋洲的存在，同样，生活在美洲的印第安人也不知道欧洲人的存在，所以世界文明的体系是不可能形成的。工业化时代的世界不再是海外异国的冒险，而首先是对世界一体化的理解。马克思恩格斯说：“大工业通过普遍的竞争迫使所有个人的全部精力处于高度紧张状态。……它首次开创了世界历史，因为它使每个文明国家以及这些国家中的每一个人的需要的满足都依赖于整个世界，因为它消灭了各国以往自然形成的闭关自守的状态。”① 世界因工业文明时代的到来而连为一体，原有的各古老文明因此不复在孤立状态下存在，而是处在工业化进程中形成的互动一体的文明关系中，客观上成为“人类命运共同体”。

工业文明时代是在一片欢呼与更多的抗议声中降临的，如同经历了生产痛苦的婴儿。谁是它的母亲？西方学者们如韦伯等人努力想把清教精神等说成是资本主义之母，可惜并没有什么有力的证据。唯一可以说的则是，基督教文明的欧洲大国是工业文明时代的主要受益者，欧洲主要工业强国成为工业化的主要推动者，所以有人把工业化与现代化看成是西方化。最早得到实际利益的其实是伊比利亚半岛上的两个并不大的国家——西班牙与葡萄牙，它们最早开始海上冒险，它们最先开始在撒哈拉沙漠以南的非洲、南北美洲进行掠夺，正是殖民地的财富使得它们在16世纪之后迅速成为世界最富裕的国家。英国、法国是在将近100年后才开始大规模海外殖民与掠夺的，但是英法等欧洲列强这时已经进入工业化

① 马克思恩格斯选集：第1卷. 北京：人民出版社，1995：114.

时代，利用其强大的经济与军事力量，在非洲、美洲与亚洲开始了全球性的殖民主义扩张，瓜分世界各殖民地，使其迅速强大与富裕起来。

到19世纪末，最早实现工业化的英国其实本身的工业经济已经衰退，但是它的海外殖民地总面积竟然达到其本土面积的92倍，其本土人口只占殖民地人口的1/8，英国人从殖民地所获得的巨大利润使得英国成为世界上最富有的国家之一，不列颠岛国终于从世界工厂变成了世界殖民地的大地主，这是当年欧洲蛮族们占领不列颠岛时做梦都没有想到的事情。不久，德、法、意、荷、比、美等国也相继成为世界富国，美国甚至后来居上，在20世纪中成为世界最发达的国家。

三、欧洲工业化的主要发展阶段

16—18世纪是工业文明的准备阶段，在这一段时期中，正是英国约克郡的羊毛织品取代了希腊神话中的金羊毛，成为一种文明象征。正像敏锐的经济学家们所注意到的那样：英国议会上议院镀金的天花板下面，在国王的宝座前面，放着一个供英国议长用的羊毛坐垫，这个羊毛坐垫代表着英国羊毛纺织业的重要性，它也标志着一个新的历史时代的到来。

从中世纪后期起，西欧经济经历了巨大变化。罗马帝国原本是一个农业为主的国家，与世界其他农业经济国家没有大的区别，但西欧国家民族众多，地中海沿岸商业发达，这是其他地区所不具有的特点。此前世界上主要的商业经济集中于东方，拜占庭与阿拉伯人的贩运型商业是主要商业类型。西方工商业不同于丝绸之路的长途贩运式的商业，这是一种以制造业为主的新型工商业。意大利的佛罗伦萨兴起的毛纺织业以精细加工为主，成为大工业的先导。地中海地区许多国家里市集林立，北欧的汉萨商业联盟更是气魄宏大。从意大利到法国、英国、西班牙，再向北直到德国、芬兰、挪威甚至直到俄罗斯彼得堡，一条巨大的工商业发展链条开始形成。昔日的海盗威京人也加入工商业经济之中。这是欧洲文明转型的开始，这是从传统商业的长途贩运类型向现代工商业的制造与经营类型的转变，而工商业的发达，则使得欧洲社会最终从农业文明转向了工业文明。

在18世纪之前，科学技术的发展已经对于世界文明产生过巨大作用，来自东方的古代科学甚至是资产阶级形成的主要因素之一，例如马克思在1863年1月28日致恩格斯的信中说道，火药、指南针和印刷术的发明是“资产阶级发展的必要前提”。他还提到，在从手工业到工场工业和大工业的发展中，技术特别是机器是尤其重要的，其中时钟与磨机，是为机器工业做好准备的“两种物质基础”。当然，真正使英国与整个西欧进入工业文明时代的并不是一些单一的发明，而是一种整体上的科学的技术化与生产的科学化。科学的技术化与生产的科学化，这两者同样重要，同样是必不可少的。科学的技术化就是科学技术在工业与农业生产中的应用，铁器与牲畜的使用产生了农业文明，而机械动力与电气则为人类送来了工业文明。生产的科学化，说明科学技术不但在理论上更加系统，而且科学发明、科学理论与科学实践在社会生产中联结为一体，提高了社会生产的科学水平。科学技术的地位不断上升，科学真正成为一种伟大的生产力，带动社会生产力的全面提升。这种冲击的结果使得现代西方文化形态更加完整。从构成与本质上看，现代西方文化是一种重视科学方法与生产实践的文化，这与封建文化的指导思想是完全不同的。

英国工业之所以能实现从手工业向大工业的根本性转变，机械与动力是根本因素。在这两者之中，重要性又是不完全相同的，机械是动力的实现工具，而发现新能源与新动力应当说是关键。而蒸汽动力、电力、石油动力、核动力都是以自然资源转化的动力，在机械运用中进入生产实践，由此产生了蒸汽机时代、电力时代、核时代，它们分别代表工业化时代动力革命的不同阶段。

早在蒸汽机出现之前，欧洲已经大量使用风力与水力，风车与水车及相关机械已经相当发达，恩格斯描述英国工业革命所带来的变化时说：

> 近六十年来英国工业的历史，在人类的编年史中无与伦比的历史，简短地说来就是如此。六十年至八十年前，英国和其他任何国家一样，城市很小、工业少而不发达、人口稀疏而且多半是农业人口。现在它却是和其他任何国家都不一样的国家了：有居民达250万的首都，有许多巨大的工业城市，有供给全世界产品而且几乎一切东西都是用极复杂的机器生产的工业，有勤劳而明智的稠密的人口，这些人口有三分之二从事于工业，完全是由另外的阶级组成的，而且和过去比起来实际上完全是具有另外的习惯和另外的需要的另外一个民族。①

这种变化当然并不是仅仅发生于英国一个国家之中，英国只是率先进入工业社会。以后其他欧美国家与日本一起加入了这场文明形态的转换过程。

英国工业革命、法国大革命与德国宗教革命之间的内在历史联系，使得德国继英法两国之后，成为欧洲工业化强国。德国早在18世纪后期就已经有现代工业，但是进展相当慢，直到19世纪20年代才迎来工业化高潮。德国现代化进程中，普鲁士道路是一个令人注意的现象。它的意义在于树立了一个从落后封建农奴制的民族进入到工业化社会的典型。普鲁士本是一个落后的以农奴制度为主的邦国，1807年政府宣布了《十月敕令》之后，农村实行“地产自由”与“农民解放”的政策，封建农奴制度被取消，新的资本主义生产关系在农村形成。经过不到半个世纪的发展，普鲁士的农业与工业都已经成为德意志最发达的地区。其重工业占到全国一半以上，铁路线也达到一半以上。到1860年，德国对外贸易

---

① 马克思恩格斯全集：第2卷. 北京：人民出版社，1957：295-296.

已经与美国并列世界第三位，次于英国与法国，作为一个政治与经济大国，德国（应当说是德意志联盟）终于坐上了欧洲第三把交椅。

工业化风靡欧洲，西欧一马当先，南欧、北欧、东欧与俄罗斯都不甘落后。从地中海到波罗的海，到处是烟囱林立，机器轰鸣，一派工业大发展的形势。最引人注目的是，刚刚脱离了大英帝国殖民地的美利坚合众国，以其丰富的资源与辽阔的国土、先进的联邦制度、审时度势的外交态度等因素为依托，后来居上，一跃成为世界一流强国，并且预示着将来的世界大帝国的形成。我们还是以1850年前后，以这个有代表性的年代来看，美国的铁路线总长度达到了6万多公里，数倍于欧洲大陆各国铁路线的总和。也就是到1850年，美国开凿运河总长达6 000多公里，同样为世界之最。

18世纪30年代之后，一般意义上的工业革命时代已经结束了。这是因为1825年的周期性危机产生，1830年劳动与资本之间的对立与斗争公开化，1832年资产阶级取得了对农村贵族和庄园主们的决定性胜利，这就意味着在欧洲至少在英国，经典意义上的工业革命已经成功，而工业化将进入新一轮的发展。当然，由于德国与俄国等国工业革命起步较晚，其实这时它们正处于工业化的主要阶段之中，这是与英国不同的。欧洲近代文明中有一种所谓的“东方化”过程，自从大西洋文化的中心地位确立以来，一种新的思潮与社会现象往往先从西欧开始，然后向东欧逐步扩展，无论是在政治、哲学、文学还是在工业、农业与科学技术的传播方面，大多如此。

19—20世纪的工业化基本是一个大的工业化阶段，其中可以分为两个时期，上半期是19世纪60年代到20世纪20年代左右，可以称为“显形技术”为主的阶段，以第一次世界大战结束与俄国十月革命爆发为完成。下半期则是从第二次世界大战到21世纪，这是科学技术革新的重要阶段，主要特点是从“显形技术”应用向“隐形技术”的转化。“显形技术”是以大型工业机器为标志的，如电动机、内燃机等，它们的应用以动力机械与能源工业为主。“隐形技术”则是以非物质形态呈现为主要特征的技术，如信息、计算机、生命科学技术、激光、纳米等现代技术，它们是现代的重要应用性技术，但这些技术与随处可见的电动机、内燃机有很大不同，它们的形态不是日常生活中随处可见的，也不受某一种产品的固定形态模式限制。当然，其中也包括这个家族的新能源——核能源动力——虽然它也可以算作是能源性的动力机械，但不像传统动力机器那样触手可及，它具有极大的动能与不固定的形体。以上是现代技术发展的一个趋势，也是人类利用自然力量的深度模式的表现，人类社会进步的一个基本方面就表现为其对自然力量利用的深度与广度。

从19世纪60年代起，新的一轮工业化热潮席卷世界，有人称之为“第二次工业革命”，也有人称之为“电力时代”或“钢铁时代”，仅从这两个称呼也可以看出这一轮工业化热潮的主要特性。我们可以说，这两种称呼一个是从动力角度，一个是从生产材料角度来看待这一时代的，两者都有一定道理，都是被普遍接受的看法。从动力角度看，电力取代了蒸汽机成为时代主要能源与动力，即从“蒸汽机时代”向电力时代进步。从生产材料与工业生产主要品种看，钢铁工业取代了棉纺等工业，从“棉花时代”向“钢铁时代”前进，生产力的进步是明显的。在社会政治领域里，从自由资本主义国家向垄断资本主义国家转化，新的世界帝国开始形成。19世纪末到20世纪初，科学技术与生产的结合更加紧密，科学作为一种生产力，其作用已经不再是一种工业能源或是生产门类所能代表的了，核能源、太阳能、海洋发电等新能源不断应用，已经不可能再像以前一样用一种动力或能源作为一个时代的标志了。此外，再也没有一种生产门类能代表一个社会生产的类型了，同样，某一种材料代表一个时代的现象也一去不复返了。

从历史上看，所谓“钢铁时代”，是指钢铁生产与其技术的提高的时代。一方面是由于工业化的推动，世界钢铁需求量激增，钢铁成为工业的主要材料，由此使得世界钢铁产量飞速增长，现代钢铁生产技术体系开始形成。钢铁成为社会生产与人类生活中须臾不可离的要素，成为国家发达与否的主要标志。世界上最高的摩天大楼是钢铁骨架，进入人类身体的最细的针管也是钢铁产品。另一方面则在于，钢铁生产技术成为国家科学技术水平的一个重要指标，19世纪中叶，现代钢铁技术形成，这是由贝塞麦法、托马斯法、西门子-马丁法等为代表的新炼钢法，新炼钢法使全部钢铁生产基本实现机械化，世界钢铁产量迅速提高，到1890年前后，世界钢铁总产已经达到了2 758吨，而1860年只有742吨，30年间增长3倍还多。但是钢产量并不是无限制增长的，近年来世界发达国家的钢产量经常处于限产能之中。

第二次世界大战后，世界科学技术与经济发展出现新的态势。20世纪40年代开始的“第三次技术革命”，与以往的工业或产业不同，这是一次综合性的科学技术的全面飞跃。所以它所代表的不仅仅是科学发明应用于工农业生产的实践，更重要的是，它既是科学革命也是产业革命，也就是在这场革命中，科学首次真正成了社会生产发展的主要推动力。20世纪60年代末，欧洲学生运动风起云涌，欧美国家的政治与意识形态也发生较大的变化，进入所谓的后现代主义时代，这一时代是相对于20世纪初期的现代主义而言的。到20世纪90年代初，苏联解体，其所属的各共和国纷纷独立。苏联解体标志着冷战时代的结束，一个新的时代开始。在这个时代中，各种不同文化之间的对话超越了意识形态的壁垒，民族文化在全球化语境中不是消融，而是更加凸显，同时，科学技术的巨大作用已经深入人类思想意识，发展科学与生产力，加强经济交往，成为国际社会的共识，这就是所谓的“全球化”时代。

第四节　西方的殖民扩张

工业化强国的原始积累其实是从两个方向同时展开的，一个方向是从国内，这是对土地与劳动力资源的野蛮掠夺，其中最著名的就是英国的圈地运动；另一方向从国外，是对殖民地国家的侵略与压迫。从15世纪末起，以葡萄牙、西班牙与荷兰等小国为先锋，欧洲各国几乎全都参加了非洲奴隶贩运。另外，古老美洲印第安文明的毁灭，华工在美洲的悲惨遭遇，这都是众所周知的。资本的每个毛孔都充满了血汗，而且整个工业文明的每一步都处于这种状况之中。

最触目惊心的当然是欧洲与美国对于古老非洲与美洲的摧毁性掠夺，这使得世界上最古老的文明中相当多的分支灰飞烟灭，荡然无存。而欧美资本家却获得了大量的黄金，开辟了海外市场，获得了丰富的劳动力与资源。西方工业文明是建立在世界劳工白骨堆上的，殖民主义者的奴隶贩运就是工业文明的一个产品。从理论上来说，工业文明发展并不等于殖民主义与帝国主义，但人类社会历史的事实证明，现代工业文明的兴起与殖民主义和帝国主义的形成，与世界性战争之间有不可否认的内在联系，特别是在工业文明的初期，这种联系更是显而易见。

而古老的非洲文明在欧美工业化文明的冲击下大步倒退，面临崩溃，一些曾经创造出或是接近创造出古代文明的民族竟然再次进入非洲丛林之中，过起了渔猎生活。工业文明，这一从欧洲起源的崭新文明，成为世界文明的新模式，并残酷地排挤与摧毁旧有文明，把世界联结成为一个以其为中心的整体，而原有的文明被排挤到世界的边缘。直到几百年后，20世纪末期，西方理论家们才在所谓“后殖民主义”理论中反思了这一段历史。至今还有一些西方学者对工业文明毁灭异己文明的历史避而不谈，而一些当代学者如弗朗西斯·福山（Francis Fukuyama）等人却在为文明灭绝政策辩护，在福山的《大分裂：人类本性与社会秩序的重建》《历史的终结与最后的人》等书中，吹捧资本主义社会为人类社会的终结，西方文明是最伟大的唯一人类文明。这些西方殖民主义的辩护者们宣称，殖民主义的暴行不过是人类道德崩溃的表现，这种现象的产生是由于人类生物学的必然性，因为人类物质社会的进步必然会产生这种现象，社会进步是以消灭落后民族为代价的。这些说法是不值一驳的。人类社会各种文明与文化是平等的，不同文化之间有共存的权利。社会文化的演变与兴替是一种历史规律，任何人没有任何理由以先进文化者自居，更无权压迫和消灭异己文明。

有的世界文明研究家把近代西方殖民主义说成是一种“西方的复兴”（韦尔斯语）或是“西方的全面反攻”，其主张基于下面这样一种立场：10世纪前，欧洲不断遭受外来势力的侵袭，如日耳曼人、匈奴人、马扎尔人、北欧海盗维金人与穆斯林等，但 10 世纪后形势向相反的方向变化，十字军在意大利、西班牙和荷兰等地战胜了穆斯林，还吞并了拜占庭帝国。15 世纪，德意志人占领了曾经由斯拉夫人与波罗的海民族占领的欧洲腹地。这是欧洲人的一次大扩张。

我们认为，东西方历史上，西方的扩张其实并不是一次，而是多次，至少有三次大的扩张，这三次扩张的方式有所不同，但目的却基本相同，都是对东方财富的掠夺。所以西方复兴的说法不如说是西方的扩张，因为**一种文明的发展与否并不在于是否需要对异己文明的征服，而在于本文明的经济政治社会的发展。西方文明并不会因为不扩张而衰落，同样，扩张并不是复兴**。西方历史上的三次大扩张，第一次是希腊海外殖民、亚历山大王的东征与罗马大帝国时代；第二次是中世纪的十字军东征，这次东征虽然是以宗教名义进行的，但性质仍然是一种东方掠夺；第三次是 16 世纪后的世界性的殖民主义，这次扩张与以前的历次扩张有所不同，这是一种世界大规模的殖民，是改变国家主权与民族性质的殖民主义运动。

17 世纪前，经历了蒙古帝国暴风骤雨般统治的欧亚大陆重新开始分裂，受到重创的阿拉伯帝国从 15 世纪开始再次扩张。奥斯曼帝国的版图已经包括了布达佩斯与阿斯旺，从巴格达到古代波斯国，直到阿拉伯半岛的南部，其势力范围达到了小亚细亚、欧洲的东南部、埃及与北部非洲，甚至地中海、黑海、红海等西方文明的传统范围也都处在这个伊斯兰大帝国的统治之下。世界各民族都在展开对世界未知地域的探索，阿拉伯商人的船队远航各国，曾经出现了海上贸易的繁荣，但这种繁荣并不持久。阿拉伯人与奥斯曼帝国都以陆地为主要经营地，而放弃了海洋。

15 世纪时，中国的郑和船队到达东非。1415 年郑和船队从东非带回了中国本土没有的动物长颈鹿，朝中上下惊骇，认为其是神兽，是孔子《春秋》中说到的麒麟。三年之后的 1418 年，葡萄牙王子亨利在圣文森特建立航海基地，从此开始了一个多世纪的开辟东方航线的艰难航程。奥斯曼帝国无力阻止强大的葡萄牙船队的海上称霸，终于悄悄退出了大海，印度人也消失于印度洋之上。1430 年，郑和进行了第七次远航，从此之后，拥有当时世界上最大船只的中国人也退出了海洋。

英国历史学家汤因比曾经有过一个比喻：西方人与草原民族是一样的，游牧民族以骑手来征服世界，建立草原帝国；西方人以海员征服世界，建立海洋帝国。从 16 世纪起，西方人成为世界大洋上唯一的主人，当然这里是指远航路线，不包括近海的渔猎活动。所以哥伦布开通航线，对于西方意义重大，这并不仅仅是东西方的联结，而是意味着从此开始了征服东方的世界性航程，甚至可以说，世界体系开始具备了形成的条件。海上交通的目的地是东方，是传说中遍地黄金的印度与中国等远东。殖民主义并不是如原计划所进行的，而是随着航海路线的两个方向开始的，一个是非洲，一个是美洲，这两条路线同时并进，最终目标是东方，所以美洲与非洲其实是东方探索的意外发现，对于这两个大洲的殖民也是附带性产品。在海上航线开通的同时，伊比利亚半岛上的两个小国葡萄牙与西班牙突然成为世界史上耀眼的明星，他们率先探险海上，积极开拓航海线路，并派出大批传教士与殖民者，开始远征世界。

第五节　西方对非洲的殖民

15世纪后，西方工业化社会进入急剧膨胀的阶段，大工业的出现需要世界性的大市场与生产资料和劳动力的供应地。工业化的内在要求与西方文明的对外扩张互为表里，这就是所谓的“世界体系”的形成。其具体行动表现为非洲黑奴抢劫与贩运、亚非拉美国家的殖民化与半殖民化以及世界性的基督教传播活动。西方创造的世界体系所要纳入的主要对象就是东方，“东方”这个概念在此时成为多种多样的，其中既包括非洲、美洲与亚洲，也包括了大洋洲等。在西方的世界体系中，这个地球上除了西欧与北欧外的所有地区几乎全部成为东方，所有的东方又都是不文明的，或是说，所有的东方文明都只是一种过时的古代文明或是没有什么价值的文明，只有西方文明是真正的文明。东方文明将要被西方文明所取代，这可以说是当时西方人中相当有代表性的一种东方观。虽然以后也可能有多种多样的“发现东方”或是颠覆西方文明的理性中心的观念产生，也有零星的反对西方中心主义的学说，但西方所制定的世界秩序的观念已经基本成立，以后相当长的一段历史时间内也没有大的变化。

一、源远流长的非洲文明

非洲作为西方的殖民地是历史最为久远的，早自希腊罗马时代，北非就已经成为西方的殖民地。但不应当忽略的是，非洲的沙漠与森林中保存着世界上最古老的文明、最古老的种族部落，这是人类历史的样板。

非洲的面积为3 020万平方公里，是世界第三大洲，它的面积占世界陆地总面积的五分之一。大约在非洲大陆三分之一的北方，横亘着世界最大的沙漠撒哈拉大沙漠。撒哈拉沙漠把非洲分为两大部分，北方是北部非洲，主要有埃及文明，这是世界古代文明之一。沙漠之南，由于居民主要是非洲黑色人种，所以称为黑非洲。非洲气候炎热，疾病容易流行，这对居民身体造成一定危害，影响居民长期定居与集中居住。截至20世纪90年代，非洲人口大约有18亿。非洲并不是人种复杂的地区，黑色人种约占总人口三分之二，主要是苏丹尼格罗人与班图尼格罗人。其余的主要人种是欧罗巴人与混血人，其次是埃塞俄比亚人、蒙古人、俾格米人和科伊桑人。

从约公元前 10000 年到公元前 6000 年前，非洲开始农业与畜牧业发展。北非的文明是世界文明史上辉煌的一页，人类最早的文明之一埃及文明产生于非洲，它是世界文明的起源。公元前 12 世纪，腓尼基人来到北非沿海地区，建立起了殖民地。公元前 9 世纪时，腓尼基人、罗马人进入突尼斯等地，以后又进入阿尔及利亚等地，直到 7 世纪伊斯兰教进入，非洲这块土地一直有多种古代文明活动。非洲同时还有众多的独创的文明，只是殖民者们为了自己的利益，对于非洲的历史文明不予承认，以证明欧洲掠夺非洲的行为是一种文化启蒙，是对“黑暗大陆”的解放。历史事实证明，这种说法是完全荒谬的，非洲的古代文明于伊斯兰化后仍然保持基本独立的文明，只是在殖民者入侵之后才被消灭或是趋于衰落的。

非洲从古代起就已经有了黑色人种独创的文明。这些古代文明被有的学者称为“黑人传统文明”[①]。有的文明是与埃及文明相关的，有的则是与西亚、阿拉伯文明之间有密切联系的。这些文明发生于非洲各地，主要有以下类型：

（1）东北非的努比亚文明是最早的非洲文明之一，大约在公元前 5000 多年前就已经存在，从新石器时代到陶器、铜器，形态齐全，这是一个由黑色人种建立的独立文明。这种文明与古埃及之间交往较多，主要生产是畜牧业，也有了较发达的种植业，农作物品种相当齐全。大约在公元前 2000 年建立库施国家，库施人与埃及人进行过长期的战争，最突出的是公元前 8 世纪至公元前 7 世纪时，也就是埃及第二十五王朝时，库施人战胜埃及人，统治埃及，建立了埃塞俄比亚王朝，这是埃及历史上第一个完全由黑人统治的王朝。这个王朝最强盛时甚至战胜过世界古代军事强国——亚述人——因而被载入《圣经》，这个王朝的国王特哈加的名字因《圣经》而彪炳史册。

此外，还有阿克姆文明也相当古老，它最初是黑人所建立的农业国家，大约距今 4 000 年前，其农业相当发达。3 世纪时，阿克姆文明已经成为当时世界最大的帝国之一，与波斯、中国、罗马等并列。阿克姆人的势力直到红海边，包括也门等地都受其统治。它的农业与畜牧业达到当时世界的先进水平，而且具有昌盛的商业，是世界古代文明中非洲文明的杰出代表。

（2）西非地区古代就有诺克文化、萨奥文化、伊格博—乌库文化、伊费—贝宁文化等，这些遗址的挖掘说明，非洲不但是人类起源地，也是文明起源地。以后在西非产生了文明古国加纳，在赤道以北的撒哈拉沙漠与非洲大陆内部交通的要道上，古代文明也持续不断。毛里塔尼亚和马里一带，柏柏尔人建立了加纳古

---

① 艾周昌，沐涛. 走进黑非洲. 上海：上海文艺出版社，2001：34.

王国，柏柏尔人是白色人种。从公元前开始就有白色人种在非洲这一带出现，3 世纪他们建立国家。直到 8 世纪，苏丹人入侵古加纳，开始了黑色人种的统治。

西非是非洲古代文明的摇篮，古代班图人在公元前开始从这里向东非、中非与南非等地迁移，这次大迁移使得西非的文明向全非洲传播。

(3) 东非的斯瓦希里文明是非洲持续发展的文明之一。肯尼亚地区早在公元前几个世纪就已经有了古代文明，班图人大迁移后来到这里定居，发展农业、种植业。他们与东非海岸众多民族融合，创造了斯瓦希里语与文字，这是 7 世纪之后伊斯兰文明与非洲本土文明结合的一个典型。东非地区交通发达，15 世纪之后，外来的伊斯兰教移民与本地人共同建立了举世闻名的东非城邦群，大小城邦达 37 个，其中著名的有摩加迪沙、布拉瓦、格迪、基尔瓦等。这些城邦建立在亚非两大洲的交通要道上，控制了亚非之间的商业贸易。这里是古代丝绸之路的外围地区，东西方货物在这里交换，非洲本地产品也参加交易。中国的郑和曾经来到东非，以后的中国旅行家汪大渊、费信等人也曾来到过东非，阿拉伯旅行家伊本·巴图塔盛赞这里是最繁华的地区之一。可惜的是，葡萄牙人来到之后，这里成为贩运黑奴的基地，于是从 15 世纪后期起，这里人口迅速下降，如同发生瘟疫一样，原本繁华的城邦竟然人烟稀少，民不聊生。

(4) 中非地区是非洲的腹地。班图人来到刚果河流域后，也曾经培育出多种古代文明，其中有 14 世纪到 17 世纪的刚果王国，它是一个农业国，种植非洲主要的农作物玉米、高粱和木薯等。由于开国元勋是一个铁匠尼米·卢克尼，所以国家素有打铁、木工、制陶、编织等手工业的传统。15 世纪末，葡萄牙人来到后，刚果王国被其灭亡。

(5) 南非地区最古老的文明是津巴布韦文明。南下的班图人在南部非洲各国，主要是津巴布韦、马拉维、莫桑比克、南非等地建立多个国家。津巴布韦从 4 世纪立国，到 16 世纪灭亡。19 世纪，非洲的祖鲁人在殖民者的压力下，揭竿而起，建立祖鲁王国，与殖民者进行了长时间的斗争。

总之，非洲是有自己独立文明的大陆，从古代文明到近现代文明都有自己的形式，都有自己的工农业创造，形成了自己的社会经济形态、市场交易方式等，有自己的国家制度与语言文字。

15 世纪之后，殖民者以火与剑毁灭了众多辉煌的非洲古代文明，这就是殖民者的“征服”。

二、罪恶的奴隶贩运

西方进入非洲大体经历三个阶段：第一阶段是在“东方探索”中对于非洲特别是南部非洲的再发现，这是以葡萄牙殖民者为代表的大掠夺阶段；第二阶段是 18 世纪工业文明时代中，欧洲各国的文化渗透阶段；第三阶段是西方民主化、现代化的后文明化阶段。

13世纪起，葡萄牙人开始不断出现于非洲海岸，开始殖民主义的海外扩张，为欧洲的工业文明国家寻求海外资源与劳动力。葡萄牙人从非洲西海岸开始的探险经历了一个多世纪，从15世纪初期他们就开始向南方运动，最初他们只是沿海岸线进行探险与掠夺，大约于1432年发现了亚速尔群岛，30年后，葡萄牙人来到了加纳，非洲成了第一个被发现的东方。在此之前，葡萄牙人的船队已经到达佛得角，他们立即占领了这个军事要地。以后，他们来到刚果与安哥拉等地，进行奴隶贸易，掠夺象牙和黄金。

绕过非洲要经过好望角。好望角的发现却是偶然事件，葡萄牙冒险家巴托罗缪·迪亚士（Bartolomeu Dias，约1450—1500）1486年在海上遭遇风暴，他所带领的三桅轻便帆船被向南吹去，最后到达了非洲最南端，这里就是以后被称作的好望角。“好望”，意味着东方的发现已经有了希望。果然，1497年，葡萄牙人在发现东方的航线方面有了决定性的进展，这一年，瓦斯科·达·伽马（Vasco da Gama，约1469—1524）率领的船队从里斯本出发，经过好望角，来到了马林迪港。然后从这里驶向印度洋，于1498年5月底到达印度。至此葡萄牙人完成了欧洲到远东的大航海，以后，他们又来到了南中国海。

非洲，对于西方来说原本只是海上东方航线的一站，只是海上大交通实现之后西方探险的必经之途。由于海上交通的原因非洲被重新发现（主要是指发现了撒哈拉沙漠以南的非洲）后，永无止境的贪欲使得非洲沦为了黄金与奴隶贩运的中心，成为殖民主义的桥头堡。在非洲的历史上，这是第二次大的厄运，第一次是古代希腊罗马的北非征服，现在则是西方的再次非洲殖民。

当然，对于欧洲来说，非洲也是“东方”的一个组成部分。对非洲的占领与对美洲的占领是不同的，非洲黑人相对于印第安人来说，人口众多，具有一定的抵抗力；所以殖民者在对非洲的占领中，其采取的主要方式并非美洲征服式的大规模屠杀。早期非洲占领中曾经有过类似的大型战争，但是这种战争以后逐渐稀少。另外，非洲并不是完全与世隔绝的，非洲大陆离欧亚大陆的距离比美洲大陆要近得多。非洲与亚欧大陆的发达文明相比虽然落后，但非洲的部落与美洲部落的文明程度和生活方式毕竟还是不同的，两者对于外界的适应能力也不一样。哥伦布发现新大陆后，黑人成了欧洲人最值钱的商品——奴隶——也就是工业化最需要的劳动力。从1501年第一批黑奴被运到欧洲，到1890年布鲁塞尔国际会议上通过反对奴隶贸易的总决议书，400年间非洲黑奴交易使非洲损失人口达到数亿之多。正是黑奴贩运使欧洲与美国获得巨额利润，英国大工业得以迅猛发展，美国南方种植园经济一跃成为美洲与世界上最发达的经济。昔日的野人与怪物，成为工业文明世界的主要劳动力来源。

奴隶贸易是非洲殖民的主要罪行之一，这种罪行在非洲进行了400年，虽然已经过去多年，但其历史记忆之沉痛令非洲人永难忘记。400年间，有多少人遭到贩卖，今天已经无法准确估计，据联合国专家会议估计，非洲约有2.1亿黑人被运出非洲！这是世界上最大规模的贩运奴隶活动，也是一次文明摧毁活动。贩卖奴隶活动使很多国家的居民被贩运得几乎绝迹，城邦毁灭，村庄断绝了炊烟。同时被摧毁的不只是村庄与城邦，更重要的是黑人文明的传统与精神被压制，黑人从此成为西方人心目中的奴隶形象，这是殖民主义最深重的罪恶。

世界上有两种文化遗址看起来让人感觉最为残忍，一种是法西斯主义罪行遗址，这种遗址主要在欧洲与亚洲，如德国法西斯的奥斯威辛集中营的焚尸炉、毒气室，日本法西斯的中国东北细菌战部队人体试验室与南京大屠杀白骨累累的万人坑。这是人类历史上法西斯主义野蛮本性的劣迹，是人类历史的耻辱。另一种遗址在非洲，就是非洲黑人贩运地。在东非坦桑尼亚巴加莫约的奴隶堡，保存下了当年欧洲人俘虏黑人贩运到欧洲前的临时拘禁地，数以万计的黑人在这里被烧红的烙铁在胸前打上烙印，然后用铁链锁在水泥桩上，经受风吹雨淋，烈日暴晒，还不时遭到毒打。如今这里只留下铁锈斑斑的铁链，供游人想象当年的苦难历史。

三、非洲的后殖民文化

20世纪之前，非洲作为欧洲宗主国的殖民地，其文明受到两种待遇，其中一种是所谓的文明同化，这是葡萄牙与法国所推行的政策，就是用法国文明与葡萄牙文明来同化非洲人。在他们看来非洲是没有文明的。1761年，葡萄牙颁布法令，莫桑比克人只要信仰基督教，就可以享有西方文明的一切权利，如选举权、公民权等。其实这只是一种欺骗，绝大多数莫桑比克人从来没得到过公民权。而英国、德国、比利时与荷兰人则更是直接否定了教化黑人的主张，他们眼中的非洲不但没有文明，甚至连接受文明的意义也是不大的。经过400年的野蛮殖民时代之后，从18世纪到20世纪50年代，是西方新殖民时代。

新殖民者与老殖民者不同，新殖民者在各宗主国纷纷废除奴隶贩卖贸易，提出一个所谓的4C政策，即商业贸易commerce，基督教化christianization，文明化civilization与殖民化colonization。虽然这样标榜，但实际上并没有为非洲带来和平。从19世纪起，非洲陷入被世界列强所瓜分的更大苦难之中。1844年，由于法国与比利时两国在中非刚果河争夺殖民权力，纷争不已，只得在柏林召开会议。在旧殖民活动中没有得到利益的德国趁机加入瓜分非洲列强队伍，原本自身就是英国殖民地的美国在独立后，却立即加入列强队伍中来殖民非洲。英、法、德、比、美、西、葡、荷等新老殖民宗主国在柏林会议上制定了瓜分非洲的计划，开始了一个世纪的大瓜分与血腥镇压时代，非洲的厄运再次降临了。非洲的土地被全部瓜分，与美洲一起成为了完全殖民地。据有关资料统计，到19世纪末期，法国占领了北非、西非和赤道非洲广袤的土地，达 1 090 多万平方公里，约占非洲领土的 36%；英国占领了从北非的埃及、苏丹，经过乌干达与东非，延伸到南非的辽阔地带，面积达到 880 多万平方公里，占非洲领土的 29%，仅英法两国殖民地面积之和就达到了非洲面积的 65%左右；其余如德国、比利时、西班牙、葡萄牙、荷兰等欧洲国家，也都占领了大片的非洲国家领土，推行殖民主义。欧洲国家本土多是弹丸之地，葡萄牙本土不足 10 万平方公里，非洲殖民地的面积竟然是其本土的 20 多倍。自此之后，非洲文明成为殖民地文明，这就意味着它必须接受宗主国的领导与改变，没有自主权力，这也就再现了历史上普遍的“殖民文明状态”，这是文明征服的常见状态，罗马人征服欧洲各民族文明后，蒙古人征服亚欧各国所建立的国家，全都是这样一种情形。

20 世纪 50 年代之后，非洲各国进入民族解放与民族独立运动时期，原有的文明逐渐复苏，并最终摆脱了殖民主义的压制，这是非洲文明的新生。但也要看到，21 世纪的非洲已经不是旧日的非洲，内罗毕的高楼与南非的城市，遍布非洲各地的各个种族的移民，高耸的教堂与可口可乐、麦当劳等等，都在说明非洲的新文明正在形成。在这个历史时期中，非洲发生了相当巨大的变化，现代文明已经深入人心，西方式的民主政治、基督教宗教、现代科学技术在非洲社会生活中起了非常重要的作用。而原有的宗教与文化也并没有消失，多数非洲人仍然信仰原有的宗教，新旧生活方式在非洲的对立是明显的。从总体上看，非洲文明已经转型为一种新的文明，既不同于旧有文明，也不同于殖民地时期的文明。

非洲民族冲突此起彼伏，内战不断，已经成为世界上武装斗争最激烈的地区之一。由于历史文明与现代西方政治民主观念之间的不协调，非洲出现了特殊的状态。第一是政变频繁，国家政权极不稳定。政治冲突中经常出现暴力反抗，各种反政府武装在国内外势力的支持下动辄夺取国家政权。1969 年索马里发生的政变，战火蔓延到全国，1992 年 12 月 9 日，以美国为首的多国部队登陆索马里，展开所谓“军事救援索马里灾民行动”，由于美军与地方民族武装发生冲突，最后是以联合国维和部队撤出为结局。非洲大陆类似的冲突经常不断，使非洲的经济与社会发展受到极大威胁。第二是经常发生残酷的对民众的大屠杀，大批无辜平民死于这种屠杀之中。非洲大屠杀的根源起于殖民征服时代，欧洲殖民者曾经在非洲袭击村庄，杀死无辜的居民。这样把一种草菅人命、涂炭生灵的杀戮之风留给了非洲。所以在现代社会中，非洲大陆上经常发生大屠杀。第三是大量的难民现象。经常会看到大批来自非洲与中东的难民突破国家边界，目的地是欧洲。近年来欧洲苦于“移民危机”，常将移民安置在难民营，他们生活条件极其艰苦，更谈不上安居乐业了。这种现象也与长期的非洲殖民有关系，这是原有文明遭到破坏之后的一种文明失衡现象。非洲人类所承受的灾难可能是世界上最为残酷的与深重的。如果更深入地看，非洲还有一种更为严重的民族心理创伤，这是一种黑色人种的心理创伤，无论是被贩到美洲的奴隶，还是非洲大陆上的居民，由于受长期的殖民，其民族自信心受到极大损害，特别是对白色人种存在畏惧情感。这种近代以来西方殖民化所造成的对非洲人民与非洲文明的不公，必须得到纠正。非洲人、亚洲人与南美人，所有非西方人，不但具有与西方人同等价值的文明，也有同等的人权。在未来的世界秩序中，首先要消除的是这种长期的征服所造成的屈辱心理，恢复对本民族文明的自信，进而建立平等的人权。

第六节　西方在美洲的殖民与移民

一、发现“西印度”——美洲

直到15世纪之前，地球上另外两个重要的大陆从未被发现，一个是美洲，一个是大洋洲。这两个大陆其地理位置与欧亚大陆被海洋相隔离，如果没有发达的远洋航海条件是不可能进行大规模交通的。据说早在11世纪就有维金人登上美洲大陆，维金人是一个欧洲的海上民族，主要是由来自意大利西西里岛与北欧地区的渔民和海盗所构成，中世纪后期归化于欧洲的各个封建国家。

16世纪，欧洲有了可以远航的800吨帆船，这就是所谓的圆形帆船，具有浑然一体的船体与设备，可以远航海外。欧洲的大船队组成之前，1405年郑和下南洋时的“宝船”长44丈，宽18丈，据当代中国学者估算，长度应折合138米，宽度为56米。英国学者加文·孟席斯说，这种宝船每只可载重近2 000吨。[①] 可惜的是，中国人从海上撤退之后，这种大船也随之消失。从综合实力而论，中世纪杰出的航海家是阿拉伯人，他们的海船已经相当先进，具有三角帆等设备。工业发达的欧洲人利用了阿拉伯人的技术，并改造三角帆，创造了多桅船。中国人发明的指南针成为海上征服者的利器，欧洲人进一步把它变成海上罗盘，使之可以进行海上简单定位。具有绘制世界地图传统的欧洲人这时有了更全面的海洋图，这种海洋图相当先进，为环球航行提供了便利。

16世纪欧洲海船装备了火炮，威力强大的火炮使得从海上远距离轰击陆上目标成为可能，在征服非洲与美洲的过程中，火炮都起了关键性的作用。当然，火枪也是殖民者最重要的武器，在战争中，英勇的印第安人的飞箭与长矛是无法阻挡步枪火炮的。所以无论在早期的西班牙、葡萄牙殖民者与后期的英法殖民者看来，西方与东方的斗争，是两种时代之间的斗争，是两种不同时代的文明之间

① ［英］加文·孟席斯．1421：中国发现世界．师研群，译．北京：京华出版社，2005：21．

的斗争。但是他们却没有想到，西方文明的所有重要发明却离不开东方文明，既包括阿拉伯文明，也包括中国、印度文明，可以说，西方文明的每一步进程都离不开东方，从犹太教到中国的四大发明、阿拉伯古代科学、印度古代科学等，正是这些宝贵的文化遗产增益欧洲，才使西方文明变得更加丰富与强盛。

西班牙人是最积极开辟海上东方航线的民族，不过真正实现西班牙海上之梦的却是意大利航海家哥伦布（Cristoforo Colombo，约1451—1506）。由于当时葡萄牙是航海强国，最初，哥伦布也曾寄希望于航海发达的葡萄牙人来支持他的环球航行，可惜未能得到葡萄牙国王的批准。于是他转而求助于西班牙，希望西班牙能够支持他的环球航行计划，因为他坚信地球是圆形的，环球航行是可行的。所幸西班牙人支持他的这一计划。据有关资料记载，哥伦布远航最大船长度只有31米，排水量250吨。1492年10月12日，哥伦布到达了中美洲巴哈群岛中的一个名叫华特林的小岛，辗转到了海地，海地是加勒比海西印度群岛西部的一个岛国，属于大安得列斯群岛，面积为2.8万平方公里，原住民是印第安人的阿拉瓦克族与加勒比族。海地的地形多山，“海地”一词在印第安语中即为“多山的国家”。哥伦布以为到了传说中的日本，而把古巴看成了中国。踌躇满志的哥伦布为了感谢西班牙支持他的航海事业，就把这个岛命名为“伊斯帕尼奥拉”（Hispa Noda），意思就是“小西班牙”。4年之后，西班牙殖民者征服这里，在这里建立了美洲的第一个欧洲居民点，这里就成为美洲征服史的起点。凶残的西班牙殖民者立即杀光了岛上的印第安人。从16到18世纪，西班牙殖民者从非洲贩运大批黑人到此地的种植园。从此，海地这个有700多万人口的国家中，竟然没有了印第安原住民，只有非洲黑人与黑白混血人种。

美洲最初被认为是传说中的东方，美洲大陆的发现者刚看到美洲时，以为到了印度。以后就将美洲称为“西印度”。美洲的原住民被他们称为“印度人”，这就是“印第安人”这一人种名称的来由。

二、美洲的自然环境与民族状况

美洲，即“亚美利加洲”，据说是以发现美洲的水手亚美利加来命名的，虽然对于西方来说，美洲的真正发现者是哥伦布。美洲总面积约为4 200万平方公里，位居世界第二大洲，占全球陆地总面积的28%。美洲人口现大约有10亿，占全球总人口的13%左右。美洲是一个名副其实的新大陆，大约2万年前最后一批亚洲人取道冰封的白令海峡，进入美洲，此后，由于气候变化，白令海峡上的冰路断绝，于是不再有移民来到这个新大陆了。从此美洲大陆与欧亚大陆近在咫尺，但由于两边是大洋，北部是千古冰原，所以一直与世隔绝。

在欧洲冒险家来到美洲之前，只有北极地区的爱斯基摩人（Eskimos），阿留申群岛上的阿留申人（Aleuts），夏威夷的原住民夏威夷人（Hawaiiance），遍布美洲全境的印第安人（Indians），在这里过着平静的生活。15世纪后，西班牙殖民者的到来才打破了这种宁静的生活，以后欧洲列强纷纷进入美洲，把这里视为一片没有主人的土地，一片野蛮人的土地，一片不属于任何国家与个人、没有主权的土地。而在这片土地上生活了数万年的原住民的利益从来不被人提及。

5个世纪已经过去，如今有谁为印第安人、爱斯基摩人与阿留申人来主持公道，讨还其土地权利？当年，整个美洲的土地都被后来的欧洲人强行夺走，土地的主人印第安人则被无辜杀害。美国纽约的曼哈顿，是欧洲人以25美元从原住民酋长手中买下来的，“曼哈顿”就是土著语言中的“25元钱”之意。如今，凭什么来计算这笔交易的价值，更何况整个美洲土地的价值？

到现在，爱斯基摩人只有4万人左右，主要生活在阿拉斯加。阿留申人更少，不足万人，生活在阿留申群岛上，他们都是渔猎民族，保持了渔猎文明的生活习俗。美洲原住民中，最主要的民族是印第安人，这一民族历史上人数曾多达数百万人，现在人数也相当少。

夏威夷群岛上的原住民属于波利尼西亚人，他们世代生活于风光旖旎的海岛上，西班牙入侵者残酷迫害这些原住民，造成了岛上人口的大量减少，19世纪末美国夺取夏威夷时，这里原住民已经只有30万人了。

美洲的原住民在现有美洲的人口组成中已经不是主要成分了。当然，所谓美洲的这些原住民，其实也是二万多年前的移民，正像西方历史学家们所指出，这些早期移民全都是亚洲人，至今没有发现欧洲人种的早期移民。

正如我们上文已经指出，美洲是人类民族与种族最多样化的地区，欧洲人、印第安人、来自非洲大陆的黑人、亚洲人等共同生活在这里，所以民族与种族之间的关系一直备受关注。

拉丁美洲曾经存在严重的种族歧视，这里的名言是“肤色就是阵营”。但是，也正是在这里，世界文明已经演化出了它新的一页，如果要说世界文明体系形成的进程中，各种文明类型与各民族文明之间互相融合，那么现代社会中，拉丁美洲人民的互相通婚、各种文化的融合就是一个极有说明力的例证。它证明各种文明之间是完全可以并存与结合的，而这种结合则会促进世界文明的进步与拉丁美洲的进步。从20世纪50年代至今，拉美地区的经济以较高速度发展，成为发展中国家的“发达国家”，巴西成为金砖国家的一员，可以从一个侧面说明这种文明融合具有强大的生命力。

三、美洲的古代文明

美洲虽然被看成是新大陆，但它有独立发展起来的古代文明。这就是美洲三大文明，它们分别是墨西哥与危地马拉的玛雅文明、阿兹特克文明和南美的印加文明。这三个文明是不同时代的独立文明，都已经达到发达文明的水平，应当承认它们自立于世界文明之林的资格。其中玛雅文明早在1 000年前就已经灭亡，但其影响仍然存在，是美洲不可磨灭的历史。

自从哥伦布发现美洲之后，美洲的文明发生了剧烈变异。首先是北美原有的印第安文化完全被西方文化取代。美国与加拿大文明是西方传统在美洲的新生，并逐渐成为有代表性的西方现代文明类型。美洲本土文明的萌生地拉丁美洲也脱胎换骨，完成了文明类型的转换，虽然不是北美那种西方文明，但也与传统文明有根本的不同。这些都是比较文明学最好的范例，我们可以从中看到和听到世界文明体系形成的历史脚步。研究美洲文明时，我们必须先介绍美洲原有的三个主要文明的概况，然后，我们将通过对最初的西班牙殖民者的征服史，来探讨美洲三个古代文明灭亡的过程，这是世界文明史上极为重要的历史教训，也是西方文化史上不可缺少的一页。

1. 玛雅文明

公元前1500年，现中美洲的墨西哥、危地马拉、萨尔瓦多、洪都拉斯与伯利兹等5个国家所处的地区，曾经广泛分布过一种古代文明——玛雅文明。从那时开始，陶器在美洲出现，这标志着美洲文明进入早期发展阶段。在危地马拉等地形成过有一定规模的农业经济，即所谓“玉米经济”，这是美洲最早的农业社会形态之一，这种经济是玛雅人所建立的。农业地理的研究家们指出：“拉丁美洲是玉米的故乡。据考古分析，玉米在拉美作为栽培作物至少有5 000年的历史。玉米至今仍是拉美分布最普遍、产量最多的谷类作物。”① 虽然玉米种植很早，但形成农业社会生产形态仍是在其后较晚的时期。玉米种植是美洲人民的骄傲，美洲神话中有一种玉米崇拜，以玉米人为对象。时至今日，拉美的玉米产量与种植面积仍居世界第三位，仅次于亚洲与北美。这就是历史悠久的美洲农业的惠赐，拉美人民就是以玉米为主要食粮，世代生存在这里。

公元前1000年左右，在墨西哥萌发了奥尔梅克文化，这种文化迅速影响了玛雅人，使得文明中心移向墨西哥高原。后经过丰富多彩的奥尔梅克文化阶段，玛雅人建立了城邦生活制度，其宗教信仰加强。从5世纪起，玛雅文明从中心地区佩滕向外扩展，进入到尤卡坦半岛。

但是，历史留给人们的谜团是，从9世纪起正在兴盛期的玛雅文明突然衰落。产生这一现象的原因至今不明，据推测有可能是突然受到外来民族的入侵。虽然如此，玛雅文明仍然持续下来，直到15世纪末，西班牙殖民者到来时仍有衰微至极的玛雅文明存在。

玛雅文明是美洲的农业文明，其生产方式简单，以刀耕火种为主，并且曾经在山地上营造梯田。其主要农作物与经济作物是玉米、薯类、可可、西红柿、南

① 何百根，梁文宇主编．拉丁美洲农业地理．北京：商务印书馆，2003：83.

瓜、豆类、辣椒、烟草、棉花等。由于有较发达的农业基础，所以玛雅人的贸易也相当发达，他们的商业活动范围甚至可以达到巴拿马地区与墨西哥北部。其经营的商品种类繁多，包括陶器、土布、蜂蜜、烟草、染料、燧石、树脂等。这些颇具特色的产品使玛雅人名声远扬，特别是他们生产的可可豆等产品，为玛雅人带来大宗财富。

玛雅人的宗教信仰十分发达，以自然崇拜为主。在危地马拉的热带雨林中，玛雅人独立建造了金字塔，其中最著名的美洲豹金字塔高达52米，分为9层，这是除埃及金字塔之外，世界古代文明中并不多见的现象。我们现在无法说明玛雅金字塔这种观念的来源，但可以肯定的是，这是一种神灵崇高观念的表达。值得注意的是，玛雅金字塔与埃及金字塔之间有所不同，埃及金字塔是法老的陵墓，反映了古埃及人对法老的崇拜与对太阳神的崇拜是结合在一起的，但玛雅金字塔以崇拜神灵为主。

2. 阿兹特克文明

美洲古代三种文明分属两大类型，一种类型是高原文明，以危地马拉与墨西哥高原为基地，这里所产生的玛雅文明与阿兹特克文明注重于天人之际的探求，以神灵崇拜的形式表达为主要特征。另一种类型是谷地文明，以安第斯山区的秘鲁沿海谷地为大本营，注重于物质世界的实践，以人类自身社会的建立为本位，印加王朝的存在证明了这一追求的现实性。当然这两者并不绝对对立，两者都具有美洲大陆文明的共同特性，但无可否认的是，这两种类型的文明又各有独自的追求，具有自己的品质。

玛雅文明衰败后，曾经受到文明熏染的民族开始向四方扩散，寻找新的定居地，经过几个世纪的时间，在墨西哥谷地，逐渐聚集了不少的民族部落。这里土地肥美，适宜于人类居住，众多民族在这里互相争夺，甚至各据一方。900年前后，一个说纳瓦语的部落——托尔特克人——在墨西哥谷地建立了王国，他们垦殖开荒，繁衍生息，发展文化。西方历史学家称其为部落帝国，因为这一种族是明显具有文明的民族，其社会制度已经不是传统的部落形态。他们所建立的帝国就是阿兹特克帝国的前身。1168年，一支名为特诺切人的小部落，开始从墨西哥的一个湖泊中的小岛上出发，向谷地中心城邦附近迁移，这些人以后建立了阿兹特克王国。

14世纪初期，阿兹特克人在以后的墨西哥城地区建立了自己的王国，这个王国逐渐强大起来。15世纪末，它已经成为一个大的王国。国王孟泰祖玛二世在位的16世纪最初20年，是这个大王国最兴盛的时代，当时其总人口已经达到600万。也正在这时，西班牙征服者来到了美洲。1519年，西班牙人进入墨西哥，两年之后，阿兹特克首都特诺奇蒂特兰城被西班牙人攻克，最后一位君主库奥特莫克于1524年在前往洪都拉斯的途中被杀，庞大的阿兹特克王国落下了历史的帷幕。

阿兹特克农业发达，他们的耕作方法先进，由于他们的祖先在湖泊地区居住，学会了把湖底淤泥用于施肥，改进了土地的肥力。他们兴修水利，有相当好的水利灌溉系统。阿兹特克人有较发达的制陶工业并把陶器工艺发展到一个新的水平，这是美洲文明的一个特点。金属冶炼技术普及，虽尚没有铁器的使用，也没有发现青铜器，但是已经有了金和铜的合金，其中紫铜被用来制作多种器具。其城市建筑规模宏大，房舍精美，人民衣着华丽，生活环境优美。

3. 印加文明的起落

秘鲁的地理位置在南美洲的西北部，美洲大陆的西岸，面对太平洋，安第斯山脉横贯全境，这里就是著名的安第斯文明的发源地。在这里，印第安人发展出了自己最发达的文明——印加文明。

“秘鲁”这个国家的名称不是印第安人的称呼，与历史上许多称呼一样，是殖民者的叫法，这种叫法也是一种误读。当西班牙来到这里向印第安当地人询问时，印第安人回答 Pelu，在印第安语里意思为“河”，西班牙人误读为秘鲁国家的名称。“印加”一词的本义是“国王”或是“领主”，以后成为这种文明的名称。

公元前 16 世纪到公元 6 世纪，这里有查文文化等古代文化存在。公元前 3 世纪到公元 5 世纪的帕斯卡文化中，陶器与陶绘已经十分精美。6 世纪到 10 世纪兴起的蒂瓦纳库文化表明，安第斯山文明进入了宗教兴盛的时代，印加人可能在这一时期发展了太阳神崇拜。

古代印加人生活的中心是库斯科，“库斯科”一词在印第安语中的意义为“脐”，这个命名可能因为人体的肚脐位于身体中部，所以具有“中心”的意义。大约从 12 世纪起，印加王国进入发达时期。如同罗马帝国一样，国王确立了太阳神崇拜，政教合一，独掌大权。印加人征服了卡哈马克、利马、奇穆、纳斯卡等地。到第 11 代国王瓦伊纳·卡帕克时期，印加王朝成为大帝国，其地域以安第斯山的秘鲁为中心，北方边界到今厄瓜多尔，南方到了今智利的马乌莱河，西边直到大海，今阿根廷与玻利维亚的相当一部分都属于印加帝国，其人口达 200 多万。正当印加帝国最盛的时代，1553 年，历时 350 年的美洲最后文明印加帝国被西方殖民者所灭亡。

印加文明是美洲文明中唯一的青铜器文明，印加人已经掌握了多种金属的冶炼技术，可以用的金属有金、银、铜、锡等，但是对于发展国民经济极为重要的冶铁技术却没有掌握。相对来说，印加的农业仍是比较发达的，印加人培育和种植了 40 多种农作物，玉米、薯类都有相当大的产量，基本满足了人民的需要。他们还具有世界一流的梯田技术，造田加工技术极为精细。先用石料垒起三道墙，然后向墙里填土，填到与墙一样高为止，再向上一层层地垒上去，直到山顶，这样把一座山全部变为梯田。世界古代文明中，只有两个民族创造过大面积的梯田生产，一个是中国，另一个就是印加。

综上所述，美洲文明是独立起源的，从石器时代到青铜器时代，有一个连续的发展过程，其中玛雅人有较高级的宗教信仰，阿兹特克文明创造了自己的文字，印加人的社会组织严密，法律严格。无论从社会生产与生活、意识形态与艺术等任何一个方面来衡量，美洲的主要文明都已经达到了文明社会的基本要求。

但是，自从15世纪西方殖民者登上美洲大陆后，当时存在的美洲文明先后被毁，美洲大陆开始了一个新的进程。

四、野蛮的“美洲征服”

15世纪中期到16世纪中期，这一段时期在欧洲历史上地位十分重要，它的内涵仅从一些关于这个时代的称呼就可以明白，其一是称为“地理大发现时期”，当然是指美洲新大陆的发现与远东印度的发现，虽然两者之间差异很大，但都被归于西方人的“发现”之列；另一种称呼是“冒险的时代”，是指葡萄牙与西班牙航海家具有探险性的航行；最后一种说法是“征服时代”，这是指西方人对美洲、非洲甚至包括对亚洲远东地区的“征服”。其实这些称呼都指向一件事，即由于地理大发现所引起的对非洲与美洲的殖民，所以也可以称之为西方文明的海外大殖民时代。海外大殖民主要是指对欧亚大陆旧文明之外的殖民，可分两个阶段，15—16世纪，是工业化初期欧洲国家对非洲与美洲的殖民；18—20世纪，是完成了工业革命的西方国家，对亚洲的印度、中国、朝鲜、越南以及东南亚等国的侵略与殖民，在中国等一些国家中，由于受到顽强抵抗，只形成了半殖民地社会。最后因为世界形势的变化，这种殖民活动才被迫中止。

无论不同立场的人如何评论，有一点事实是清楚的，那就是西方殖民者与殖民地民族之间曾经有过激烈的对抗。

1517年，盘踞于古巴的殖民者们已经发现了墨西哥，但是多次侵扰都被英勇的印第安部落所击败，只得从海上落荒而逃，退回古巴。经过长期准备，原本是商人的埃尔南多·科尔特斯被侥幸选为统帅，其组织了一支500人的小队伍，出发去征服墨西哥即所谓“新西班牙”。这是早期殖民者中常见的情况，因为早期殖民者都是欧洲不务正业的人出身，原本是一群乌合之众，西班牙国王只是依据其殖民业绩，随便赐予一些名分。

1519年11月8日，殖民军来到了墨西哥城，国王蒙特苏马接待他们和平入城，并且款待他们。但是西班牙人却以不能传教等事为由，出尔反尔，突然拘禁蒙特苏马，并且向墨西哥各地进军。两年之后，西班牙军队征服墨西哥。欧洲人把这次征服的美洲土地称为新西班牙。征服者首领科尔特斯也从一个普通商人成为朝廷重臣，他去世时的纹徽上是七个用链子拴在一起的印第安君主的头像，包括墨西哥君主蒙特苏马、蒙特苏马的侄子特斯库科亲王卡卡马津、伊斯塔帕拉帕、大酋长奎特拉瓦克、塔库巴的酋长、库约阿坎的酋长、马塔尔辛戈附近图帕拉等两个地区的大酋长与君王瓜特穆斯，这些君王都是被科尔特斯所俘虏与杀害的。

1526年3月10日，西班牙冒险家皮萨罗与阿尔马格罗等带领160多人，分乘两艘船，直航圣胡安河口，沿海岸搜索，寻找传说中的秘鲁帝国。他们在基多也就是今日的厄瓜多尔登陆，然后绕过了塔库麦兹角、帕萨多角与圣赫勒拿角，进入瓜亚基尔湾，远眺安第斯山，到达通贝斯，发现秘鲁。1532年，西班牙军队翻过安第斯山，来到印加王国。西班牙军队看到秘鲁国家强大，就以阴谋手段，挟持国王，屠杀大批王国臣民，最终征服秘鲁王国。

从1517年到1532年，在15年期间，墨西哥与秘鲁两个美洲古老文明相继灭亡于西班牙一批批海外冒险家的火枪之下。西班牙王室赐予两个血腥屠杀印第安人的屠夫科尔特斯与皮萨罗执掌殖民地的生杀大权，晋爵封侯，荣宗耀祖，成为欧洲人心目中的英雄。大批的冒险家在征服美洲中获得巨大财富，印第安人黄金源源不断地流入西班牙。不但西班牙，可以说整个欧洲受益于这种掠夺。世界古老文明与印第安人种由于遭到大屠杀与奴役，人口大减，虽然这个种族没有灭亡，但是其文明受到的毁灭性打击与重创是无可怀疑的。

美洲的发现与征服，是世界文明史上西方文明与印第安文明的相遇，两种文明相碰撞的结果是可想而知的。文明程度的高低决定双方力量的强弱，也决定了胜负。一位西方历史学家曾经形容道：手握钢枪的殖民者与手持石器时代武器的美洲人进行战斗，这是一场屠杀而不是战斗。西方殖民者以一种历史进步论来为自己辩护，以为自己是先进文明对落后文明的征服，是有利于美洲人民的。但是从另一个方面而言，任何文明都是建立在道义基础上的，没有道义的文明不是文明，如果西方文明的这种征服本身已经违背了历史道义，侵犯了印第安人的权利，这种征服不啻是一种罪恶。美国历史学家普雷斯科特说：

> 但是，从人类的判断能够审视的范围内来看，皮萨罗的主导宗旨是贪婪和野心。的确，有一些优秀的传教士跟随他的队伍散播精神真理的种子，而且西班牙政府，像通常一样，是指令用它的慈善的立法来使这些土著人皈依的。但是皮萨罗及其部下的原动力是对黄金的贪欲。这是他们的辛劳的真正刺激，背信弃义的代价，他们的胜利的真正酬劳。这就使他们的探险带有卑鄙和惟利是图的动机；这样一来，当我们把征服者的那种穷凶极恶的贪心与被征服者的温和与无害的举止相对比时，我们的同情，甚至西班牙人的同情都必然会倾向于印第安人的一边。①

① ［美］普雷斯科特．秘鲁征服史．周叶谦，刘慈忠，等译．北京：商务印书馆，1996：531.

实际上，关键并不在于个人贪婪的动机与凶恶的行为，而是文明关系的原则，一种文明没有什么权利来取代其他文明，夺取他人的土地，侵犯其主权。同时，对于世界各国来说，主权高于一切，不能以自己的需要来取消别人的主权或是以任何名义来侵犯他人的主权。印加王国是一个拥有自己主权的国家，它不能被任意侵犯，无论是以什么名义。

由于不同文明在美洲发展具有各自的历史环境与条件，所以美洲现在也就有不同的国家制度与经济状况。北美洲的美国与加拿大以欧洲裔移民为主要民族，基本接受了欧洲传统，现在已成为现代西方文化的核心组成。拉丁美洲经历了数个世纪的殖民历史后，外来文化与当地文化混合一体，已演变出新的文化类型。

第二编
西方文化体系构成

第五章

西方的文化逻辑与文化理论

第一节 西方逻辑与世界逻辑体系

要把握西方社会的发展规律，就要了解西方的文化逻辑。文化逻辑是指一种文化中，以逻辑体系为基础所建立起来的思维方式与认识方式。文化逻辑是文化活动的中枢，制约着文化创造的进程，形形色色的文化现象都与深深隐藏在下面的文化逻辑有直接关系。

由于世界是多种文化所组成的，各民族人民在社会实践中，他们的衣食住行、科学技术、文学艺术等形成丰富多彩的文化现象，这些文化现象无不具有浓郁的民族与个性色彩。研究西方文化，不但要分析其饮食、建筑、衣饰、生活习俗、诗歌与雕塑等各方面，更为重要的是，要知道西方人是如何看待事物、如何思考与行动的，为什么西方人会这样思考与行动，他们的行为特点在哪里？这些问题不可能从文化现象本身得到答案，真正的答案在文化逻辑之中。问渠哪得清如许，为有源头活水来，文化逻辑就是这种源头。西方文化在世界历史发展中起了重要的推动作用，它的逻辑体系也给予其他民族以重大影响，这就需要我们从世界多元文化之间的关系中，来分析其文化逻辑的构成与特色。

从世界文化发展史来看，虽然文化逻辑种类相当多，每一个民族文明甚至前文明民族都有过指导自己行为的逻辑，但是成为逻辑体系并且有世界影响的并不多。其中有三种相当重要、对世界民族文化产生过巨大作用的逻辑体系：

1. 中国古典逻辑：中国文化逻辑的核心是孔子儒学的中庸之道，这是一种辩证逻辑。以墨经逻辑为代表，产生于公元前5世纪，主要是在墨子（约公元前468—前376）的著作中完成这一逻辑体系，其他如邓析、尹文、申不害、惠施、公孙龙、恒团、荀子、韩非等人的著作也涉及逻辑问题，对于中国古典逻辑有较大的贡献。它的代表著作是墨子的《经上》《经下》《经说上》《经说下》《大取》《小取》等。

2. 印度古典逻辑：其中最为重要的是佛教逻辑，也称因明逻辑。以佛教学者陈那（生卒年不详，约为公元前6世纪至公元前5世纪）、护法、法称等人的学说为代表，主要有《因轮抉择论》（陈那）、《集量论》（陈那）、《因明入正理论》（商羯罗主）、《唯识三十颂释》（护法）、《广百论释》（护法）、《正理滴论》（法称）、《释量论》（法称）等著作。

3. 古希腊亚里士多德逻辑：古代希腊哲学家赫拉克利特较早提出了"逻各斯"的观念，具有理性把握存在本质的含义。其他如斯多葛学派等哲学家们也研究过"逻各斯"。但直到公元前4世纪，在亚里士多德的著作中，才形成了严密的逻辑学体系。亚里士多德的主要著作有《工具论》（其中有6篇逻辑学论文：《范畴篇》、《解释篇》、《前分析篇》、《后分析篇》、《论辩证常识论》和《辩谬篇》）、《形而上学》（主要是关于矛盾律、排中律及同一律等的相关讨论）。亚里士多德逻辑学以形式逻辑为主，体系严密，简明实用。

世界三大逻辑体系形成的时间几乎都是在公元前5世纪前后，即所谓的"轴心时代"。这三大逻辑体系都曾对世界古代文明发展起了重大作用，它们的目的都是推动人类理性思维的进步，提高人类的思考能力。但是它们又各有自己的特点，影响到不同民族的文化、思维方式等诸多方面。

逻各斯概念的提出，代表希腊人理性认识方面的重要进展，这是希腊文化逻辑的真正起源。亚里士多德是希腊逻辑的集大成者，从亚里士多德开始，希腊才有了逻辑体系和真正的逻辑学。黑格尔曾经这样评价亚里士多德："他是被人称为逻辑学之父的；从亚里士多德以来，逻辑学未曾有过任何进展。亚里士多德所给予我们的这些形式，一部分是关于概念的，一部分是关于判断的，一部分是关于推理的，——它是一种至今还被维持着的学说，并且以后也并没获得什么科学的发挥，——这些形式被后人加以引申，因而变得更加形式化。"①

其实这正道出了西方文化逻辑的根本特性：形式化的理性思维易于导向理性中心主义。因此，反思其历史与实践成为时代课题。

① ［德］黑格尔. 哲学史讲演录. 第2卷. 贺麟，王太庆，译. 北京：商务印书馆，1996：366.

第二节 西方文化逻辑与认识方式

一、希腊亚里士多德逻辑

古代希腊逻辑对于西方文化有怎样的作用？特别是亚里士多德逻辑学与整个西方文化之间有怎样的联系？这种关系对于西方文化的发展起到了什么作用？这些问题成为千余年来争论不休的问题。

亚里士多德

亚里士多德逻辑体系的确立对于西方文化发展的意义，首先表现为它对人类理性发展的价值。西方文化以理性精神指导下的社会进步为目标，理性是西方文化的中心，那么，理性的本质是什么，理性有什么样的表现形式，如果从发生学的角度看，理性必然会与希腊哲学、希腊逻辑学特别是亚里士多德逻辑联系起来。在亚里士多德之前，理性早已经被提倡，但是，理性仍是一个抽象的概念。在社会生活中，需要有一种思想的规则来代表理性，作为思想与行为的尺度。亚里士多德的逻辑学，就是适应社会需要而产生的这种理性的形式，它作为思维的规律被建立起来。在中世纪，有的神学家对亚里士多德逻辑表示反对，认为亚里士多德是基督教建立之前的人，其逻辑会对基督教教义产生不良作用。但这种观念以后受到多数神学家的反对，在基督教的发展中，亚里士多德逻辑逐渐得到肯定，成为公认的西方文化逻辑。甚至东方的阿拉伯人，尽管与西方具有不同的文化，也对于亚里士多德逻辑表示出极高的赞美，把它作为西方文化的精华，吸收到自己的文化中来，丰富了阿拉伯文化的内容，创造了自己的逻辑学原理与定律。

但是，也无可讳言，随着人类历史的进步，对于这种逻辑体系的反思也在深入，越来越多的学者看到这种逻辑体系的不足之处。从文艺复兴开始，西方学者已经感到亚里士多德逻辑的局限性，弗朗西斯·培根、笛卡儿、莱布尼茨、康德、黑格尔等杰出学者都曾经指出，亚里士多德逻辑虽然对于西方文化有重要贡献，但它不是万能的，作为一种规则，它不可能概括事物本身的发展规律。亚里士多德逻辑只是一种思维规则，而规则不等于规律，更不能取代规律。而且，从辩证的观念来看，一种规则一旦确立，也就具有了它的限制性。世界上没有万能的规则，每一种规则都有不足之处，亚里士多德逻辑也同样有自己的局限性。正如英国哲学家罗素所说：

> 亚里士多德的学说，尤其是在逻辑学方面，则直到今天仍然是个战场，所以就不能以一种纯粹历史精神来加以处理了。①

亚里士多德逻辑学并不是一种简单的历史精神，也不是一种历史现象，它其实是影响西方整个历史的思维原则，正如中国《易经》对于中国文明的影响一样，所以不能简单对待。

亚里士多德逻辑以三段论为核心，但实际上，亚里士多德与中国的墨子一样，并没有提出纯粹逻辑学定理，他只是用一种形式表达了逻辑公式。那么，亚里士多德所表达的逻辑形式是什么呢？当代西方逻辑学家们对此有不同的看法，主要可以归纳为两种，一种认为亚里士多德在《后分析篇》中有这样一种表达：

> 如果所有的阔叶植物都是落叶性的，
> 并且所有葡萄树都是阔叶植物，
> 那么所有葡萄树都是落叶性的。

这可能是最早的三段论表达方式，它的适用性是明显的，所以有的西方学者包括罗素等人，常用这样的公式来表达三段论：

> 所有的人都是有死的，
> 苏格拉底是人，
> 所以苏格拉底是有死的。

但对于逻辑学家来说，往往要除去公式中的“材料”，用字母来表达，就形成这样的公式：

> 如果所有B是A，
> 并且所有C是B，
> 那么所有C是A。

无论是用其中任何一种公式，都可以看出，亚里士多德三段论的思想来源及其命题原则，可以说是一种以普遍性与同一性为主要基础的命题建构，即推理是建立在一个确定的对象基础上，这个对象是有普遍意义的，如上文提到的“人”“阔叶植物”，而论证对象则是一个具体事物，如苏格拉底与葡萄树，推理过程就是将一个具体事物归纳为一个普遍事物，所根据的就是具体事物与普遍事物的同一性：

> 在哲学家中间有这样一种意见：亚里士多德是在柏拉图哲学的影响之下

---

① ［英］伯特兰·罗素．西方哲学史．上卷．何兆武，李约瑟，译．北京：商务印书馆，1976：252.

来构造他的逻辑体系的；因为柏拉图相信真的知识的对象必须是稳固的并且能有精确的定义，那就是普遍的东西而不是单一的东西。①

从普遍的东西中抽取同一性，并且把这种同一性发展为规律性，这种以同一性为依据来判断的原理，在西方理性中成为主流，黑格尔《小逻辑》中总结了这一思想规律，并且对其进行了批判，他是这样说的：

对于近代哲学所提出的许多批判中，有一个比较最常听见的责难，即认为近代哲学将任何事物均归纳为同一。因此近代哲学便得到同一哲学的绰号。但这里所提出的讨论却在于指出，惟有哲学才坚持要将概念上和经验上有差异的事物加以区别，反之，那号称经验主义的人却把抽象的同一性提升为认识的最高原则。所以只有他们那种狭义的经验主义的哲学，才最恰当地可称为同一哲学。②

虽然黑格尔不承认本人的哲学是同一性哲学，他也在批判这种哲学。但可惜的是，他自己其实也很难脱离这一哲学，就在《小逻辑》这部书中，同一性仍然是他理论的中心观念。

黑格尔

重要的是，西方形式逻辑与辩证法是分离的，这就使得二者之间产生对立，这种对立西方学者早已注意到了。文艺复兴时代的哲学家培根就曾经对形式逻辑进行过严厉的批判，培根在《新工具》中说亚里士多德“他以他的逻辑败坏了自然哲学：他以各种范畴范铸出世界”③。培根具有唯物主义思想，他对于亚里士多德学说中具有唯心主义倾向的观念是敏感的。而且他对亚里士多德的批判也是相当准确的，因为这种认识的根源在于形式逻辑与辩证法的分离，没有辩证法，形式逻辑只能是一种工具，它不可能创造知识。当然，并不只是培根看到这一点，其他哲学家们也早已经认识到形式逻辑的不足之处，并且对唯心主义的理解形式逻辑的态度进行了批判。正像洛克所说：“三段论最好也只是一种利用我们已有的为数不多的知识进行斗争的技巧，而不会对知识有什么补充。”④

① ［波兰］卢卡西维茨．亚里士多德的三段论．李真，李先焜，译．北京：商务印书馆，2002：15.

② ［德］黑格尔．小逻辑．贺麟，译．北京：商务印书馆，1982：227.

③ ［英］培根．新工具．许宝骙，译．北京：商务印书馆，1984：35.

④ ［苏］柯普宁．作为认识论和逻辑的辩证法．彭漪涟，等译．上海：华东师范大学出版社，1984：29.

众多的西方学者围绕亚里士多德逻辑进行辩论，各陈己见，当然并不是因为亚里士多德逻辑是唯一的逻辑体系，事实上，虽然在亚里士多德之后两千年间，逻辑学定律的创造不可计数，但是，亚里士多德逻辑学的地位却从没动摇。原因很简单，由于它揭示并代表了西方文化的思维方式与深层结构的主要特征。逻辑学尽管在发展，但是能取代这种根本认识的文化逻辑却并不会轻易出现。他们早已认识到了亚里士多德的逻辑体系虽然具有工具特性，也并不具备辩证思维观念，这是一种无可回避的缺陷。但同时他们也看到，这种文化逻辑已经深入到西方思想之中，想改变这一体系也不容易。特别是现代社会中，对理性中心、工具理性的批判持续不断，但是，要想使西方文化改弦易辙，重建新的文化逻辑，创造新的文化体系，并非易事。

重温杰出的西方思想家与学者对于西方逻辑的批判，再从世界不同文化逻辑体系的角度来分析，问题就更为清楚了。受西方中心论和后殖民主义观念影响，法国的卢西安·列维-布留尔（Lucié Lévy-Brühl，1857—1939）在其所著的《原始思维》中将西方人的思维方式看成是唯一的逻辑思维方式，同时，把他所不了解的中国等东方民族的思维贬低为原始思维，称为“原逻辑思维”。这种现象本身却证实，以同一性为中心的西方文化逻辑是值得反思的。事实上，中国古典逻辑是一种高级的辩证逻辑。这一论断同样来自一位著名的西方学者，对东西方科学史都有深刻研究的英国科学家李约瑟博士说：

> 当希腊人、印度人很早就考虑形式逻辑的时候，中国则一直倾向于发展辩证逻辑。①

看到中西逻辑不同之处的还有中国哲学家冯契，他指出：

> 在西方，长期以来，科学与形式逻辑的关系密切，而中国古代哲学、科学的发展则与辩证逻辑的关系更为密切。②

其实不只是科学，西方文化与东方文化作为一个整体，都与其逻辑和思维方式有直接的联系。辩证逻辑并不是只有中国文化所独有，而是与形式逻辑不同的一种逻辑思维方式，其他民族文化中也同样可以具有这种逻辑。恩格斯曾经指出：“辩证逻辑和旧的单纯形式的逻辑相反，不像后者那样只满足于把思维运动的各种形式，即各种不同的判断形式和推理形式列举出来并且毫无联系地并列起来……而使它们互相从属，从低级形式发展出高级形式。”③

从世界不同文化逻辑的比较中可以看出，中国文化具有逻辑思维的传统，

① 张岂之. 21 世纪关于传统文化应深入研究的几个话题. 新华文摘，1999（9）：154.

② 冯契. 逻辑思维的辩证法//冯契文集. 第 2 卷. 上海：华东师范大学出版社，1996：140.

③ 马克思恩格斯选集：第 4 卷. 北京：人民出版社，1995：332-333.

《易经》的辩证观念，墨经的“异与同俱于一”的指导思想，孔子的中庸之道等，互相影响、互相融合，形成了系统的文化逻辑。这种逻辑强调辩证理性，它的原则是抽象与具体在理论思维中的统一。它在研究方法上，应用“从抽象上升到具体的方法，只是用思维来掌握具体并把它当作一个精神上的具体再现出来的方法”。辩证逻辑倡导“和而不同”，以不同文化的“互鉴”为原则，是与西方文化逻辑完全不同的体系。

二、西方文化逻辑的神学化

西方文化逻辑既有历史的阶段性，又有历史的统一性，在不同的历史阶段中，各个时期的西方文化受到统治思想的影响，具有时代特征。但是，从西方文化逻辑的全部历史过程来看，它又具有总体特征。在它的历史进程中，中世纪的神学逻辑是一个特殊的阶段。在这一阶段中，西方文化逻辑为基督教神学服务，成为神学教育的工具。虽然神学逻辑早已经成为历史，但是作为一种传统却并不会完全消亡，它与现实中的西方思想仍然有内在的联系。

从公元前 6 世纪到公元 5 世纪，大约从希波战争开始到罗马帝国灭亡，这一时期中人文主义文化占据主要地位，理性与科学观念处于早期阶段。公元前 504 年到公元前 501 年前后，希腊哲学家赫拉克利特、巴曼尼德斯与毕达哥拉斯学派诸成员，共同发展了“逻各斯”的思想，即世界存在的理性原则与规律。逻各斯概念的提出，不但是以后逻辑学的开端，它也为西方文化规定了理性原则与形而上学的思维模式，成为西方文化观念的雏形。公元前 4 世纪，亚里士多德逻辑的正式提出，使科学研究与思维有了正确的思考方法，从而推动了哲学、自然科学、政治、伦理与文学艺术的发展。希腊化时代中，希腊罗马文化在更大范围里产生影响，西方的理性原则与东方的实践相结合，逻辑学的方法与东方丰富的经验与观察成果互相促进，产生了西方科学的大飞跃。托勒密的天文学、欧几里得的几何学、阿基米得的物理学与埃拉托斯梯尼的地理学，都是这一时期的伟大科学贡献。但是，作为一种文化逻辑，形式逻辑体系的局限性是存在的，这种局限性表现于思维方式的单一性与排他性，特别是在不同文化关系的认识方面。如何看待古代东西方文化，如何处理多元文化之间的辩证关系，在这些方面，由于受到历史时代等多种因素的影响，西方文化逻辑的内在限制就表现得相当突出了。

从 6 世纪到 16 世纪，长达 1 000 年的中古封建社会中，基督教从地中海地区向全欧洲扩散，成为西方文化的主要宗教，在政治上宗教与王权结合，建立了政教合一的统治。社会思想领域里基督教占据了绝对优势，异端思想受到排斥。希腊罗马的人文主义文化也被否定，基督教带来的是思想文化的衰退与沉闷，西方文化逻辑丧失自己的地位，成为神学思想的附庸。特别是在中世纪的前几个世纪中，以理性为中心的西方文化只是神学的工具，西方文化基本上表现为一种神学文化。社会生活中重要的变化发生于 10 世纪到 16 世纪，在这期间，欧洲经济突飞猛进，封建庄园农业与城市工商业兴盛，思想领域里的宗教文化中心向西欧地区移动，形成大西洋文化。从这一时期起，随着西方教育、科学的进步与思想领域里的革新，西方文化逻辑再次经历转折。

自从基督教在罗马成为国教之后，在希腊罗马这一高度发达的文明环境中，基督教的弱点暴露无遗。这种宗教是在一种相对落后的文明环境中产生，本身的理论基础薄弱。于是，基督教开始着力建构神学理论体系，首先是建立经院哲学。但是以什么为理论基础来建立经院哲学，却是一个关键。基督教除了《圣经》等宗教经典中的神学信仰之外，没有其他理论体系。在这种情况下要建立经院哲学，必须要借助于古代希腊哲学。但是，基督教教义又是排斥异教的，希腊文化产生于耶稣诞生之前，希腊人本身就是异教徒。所以，在是否借鉴希腊文化来建立经院哲学，特别是能否以亚里士多德逻辑为基础来建立神学逻辑这一关键问题上，神学家们之间的见解完全相反，斗争十分激烈而无法达到一致，所以真正的经院哲学直到 11 世纪才姗姗来迟，亚里士多德的逻辑学才得以名正言顺地进入神学殿堂。

更为引人注目的是，这种古典逻辑其实并不是直接从希腊经罗马进入欧洲神学的，在此之前，它曾经有过一番远游。这就是受到亚里士多德逻辑影响所产生的阿拉伯逻辑，9 世纪，阿拉伯文化发展迅速，掀起了“百年翻译”运动，大量地翻译希腊经典，亚里士多德逻辑学受到阿拉伯人的推崇，开始学习研究这种逻辑，建立起了阿拉伯逻辑。但是在西欧基督教国家，亚里士多德的学说却长期被湮没。这种古典逻辑，最后由阿拉伯人和拜占庭帝国传回欧洲，回归故土。

10 世纪前后，查理曼帝国的修道院与宗教学校开始教授“经院哲学”（scholasticism），在其教材中，首次出现了亚里士多德的逻辑学，据说亚里士多德《工具篇》中的部分内容，经过改头换面，以神学逻辑的名义出现，这可能是经院哲学中神学逻辑的始祖。早期的经院哲学家们认为，理性与逻辑，只是神学的补充，而不可能是神学的核心。虽然如此，也反映出基督教理论已经处于何等困难的境地，迫切需要世俗的“理性”来支持神性。11 世纪的意大利神学家安瑟伦、法国神学逻辑学家阿贝拉尔等人，都对神学逻辑的研究有一定贡献。13 世纪形成了经院哲学的逻辑体系，这一体系极为鲜明地表现出理性精神与宗教的结合，不过理性仍然是服务于神性，逻辑是神学思想的工具。但是也不可否认，经院逻辑也有它的历史贡献，它解决了一系列重要问题，除了注释亚里士多德主要逻辑著作外，在词项、悖论、推论等多方面都有进步，以后又发展出符号逻辑，成为数理逻辑的前驱。在经院哲学的几百年发展中，也有一些名家，其中西班牙彼得（Peter，1277 年卒）的《逻辑学大纲》是一部尤其值得注意的著作，这是一部承前启后的名作，代表着从亚里士多德的古典逻辑向近现代逻辑的前进。他提出这样的观点：一个含有变项的表达式，如果要变成一个语句，就要应用量词，成为一个新命题。在数学定理的表述方面，如果没有对应的量词，那么变项的应用则不可能。① 这个观点与现代逻辑学和语言学不谋而合，一个命题须经过量词限定才得以成立。这种对于量词的深入探讨对西方逻辑学向精密意识的发展产生重要作用。除此之外，经院逻辑中的“推论”研究等也对现代逻辑学有重要贡献。

如果说经院哲学促成中世纪神学逻辑的建立，那么，中世纪的教育事业对于这种逻辑发挥其文化作用起了更为重要的作用。甚至托马斯·阿奎那有了这样一句名言“一切教育从逻辑开始”，从这种主张里，我们不难想象出欧洲早期的学校教育中，神学中的逻辑是具有何等重要性的一门课程。12 世纪中期，教会学校纷纷成立，社会教育主要是由教会学校承担的。学校中设置“七种自由艺术”的课程，包括文法、修辞、逻辑、算术、几何、天文和音乐。从此之后，逻辑学成为西方教育的必修课程，这一传统一直延续到今天，在当代西方规定的七大基础学科中，逻辑学就是其中之一。重视逻辑与理性思维特性，成为西方文化的一种重要特点，这一特点通过西方教育得到实施，儿童从小就接受逻辑训练，培养理性思维习惯。

时至今日，当我们反思亚里士多德逻辑学时，经常被培根学说、笛卡儿学说、莱布尼茨学说、康德学说、现象学和“纯粹逻辑”、逻辑实证主义、数理逻辑等逻辑史上各种新思潮所吸引，而忽视了经院逻辑。以上逻辑学说基本上是在经院逻辑学的基础上发展起来的，无可讳言，经院逻辑在逻辑学中加入了神学的内容，使逻辑学本身受到错误导向。这种导向使文艺复兴时代的学者如著名诗人彼特拉克、薄伽丘等人都加入了对经院逻辑的批判。如彼特拉克等人的口号是“回到毕达哥拉斯与柏拉图”。这是符合于文艺复兴向希腊学术复归的主流的，目的在于摆脱神学对于逻辑的羁绊。但同时也必须看到一个历史事实，这就是经院逻辑也有它的历史作用，它对于宗教思想中理性思维的加强功不可没。在宗教利用逻辑时，反而也被逻辑所用，经过这种作用，希伯来宗教思想有很大的改变。希伯来的神本来是一种天然的神，它创造世界，赎救人类具有善行，同时主持末日审判，以正义和道德的化身出现，可以说善与道德在希伯来神学中已经初步形成。但是真，也就是真理，在希伯来神学中仍然是不够充实的。解决真理问题的关键是认识，用更通俗的话来说，真理是存在的，需要解决的只是认识真理的途径问题。正像康德所说，要达到真理，先要检查认识真理的工具。如果说到西方启蒙主义的历史贡献，可以用康德的那句名言来概括：敢于认识（拉丁文 sapere

① ［西班牙］彼得. 逻辑学大纲. 美国：圣母出版社，1945. 中文版本请参见［波兰］塔尔斯基. 逻辑与演绎科学方法论导论. 周礼金，等译. 北京：商务印书馆，1963：7.

audi），逻辑就是这种认识的工具。在西方文化中，这种工具不是基督教的，而是希腊人的发明。经院逻辑把这一工具进一步向前推进，使它成为宗教神学中追求真理的一种形式。从大的历史阶段来看，有一个历史的演变过程——从希伯来人的神学向西方的神学的转换。如果表达这一转换的性质，前者是一种“信仰”，后者则是一种“认识”，当然在宗教神学中，这种认识并不是对于世界的认识，而是对于神的认识。

中世纪的逻辑是为基督教服务的，它推进神学的理性化。中世纪神学将逻辑改造为烦琐哲学与神学思想的武器，它宣扬上帝至上，从逻辑上证明上帝的神圣与唯一性，基督教自认为是理性的宗教，排斥宗教异端，把其他宗教思想看成是反理性的。这种文化逻辑深深地打上一神教的烙印，不利于多元文化的发展。这对于西方文化逻辑的历史有潜移默化的作用，它的消极因素在以后的文化发展中，不断表现出来。最为突出的是，在 15 至 16 世纪的地理大发现之后，西方开始海外殖民，殖民主义者所到之处，用基督教来教化殖民地本土各民族，宣扬基督耶稣是唯一的神，其他宗教都是不可相信的异端邪说，毁灭其他文明。这是西方文化逻辑指导下的必然现象，殖民地人民愤怒地称之为“强盗逻辑”。

三、文化逻辑的内在冲突

物极必反，否极泰来。神学逻辑的独断必然导致对它的激烈批判，弗朗西斯·培根提出，人类正确的认识起于经验，而不是产生于亚里士多德的逻辑，尖锐批判中世纪以来受到崇拜的神学逻辑。17 世纪理性主义与 18 世纪启蒙主义展开对中世纪经院哲学尤其是神学逻辑的全面批判。这一批判是在西方科学进步的历史环境中展开的，伽利略、开普勒、牛顿等人的科学研究为新时期的人们提供了开阔的视域，实验方法与科学观念对神学造成有力的冲击，使欧洲哲学的中心从逻辑转向认识论。反对神学崇拜，以认识客观世界为己任，这是新的文化逻辑的核心，这就要求建立更为高级的辩证逻辑。传统形式逻辑的演绎法为唯一方法已经不可能满足科学认识论的要求，综合归纳法与演绎法，是建立科学认识论的必然途径，可惜的是，无论是唯理论还是经验论者，都很难克服自身的局限性。

反对宗教哲学，肯定理性传统，这一趋势从笛卡儿、霍布斯、洛克直到康德是保持一致的。同时，批判被神学逻辑所污染的理性，建立辩证理性，也成为时代的要求。所以康德把自己的哲学称为批判哲学，批判人类的纯粹理性、实践理性与审美能力。黑格尔在《逻辑学》《小逻辑》等著作中探索辩证法与理性的结合。在康德之后，西方哲学分为两大流派：一种是所谓的泛理性主义（或泛逻辑主义），以黑格尔哲学为代表；另一种与其相对，称为非理性主义，包括叔本华、尼采、柏格森和弗洛伊德等人的哲学。两种流派思想体系与观念，包括研究方法向完全相反的方向发展，但是他们有一个共同点，即对于传统理性中心的批判。

泛理性主义虽然不同于笛卡儿等人的理性主义，但是它并没有抛弃对于逻辑的研究，相反，构成泛理性主义理论的基石仍然是逻辑及相关理论，其中最为重要的是逻辑实证主义。

20 世纪 20 年代，罗素发表《心的分析》《物的分析》等著作，提倡以实证逻辑的方法来研究科学与认识世界，认为最重要的仍然是以逻辑构造来代替推论出来的实体。几乎就在同时，德国哲学家维特根斯坦（Ludwig Wittgenstein，1889—1951）发表《逻辑哲学论》，奥地利哲学家卡尔纳普（Rudolf Carnap，1891—1970）也发表自己的学说，共同建立实证逻辑主义理论。可是，逻辑实证主义的地位不但无法与亚里士多德逻辑相比，甚至比起笛卡儿等人的学说来，也显得影响甚小，只集中于知识界的小圈子里，无法取得深远的社会效果。虽然如此，实证逻辑仍然是当代西方文化逻辑的核心构成，它表现出西方文化逻辑从亚里士多德、黑格尔之后的重要转型。现代社会中，西方文化中的科学主义思想色彩愈加浓厚，实证逻辑就是这种思潮的具体成果之一，实证逻辑可以说代表了西方文化逻辑与西方文化的当代方向。

相反，非理性主义思想家的影响却十分广泛，尼采等人的学说传播相当广。一些介于理性与非理性之间或是二者兼有之的哲学家们，如海德格尔、萨特、加缪等人，他们的思想也有广泛的社会影响。在西方社会中，这是一种十分引人注目的现象。

西方理性是建立在同一性观念之上的。“同一性”在黑格尔《小逻辑》中是 identity，这个词就是后现代主义文化理论中的“认证”，其实所谓“认证”也是同一性的一个部分。正像哈贝马斯所指出的那样，同一性与理性是西方认识论的前提。西方认识论把“同一”与“差异”对立起来，在建构逻辑体系时，以同一性为基础取代了差异性。但事实上，同一性逻辑与辩证逻辑其实是互为参照与互为补益的，同一性逻辑为人类思维确定规则与工具，而辩证逻辑为人类思维开拓方向，两者的结合，是人类思维新发展阶段最重要的动力。从黑格尔到当代法兰克福学派的学者们，一直在努力将辩证法与同一性逻辑相互结合，创造出新的理性原则。虽然黑格尔等人的思想体系已经限制了他们不可能建立真正的辩证逻辑，但是他们的努力仍是值得肯定的，特别是在对于传统的理性中心的认识上，西方学者们不断有新的发现，他们激烈批判西方传统中将理性与感性、人类与自然、自我与他人对立起来的观念，其实这是对传统文化逻辑的批判。这种批判目前仍然处于初始阶段，要建立新的西方文化逻辑观念，还需要一定的时间。

现代西方社会中，基督教仍然是国家宗教或是主要宗教，神学思想的影响虽然已经大大衰落，但仍有它的社会地位。神学理论在适应社会的变迁中缓慢变化，教会对科学的看法有一定的进步。在教育领域中，神学思想也还保留着它的独特作用。各国大学中，宗教组织活跃。社会政治生活中，宗教一般不再直接支配国家的政治经济权力。无论是罗马教廷还是东正教，虽然具有无数的信徒，但政教分离的原则已经深入人心。也可能正是出于这一前提，宗教信仰反而更具有安全性，信仰自由受到法律的保护。不过，也必须承认，在信仰这一领域中的斗争并没有结束，排犹活动与排斥异端的其他思想继续存在，这就反映出宗教逻辑的排他性仍然是主流。

从启蒙主义以来，建立资产阶级的理想王国一直是西方追求的目标，建立民主、平等、自由的社会制度与体制是西方最诱人的政治口号，特别是在那些经历过西方殖民统治的国家与地区中，相当多的人迷信于此。

第三节　西方文化观念系统的评价

我们认为，西方文化是一种有完整逻辑体系与观念系统的文化，这为我们评价西方文化提供了依据。根据西方文化逻辑及其观念，可以对这一文化的特征作如下概括：以理性与信仰的结合为精神支柱；以民主、法制与政教分离为社会政治原则；以个性自由与社会平等博爱为社会道德与伦理的导向；以工业和科学技术为经济手段来创造社会财富。

1. 理性是西方文化的思想核心，也是它的精神源泉。西方理性的形式化是逻辑体系，逻辑思维的建立推动了西方社会进步。推崇理性，提倡文明与进步，是西方社会的风尚。正因为有理性精神的指导，从古代希腊起，科学技术与民主制度才受到重视。基督教成为西方的主要宗教之后，理性精神曾经一度被削弱，这也是造成西方在中世纪落后的主要原因之一。经过宗教改革与启蒙主义等思想文化运动，一方面理性精神得到弘扬，另一方面基督教自身也经历了理性化，产生新教等不同教派。特别是政教分离原则在欧洲得到广泛承认之后，理性与信仰相结合，促进了社会经济的发展。

2. 天人关系方面，西方文化重视人类对于自然的征服，从古代希腊起，就有以人为本的思想，在哲学上表现为对人的存在价值的肯定。这种观念在文艺复兴后再次得到弘扬，在近现代社会中更为突出。人本主义与人道主义原本是不同的思想，这两种思想在西方文化中都有重要地位，并且互相呼应，成为西方文化中的独特现象之一。从对自然界的征服利用、自然力的改造、反对包括技术理性在内的各种外部与内部的力量对于人类精神的压抑等方面，都可看出这一观念的作用。

3. 道德伦理方面，西方重视个性自由与公平竞争。西方个性自由思想来源于它关于人类与世界关系的理解，个人作为人性的具体代表，以争取自由与实现自我价值为目标，受到社会的保护。西方社会重视私有财产保护，突出个人价值；西方人以表现自我能力与特点为荣，而东方人则以含蓄、不张扬为美。同时，由于工商经济传统的力量，公平竞争在西方社会中受到鼓励，这种道德伦理标准客观上有利于科学发明与社会生产力的进步，但也会造成贫富分化严重、阶层划分森严等现象。

4. 西方社会以利益与法制为轴心。重视物质利益分配，表现于工商业经济型社会中就是重视利润杠杆作用，这是西方社会进步的推动力，也是社会问题丛生的根源。正是由于存在利益分配中的不公与社会竞争等原因，西方社会历来重视法制，以法律面前人人平等为口号，用法律来节制贪欲与侵占，保护正当权利。西方有发达的法律体系，最早的宪法与人权宣言，也都产生于西方国家之中。

5. 西方以所谓的“民主政治”为原则，追求建立平等自由博爱的社会风尚。西方民主起源于古希腊的城邦民主制度，以后发展为资产阶级民主制度。在现代社会中，西方民主则表现为实行普遍选举、代议制度等方面。这种观念对于世界文化有一定影响，相当多的东方国家也接受了西方所谓的民主原则。但是，从公元前 6 世纪起到今天，从古希腊到全球化的欧美，何尝存在过真正的“民主”“自由”？从来没有毫无经济、政治势力的“自由”民众当选总统，也永远不会有绝对“民主”的政体诞生。马克思指出，其实从 1789 年法国大革命之后，资产阶级理想王国就已经荡然无存了。这种观念的推广，在相当多的不同文化背景的国家中引起动乱与不安定。

6. 在生产与经济类型方面，西方以工商业经济为代表类型。从古代希腊起，地中海文明就凸显出手工业生产与商业贸易发达的特点。以后大西洋文明兴起后，工业化首先从欧洲发起，经历了三次产业革命，西方成为世界工业最发达的地区。工业化改变了社会的基本结构与生活方式，为世界范围的现代化提供了先例。

7. 科学技术在西方社会中一直被看作最重要的生产力，无论是作为社会生产力还是人类对于自然的探索与利用，西方至今仍有其优势。古代东方国家如中国、印度都曾经有过发达的科学技术，这些技术创造被西方接受之后，形成自己独特的科学技术模式。

8. 西方文化是一种开放的体系，扩展自己的空间，宣扬自己的宗旨是西方的一种特性。由于这一特性，它对于世界文明交往与全球化有相当重要的推动作用。当然毋庸讳言，西方长期的殖民扩张，对外推行自己的宗教与主张，给其他民族造成了灾难与损害。古代希腊的众多海外殖民地、亚历山大帝国、罗马大帝国，近现代以来欧洲对亚洲、非洲与拉丁美洲的殖民等，都给世界带来了无穷的战争与灾难。

当然，西方的文化理论中，有不少需要批判之处。

以认识论而言，西方的自我中心观念十分突出。例如当代西方的许多学科原本就是对于非西方的“落后文化”的研究，早期人类学就起源于对于非西方民族文化的研究，这种研究从开始就具有参照性，即认为西方文化是理性的、科学的、进步的文化，而非西方民族文化则是非理性的、落后的文化。早期人类学的任务之一就是文化认证，证明西方文化的合理性与正确性；另一个任务是所谓的“启蒙”，用西方文化对任何非西方的落后文化进行启蒙。泰勒在《原始文化》一书中就指出，要理解落后的文化与先进文化之间的差距，就要建立一种文化进步的模式，说明不同文化在这一模式中所处的不同地位。为此他还引用英国约翰逊博士的名言：“野蛮人之间总是相似的”。按照西方人类学家的观念，只有西方文化才是一种主体性的创造，也就是黑格尔所说的主体精神的自由，而其他民族只是被西方启蒙之后，产生文化震撼，才进入社会主流中来。而同时，就是对其他民族的赞扬，也只是把其他民族作为西方民族的配角，甚至西方的镜像来利用的。美国人类学家马歇尔·萨林斯（Marshall Sahlins）就曾对西方人类学的历史进行过反省，他认为西方人类学本身就是在“本土人民殖民遭遇的背景下发展起的”，这里的本土是指被西方殖民的国家与民族。他说道：

> 在资本主义晚期，人类学竟成为了一种赎罪式的“文化批评”，即以一种道德上值得赞许的分析方式大量使用其他社会的例子来作为改正我们最近所遇到的任何麻烦的托词。（这里面有一种很深的传统：当人类学在萨摩亚以及其他地方“成长起来”时，它本来也就是这样。）这好像其他民族是为了我们才建构他们的生活的，好像是为了解答西方种族主义、性别主义、帝国主义等邪恶才存在的。①

这一反思是难能可贵的，甚至远超过大部分东方学者对这一学科的认识。从其讨论的实质来看，这一反思也是有历史连续性的，萨林斯的观念其实是康德晚年的一篇文章《评赫德尔〈人类历史哲学观念〉》中思想的延续，在这文章中，康德严厉批判西方中心主义观念，两者甚至连词语都十分相似。这并不是无意义的重复，而是由于在这样一些学科中，经过针锋相对的斗争，西方中心主义已经有所改变，但是真正的公正与科学研究还有待时间的推移才能得到实现。

综观西方文化史观念，不可否认的是，有相当多的学者提出了公正而科学的文化史观。但同时，也有一些明显不正确的看法。

西方文明理论中，17世纪意大利的维柯（Giovanni Battista Vico，1668—1744）是十分有影响的人物，他关于人类文明的产生与民族风俗的形成的理论至

---

① ［美］马歇尔·萨林斯．什么是人类学的启蒙？——20世纪的一些教训//马戎，周星主编．二十一世纪：文化自觉与跨文化对话（一）．北京：北京大学出版社，2001：94.

今仍被许多人奉为圭臬。但是在他的《新科学》（又名《关于导致发现民族自然法新体系原理的民族本性的新科学的原理》）中，对人类各民族本性进行的考据，其实不过是把《圣经》、荷马史诗结合起来，提出两个观点：其一是文明传播论，认为希腊人等少数民族是人类文明的起源，而异教民族是落后的，而且是希腊等民族传播文明到全世界。一定程度上，西方学者所谓中国人是雅弗的后裔，东方文明是从西方传播而来的等奇谈怪论，维柯就是理论上的始作俑者之一。其二是自然种族论，认为起于欧洲的民族由于自然与传统的先天优势，远比异教文明先进，这也是一种欧洲"文明天生先进论"。他的历史分期以《圣经》中的大洪水为历史起源，他对于中国及其他东方民族的自然历史全然不知，在第十一章"利用可证明大洪水的、属于最初民族的某些纹章"中，竟然说："自夸历史悠久的中国是用象形文字书写的，从而证明他们的起源不超过四千年前。"难道维柯忘记了，埃及人同样是用象形文字的，其历史远早于希腊人，而且也早已超过四千年。况且中国并没有用"象形文字"。

社会政治观念方面的代表人物之一是黑格尔，黑格尔虽然自认为是对一种历史哲学的研究，但其中相当多的成分是政治观念。黑格尔把一切作为主体意识显现的过程，但是，这一主体意识却并不是超现实的，所以这一过程无可避免地与社会政治产生了瓜葛。在这个基础上，他提出了自己的三种政体理论。他认为：

> 东方从古到今知道只有"一个"是自由的；希腊和罗马世界知道"有些"是自由的；日耳曼世界知道"全体"是自由的。所以我们从历史上看到第一种形式是专制政体，第二种是民主政体和贵族政体，第三种是君主政体。[①]

而且黑格尔的政治观念还使得他忽略了基本的逻辑，三类制度划分中竟然把专制、民主与贵族和君主制并列，他甚至忘记了君主制度也是一种专制。这种赞颂方式其实不过是"大日耳曼主义"精神导致的一种错乱，这种错乱早已经在恩格斯《家庭、私有制和国家的起源》一书的"德意志人国家的形成"一章中，得到了彻底揭露。所有黑格尔赞美的东西，恰恰是文明进步的对立面。古代罗马人对于日耳曼人评价不高，塔西陀在《历史》中就把日耳曼人与达奇人看成是"从来不可靠"的民族。罗马帝国衰落之际，日耳曼人利用这一时机，建立了自己的民族国家，其最初意义并不在于政治制度的先进，而只是欧洲现代民族出现的必然结果，德意志民族的社会形态被当时的西欧各国认为是落后的、野蛮的。黑格尔等人从民族中心主义出发，极力鼓吹一种并不存在的日耳曼精神贡献，对此恩格斯曾经指出：

---

① ［德］黑格尔. 历史哲学. 王造时，译. 上海：上海书店出版社，1999：110-111.

> 然而，德意志人究竟是用了什么神秘的魔法，给垂死的欧洲注入了新的生命力呢？是不是像我们的沙文主义的历史编纂学所虚构的那样，德意志种族天生有一种特别的魔力呢？决不是。德意志人，尤其在当时，是一个天资高的雅利安族系，并且正处在生机勃勃的发展中。但是使欧洲返老还童的，并不是他们的特殊的民族特点，而只是他们的野蛮状态，他们的氏族制度而已。①

这对黑格尔，也对任何民族自我中心主义者都是一贴清凉剂。必须承认，德意志民族与其他民族一样，对于世界文明的进步做出了杰出贡献，而且整个西方文化也对世界有巨大贡献，但是，世界各民族都有自己的努力与能力，整个世界史是世界人民的历史，世界离不开各民族的共同努力，这才是一种世界公民的坦荡胸怀与坚持真理的态度。

最后，我们还要注意到，其实从康德开始，近代文化批判已经成为西方的一种重要思想，康德在《纯粹理性批判》序言中曾经称自己的时代是一个批判的时代，认为“没有什么东西能逃避这批判的”②。这种批判既是一种思想方法反思，同时也具有文化批判的内容。批判主要还是指向西方化本身，是对西方三千年历史的反省，对西方前途的前瞻，这种批判精神是有益于西方发展的。有幸的是，后现代主义者的差异逻辑理论与对逻各斯中心的批判，正在继续这一事业，西方文化批判的终结将是对于文化逻辑的批判，这已经是无可怀疑的了。所以，我们在研究西方文化逻辑、西方文化认识论与西方文化史论时，既要坚持进步的、科学的观念，又要批判自我中心的历史观；在肯定西方文化历史进步作用的同时，也要看到西方文化认识上的局限性，树立起辩证的文化史观念。

---

① 马克思恩格斯选集：第4卷．北京：人民出版社，1995：156.

② ［加拿大］约翰·华特生编选．康德哲学原著选读．韦卓民，译．北京：商务印书馆，1987：7.

第六章
西方社会经济及商业贸易

第一节 古代渔猎生产与农业经济

中石器时代，欧洲的渔猎生产相当发达，包括阿尔齐文化、塔登努阿文化、陵格比文化、马格尔莫斯文化等基本上都属于这种生产方式。欧洲先民使用的石器与弓箭制作精良，加工细致，刚劲有力，一般来说规格也相对大一些。中石器时代渔猎生产在欧洲多瑙河流域出现了高峰。正像黄河养育了中国的渔民与猎人一样，多瑙河是欧洲渔猎生活的天堂。多瑙河在喀尔巴阡山中穿行，进入塞尔维亚境内，形成了富饶美丽的莱潘斯基-维尔谷地，在这里，河岸的山坡草木丛生，河流在这里转了一个大弯，形成巨大的涡河，水中鱼类与藻类极为丰富。7 000多年前，欧洲先民在这里过着衣食丰裕的渔猎生活。由于长期过着自足的生活，竟然在周围地区纷纷进入农业社会时，他们仍然过着如世外桃源一般的生活，几乎没有觉察外界的变化，长期保持着渔猎生活的生产与习俗。大约公元前7000年，农业文明起源地之一两河流域的农业生产技术逐渐向东西两个方向传播：东方向伊朗、阿富汗与印度；西方则先进入地中海的希腊，然后再向中欧、东欧与西欧地区扩散。但是总体来说，古代欧洲农业发展迟缓，中东欧地区以草原牧业为主。西欧农业生产中，经济类作物占有重要地位，而与农业相比，畜牧业与工商业显得更为重要一些。

罗马帝国时代欧洲农业得到了飞跃式的发展。罗马人发明了水车，还在法国南部的阿尔勒附近的巴尔贝加尔建立大型的水车系统，据推测，这一巨大的水车系统每天可以磨出27吨谷物，能供给上万人的一天食物。据有关材料记载，1世纪，凯尔特人统治下的高卢农民竟然发明了原始的收割机，罗马著名农学家老普林尼的书中曾经记载过这种收割机。罗马帝国本身具有发展农业的优越条件，此时由于农业技术的推广而一跃成为主要产粮区。原本只是在地中海周边种植的橄榄、葡萄等这时大量在西班牙与高卢等地种植，直到今天，法国仍然是葡萄酒的重要产地，其葡萄种植业的起源就是罗马和平时期。埃及农业在此时也达到新高度，耕作面积加大，与欧洲中部共同为帝国供应充足的粮食。欧洲特别是地中海文明由于从两河流域的农业传入之后，开始大规模地改进农业生产的措施，这为西方中世纪农业的巨大变革创造了条件。封建社会中，欧洲农业推广了重犁与轮作，重犁深耕使土地肥力大大发挥出来，休耕轮作又可以使土壤肥力得到恢复，于是粮食产量大幅度增产，也使后发的欧洲农业走到了世界农业的前列。

罗马人本来就有工艺与手工业的传统，他们的陶器、青铜器、黄金制品等工艺精湛，造型优美，一直受到各国人民的喜爱。帝国时代，各行省出产的毛纺织品、玻璃、亚麻、矿产等更加多样，各种产品互相流通，促进了商业的发达。罗马的商人远航海外，与红海、印度洋地区进行贸易，东方的香料、丝绸、茶叶等都进入罗马。而与此同时，帝国境内商埠林立，商贩云集，一片繁荣景象。

第二节　欧洲封建社会经济形态的变革

一、欧洲农业的增强

罗马帝国建立初期，西欧与当时农业大国中国、埃及相比，它的农业经济并不发达。直到10世纪，经过300年的大开垦运动，西欧农业生产实力才大大增强，社会经济结构也随之产生相应变化。工商业发达的城市在地中海周边出现，并且向大西洋地区扩散，正是这种变化揭开了世界文明史新的一页。这是以古代希腊罗马文明为起点的西方文明的一个转折点，欧洲的封建主义（feudalism）与中国的“封建”其实并不完全一致，对于欧洲来说，所谓封建有相对明确的历史时代，主要是指中世纪初期到中期的领主制度，它包括了最初的分封制度时代，也包括了其后的采邑制度时代。它一方面当然是指土地所有制归封建领主所有，而另一方面，对农奴或是佃农的保护是领主的职责，这种保护的结果则是佃农为其服务。农民虽然有人身自由，但是其居住与耕作的土地归属于领主，那么从法律上也就有依附关系。

如果从欧洲社会经济的历史进程来看，封建社会经济的地位是不可忽视的。希腊之前的迈锡尼与克里特文明虽然在形态与特质上已经与东方有所不同，但这种差异并不明显。希腊文明形成后，建立了城邦制国家，促进了民主政治与工商业的发达，也拉开它与中东和远东文明之间的距离，奠定了西方文化的基础，为以后西方文化的兴盛埋下了伏笔。当代学者们在研究东西方文明差异时，往往十分注意西方的工业文明所起的历史作用而忽略其他，这是不对的。西方因工业化而走在世界的前列，这是众所周知的事实。但是，为什么工业化产生于西欧而不是产生于其他地区？这个问题如果从世界文明发展规律来看，却更为重要。我们认为，西方近现代的工业化，并不是偶然现象，它是西方文化发展的必然结果，不但可以从希腊罗马找到其起源的思想依据，即使是被看成是黑暗时代的中世纪，也已经为以后的工业化兴起进行了准备。要寻根探源，就要从西欧社会独特的结构与特性来分析。如果从这个方面来看，欧洲封建社会中农业经济的进步与采邑制度的形成，对于以后欧洲工业发展有一定的积极作用。正是在这种封建社会的经济基础与社会结构中，孕育了以后的工商业发展与城市化。

二、西欧农村庄园

西欧农村庄园的普及是欧洲经济发展的一个重要转折。7 世纪之后，随着欧洲农业生产的发展，大批的农庄建立起来，取代了早期的农村公社，这标志着封建生产关系的形成。庄园制度的实行，应当说是提高了农民发展生产的积极性。什么是庄园？庄园就是以土地租税制建立的农业生产组织与社会单位。庄园制度的特点是，土地所有者拥有土地所有权，土地租种者的身份必须依附于土地所有者。庄园的土地一般划分为领主地与农奴份地，领主地由农奴耕种，即服劳役的方式。这也说明，庄园生产是在传统的农业公社的基础上形成的，有一定的继承性。这里的农奴是具有相对自由的农庄农民，而不是奴隶，但由于没有土地而归属于庄园主。在其他方面，他们又有与其他自耕农相近的身份。农奴有独立家庭，有自己的份地，有子女继承份地的权益，但这种继承要对庄园主纳税。农奴生活是相当贫困的，庄园实行的劳役制度也是一种残酷的封建制度。但从另一方面来说，庄园生产相对稳定，虽然农民的地位并未得到真正的改善，但至少可以受到领主的保护，不再像以前那种直接受到武士、贵族、教廷的欺压，这也是一种不可忽视的进步。

在这一时期，欧洲农业技术得到了一系列的改进，轮流耕作制度实行、生产工具与生产力的改进，都产生于此时。首先是生产措施方面进行了重大改革，从二圃制改为三圃制（three field system）。三圃制对于农业相对落后的欧洲来说是一个进步，虽然这种耕作制度可能在农业发达的中国与两河流域早已经实行，但对于工商业与畜牧业发达而农业相对落后的欧洲仍然是一种新事物。欧洲的三圃制是把田地分为三类，轮流耕作，既可以合理利用地力，又可以提高产量。其基本过程是这样的，从第一年开始，三类田分类耕作。第一类是休耕地，休耕的目的是提高地力。第二类是秋耕地，以种植大小麦为主，这类田地在当年九月份下种，次年八月份收获，是主产作物区。第三类是春耕地，二月开种，到秋季收获，不经年，以成熟期较短的燕麦与豆类为主。从第二年起，原第一类田改为春种，即从二月播种到秋季收获，而原来的第二类田可以休耕，第三类田变为秋种经年收获。第三年时，第一类田变为秋耕田，原第二类田变为春种不经年收获，第三类田成为休耕地。这样，经过三年轮作，所有的田都有休耕、秋种与春种的机会，各类田的肥力地力得到提高，而且轮作有利于克服饥荒等不利因素。①

也就是从这一时期开始，欧洲普遍开始使用重犁，并且由于重犁的使用，使得农业耕作方式也随之改变，再加上风车与水车的普及，中世纪农业大跃进在欧洲形成。这里特别要提到的是磨机，它是指由水车带动的水磨。水磨与钟表机械曾经被马克思誉为工业社会机器的“物质准备”。欧洲土地大部分是森林与草原的荒地，没有中国与美国那样肥沃的黄土地，其土地重滞，耕作困难，以前所使用的轻犁不能深耕，所以产量不高，这就制约了欧洲农业的发展。重犁用8条牛来牵引，力大耕深，使土壤得到极大的疏松，水分与肥力也得以保存，这大大地提高了收成。由于需要的耕畜多，往往不是一两家农户所能承担，于是，农户们就联合起来，组成了耕作联合组织，实行协作。这样，在欧洲中世纪农村中出现了大农业的雏形。到了农忙时节，同一庄园中，耕地、播种等大型活动都是集体性作业，这对于分散作业的农牧业来说是一次革命。由此看来，农业生产技术发展在欧洲起步晚，但发展相当迅速。相反，在中东与中国，农业生产长期保持了一家一户的小农耕作模式，生产方式与工具的进步反而落后于后起的西欧。各自独特的土地所有制与生产方式，相当严重地影响了农民的意识与社会的意识，乃至对于整个文明都有深层次的影响。这也是我们不赞同把中国封建社会与西方封建社会完全等同的原因之一。

庄园经济主要特点是土地归私人所有，经济是自给自足的，因此也是封闭的。与它相比，中世纪中后期兴起的西欧城市以其开放、自治与自由的风格更为引人注目，城市与庄园形成了两极。正是这种两极性，在庄园与城市之间形成一种相反相成的关系，一种互补的关系。庄园是农业的基地，领主阶层作为庄园主，以传统的宗教与政治观念来对抗外界，同时也相对独立于教廷与国王。这种生产制度在推动西欧的民主政治、限制封建王权与教会势力方面也有独特作用。

① ［意］卡洛·M. 奇波拉. 欧洲经济史. 第1卷. 徐璇，译. 北京：商务印书馆，1988：115.

但是不可否认的是，庄园的封闭性也一定程度上限制了它的历史作用的发挥。而城市则有自己的长处，城市工商业生产活跃，市场经济体制发展最早而且极为充分，这使得整个欧洲几乎成了一个大市场。这样，农业生产进步与市场经济、宗教改革中所孕育起来的平等与人权等观念，在中世纪后期就已经有了一定的积淀。

三、城市化浪潮

与世界各国的封建社会相比，西欧封建制度最具特色的应当说是城市的发展与市场经济制度的建立。城邦本来就是古代希腊罗马最有特色的国家制度，虽然中世纪的大多数城市并不是直接来自希腊罗马，因为罗马帝国崩溃之后，古代城邦与城市已经完全毁于战火，但是古代城邦制度对以后的城市有所影响。封建社会中，西欧国家开始出现大批的城市，早在加洛林王朝时，巴黎、罗马、伦敦已经是相当繁荣的大城市，商店林立，大宗商品进出繁忙，货物琳琅满目，一派繁荣景象。其余如奥尔良、托尔斯、里昂、沃顿等城市如雨后春笋般出现，形成了西欧城市群体兴起的高潮。西欧地域狭窄，国家林立，各国大城市建立之后，彼此之间，近在咫尺，相当多的城市之间只有一日的行程，例如法国巴黎与英国伦敦这样的大城市仅仅隔一条英吉利海峡，即使在交通不太发达的中古时期，来往也很方便。众多城市密集，这样就使得西欧成为世界上最早的城市化地带。城市化带动了工商业与科学技术的突飞猛进，改变了人们的生活态度与思想观念，为西欧的崛起创造了有利的条件。西欧重要的科学技术创造几乎都是在巴黎、伦敦、罗马、佛罗伦萨、威尼斯等大城市完成的，没有大城市的科学仪器、天文台与实验室等，也不可能完成这些科学发明与发现。

13—14 世纪，自治市运动在欧洲兴起。正如我们上文所说，西欧城市有两种来源，一种是罗马之后遭到严重破坏的各民族的大城市，如巴黎、伦敦等，这些地方曾经一度只有教会人员与仆役等，没有工商业主，基本丧失了城市的功能。另一类是由于交通等原因所形成的新城市，这里原本是不毛之地，是各大农庄所荒芜的土地。一些失去土地的流浪汉、长途贩运的商人、收入不高的手工业者们聚集在原本偏僻的地方，城市兴起后，这些人成了最早的市民阶层。西欧城市的兴起经历了与封建领主之间的艰苦斗争，封建领主掌握土地所有权，以此为要挟，排斥城市居民。在这种斗争中，城市居民取得了独立的人身权利，这个阶层成为贵族、僧侣与农奴之外的最大阶层，这个阶层也是有人身自由的最大阶层，这是世界史上的一个重要变化。新的阶层必然有新的要求，城市化首先是意味着人身自由化与城市自治。所谓自治就是城市取得相对于封建王朝特别是教会的自治权，城市自治本身就是一种人文主义思想观念。西欧历史上的所有重要政治历史事件无不与城市有着最密切的关系，文艺复兴中人文主义思想的兴起与意大利城市的形成有直接关系，正是市民的自由思想才对宗教与封建思想形成了最大的威胁。18 世纪法国大革命的思想家与启蒙主义者们，在探讨法国大革命的起源时，往往会回溯到最早的城市居民为自由而与封建领主进行的斗争，这也绝不是偶然的。人文主义与启蒙主义是西欧文明的两支交响曲，它们交替奏鸣。19 世纪法国历史学家托克维尔在其名著《旧制度与大革命》中总结法国大革命的历史经验时，曾经回忆起几个世纪前的中世纪西欧城市化运动、城市自治运动，颇为感慨地说：

> 自治市制度早在 13 和 14 世纪就已经使德意志的主要城市成为一个个富庶开明的小共和国，到 18 世纪依然存在；但是城市今天徒有其表。它的一套方法似乎仍在执行；它们设置的行政官员仍保留原先的名称，而且仿佛在管理同样的事务；但是积极性、活力、市镇的爱国主义，以及城市制度所激起的刚毅而取之不竭的品德，已经消失不见了。这些旧制度仿佛原封不动地倒塌在自己身上。①

他这里所缅怀的盛况当然并非只是德国所独有，“一个个富庶开明的小共和国”虽然显得言过其实，但在欧洲城市化中，市民与商人们依靠经济实力，与王权相勾结，取得各种特许状，使城市自由开放，这是封建领主与贵族们所无法阻挡的。城市的自我治理与自足程度达到相当高的程度，欧洲各地遍布大小城镇，社会治安、贸易规则、商品税率、对外防御等等，统一由市政府来管理。城市自治的权力非常大，据有关记载，泰晤士河上的王城威斯敏斯特虽然与伦敦相邻，但伦敦实行城市自治，国王只有得到城市市政的允许并且举行通过仪式，才能进伦敦。当时政治斗争是围绕着城市政权进行的，意大利名城佛罗伦萨是经济最发达也是最美丽的城市之一，著名诗人但丁就曾担任过佛罗伦萨的行政长官，以后在城市权力斗争中失败，被迫流亡，终生不能回到佛罗伦萨市。他在名著《论俗语》中说，佛罗伦萨是世界上最可爱的城市，表达了对故乡与这座美丽城市的怀念。城市自治斗争的目的是保障市民利益与自由，对抗教会与封建王朝的专制。西方众所周知的名言“城市的风是自由的”，充分显示了城市自治所带来的巨大影响。

地理大发现之后，王权与市民联合起来，进行海外大殖民，国王向市民和商人们所组成的商业团体颁发特许状，市民利用王权与封建贵族争夺权力与利润，使西方在资本主义道路上前进，并使城市化的范围进一步扩大。

四、现代工商业经济的雏形

欧洲城市化过程中，最重要的是现代工商业的兴起。现代工商业是经济领域

① ［法］托克维尔．旧制度与大革命．冯棠，译．北京：商务印书馆，1997：56.

里的改革，是资本主义与工业化兴起的动因。在西欧中世纪后期兴起的现代工商业，如同出现于茫茫大海中的远方航船的桅杆，虽然依然遥远，但已经可以看到工业文明时代的桅杆了。正像汤普逊在评价意大利现代工业城市佛罗伦萨时所说：

> 家庭工业的成功使佛罗伦萨作为当时世界上第一个工业城市而兴起——这是近代资本主义植根于其上的沃土。①

当然并不只是一个佛罗伦萨是这样的，从中世纪后期起，从意大利到德国、法国和英格兰，毛纺工业在大范围里兴起，引发工业化大潮。中世纪后期，佛罗伦萨具有近 10 万匹毛纺布的生产能力，这都是家庭式的小作坊之间的生产协作所产生的。但是到了 1817 年，仅英国约克郡西部就生产了毛纺织品 490 000 匹，这就是大工业生产的威力，仅仅毛纺业就是如此，更不必说欧洲巨大的棉纺业力量了。生产于世界各地的棉花运到英国加工为成品，如同当年英、法、德的羊毛运到佛罗伦萨进行精加工一样，这种以发达技术为基础的精加工业在 20 世纪仍然在其他行业中继续。在短短的几个世纪之中，现代工商业已经在欧洲建立了其权威地位，它以雄厚的工业基础为世界生产各式商品，任何一种经济形式也无法取代其地位与作用。直到 20 世纪以后，欧洲选择发展高科技，才将制造业迁出本土，向世界各地转移。现代工商业确定了商品经济原则与市场经济的经营方式，这种原则其实已经成为世界现代文明的重要经济原则。

欧洲的文化传统虽然重视商业，但是罗马毕竟仍然是一个农业帝国，商人的地位无法与贵族王公相抗衡。中世纪初期，城市遭到破坏，庄园经济兴起，领主以庄园为界，划分土地，实行自治。庄园经济自给自足，商品输入不多，更对商人阶层不利。除了少数贩运商之外，商业经济不振。相反，有商业传统的拜占庭与阿拉伯民族则大力发展商业，成为欧洲商品的主要供应者，占领世界商业领导地位。与东方兴旺发达的商业相比，中世纪西欧的商业曾经是一片衰败景象，十分落后。

城市化建设的早期，欧洲商业尚未能形成自己的特色。这一时期主要有两个推动力，一个是意大利的威尼斯商业的勃兴。由于地处西欧与拜占庭、阿拉伯三大文明的交界处，威尼斯人的思想受到东罗马的影响最大，威尼斯商人利用自己特有的地理与文化，开展贩运型贸易，使威尼斯最早成为商业的中心。另一种推动力是犹太人建立了在欧洲商业中的中坚地位。犹太人流散欧洲，没有自己的领地与庄园，于是不得不从事商业活动以谋生。同时，犹太教义与基督教教义不同，基督教教义与教会排斥商业活动，犹太教则并没有这种观念。历史在给予一个民族深重灾难的同时，也给予了这个民族战胜灾难的信仰与生活方式。原本因

---

① ［美］汤普逊．中世纪晚期欧洲经济社会史．徐家玲，等译．北京：商务印书馆，1996：364.

为信仰与种种历史原因被排斥在欧洲主要民族之外的犹太人，反而成为欧洲商业特别是基督徒们无力涉足或是不愿经营的高利贷的主要经营者。这样，素有经商传统的犹太人以发放高利贷等多种商业手段成为欧洲商业发展的先锋，这也为以后建立他们在金融业中的地位打下了基础。威尼斯与犹太人——一个都市与一个民族——曾经在欧洲商业的历史上创造出繁荣的局面。莎士比亚的剧本《威尼斯商人》中的重要人物夏洛克，就是在威尼斯发放高利贷的犹太商人，他发放高利贷以牟取暴利，毫无人情味。从这个典型人物身上，我们可以看到西欧早期商业的基本特征。当然，无须说明，犹太人的高利贷经营，也成为日后反犹主义者们迫害犹太人的一个重要理由，而且从莎士比亚的剧本中也可以看出，中世纪后期的夏洛克们已经受到社会的歧视与排挤。

西欧商业实质性的变化发生于城市化的后期。从 14 世纪起，意大利新兴工业城市佛罗伦萨开始兴起。如果说威尼斯的兴起是贩运贸易的产物，是由于它地处多种文明交汇地所产生的地缘效应，那么，佛罗伦萨的兴起则可以看作新型的工商业兴起的重要标志。佛罗伦萨地处内陆，不像威尼斯那样具有地域优势，但是它有发达的工业，出产丰富的商品，这是佛罗伦萨适应时代变化，成为欧洲新的工商业中心的主要原因。原来地处商业运营交通线上的众多城市，随着贩运型商业转向现代工商业，而不可避免地衰落下来。同时，一些原本地理位置偏僻，但是具有商品生产能力的城市却迅速兴起。欧洲有四个大的商业中心先后形成，第一个是以佛罗伦萨为核心的贸易区，第二个是北海与波罗的海贸易区，第三个是所谓的汉萨同盟，第四个是以伦敦为中心的英国贸易区，这些贸易区完全是以欧洲为中心的。一个大的欧洲贸易区的形成，取代了传统的东西方丝绸之路式的线形贸易区。一个以工业制造业基地为中心的现代工商业贸易区，取代了传统农业经济的以调剂余缺、货物交流为主的东西方商业运输线。在这一巨变中，原本是以盛产农产品为主的东方成为原料供给地与商品销售地，相反，原本为东方商品消费地的西欧，成为工业品的供应地与原料加工地。

从佛罗伦萨的兴起最能看出这种工商业发达的秘密。佛罗伦萨并不是羊毛的主产地，它的羊毛要依靠从法国与英国等地进口，但佛罗伦萨有当时世界上最先进的羊毛精加工工业。当欧洲各地羊毛加工泛滥、贩运商们以次充好、把粗呢绒向世界倾销时，佛罗伦萨人以质量与诚信的原则、精细的加工技术与“顾客是我们的朋友”（真正的具有西方传统宗教思想的人，不把顾客说成是“上帝”）的观念，成为现代工商业原则确立的先驱。来自英国的羊毛、法兰德斯与北欧地区的粗呢绒，被用来自东方的染料进行粗细加工。所有不合格产品被立即焚毁或是处理给小贩，不得以厂商产品出产。这样，佛罗伦萨以质量优质、产品美观和经营以服务顾客为上的精神为整个欧洲的工业化上了一课。

佛罗伦萨的兴起，令西班牙人、德国人、北欧人、英国人、法国人感到震惊而兴奋，他们从中看到未来的现代工商业发展方向。思想家们则从中看到了一种现代工商业的理性与法制，这并不是我们现在所说的一般意义上的所谓“诚信”，而是一种市场法规指导下的商业关系。这就是现代工业文明的由来。它不仅取代了来自传统欧洲的加工业和商业，并且取代了来自遥远的东方简单加工的产品，取代了只有朴素的商业信誉而没有系统管理的商业信用制度。这种建立在法律基础上的现代商业管理，是那些没有商业法律从而给奸商与不法商贩、劣质产品留下永远无法管理漏洞的中东与远东贩运商们无法与之竞争的。所以，这里发生的并不是一两种商品之间的竞争，不是东西方之争，而是现代工商业与旧商业之经营规则及思想之间的较量。在这种斗争之中，胜负其实是早已经预先设定了的。

五、丝绸之路与海上交通的换位：东西方之间的关系变迁

首先要关注到的是现代工商业给东西方贸易带来的变化。

丝绸之路是人类历史上最古老的商业生命线，它形成的最早年代已经无法探寻了。至少在中国汉唐时代丝绸之路已经成为最重要的联结东西方经济的大动脉，也是东西方文明交流的甬道。古代丝绸之路是从中国出发，经过中亚、里海、黑海到达小亚细亚地区。另外一条与古代丝绸之路并行的路线是，从印度经过海路进入波斯湾，然后从中东地区到地中海东边的叙利亚。第三条路线是从印度经海路进入红海，然后登陆进入非洲到埃及的亚历山大里亚。这三条路线虽然不同，但起的作用大致相同，即把当时世界农业经济最发达的东亚地区的中国与欧洲的地中海相连接，同时也把南亚与欧洲相连。从总体上来说，东方特别是中国是主要出产国，欧洲是主要消费国。印度是主要的中转国与大市场，而中亚各国与意大利人则是中转商。

无论是蒙古人的铁蹄，还是突厥人的骑兵，十字军骑士的利剑，奥斯曼帝国关卡的横加勒索，都未能完全摧毁这条黄金之路。无论是高山，还是雪原，千难万险都不能使其中断。然而，在近代社会中，这条连通东西方的线路最终仍然是结束了。是什么力量使其终止呢?

相当多的教科书中认为，是海上大发现与新航线的开通，使得原有的丝绸之路失去利用价值，新兴的海上航线取代了其作用。例如有的书中认为：

> 由于新航线的开辟使世界贸易局面大为改观，欧洲、亚洲、非洲和美洲各地区之间建立起直接的经济联系，许多国家被卷入世界范围的贸易体系，世界市场开始形成。东方商品充斥欧洲市场，欧洲商品也大量销往东方各国。美洲的烟草、可可，中国的丝绸、瓷器、茶叶，印度的珠宝、药材，南洋诸岛的香料，都成为国际市场的抢手货、欧洲人生产和生活的必需品。这样，原来经由地中海沿岸进行的东西方贸易渠道不再重要，大西洋取代地中海成为东西方贸易的核心地区，意大利在东西方贸易中的垄断地位消失，其

商业地位日益下降，许多商业城市开始衰落，地中海航线走向萧条。与意大利毗邻的德意志也随之而走向衰落。[①]

世界贸易改变的原因相当多，新航线的开通当然是其中相当重要的原因。但是，世界市场形成的决定性原因却并不只是新航线开通。世界市场的形成是工业文明的产物，是资本主义的大工业改写了世界历史。大工业所带来的世界市场开拓，原料与劳动力的争夺所带来的海外殖民，是世界大市场形成的根本原因。无论有多少具体的原因，都是这一世界范围内的生产形态变革的产物。工业文明兴起造成了传统农业国家与工业化国家之间的位置颠倒，形成了新的形势。这也彻底改变了世界商业交往的主要模式，从东方向西方延伸的丝绸之路被从西方向东方延伸的工业化浪潮所取代，传统的贩运型商业被现代商业所取代。

农业文明的商业类型以丝绸为象征物，交通要道号称“丝绸之路”。因为这条路上的重要商品是丝绸、茶叶、瓷器以及香料、染料等农业经济产品，是家庭作坊与手工业产品。农产品通过长途贩运实现商品流通，这种流通是封建社会的商品经济方式。从事这种商业的主要民族如中国、拜占庭与阿拉伯民族都是以农牧业经济为主的或是贩运式贸易为主的民族，其市场贸易方式是大型“巴扎”式的集市与物品交换。而工业文明的商业则完全不同，现代商业是工商结合的商业，其以制造工业为基础，以商品生产为主导，形成市场经济。商品生产，是指工业生产的主要目的不是为了自给自足，而是为了取得商业利润，这是与手工业生产完全不同的。这种新兴的工业商业是面向整个欧洲市场与世界市场的，它把西欧与北欧、东欧甚至中东和远东联系了起来，开始了世界商品生产与工业文明的新时代。由于商品生产本质上是市场交换性的，所以它要求有公正的商业立法以保证竞争。这就形成了商业制度、信用体系与行会组织，这三大要件的具备，使欧洲工商业一举超越传统贩运式商业，成为世界商业的主流。如果说欧洲文明此时已进入世界的前列，那么最重要的推动力与其创造性可能就在于此。新型工商业与科学技术是世界文明类型转变的主要推动力，也是欧洲在以后的几个世纪中得以领先世界的主要原因之一。

全球海上航线的开通，为实现世界贸易提供了条件。原有的商业贸易路线以地中海为出发点，向东方国家延伸，其中要经过意大利与阿拉伯人的关卡。由于意大利和阿拉伯人设置关卡，征收高额关税，使商品加价，这对于东西方贸易相当不利。历史条件的变化对于传统商业路线更为不利，14世纪中由于奥斯曼帝国兴起，基本上阻断了传统的商路。15世纪中后期，奥斯曼帝国相继占领君士坦丁堡与克里米亚，以后又占领了埃及、小亚细亚与巴尔干半岛，完全控制了地中海国家与外界的交通。奥斯曼帝国利用自己的权力，对东西方贸易加以控制，

① 马世力主编. 世界史纲. 下册. 上海：上海人民出版社，1999：32-33.

横征暴敛，其苛刻程度超过以前的意大利人与阿拉伯人。这就使得东西方商业贸易濒临断绝的地步。

15世纪末期，海上航线开通，世界贸易新格局形成，各大洲之间形成了海上交通线，海船从美洲、非洲直达中国与印度。在这种大的商业贸易变化中，欧洲的文化中心也发生了转移，地中海地区的经济地位下降，西欧国家成为西方的领头羊，大西洋文化取代了地中海文化。这就是我们上文所说到的西方文化的扩展，欧洲经济中心从地中海沿岸国家向大西洋沿岸国家的转移，英国、德国、法国、美国等列强也逐渐取代了意大利、希腊等国家。

一批新兴的商业贸易中心兴起，代表着世界贸易新的潮流与方向。西方的工业商业与金融相结合的新型工商业模式彻底取代了传统的长途贩运式商业，先后出现了安特卫普、阿姆斯特丹与伦敦等国际性大都市。

第三节　欧洲现代经济与世界贸易

一、现代工商业制度的建立

现代工商业制度从本质上来说是一种理性化的法制制度，虽然它最初孕育于西方文化之中，但却是集中了世界工商业的历史经验所形成的。大约从11世纪到16世纪，在欧洲工商业发展中，以城市商业与集市贸易为方式的商业模式开始形成。后经过三个世纪的发展，直到19世纪才成为世界性的商业制度。

在一定程度上可以说，商业的历史就是人类的历史。商业贸易的历史大约可以分为原始贸易、古代商业、现代商业等不同阶段。

原始贸易又是商业贸易的起源，它的主要形式是以物易物，就是买卖双方直接的物品交换，没有货币、信用与入市规则。但是，与我们所想象的并不完全一样，原始贸易的内容是相当丰富的，它并不只是生活必需物品交易，而是多种多样的产品，其中既有生活用品，也有装饰用品、生产工具等。同时，更为重要的是，我们关于原始贸易的知识越多，对于它的认识就越深刻。希罗多德曾经认为，古代波斯人是没有市集贸易的民族，他们的贸易方式是双方把将要交换的物品放在没人的地方，然后各自取回自己所要的物品。希罗多德描述道：

> 据说居鲁士曾打听在他身旁的那些希腊人，对他发出这样的通知的拉凯孟人是怎样的人，他们的人数又有多少。当他听完了回答之后，他便向斯巴达的使者说："我从来没有害怕过这样的一些人；他们在城市的中央设置一块地方，大家集合到这块地方来互相发誓，却又互相欺骗。如果我好好地活

着而不死掉的话，那么我相信这些人将会谈论他们自己的灾难，而不必再多管伊奥尼亚人的事了。”居鲁士讲这番话的目的，是要给全体希腊人看一看他的颜色，因为他们自己有用来进行买卖的市集，但波斯人却没有这样的习惯，波斯人从来不在公开的市场进行买卖，而全国实际上也没有一个市场。①

希罗多德关于古代波斯没有市集贸易的说法当然是不可信的，当代研究波斯史的学者已经指出其谬误所在了。我们认为，原始贸易形式是存在的，且以物易物的物物交易方式，曾经是古代贸易的主要方式。中国诗经中说“氓之蚩蚩，抱布贸丝”，其中的“布”指泉布，也就是古代的货币，同时，也证明了最初的“布”可能就是以物易物的主要产品，以后成为钱币的代称。因此，从中可以看出物物交易的来源。

古代商业是世界商业贸易史上最主要的阶段，人类社会进入农业文明之后，特别是在封建社会的多数国家中，这种商业贸易发展到了最高程度。古代商业是长途贩运、市场贸易与集市贸易等多种形式的商业活动，它具有相对稳定的法律法规与交易原则，相对完备的信用制度与货币，其营业人员也是多种多样的，主要有政府与民间、商业专职人员与非专职人员等划分。古代商业的交易内容是相当丰富的，几乎社会活动的一切精神与物质产品都已经进入市场领域。在封建社会中，古代商业发展到顶峰，具备了相当发达的形态。

世界古代商业最发达的地区集中于地中海、红海与东亚等地，这些地区或是古代文明中心，或是几个古代文明交汇的地区。从中国长安到地中海的丝绸之路是联结东西方文明的主要商路，这是一种典型的长途贩运型商业活动。古代希腊是商业贸易最发达的国家，古代民族中，除了希腊人之外，腓尼基人与犹太人也都是以经商而闻名于世的民族。腓尼基人最早活动于地中海东北沿岸的平原上，黎巴嫩山的西边，巴勒斯坦的北部，小亚细亚的南部地区。“腓尼基”在希腊文里是“紫色王国”之意，据说是因为在这里的海洋中出产一种海贝，可以提取出紫色的染料。紫色，对于地中海古代民族来说是一种非常重要的、受到尊崇的色彩。腓尼基是当时地中海最活跃的商业民族，至少在公元前 2000 年前，腓尼基人已经建成了众多的城邦，这些城邦是相对独立的。腓尼基人也是世界杰出的航海民族，他们有当时最发达的航海技术与设备，这就使得他们成为地中海、黑海一带商业交通的主要力量。据希罗多德记载，他们主要贩运亚述与埃及的货物到地中海，从中赚取丰厚的利润。地中海沿岸各国商业活动频繁，交往密切，大型的商业交易已经十分普遍。罗马帝国建立之后，罗马人重视农业，商业经济渐趋低落。

世界上另一种重要文化——穆斯林文化——其实也是十分重视商业的。伊斯

① ［古希腊］希罗多德．历史．上册．王以铸，译．北京：商务印书馆，2001：77-78.

兰教的创始人穆哈默德本人就是商人出身，他说“商人是世界的信使与安拉在大地中的忠实仆人”。在伊斯兰教经典《古兰经》中关于商业和商人的记录相当多，对于商业活动评价也很高，经义还要求所有的穆斯林要保护商人，鼓励人们从事商业活动。阿拉伯半岛地处欧亚大陆交接处，地理位置重要，交通便利，自古就有经商的传统。随着伊斯兰教的大扩张，北非、西亚等广大农耕发达地区处于伊斯兰教控制之下，商业变得十分繁荣，伊斯兰教商人往来于欧洲、亚洲与非洲之间，足迹几乎遍及文明世界。从东亚的中国到欧洲的西班牙、从东南亚到北非，甚至北欧的波罗的海地区，到处都有阿拉伯人在经商。他们的主要经营方式是中介与长途贩运，把印度的香料、珠宝，中国的丝绸、茶叶，东南亚的矿物、蔗糖，中亚地区的宝石，东非的象牙，北欧的木材、毛皮、蜂蜜运送到世界各地，这是封建社会中最为发达的商业活动类型。但是，这种以中介贸易与长途贩运为主的商业毕竟有局限性，它的经营思想与原则，它的组织都是相当落后的，它最终要被欧洲兴起的现代工商业所取代，是无可怀疑的。

罗马帝国灭亡之后，西方商业活动陷入低谷。基督教教会重视农业，而工商业活动受到一定程度的歧视。特别是商业，被认为是以获取财富为目的的活动，而商人则被认为是以营利为目的，精神境界低下，没有虔诚的信仰。只有土地才是上帝赐给人类的取之不尽、用之不竭的财富源泉。但人类耕耘土地的目的又并不是为了获得财富，只是为了赎罪而已。神学家们也谴责商人，认为超出商品价值的买卖中，其实具有一种欺骗的性质。中世纪社会中关于商业有一个著名的故事，据说奥瑞拉地方的修道院院长圣·格兰德到罗马去朝圣，顺便买了一件法衣。回来的路上，遇到一些威尼斯商人向他兜售衣物，他便拿出了自己在罗马买的法衣。这些商人奉承他会买东西，说这种法衣如在君士坦丁堡购买价格要贵得多。这本是商人顺口编造的谎言，却令这位基督徒深感不安，认为自己以低价购买法衣，有欺骗罗马商人之嫌，最后竟然亲自跑到罗马去向卖衣服的商人交上差额。[①] 由于教会对商业活动的偏见，中世纪初期欧洲商业发展有相当阻力，特别是借贷等方面，受到教皇敕令与各种法令的禁止，这使欧洲商业经济落后于阿拉伯等地。只有少数地区与商业团体比较活跃，如威尼斯商人与犹太商人，他们在中世纪早期的商业中成为主力军。

中世纪后期欧洲商业经济出现了转机。12 世纪起，英国在城市中开始实行商业法，商业法是保障商业经营活动与商人利益的重要法律，代表着欧洲工商业经济得到政府的承认。虽然贵族与教职人员可能仍然对商人采取不友好的态度，但是已经无法从法律上否认其合法权利了。随后，法国、德国、荷兰等国立即跟进，商业立法与司法在众多城市得到独立确认，从法律上保障了商业活动的合法

---

① 周宪文. 西洋经济史论文集. 第 2 辑. 台北：中华书局，1974：904.

性。欧洲工商业的发展是在城市司法独立、市民获得自由的大环境中进行的，市民中相当多的便是早期的商人，他们获得了特许状，取得了自由与进行商业活动的权利。中世纪有一种“特许状”（charter）名噪一时，所谓特许状是一种官方文件，用于说明授权使某一地区的市民与人民获得身份自由与行动自由，其中包括从事商业活动的自由。几乎所有特许状中都有关于商业的条文，这也是欧洲商业化中的一个有意义的现象。如最著名的《劳里斯的自由特许状》中就有这样的条款：

> 6. 任何前往劳里斯的集市或是市场的人，或是返回的人，都不能被拦截或是无故的扰乱，除非其在当日即在劳里斯的集市或是市场上有犯罪行为。（6. Let no one going to the fairs or markets of Lorris, or in returning, be stopped or inconvenienced unless he shall have committed some misdeed that same day; and let no one on a fair or market day at Lorris, seize the bail given by his security; unless the bail be given the same day.）①

由此可见，当时欧洲市民商业活动之频繁了。商业活动作为人的自由权利受到保护，这是欧洲文明相当重要的一种进步。从法律上保护商人与从事商业人员的身份，这是东西方文明的主要不同。

授权市集贸易，是商业法的早期重要内容之一，它的主要目的是保障市集安全与商人人身安全，制止抢掠、霸占、夺取商品，保证交易公平。它所防范的主要对象不仅是强盗与匪徒，也包括一些庄园主，因为工商经济的兴起对于农村庄园既有助益，也有一定的竞争与威胁，所以一些封建庄园主经常压迫商人，阻挠破坏商业贸易。从 6—7 世纪起，早期市集已经受到国王的保护，但这种保护在过去尚未形成法令的形式。11 世纪后，西欧大多数国家已经公开市集保护法令，有力地支持了工商经济的开展。其中一些著名的市集法令对于整个欧洲都有影响，吸引大批客商前往，推动了当地经济发展。神圣罗马帝国皇帝康拉德曾经全权委托一个富商在多瑙河畔开办大型市集，并且公布法令保护市集，准许来自各国的商人来这里进行交易。市集文告中说：

> 朕以国家之权力命令，所有赶赴市集之客商及参加市集之全体，均依法享有和平之权利，若有借机滋事生非，无理取闹，以扰乱市集，则律同扰乱雷根斯堡及奥格斯堡等市集同等治罪。②

欧洲商业立法复杂而详细，从技术层次上看，它主要体现了一种从被动管理

---

① John L. Beatty, Oliver A. Johnson, John Reisbord. *Heritage of Western Civilization*（西方文明遗产. 上）. 北京：北京大学出版社，2004：227.

② Roy C. Cave & Herbert H. Coulson. *A Source Book for Medieval Economic History*. Biblo & Tannen, New York, 1965：118.

到理性自觉的确立。从最初的商业习俗法，到最后的商业立法，都弘扬了商业活动中的公平、平等、自由贸易等原则。商人，本身是一个平等身份象征，它与没有人身自由的农奴是不同的，商人享有平等与自由的权利，这是由于他们所从事的活动与社会地位所决定的。从其来源说，这是商业独立原则与工商业的主导地位确立的一种必然结果。如果从文明层次来说，这也是工业文明的心理学的光辉一页，因为其中处处可以看到人权、自由、平等精神的骚动，看到人类平等战胜等级制度，个性自由战胜精神禁锢的伟大胜利。欧洲的市集贸易发展虽然晚，但在规则制定方面的进步却出奇的快。另外，13 世纪之后的市集管理机构基本完备，一般来说，市集管理都由所谓的“书记”来负责。书记就是所谓“市集书记”，他的职责范围很广，主要包括市场安全、执法、管理等方面，是全面负责人。在他下面，一般设有秘书或是掌印官，负责掌管印信与书契、发布公告等。其余就是维护市集规定的法警，他们主要的工作是维护交易秩序与市场治安。欧洲市集的设置虽然并不繁复，但是管理职责分明，管理人员各负其责，体现了欧洲管理的一贯精神。与其他地区市场中大量设置管理人员，但是职责不清、滥用职权或是渎职行为、贪污贿赂等风气盛行的状况完全不同。

西欧市集管理的另一个重要特征是具有国际化信用体系。西欧民族国家众多，因此一个集市中的商人都是来自各国，这就使得这些大集市自诞生起就具有国际性。由于从业者的文化不同，经商方式与理念各异，经营的货物更是五花八门，无所不有，因此，这种市集的开放性也是世界一流的。一些历史悠久的大型市集往往有来自法国普罗旺斯、西班牙、德国、芬兰等国的客商，欧洲南北各地产品汇集。这些集市有的享有长达几个世纪的繁荣，有的甚至至今仍然对城市有巨大影响。其中布里市集、普罗旺斯市集、法兰德斯市集、香槟市集、拉革尼市集、巴耳市集等，都是客商云集，生意兴隆，享誉世界。欧洲市集的国际性一方面体现为货币信用制度的一体性，这里建立了欧洲的流通体制与信用体制，各国钱币在这里可以兑换。另一方面则表现为管理模式的一体性，其程度大致相同，分为四个程序：入市登记，来自各地的商人们先进行身份与货物验证，进行登记。然后是区域分配，欧洲市集一般不采用同类货物集中于一个区域的做法，而是采用经营者各自独立的方式。其后才可以进行交易，交易时间是有限定的。最后是结算流通，商人们将不同货币进行兑换，缴付利税，就可以离市了。

工商业行会的建立也是一个重要特征。商业行会，是商人们根据商业经营范围与特点所建立的一种行业组织，起到一种同行业的互助与互相监督作用，以保障正当商业经营获得应得的利润，维护商人的利益，防止非法侵害。商业行会在世界各国商业中起源都相当早，欧洲的商业行会早在中世纪已经相当普遍，具有前现代性的工商业建立后，行会组织获得了突飞猛进的发展，成为重要的社会组织。几乎所有的行业都有自己的行会，小贩、布商、饭店主、客栈主等都有自己的组织，而一些大的行业如毛纺业等在一个城市就有数个行会。行会组织中一般有专职管理人员，有行会会长、书记员、接待人员等，有的大行会独立聘请牧师，定期举行宗教活动。行会的专职人员有固定收入，一般行会每年都要举行一次以上会议。行会会员通常是世袭的，这种世袭是由行业的子承父业所决定的，与贵族的名分爵位世袭并不一样。行会主要保护会员的商业利益，非行会会员无权经营某类产品。这是欧洲行会相当严格的规定，欧洲商人一般是专营商，这种规定对于商家是相当重要的。同时，有的地方甚至规定，非行会会员连一般的商业经营行为如酒类、皮毛、蜂蜜、盐类、油类等生活必需品都不许经营，违者被予以没收。特别是不许经营假冒伪劣产品，如有违反施以重刑。这种制度看起来过分严厉，但实际上对于当时商业发展是有利的。早期的商业如果没有行会的保护，是无法与强大的庄园经济与贵族宗教势力竞争的。

欧洲现代工商业，归根结底是以纺织业与制造业为基础的，这是不同于阿拉伯商业或是其他商业类型的，它是一种工业与商业的结合。工商经济的兴起为欧洲带来一个新的文明时代，工商文明取代了传统的农业文明。城市自治冲破了封建关系，建立资产阶级法权，城市市民与商人表现出一种新的自由平等观念，这成为资产阶级平等博爱自由观念的社会基础。采邑制度原本是以人身依附为开始的，但是在历史发展中，它走向了自己的反面，最终促成的是个人自由精神的张扬。

市场与市集贸易将最早的市场经济与经济法观念灌输到人们的思想中，不但领主与贵族们无法抗拒它，就是以后欧洲的民族国家权力，也具有不同于其他专制国家的特点，即对于市场经济作用的承认。这种思想观念给欧洲民族国家留下深刻的印痕，处处得到表现。这是值得以传统的长途贩运和“以物易物”商业经营的其他民族商人们学习的。

总而言之，包括采邑制度的实行、庄园经济的发展与城市自治运动，所有这些因素共同促进了中世纪后期到现代社会的工商业文明的诞生。这一新的工商业文明，从西欧发源，向北欧与东欧扩散。工商业文明也是大工业文明的前身，到17世纪之后，这一文明终于向东方至全世界大扩展，形成了世界性的工业文明时代。

二、世界经济贸易的新模式

从17世纪起，一种影响以后几个世纪的新文明开始成为世界的主要形态，这就是近现代工业文明。工业生产在欧洲发达国家逐步取代农业生产的统治地位，成为国家经济的主要成分，这是世界工业史上的一次革命。这一文明经历了2个多世纪的发展，从19世纪后期到20世纪初期，形成了更为宏大的“产业革命”浪潮，也就是所谓的“第二次工业革命”，最终遍及全世界。到20世纪后期，兴起了第三次工业革命——科技革命——直到今日，我们依然在感受它的作用。

世界的工业化给人类社会各个方面都带来了巨大的变化，它的意义深入到社会的各个层面，可以说是整个人类社会文明的巨变。其中，最为重要的当然是社会经济与生产活动的变化。

从中世纪后期到文艺复兴时期，西欧工商业逐渐发达，这种发展并不是一般意义上的经济繁荣，而是社会生产与经济制度的变革所产生的必然结果。特别是在中世纪的中后期，即从 10 世纪到 15 世纪的数百年间，西欧社会有了实质性的变化，这种变化从开始就具有自己的特色。西欧的采邑制度、庄园经济是典型的封建社会形态，这种封建社会形态与世界其他地区的君主制度或是封建割据的社会并不相同，这是一种承袭了欧洲古代城邦特点的封建制度。封建地主与领主为了发展经济，把土地租给农民耕种，农民受到封建领主剥削。为了保障对于土地的所有权，封建领主保卫自己相对独立的权力，同时也给予农民在人身自由上的一些庇护。这种状况一定程度上抵抗了封建君主与教会的掠夺。正是由于西欧这种特殊的社会经济状况，有利于没有土地但有相对人身自由的农民、破落的小地主们的流动，他们转为小手工业者与商人，促进了城市的形成。城市经济不同于农业经济，这是从社会生产到生活方式的一种全方位转变。一场巨大的工商业生产变革在欧洲展开，从意大利、法国与英国的毛纺织业的突起，到北欧汉萨同盟形成，到欧洲民族国家建立。这场变革使欧洲变成了工商业经济发达的地区，这种经济最后也发展为成熟的资本主义经济体系。

经过几个世纪的发展，现代商业在 19 至 20 世纪更为成熟，它的主要特征是世界性的跨国集团的出现。以国际托拉斯为代表的工商业集团，已经不同于历史上“汉萨同盟”那样的封建商业联盟，它变得具有更大的垄断性。欧美国家政府一直对大企业与商业集团的垄断行为进行管理。例如从 20 世纪初期美国的摩根财团到 21 世纪的微软公司，对于行业的商业霸权有增无减。美国政府的有关部门多次直接干涉这种垄断，21 世纪以来，美国多次以反垄断法对微软公司采取制裁措施，以限制其行业垄断。同样，英国、法国、德国或是欧盟组织，也不同程度地对国内外具有垄断地位的大公司如谷歌等进行限制，以防止其对国家经济造成危害。这些大的工商业集团在成为国民经济支柱的同时，也对国家经济有相当大的掌控作用，特别是在能源、交通、钢铁、建筑、计算机、金融等重要行业中，如果不加以限制，可能会影响国家与地区的正常经济秩序，甚至会形成经济危机、“金融风暴”等。欧洲商业中形成的传统，在现代社会仍然有一定作用，各国政府的做法虽然有所不同，但明显可以看出西方文化传统的共同作用。

三、世界市场的争夺与世界战争

从 16 世纪到 19 世纪，经过三百年殖民主义掠夺，西方的海外殖民地已经遍及世界，这些殖民地所提供的丰富资源与劳动力使西方国家经济获得空前的大发展。19世纪最后30年中，世界铁路总长度从21万公里增长到了76万公里，世界贸易总额从45.5亿法郎变为118.2亿法郎，高速发展的经济与贸易，促使世界性的大市场形成。

在世界经济贸易中，特别突出的就是新的垄断组织不断出现。什么是垄断？垄断就是独占与集中，是贸易与生产的过度集中。垄断组织就是大企业与公司为了独自占有某种商品的生产和交易，与相关组织联合，以取得最高利润。这种组织可以控制某种商品的生产、销售、原料生产和投资，可以制定垄断价格。垄断组织的形式比较多样，最初的垄断活动是通过短期价格协定等简单方式来组织商业活动，以后逐渐发展出了垄断组织。19世纪60—70年代，在德国出现了卡特尔（Cartel），1873年世界经济危机之后，这种卡特尔得到迅速发展。以后出现了辛迪加（Syndicat）、托拉斯（Trust）与康采恩（Konzern）等。第二次世界大战之后，垄断组织向综合化方向发展，康采恩成为主要的形式。

卡特尔，是法语的音译，原意是“联盟”或是“协议”。这种组织仍然保持了早期的价格协定的特征，主要在生产某一类产品的企业之间形成联合，它们在价格、销售与生产等方面达成协议，但是，这种联盟的各组织仍然保持其独立性。它的主要经营方式是，通过价格统一，达到基本固定的组合，不过，在各公司之间，经营又是彼此独立的。如果违反协定，就要负一定的责任，如处以罚金或是取消权利等。这种协定的种类相当多，比如价格卡特尔、原料卡特尔、销售卡特尔、产量卡特尔等，也可以采用综合性的卡特尔形式，包括以上各方面的内容。卡特尔是国际化的组织，第二次世界大战后，在日本等国再次兴盛，出现了包括反对经济危机的“反萧条卡特尔”等多种形式。但是，卡特尔这种形式毕竟有较大缺点，如不太稳定，很少有长期存在的。另外这种组织由于各企业之间没有达成真正的联合，互相竞争激烈，损害了共同的利益。

辛迪加也是法语音译，原意是“联合组织”，它的产生年代大约与卡特尔相同，19世纪末期到20世纪初期先在德国流行，以后在俄国等国有相当的发展，同时还有国际辛迪加组织出现。与卡特尔相比，辛迪加的组织显得更加巩固。凡是加入此组织的企业，虽然仍能保持自己独立的资格，但是在商业上已经不具备独立地位，也就是它不能再直接进入市场。它的订货由总的办事机构来统一进行，所以它可以低价收购原料，高价售出，从而获得高额利润。但是这种组织也有它的缺点，即组织机构较固定，企业不易退出。特别是当市场情况发生变化时，企业无法获得应对市场变化的机会。

美国出现的托拉斯是一种较高级的垄断组织，它主要是由大企业联合形成，它相对于卡特尔与辛迪加来说变得更加稳定与统一。所有参加托拉斯的企业在商业与法律上不再具备独立性与独立地位，托拉斯由董事会统一管理，所有的企业只是作为它的股东起作用，领取股息，参与分配。托拉斯可以分为金融托拉斯与工业托拉斯，前者主要是通过股票来控制各企业，后者则是管理严格的生产企业联合体。1882 年成立的美孚石油公司是美国第一个托拉斯，从那以后，托拉斯在美国大行其道，第一次世界大战之后，托拉斯在欧洲也开始流行。

康采恩出现于德国。第一次世界大战后，少数的康采恩在德国兴起，它们控制了德国的经济，这种组织形式传入亚洲后，在日本企业中得到采用。第二次世界大战前，日本的三井、三菱、安田、住友等四大财团组成了康采恩，在亚洲商业界，对于康采恩的理解就是财团。第二次世界大战后，康采恩在西方国家发展势头强劲。康采恩在德文中的原意是“多种企业集团”，它是一种打破企业的行为界限，把多种不同部门的企业与银行联系在一起的复合型企业集团。这种集团是一种高级的联合体，经常由多种工业部门、大公司与企业、银行、交通运输与贸易、服务性企业组合在一起所形成。这种集团的中心不但经营主体业务，并且进行对其他行业公司的控股活动。所有参加康采恩的企业，形式上依然独立，但实际上受到资本雄厚的大企业或是银行的控制。康采恩甚至可以通过控制股权的活动来达到左右大于自己数倍的公司。康采恩在某种程度上与一些以金融控制为基础的托拉斯之间十分相似，但是它们也有一定的区分。比如说，康采恩可以包括各种企业，而托拉斯则一般是同类同行业的企业；托拉斯是独立企业之间的联合关系，而康采恩则包括了独立企业与个人，甚至包括了一些托拉斯。

垄断组织的出现给西方国家的经济结构与社会都带来了巨大变化。19 世纪末到 20 世纪初期，垄断组织大量出现，控制商业与工业经济，并通过与银行相互联系，形成了产业与金融的高度集中。这些垄断组织为了对外输出资本，为了争夺原料产地与市场，甚至操纵政府进行对外战争。列宁认为，这一时期的资本主义进入了帝国主义阶段，帝国主义就是战争，帝国主义时代的战争是世界大战。

20 世纪初期，有两个重要条件对于世界市场形成有决定性作用。第一是以大工业为中心的世界性城市与世界性农村相对立的国际分工体系，这种对立使得世界市场的供求关系明确。第二是国际性的交通运输业得到巨大发展，国际商业贸易网络形成。这两个条件是第二次工业革命的产物。世界市场的形成，必然导致对原料供应、市场销售地与生产基地的争夺，世界性战争已经不可避免。

世界大战，是指世界范围里的不同文明中的主要国家都卷入的国家集团性战争。在这种战争中，双方或多方结成一定的联盟或签订协约，采取共同的互相协作的战争行动，包括攻击与防守行动。我们所提到过的历史上各种群体的战争虽然范围可能都很大，甚至是世界性的大帝国与民族征服战争，但是这种战争一般不称为世界大战。真正的世界大战争其实是一个特指，这就是发生于 20 世纪的第一次世界大战和第二次世界大战。

为什么只有 20 世纪才有世界大战?

我们认为，世界大战的产生是多种因素的组合，其中最为重要的是帝国主义对于世界殖民地的瓜分，而且这种瓜分只有 20 世纪才可能进行。这种争夺已经不是古代战争式的远征或是边境冲突，而是一种全球范围里的争夺。全球性争夺是工业文明时代才可能实现的，战争风云席卷亚洲、欧洲、非洲、美洲与大洋洲，从欧洲大陆的现代化都市到非洲撒哈拉大沙漠，遍布世界各地。世界大战是工业文明的产物，只有在工业文明时代的物质与武器、战争经验与财政能力具备的条件下才可能形成这种战争。

所以，我们认为，战争的原因主要不是不同文明之间的冲突，而是工业文明时代的社会利益集团的分裂与争夺。工业化生产把地球资源变成了世界性的，以地域文明、民族与国家为划分的资源面临世界性利用的矛盾，于是形成资源的争夺。工业化时代的资源并不只是一种物质产品，它包括相当丰富的成分。资源有一个最简明的定义，一切有价值或可能创造价值的事物都是资源，主要为自然资源（包括地球与宇宙的一切自然构成，如土地、海洋、石油、矿产、水等，甚至地球与星球的空间都已经成为工业文明所必须争夺的资源）、精神资源（人类所创造的一切资源，如科学技术、文化艺术、政治宗教等）与人类资源（作为资源创造者的人类即市场劳动力与科学技术、文化艺术等各类人才）。这些资源自古以民族所有的形式存在，只是在工业化社会中才成为真正的世界资源，比如作为空间资源的国家领空权，在人类没有飞机等飞行器之前，它的经济与军事价值无从体现。但是，在第二次世界大战中，空中力量成为战争的重要因素，国家的领空就具有军事价值，成为宝贵资源。直到今天，如果两国之间关系处于对立状态，互不通航甚至不允许通过领空都是极平常的，这都说明了资源控制的重要性。

不可否认的是，西方国家的经济扩张与殖民侵略应当对世界战争负有责任，关于这一点，美国的杰弗里·帕克等在《剑桥插图战争史》中说过，西方的经济力量为“20 世纪的灾难性战争提供了资源”，西方的“单一民族国家的竞争”与经济扩张是造成战争的主要原因。[①]

其实自从进入工业化社会后，世界性战争爆发的危险已经时刻存在。欧洲从 17 世纪以后成为世界经济发展的中心，使欧洲本土民族国家之间的利益纷争与海外殖民地争夺同时展开，这是欧洲人的世界之争。在世界殖民地的争夺过程中，日本、美国、加拿大、澳大利亚等后起的工业化国家纷纷加入，终于导致世界性的战争集团形成，爆发世界大战。世界大战，从形式上看来是发达国家争霸世界的战争，实质上是发达文明掠夺不发达文明的战争，是一种混合性的

① ［美］杰弗里·帕克等．剑桥插图战争史．傅景川，等译．济南：山东画报出版社，2004：281.

战争。资源争夺、民族宗教与文明差异、意识形态斗争，共同造成了世界大战。

世界大战虽然发生于20世纪，但是它的形成历史却很长。如果从它的最早阶段算起，应当说17世纪之后已经开始在酝酿，到19世纪末同盟国与协约国两大军事集团形成，第一次世界大战终于爆发。从历史背景来看，这是一个现代工业大发展的时期，也是世界列强争霸的时代。由于西方各国工业化进程先后不同，造成经济力量、国际地位、殖民势力等诸多方面的不平衡。后起的发达国家要争取自己的地位，就要通过战争手段来夺取。这种战争是世界范围内的，必然会产生多国结盟，互相利用，共同对敌。1648年10月，《威斯特伐里亚和约》签订之后，神圣罗马帝国已经名存实亡，欧洲强国各自为政，相互之间战争不断。英国与荷兰之间为争夺海上霸权进行了三次大的战争，到1764年两国议和，英国已经成为新一代海上霸主。18世纪中期的七年战争（1756—1763）使得全欧洲卷入了一场混战，英国与普鲁士联合，而法国、奥地利与俄国结为一体，海外殖民地的瓜分与霸主地位的争夺，使战争风云远远超出了欧洲范围，美洲、非洲、亚洲的大批国家与民族都牵连其中。法国大革命后，维也纳社会体系只起了一种维持与缓和的作用，欧洲的内部矛盾与世界争霸都没有最后解决。因此，同盟国与协约国两大军事集团的形成，并不是偶然的原因，而是一种历史的必然，其推动力就是欧洲强国争霸与海外殖民地开拓。

两次世界大战期间，东西方文明关系、工业化强国与殖民地的矛盾交织在了一起。东方文明的分化也更加明显，一个是奥斯曼帝国为主体的近东文明，一个是中国、印度为主体的远东文明。到20世纪之前，非洲、美洲与大洋洲已经基本被殖民化，只有欧亚大陆上的古老文明、东方文明面临工业化的冲击，存在着毁灭旧文明、重新划分势力范围的机会。两次世界大战如果从东西方文明关系看，是欧美工业化强国与日本侵略“两个东方”即近东与远东国家的战争，而工业化强国之间的纷争只是分配不均引发的内讧。这才是世界冲突的实质，而不是什么儒家、伊斯兰世界与基督教世界之间意识形态的对立。我们只要粗略分析一下两次世界大战期间的主要战争，一切就昭然若揭了。

第一次世界大战之前，对奥斯曼帝国及其统治的近东地区的战争是关键。

俄罗斯与土耳其之间的战争，即俄土战争，从17世纪到19世纪70年代一共发生9次。其中在1853—1856年的克里木战争中，英法联军与俄军激战，最后签订《巴黎和约》，土耳其被置于欧洲列强的监视之下。

1875—1876年土塞（塞尔维亚）战争和俄土战争后，俄国与土耳其签订《圣斯特法诺条约》，俄国取得了对保加利亚的控制权。英国与奥匈对此不满，于是就又在柏林签订了《柏林条约》，重新瓜分保加利亚，兼及波斯尼亚与黑塞哥维那。

1908年再次出现“波斯尼亚危机”，俄国与奥匈通过协商，俄国同意奥匈兼并波斯尼亚和黑塞哥维那。1914年，奥匈帝国王储F. 斐迪南在萨拉热窝被刺，欧洲各敌对大国借机宣战，由此引发了第一次世界大战。巴尔干半岛上长期以来因为民族、信仰等方面的不同而连连发生纠纷，而在这些民族的背后都有不同势力的支持，这些矛盾积蓄已久，冲突不断，甚至世界大战都不能完全平息斗争。直到20世纪后期，仍然有波黑战争的爆发，人们称这一地区为“欧洲火药桶”。究其根源，仍然是世界列强争夺殖民地与被保护国的战争。

第二次世界大战同样与殖民主义有直接关系。

如果说第一次世界大战的主要战线是欧洲战线，那么第二次世界大战就有了东西两条战线。西方战线上，世界反法西斯联盟各国与法西斯轴心国家之间主要是德、意进行殊死战斗，战线长，涉及国家多，主要战场在欧洲。东方战线是日本对亚洲国家和中国的侵略战争。从1910年起，日本就吞并了朝鲜。1931年9月18日又发动对中国东北的侵略战争，建立满洲国伪政权。1937年继续扩大对华战争。1940年9月23日，日本侵入印度支那。1941年12月7日，日本偷袭珍珠港，次日，美国对日宣战，法国、英国、荷兰、加拿大、澳大利亚、新西兰、古巴等国都向日本宣战。而中国政府也对德国、意大利与日本宣战。12月11日，德国与意大利对美国宣战，太平洋战争开始，这才有了第二次世界大战的全面展开。如果说第一次世界大战与第二次世界大战有什么不同，那就是第二次世界大战中，东方各国的世界化进程加快，东方与西方和世界的关系更加紧密。第二次世界大战的最后结局取决于中国人民的抗日战争，虽然反法西斯主义的战争早已在西方展开，但如果没有东方战线的形成，没有对于日本军国主义的胜利，也就没有真正反法西斯主义的胜利。

时至今日，在多数西方人心目中，第二次世界大战仍然是以西方战线为主的，如果不是日本人偷袭珍珠港等战争行为，美国与欧洲还不会立即对日本宣战，欧洲与美洲不会为了东方而对日本作战的。虽然如此，西方战线上的胜利同样是得来不易。西方战线的主战场是德国法西斯对欧洲与苏联的战争，战争初期，1941年6月12日，英国和比利时、捷克斯洛伐克、希腊、卢森堡、荷兰、挪威、波兰、南斯拉夫等国与自由法国代表宣布了同盟宣言，以后美国也事实上加入了同盟国。这时，法西斯德国与第一次世界大战中才诞生的新国家社会主义苏联的关系引起世界的关注。法西斯如何对待这个不同于欧洲资本主义国家的大国，是与其交战还是利用苏联对付欧美，都存在可能性。斯大林没有料到德国会突袭苏联，得到战争情报后还不相信。德军侵入苏联后，1941年8月14日，罗斯福与丘吉尔发表了《大西洋宪章》，以后苏联等15国先后宣布赞同宪章精神，这就意味着，一个反法西斯主义的同盟已经有了共同的纲领，这是世界史上一次不同的社会制度国家合作反对法西斯的一个范例，两种具有对立的社会制度——

社会主义与资本主义——的国家，联合起来携手反对法西斯主义。对于长期在反共宣传之下视共产主义为洪水猛兽的西方自由世界民众来说，苏联第一次以反法西斯盟友的面目给他们留下新的印象。

当然，东方战线的中国共产党人也首次在反对日本军国主义的战争中走上世界政治舞台，美国记者埃德加·斯诺、史沫特莱、安娜·路易斯·斯特朗等人走访了中国大西北黄土高原上的古城延安，在这里的窑洞中拜访了中国共产党人的领袖毛泽东。斯诺的名著《西行漫记》和这些记者所发出的报道使世界了解到：马克思主义在东亚中国与在欧洲大陆的命运并不完全一样，中国人以东方文化的理论实践重新阐释了它。记者们报道，中国共产主义运动有了自己的杰出领袖，一位中国师范学校毕业的具有思想家与传统儒生气质的军事领袖，他叫毛泽东。这位领袖的理想原本是做一位大学哲学教授，他从不用枪，却在黄土地特有的建筑——窑洞中指挥着中国共产党人的抗日战争。欧洲国家的领袖们当时并未完全在意这位在20世纪后半期令世界震惊的、土生土长的农民领袖，正是在第二次世界大战后，他从黄土高原走下，奇迹般消灭了世界上最庞大先进的美式武器装备的国民党军队，以后又在朝鲜战场上挫败了美军的进攻，使美国在第二次世界大战后首次遭遇到重大失败。

在第二次世界大战共同的反法西斯战争中，世界不同意识形态与社会制度的国家共同组成了反对法西斯的同盟。法西斯主义，归根结底是反对人类文明与进步，它本身并不是工业化的产物，而是封建专制制度在新的历史条件下的变种。“法西斯”一词的本义就是罗马帝国权力制度的象征，是专制统治的暴力象征。1941年12月11日，德、意、日签订了《联合作战协定》，成为一个法西斯的军事联盟。1942年元旦，美、英、中、苏等26国在华盛顿签署了《联合国家宣言》，共同宣布对法西斯国家决战到底，绝不单独媾和，最后加入《联合国家宣言》的国家达到47国，世界性的反法西斯联盟最终形成。第二次世界大战是人类社会反法西斯战争的胜利，也是人类文明的胜利，这一胜利有着浓厚的时代特色。

20世纪中期，战后经济迅速恢复，第三次工业革命（或称为第三次技术革命）兴起，这是以高科技为代表的革命，核能、电子计算机、空间技术、新材料与生物工程等新兴领域的高速发展，对世界经济形成空前影响。美国的计算机工业骄子微软公司短期之内，以巨大的财富与经济影响使传统的“石油大王”“汽车大王”等风光一时的垄断企业屈居下风，传统工业虽然在总体上有优势，但新兴科技工业代表着世界的明天，具有更光辉的前景。

20世纪中后期，西方进入所谓“后工业化”社会，国民经济与社会生活结构都发生了变化。新技术革命提高了劳动生产率，第三产业在国民生产总值中的比例大大提高。第三产业不仅包括传统服务行业、交通运输、商业与文教，它还包括信息通信等相关行业。欧洲国家的工业结构进行调整后，电子、航天、生物工程等高科技工业保留于本土继续保持在世界经济中的领导地位，而把一些重工业与传统工业，如钢铁、化工、机器制造等污染环境、能源消耗大的工业部门迁移到发展中国家。综观世界工业化进程，从 17 世纪到 19 世纪，西欧都是制造业最集中的地区，素有“世界工厂”之称。现在制造业的基地已经不在西欧，而在亚洲与拉美国家。后工业化社会中，欧美国家在社会生活中实现了现代化，人民生活水平远高于其他国家，居民收入高，消费也高，高端消费品得到普及。即使在发展中国家，人民生活水平也迅速提高，亚洲与拉美部分国家的普通居民生活水平正在基本实现现代化。

同时，世界性的资源争夺也愈演愈烈，这种斗争会生发出多种可能，特别是引发宗教、法西斯主义、恐怖主义、极端民族主义的冲突，这种局部性的冲突最终可能导致世界性的危机。这种危机并不是美国学者亨廷顿所说的“文明冲突”，而是强权政治与民主政治、一元文化与多元文化之间的斗争，是少数超级大国与爱好和平的民族之间的斗争。在世界文化危机中，对于异己文明的压迫、战争、抢掠，可能会引发新的战争。但从世界历史规律来看，最终结果是文明战胜野蛮，是民主和平力量战胜法西斯、恐怖主义与极端民族主义，是世界多种体系的文明战胜单一文明的扩张。当我们回顾德国大排犹、南京大屠杀、列宁格勒大围困、伦敦空袭、广岛原子弹爆炸等历史事件时，不禁对于人类文明与反文明斗争的曲折进程，对于法西斯主义和世界大帝国，对于人类社会的危害深有感触，也对于人类社会和平及光明的未来充满信心。

四、全球化世界经济

第二次世界大战之后，世界的经济一体化进程加速。美国与欧洲共同建立了关税与贸易总协定，世界银行与国际货币基金组织成立，这三个大的组织对西方与世界经济的发展起了重要作用，特别是有效地调整了战后的金融关系，保证了各国的国际收支平衡及汇率稳定，它对国际贸易也有一定的促进作用。

同时，欧洲的地区性的经济合作组织也十分活跃。早在战争尚未结束的 1944 年，比利时、荷兰与卢森堡三国的流亡政府就在伦敦签署了三国关税联盟协定。1958 年 2 月 3 日，三国在海牙正式签订了《比荷卢经济联盟条约》，这是一个包括三国人员、货物、资本与劳务自由流通的经济联盟。三国联合大大加强了经济实力，也使该联盟成为世界上最大的贸易集团之一，其出口额位居世界第四位，进口额位居世界第五位，只低于美德日三国。

欧洲经济共同体与欧洲自由贸易联盟的成立，标志着西方经济的地区性合作取得了成效。这是很有代表性的行业性商业联盟，同时也具有欧洲的传统特色。1951 年 4 月，法国、联邦德国、意大利、比利时、荷兰、卢森堡等国根据“舒曼计划”在巴黎签订了为期50年的《欧洲煤钢共同体条约》，1952年7月25日该条约生效。欧洲煤钢共同体又称“欧洲煤钢联营”，它是政府间建立的经济组织，主要目的是通过煤钢共同市场的建立来促进经济合作，这对于成员国的就业、人口增长与生活水平提高都有一定益处。

1993年11月1日，《马斯特里赫特条约》生效，包括了欧洲共同体12个国家，超过3亿多人口的欧洲联盟从此成立。近年来，欧洲统一使用欧元，同时欧盟在不断扩张，2005年又在酝酿通过欧洲统一的法律。

北美历来与欧洲经济同步，欧洲经济集团化对美国、加拿大经济必然带来影响。从20世纪80年代起，美国的经济政策有所变化，为了自身的利益，它主动加强了与墨西哥、加拿大等邻国的联系，以形成美洲的经济共同体，参与世界经济集团化的竞争。1988年1月美加两国签署了《自由贸易协定》，双方在10年内缔结取消一切产品关税和投资限制，美国资本直接和间接购买加拿大公司的限额予以提高，两国在劳务合作方面逐步实现给予对方公民以国民待遇。1992年底，美国、加拿大、墨西哥就建立北美自由贸易区达成协议，三方就相互逐步减免关税、促进投资自由化和知识产权保护等方面达成共识。

从欧洲经济共同组织到欧盟，欧洲的一体化与世界的一体化在同步进行。建立统一欧洲是罗马大帝国的梦想。从20世纪50年代起就开始向这一目标迈进。1946年2月，联合国经济社会理事会采纳美国的建议，成立了国际贸易组织筹备委员会。1947年4月，在日内瓦召开的第二次筹备委员会会议上，通过了宪章草案。1948年1月1日起，世界关贸总协定开始实施，美、中、英、法等23个国家签字缔约。1993年，乌拉圭回合达成了《建立世界贸易组织的协定》，决定在世界关贸总协定的基础上成立世界贸易组织。1995年1月1日，世界贸易组织（WTO）成立，这代表着世界经济一体化开始了一个新阶段。

进入21世纪，世界经济一体化与欧洲经济集团化的步伐都在加快，中国等越来越多的国家加入世界贸易组织，使世界经济出现了多元多边关系的局面，在这种新形势下，集团化与全球化之间既有互相促进的一面，也存在互相冲突的可能。近年西方对待全球化的态度复杂多变，特别是英国脱欧，金砖经济，甚至中国“一带一路”宏图，都使美国与欧盟在不断地调适自己的经济战略，我们将随时探讨其新观念与新动态。

第七章 西方国家体制与制度的演变

第一节 古代希腊城邦制度

从公元前8世纪起，希腊人开始建立城邦国家，形成了城邦政治制度。在此之前，地中海文明与世界其他古代文明之间在社会制度发展上并没有根本的差异。氏族与部落的农村公社制度是地中海文明与世界其他古代文明的主要形式，但是从这时开始，希腊人的城邦国家建制成为西方国家的一种重要特征。

什么是城邦？谁是最早的城邦创建者？

东西方的学者们关于城邦有相当多的定义与见解，限于篇幅，我们不能一一涉及，此处仅引述中国学者顾准关于城邦的一个最简单的定义：

> 城邦，是以一个城市为中心的独立主权国家。这里所说的“以一个城市为中心”，显然就排除了领土广阔、包含多个城市的国家。那种国家是“领土国家”，而不是城市国家了。领土国家因为疆域广阔，人民之间不可能有紧密的政治生活，或者换一句涉及到下面将要详加讨论的“政体”问题的话来说，领土国家没法实行主权在民的“直接民主”制度。所以，城邦首先是异于“领土国家”的“城市国家”。①

① 顾准. 希腊城邦制度——读希腊史笔记. 北京：中国社会科学出版社，1982：8.

我们认为这种看法是十分准确的，虽然他主要是以希腊人的“城邦”为依据进行的研究，但这个定义对于我们理解世界上其他城邦如美索不达米亚城邦都是有借鉴作用的。同时，我们认为，城邦的定义应当作如此表述：城邦是一个以城市为中心的国家，它具有自己的独立领土与居民，它有公众服从的独立权力机构。我们这样定义城邦，其实是参考了恩格斯的看法，他在区分国家与氏族理论时，提出了这样两个原则：第一是有了按地域划分的居民；第二是公共权力已经设立，这种公共权力已经不再同自己组织为武装力量的居民直接符合了。恩格斯这里说的这种国家是相对于氏族社会而言的早期国家形式，所以对于世界文明史上的各种城邦制度都应当是适用的。

世界古代文明中，希腊并不是唯一建立城邦的国家与地区。在希腊人之前，两河文明早已经进入了城邦制度阶段。在乌鲁克时代发生了所谓的“城市革命”，大量的城邦出现。其中最著名的乌尔城邦就是由三个城市与周围的乡村所构成的，其他还有如埃利都、拉尔萨、乌鲁克、阿克沙克、拉拉克、阿达布、拉伽什、乌玛、舒路帕克、尼普、基什和西帕尔等城邦。城邦制度在世界各地得到传播，西亚的亚述、阿拉巴哈、玛利，安那托里亚半岛上的胡里特人、哈梯人与赫梯人也都建立起了大大小小的城邦。这一国家制度还同时在古代印度河流域出现，印度河谷出现了摩亨佐·达罗、哈拉巴城邦。在地中海沿岸的城邦有乌加里特、阿拉拉赫、毕布勒等。

雅典最初是由阿提卡地区的 4 个部落所组成，每个部落下边有 3 个胞族，每个胞族下边又有 30 个氏族。各个部落都是独立的，彼此不能协调，无法统一，所以雅典城邦最初非常混乱。公元前 9 世纪，雅典进行了修提斯改革，修提斯改革的目标是集权化，其中包括在雅典设立中央议事会和统一的政府。同时提出划分公民等级。我们上文所说希腊城邦中公民划分为 3 个等级，包括贵族、农民和手工业者的划分就是修提斯改革中确立的。修提斯改革有利于国家权力的集中，但却形成贵族专权。由于执政官只能由贵族担任，这样就形成了平民与贵族之间的剧烈冲突。

公元前 683 年雅典开始实行执政官制度，执政官人数 9 人，最初是十年一任，以后改为一年一任。元老院负责推选执政官，同时也负责监督执政官。公元前 6 世纪时贵族与平民之间的矛盾激化，工商业阶层强大起来。工商业阶层经济地位显赫但是没有政治权力，于是他们要求推翻贵族统治，建立更为民主的制度。公元前 594 年，代表工商业阶层的梭伦掌握政权，担任首席执政官。梭伦上台之后，进行了一系列旨在限制贵族权力的改革。主要措施包括：

第一，宣布“解负令”，免除平民的所有债务，因为负债而成为奴隶的一律恢复自由，严禁自由民以人身抵押为奴隶。

第二，按照财产的多少来划分自由民的等级，一共分为四级，按年收入谷物、油、酒的总量来进行划分，分别为500斗、300斗、200斗和200斗以下四个级别。第一、二级可以担任政府高级官员，第三级可以任低级官员，第四级不能担任官员。

第三，设立四百人会议作为公民大会的常设机构，由雅典的四个部落各选100人组成，除了第四等级外，所有公民都有被选举权。

第四，建立陪审法庭制度，所有公民都有上诉的权利，陪审法庭的陪审员由各等级的公民以抽签的方法选出。陪审法庭受理并且裁决公民投诉或是上诉的案件，其作用相当于最高法院。

第五，承认私有财产的继承权，废除氏族部落中的所有制关系。

第六，实施一系列有利于工商业发展的政策，如扩大橄榄油的出口，限制粮食出口；实行货币改革，发展商业贸易。鼓励有一技之长的工匠移居雅典，提倡雅典公民从事手工业。

梭伦改革的主要受益者是工商业奴隶主，它打击了贵族势力，但是并没有能满足平民的要求。公元前560年，庇西特拉图以武力夺取政权，实行僭主政治(tyrannis)。所谓僭主政治是古代希腊所特有的一种政治现象，这个词的原意只是指个人的统治，后来的政治历史上，往往发生个人独裁，所以僭主政治成为贬义词。这里的僭主政治指的是希腊城邦中以暴力夺取政权，建立个人独裁统治的政治行为。公元前7世纪到公元前6世纪，屡屡发生工商业奴隶主领导下的自由民起来反对贵族政治的斗争，他们在城邦中建立僭主政治。虽然这种统治的政治倾向是有利于平民阶层的，但毕竟是一种独裁统治，有其落后的一方面。这一时期雅典的经济发展较快，民主制度也在酝酿之中。庇西特拉图统治时期，雅典社会各大集团态度各不相同，因为庇西特拉图继续执行了梭伦改革所制定的方针，所以贵族们也就是所谓平原派激烈反对；而工商业主的海岸派坚决支持，代表农民利益的山地派仍然不够满足。庇西特拉图采取了一系列政策，向工商业主与农民倾斜。其主要措施是：改革法律制度，反对贵族对司法的干涉，设立农村巡回法庭，处理农民诉讼事务；修改原来过高的土地税，定为收获总量的1/10到1/20；农民可以得到低息贷款；与梭伦一样，支持雅典工商业经济，扩大商业贸易活动的范围；加大海外殖民活动，在小亚细亚西北地区建立殖民地，势力范围扩大到黑海地区；继续繁荣雅典的文化与艺术，在雅典兴建了一批有代表性的城市建筑。

梭　伦

特别值得一提的是，公元前 6 世纪，雅典的体育竞技活动异常活跃。奥林匹克运动会吸引了来自全国各地的人们。奥林匹亚村位于希腊的伯罗奔尼撒地区，这里从古代起就是宗教祭祀的圣地，因为集中建筑了许多神庙与运动场，所以称为奥林匹亚村。公元前 776 年，举行了第一届奥林匹克运动会。希腊人热爱体育运动，源于对神的生活与体能的崇拜，所以祭祀活动的目标是拥有与神一样的生活，同时有号召和平的含义。早期的体育运动会设立了跑步、铁饼、拳击、角力、射箭、投枪等项目。4 世纪奥林匹克运动被罗马皇帝以“异教活动”的罪名禁止，直到 1896 年才再次召开，从此成为世界性的运动会。古代雅典的每一届奥林匹克运动会都有庄严的开幕式，要由希腊少女点燃火炬，由三名希腊运动员护卫圣火，传遍全希腊，然后才能宣布运动会开幕，圣火一直要燃烧到运动会结束。当 2004 年希腊奥运会开幕式在雅典举行时，令无数希腊人热泪盈眶，宛若重新回到兴盛的古代雅典，世界各国人民也为这爱好和平的伟大传统与盛会而感动。

庇西特拉图虽然实行僭主政治，但是他所奉行的改革方针对于工商业经济繁荣有一定效用，抑制了氏族贵族，受到雅典大多数人的拥护。公元前 527 年庇西特拉图病逝，雅典社会政治一度陷入混乱，直到公元前 506 年贵族克里斯提尼取得政权，才重新出现社会稳定发展的局面。

克里斯提尼上台之后，推行民主化改革。他划分了 10 个选区，打破传统血缘部落的界限，使社会结构发生了实质性改变。从血缘组织到地域组织，这是一个关键性的改革。恩格斯谈到国家建立的意义时指出，国家是以地域组织取代了氏族社会的血缘组织，这是国家的标志之一。创立了五百人会议的新国家机关，设立公民大会。设立“陶片放逐法”，使得公民可以通过投票的方式放逐国家最高公职人员。其实可能早在此之前古希腊就已经有了这样一种原始的民主手段，通过在陶片上书写所反对者的姓名，被写姓名最多的人就会被迫离职甚至离开社会群体。总之，这样的一系列举措，大大推进了雅典的民主政治。希腊民主制度得到了基本的肯定，社会政治中，长期以来平民与贵族的冲突在这一时期中，也得到缓解。

经过海外殖民与希波战争，希腊文明一方面不断向外发展，成为世界上最为强盛与发达的国家与民族；另一方面，希腊城邦自身的建设也在加强，它的政治经济进入了最兴旺的阶段。这一阶段中，民主政治从形式到内容都有重要进展，成为西方文明史上最光辉的时代。公元前 443 年至公元前 429 年的伯里克利时代，希腊民主政治发展到近乎完美的状态。

雅典民主政治进程异常复杂，经历了多次改革，平民与贵族之间展开了殊死搏斗，改革中的每一步都有惊心动魄的斗争。伯里克利是贵族出身，以民主派领袖身份出任首席将军，连续当政 15 年。伯里克利时代雅典民主制度规定：

伯里克利

（1）国家保护公民自由与权利，个人出身与财产不会构成公民自由与从事政治活动的限制。（2）国家支持公民从事政治与文化艺术活动，为了保证所有公民特别是较低阶层的人参加政治活动，政府为担任公职和参加政治活动的公民发放津贴。（3）公民大会为国家最高权力机构，五百人会议与陪审法庭行使最高权力。陪审法庭是选举产生的。贵族会议的权力被取消了。（4）所有公民在公民大会上都有发言权，各级官职，除了 10 位将军的职务之外，全部向公民开放。（5）原来规定只有贵族才能担任公职的规定也被取消，贵族被取消了一切特权，只保留在宗教事务方面的作用。

这些极为重要的民主制度与法律的制定，使得希腊民主政治变得更加完善。法律面前人人平等是民主制度的基础，所以民主政治就是法治的政治，法治不能以公民的身份与财产为转移。另外就是公民拥有参与政治活动与决策的机会，这代表着一种政治生活的民主化。国家的重大问题首先经过辩论，然后再采取投票表决等方式，少数服从多数。国家公职进行公选，公选以投票方式进行。所有公职都有任职时间的限制，一般的公职都只任期一年，到时则进行轮换。

希腊民主政治制度是人类历史上引人注目的成就，关于它的作用与历史地位，几千年来几乎所有重要的思想家都进行过评价，特别是马克思等伟大思想家对希腊民主的高度评价，是其他任何一种政治制度所无法比拟的。这并非伟人们情有独钟，而由于它确实是全人类的财富，直到今天，这种制度仍然与希腊神话一样，成了难以企及的典范。当然，这只是相对于古代而言，希腊时代是人类的童年，其民主政治也只是童年的产物，不能以今天的尺度来要求古代希腊人。

公元前 431 年伯里克利在阵亡将士国葬礼上的著名演说中有一句名言：

> 我们的制度所以被称为民主政治，因为政权是在全体公民手中，而不是被少数人掌握。解决个人之间的争端时，每个人在法律面前都是平等的。

诚然，雅典人的民主制度并不是完美的，奴隶、贵族与平民身份的区分，帝国政策以及后来的暴君等等，都说明了这一点。但是，这种制度给西方国家制度建设留下了永远不可磨灭的影响，也给世界政治与国家建设以伟大贡献。如公民大会、投票选举、执政官与元老院的制度、法律观念、民众参政等等，都对世界历史有伟大的贡献。西方文化中最早的国家概念是与城邦密不可分的，这也影响了他们关于国家的理解。国家，用亚里士多德的话来说，它不是人民因为居住关系而聚合在一起的部落，而是追求美好生活与理想的政体。

罗马帝国虽然没有希腊那样的民主政治制度，但罗马政治早期也同样是民主政治，实行元老院与执政官制度。罗马政治与希腊政治重要的不同之处在于，罗马尊奉基督教为国教，从此使宗教与西方政治开始纠缠在一起。希腊人虽然也信仰宗教，但是宗教并没有发展到能够左右国家政治的地步。中世纪后期，政教合一已经成为妨碍社会进步的重要因素，虽然政教分离成为长期的奋斗目标，但它的真正实现却十分困难。中世纪的宗教统治使欧洲经历了历史最黑暗的时代，这是经典作家们所多次指出的事实。

雅典为何能形成民主政治，罗马为何变为专制帝国？

雅典民主制度形成的原因仍然在于雅典社会文明的特性。雅典是当时世界上最早的以农业为主，但相当重视工商业的城邦国家，是新的工商业文明初露曙光的地方。在梭伦改革中，雅典开始了向古代工商业社会的转化。英国历史学家汤因比评价梭伦改革时说，这是一次从自给性生产的农业改变成商品生产的农业与发展了的商业和手工业的过程，这一评价基本合乎事实。雅典与斯巴达是两个最明显的例子，其地域相连，但社会类型发展完全不同，雅典具有开放的工商业经济，而斯巴达则走上了封闭的农牧业经济的道路。到希波战争之前，雅典已经成为世界商品经济最发达的地区之一。这就是雅典民主政治的基石。工商业文明所具有的商品经济与公民意识、社会道德伦理与法律观念，都使得雅典成为以民主政治为主的国家。所谓的希腊精神，其实就是爱琴海岸的一种古代工商业经济中具有重要地位的社会文化精神，是一种人文主义精神。不幸的是，这种高度发达的文明被文明程度较低的罗马所战胜。罗马人战胜希腊后，并没有完全继承希腊人的创造，罗马帝国是一个以农业经济为主体的国家，它的社会经济与宗教原因也使得它必然放弃民主制度，走向帝国专制。

罗马帝国与中世纪欧洲对希腊文化精神的背离，在国家权力上的集中表现就是对民主政治制度与公正的法律制度的违背。在社会经济方面，则主要是对工商业经济的压制，以确保农牧业经济的统治地位。当然，这种努力只是相对的，罗马也需要自己的工商业，以奢华生活著称于世的罗马人，大量消费品来自世界各地。

总括希腊城邦制度，它在政治上有以下特点：

第一，以单一的民族或是共同居住地的居民为基础，具有固定的领土与公众权力机构，是西方古代国家的典型形态之一。

第二，一般采用城市中心与周围农村相结合的形式，拥有从事工商业的商人、从事手工业的小业主、城市居民、农民与牧民等多种成分。这样有利于工商业经济的发展也有利于形成一个有互补性的多种经济共同体，使它具有稳定性与自足性。

第三，多数城邦实行共和体制，没有建立君主专制制度。城邦居民、贵族与奴隶共同构成城邦主体。其中城邦居民与农民享有平等地位，奴隶不享有平等权利。部分城邦中还发展出充分的民主政治制度。

第四，城邦民主政治中最重要的、最能体现民主特色的是公民大会。一般的城邦实行三级制度，即执政官、贵族会议与公民大会。

城邦制度是古希腊对世界文明的巨大贡献，它也是人类社会所建立的最早国家形式之一。古代城邦国家之后，西方才发展出奴隶制大帝国、封建国家、资产阶级共和国等国家形态。其中只有城邦国家才是人类最自然的国家形态之一，所以关于城邦的历史研究对认识国家本质及起源极为重要。城邦制度的核心是民主制度，这一制度是产生于私有财产之后的。这一制度的存在说明了私有财产并不是国家产生的唯一根源，人类社会制度的最终目的也不是维护私有制。城邦的民主制度，曾经是人类理想的范本。

古代希腊城邦制度对欧洲国家制度有重要影响，它直接启发了封建民族国家与资产阶级民族国家的体制建构。它的执政官、贵族会议与公民大会等形式，对以后的王权制度、君主立宪、议会制度等都有一定影响。

第二节　欧洲采邑制度与封建国家

欧洲进入中世纪之后，统一的罗马大帝国分裂成为众多的小国家，建立了各个民族国家。为了区别于 17 世纪之后大批建立的资本主义民族国家，我们称其为封建民族国家。构成封建民族国家体制基础的是欧洲的采邑制度与城市。

什么是采邑制度，它与普通的封建诸侯制度有什么不同?

采邑制度虽然并不是欧洲所特有，但它在欧洲得到了最充分的发展，也最具有典型性，我们完全有依据把它作为欧洲区分于其他封建制度的一种类型。封建，最初形态是贵族分封制度，就是王室依据贵族身份进行的土地等生产资料的定额分配。这种分配一般具有两个特征，一个是以贵族身份为依据，二是无偿分配，即是一种赐予制度。8 世纪，法兰克国王查理实行了“查理・马特改革”，首次实行采邑制。采邑制度是根据服骑兵役而进行的土地分封制度，这些土地原本是分封给贵族或是教会，现在被征收后重新分配给中小地主，鼓励他们参加国家军队。以后，采邑制度被普遍化，主要表现为，公职与教职人员也成为采邑制度的受益者，无论是主教或是修道院长，无论是伯爵、侯爵还是各级地主，全都成为采邑的领主。这些领主拥有封土，他们之下再行分封。一部分农民人身权利随同土地，成为农奴。其余农民虽然独立，但是其审判与管理的权限却属于采邑领主。

美国学者斯塔夫里阿诺斯在谈到西欧中世纪后期技术进步的原因时，也曾经说过：

> 中世纪西欧取得的技术进步，比整个古典希腊和罗马历史时期所取得的进步还要多。一个原因是，西欧没有奴隶制，而奴隶制往往阻止技术革新……中世纪西方的采邑制度也有助于技术的发展。在这一制度下，社会阶层的范围并非从“神圣的”皇帝到非人的奴隶，而是从具有一定权利和义务的农奴到庄园主，庄园主为了对生产过程有一些真实的了解，与农奴保持充分的接触。因此，体力劳动获得了一席地位，并受到尊重，这是古老的奴隶制文明所没有的。①

应当说，他的判断有可取之处，特别是关于采邑制度有利于技术发展（其实并不只是有利于技术发展，而应当说是有利于整个社会经济的发展）的看法是可以肯定的。但也有不能令人信服之处，如说西欧没有奴隶制就不免过于武断。同时，他赞赏庄园制的原因也有不尽合理的地方，如从体力劳动得到尊重等说法。奴隶与奴隶主之间的对立并不仅仅表现为体力劳动与非体力劳动之间的对立。奴隶制度是一种历史形态，这种形态体现出的是一种典型的社会阶层关系，这种关系既是物质层次的，同时也是精神活动层次的。它是人类不平等社会历史的一页，并且具有相当长久的历史性。当奴隶社会不存在了，这种主人与奴隶的不平等社会关系还会演变为其他形态而继续存在。奴隶社会的消灭只是一个历史前提，消除不平等的社会关系才是一个永恒的任务。

采邑制度是西欧封建社会的主要政治形式，这种制度使得西欧的农村大部分实行了庄园化，从行政到经济活动层次均改变了农村结构，为欧洲式的农村与农民生活创造了模式，这一模式在欧洲的重大社会活动中起了重要作用。海外殖民者与十字军骑士都来自这些农庄，它们是欧洲社会的基础。此外，采邑制度还促成城市自治，促进了全欧洲大市场的形成。欧洲的城市化与市场经济，是欧洲另一个具有自己特色的发展。由于西欧社会农业与工商业的特殊发展形态，使得西欧国家一直发展外向型殖民活动，最终形成了西方文明与东方文明之间巨大的实质性不同。当代学者中有相当多的人主张对“中国贡赋”与“西方采邑”进行对比，其实，中国的贡赋并不一定构成了东方封建制度的主要特征，关于这一点，我们在相关的著作中另有说明。而可以肯定的是，如果从社会制度来说，西方的采邑制度对西方文明的形成的确起了一种特殊作用，这是世界各国封建制度中别具特色的一种。正是由于采邑制度的实行，欧洲才可能有城市自治与早期市场经济的形成。

---

① ［美］斯塔夫里阿诺斯．全球通史——1 500 年以前的世界．吴象婴，梁赤民，译．上海：上海社会科学出版社，1999：458-459.

罗马帝国崩溃之后，西欧各国实际上已经走上建立民族国家的道路。首先建立的是封建民族国家，以后经历了资产阶级民族国家阶段。封建王朝建立较早的是法国，814 年，查理大帝去世，强大的查理大帝国一分为三，法兰西从此产生。12 世纪初，法王路易六世定都巴黎。12 世纪与 13 世纪之交，法国王权得到加强。经过腓力二世、路易九世等历代君主的努力，法国成为疆域广大、民富国强的封建王国。法国政治的特点是王权强大，权势集中，国王集权力于一身，教会与贵族的权力都受到一定的限制。但是从西欧国家的全局看，封建领主的权力同样相当强，地方割据形势严重。当时流行的观念是："我的附庸的附庸，不是我的附庸"。国王无权直接管理国民，领主则有直接管辖领地农民的权力。

英国的封建化进程与法国大相径庭。从 5 世纪起，大批的日耳曼人迁入不列颠岛，国家一直得不到统一。9 世纪，威塞克斯朝在不列颠岛的中南部建立英格兰王国，以后统一了全国。1066 年，法国诺曼底公爵威廉征服英国，称为威廉一世，建立诺曼底王朝。诺曼底王朝统治期间，英国王权得到巩固，封建主权力被削弱。英国实行的是所谓主从关系政治，即国王承认领主权力，但领主必须服从国王。亨利二世时英国进行的政治改革是相当成功的，主要在司法方面确立国家法庭的权威地位，用誓证法与陪审团制度取代了传统的神命裁判法。同时对兵役法进行改革，免除部分骑士的兵役，用他们交的税来招收雇佣兵。这样既有利于国家军队的稳定，又使得多数的骑士与领主们可以专心从事农牧业生产，培养了英国的乡绅阶层。但是，自从亨利二世之后，英国国王在政治上昏庸无道，而且穷兵黩武，滥用国家权力，引起国内各界的普遍不满。13 世纪初期，英国宗教势力强大，王权软弱无力。这种状况反而促使民主力量奋起，1215 年 6 月，英国贵族们迫使国王约翰在《自由大宪章》上签字，承认法律高于王权，为英国政治经济的改革做好了准备。

第三节　资产阶级民族国家的建立

资产阶级民族国家，是西方国家发展史上的一个重要阶段，它是以单一民族或是多民族为主体形成的国家体制，可以采取君主立宪与联邦制等不同的制度。民族国家的根本性质不同于封建君主制度的专制统治，而是一种以法治为本位，以国民为主权的民主制度。可以说主权意识与法律本位的实现是资产阶级民主国家的灵魂。那么，为什么不将其称为资产阶级民主国家呢？应当说这种称呼并非毫无道理，但事实上，真正的民主国家仍然不能说是已经完全实现，无论君主立宪制度还是联邦制度，只是向"民主自由"的国家政体方向的努力，国会是国民意识的主要体现者，但是，资产阶级的国会并不能代表全民也不能代表大多数国民的意愿。所以从政体上看，仍然是从近代到现代的民族国家，不宜于称为民主国家。由于“资产阶级民主国家”的称呼在国内外应用较普遍，我们这里并不作特别的区分。

从理论上来说，资产阶级民族国家的产生是一个时代的产物，英国工业革命、法国大革命与美国建国这三个大的历史事件标志着资产阶级国家理论的成熟与实践的成功。西方学者把近代国家理论称之为民主政治理论，是对这种理论的集中概括。其实早在卢梭的《社会契约论》中已经提出，民主共和国是最好的政体。如今民主共和政体的国家在西方已经相当普遍，成为西方政治体制中最重要的形式，同时它也正在世界范围内产生越来越大的影响。

从它的理论来源看，西方国家理论是建立在人权理论基础上的，而西方的人权理论又是人性理论的发展，所以从文艺复兴人性思想与启蒙主义人权思想来追溯西方国家理论，从培根、狄德罗、爱尔维修、卢梭等人的思想来研究西方国家理论，来探求自由平等博爱思想的实践，才能看到一条思想的线索。如果这条线索再向上延伸，当然可以直通向古代希腊柏拉图等人的思想，这就是西方所谓的“巨大的锁链”。历史是连续的，后人在前人已经留下的文明遗产基础上创造新的文明。

具体而言，政体类型的划分与政体观念的明确是西方民主政治理论的重要贡献。君主专制的政体长期以来被视为天经地义的，所以共和政体与君主立宪原则的提出，本身即是对传统封建专制一种根本的冲击。资产阶级民族国家的最先实践者是英国人，在理论上先行一步的则是法国人孟德斯鸠，他在《论法的精神》一书中说道：

> 政体有三种类型：共和政体、君主政体、专制政体。即使是最没有学识的人们的见解也足以发现其性质。我假定三个定义，或者更确切地将它们称之为三个事实：共和体制就是全体人民或部分人民拥有最高权力的体制；君主体制意味着只有一个人统治国家，只不过遵循业已建立和确定的法律；至于专制政体非但毫无法律与规章，而且独自一人按照自己的意志以及变化无常的情绪领导国家的一切。①

当年孟德斯鸠提出这一理论时，他心目中的理想政体之一就是英国。作者于法国大革命之前 40 年写出这一巨著，为法兰西共和国体制的建立与美国联邦制的建立提供了理论根据。1789 年法国大革命《人权宣言》、1791 年的法国宪法与 1787 年美国宪法中，处处可见孟德斯鸠理论的影响。民主与法制的政治体制是

① ［法］孟德斯鸠．论法的精神（上）．孙立坚，孙丕强，樊瑞庆，译．西安：陕西人民出版社，2001：13.

一种理想，也是一种现实，这种实践在生活中已经存在时，对于它的经验总结就成为理论。

最为重要的是，三权分立原则的提出是资产阶级国家政权理论的核心，立法、司法与行政权力之间的关系确立，是一种法学理论构架，也是西方国家理论的基本原则。我们最好还是从孟德斯鸠原著看一下它的有关规定：

> 每一个国家都有三种权力：立法权、对有关国际法事务的执行权和对民法有关事务的执行权。
>
> 根据以上的第一种权力，国王或者执政官制定临时的或长久的法律，并且修改或废止原来制定的法律。根据第二种权力，做出讲和或宣战的决定，派遣或接纳使节，维护公共安全，防御侵略。根据第三种权力，惩治犯罪或仲裁民事争端。我们称后者为司法权，而把第二种权力简称为国家的行政权。
>
> 对于公民来讲，政治上的自由是一种心理上的抚慰，这种心理抚慰是基于从都认为自身是安全的观点而产生的。为了获得这种自由，就得有这样的政府，在它的治理下，公民相互之间没有惧怕感。
>
> 如果司法权和行政权集中在同一个人之手或同一机构之中，就不会有自由存在。因为人们会害怕这个国王或议会制定暴虐的法律并强制执行这些法律。
>
> 如果司法权不与立法权和行政权分立，自由同样也就不复存在了。如果司法权与立法权合并，公民的生命和自由则将任人宰割，因为法官就有压制别人的权力。
>
> 如果同一个人或者由显要人物、贵族和平民组成的同样的机构行使以上所说的三种权力，即立法权、司法权和行政权，后果则不堪设想。①

工商业阶层、城市市民以及资产阶级全部的理想都集中于反对封建专制与争取自由民主，建立由有产者统治的民主国家，这一理想国家的建构原理在这里得到了最集中的体现。

对西方主要资产阶级民族国家的历史回顾，可以使我们更加深刻理解其国家制度的来源与依据。

法国大革命对于欧洲历史发展有决定性作用，这是一种相当普遍的看法。另外，现代历史学家们同时也认为，不应当忽视英国在争取资产阶级民主进程中的贡献。1215年6月15日通过的《大宪章》中就已经规定，要建立一个代表全国人民意志的组织机构，这个机构的权力在国王之上。由25个贵族组成监督国王及大臣的委员会。国王不能凌驾于法律之上，国王应当在约定的时间里召开会

① [法] 孟德斯鸠. 论法的精神（上）. 孙立坚，孙丕强，樊瑞庆，译. 西安：陕西人民出版社，2001：184-185.

议，听取全国人民对于国家大事的意见。这是进步贵族给专制君主上的第一课，是欧洲历史上的大事件。从这里也可以看出，资本主义在欧洲的产生经历了长期的过程，无论是社会经济类型还是政治制度的变革，都有深厚的社会文化积淀。

从更深一层意义上来说，现代的政治民主不仅仅是一种形式，它所代表的是一种政治精神，代表了国家制度的历史性变化。法国启蒙主义思想家们首先指出了这一点，法国启蒙主义理论家是民主制度的设计师，他们所设计的政府是三种形式，即君主制、贵族制与共和制，这三种制度都是民主制度，其中最为他们所推崇的当然是民主制。英国的哲学家与政治家们似乎更多的是一些实践家而不是理论家，正像边沁所指出，他们进行的君主立宪改革本身并没有立即得到哲学家与理论家们的赞同，英国的理论家们远远落后于本国的实践了。相反，是在孟德斯鸠等人的著作发表之后，英国人这才意识到，英国已经拥有了比起王权统治下的法国更为先进的国家制度。

资产阶级民族国家的建立在欧洲经历了复杂的过程，反对封建专制是它的主旋律。在农业文明社会中发展得最为完善的政治体制，也是统治时间最长的是封建王朝，它的每一微小改革无不经历反复与斗争。15 至 17 世纪，英国都铎王朝与斯图亚特王朝时期，封建专制势力再次加强，詹姆士一世甚至写过《皇帝的天赋能力》与《自由君主制度的真正法律》等文章，反对国会限制王权，主张王权至上，把王权说成是神授的，君主能力是天赋予的。这无疑是对国会与英国民主力量的挑衅。

17 世纪之后，英国的政治首先发生根本性的变化，从封建民族国家转向近代民族国家，即所谓的“资产阶级民主国家”模式。同一时期，整个西欧经济政治发展的互相影响，使得这一转化成为普遍形势，但对于英国来说，其意义更为巨大。斯图亚特王朝在 17 世纪初期所遇到的挑战是前所未有的，清教徒所代表的是一种新兴阶层的力量，清教与英国王朝之间的斗争并不是传统意义上的宗教与王权之间的争权夺利，而是资本主义以宗教为武器与国王之间的生死之战，这绝不是我们夸大其词。

其实，欧美主要国家的近代政体民主化进程可以说是各有特色，英国人被看成是温和的改革者，法国大革命则使其得到了激进的革命党的称号。英国没有发生过法国大革命式的激烈斗争，英国革命给人的印象是温和的，所以英国哲学家柏克在《法国大革命》一书中曾经认为法国大革命是毁灭人类精神文明的暴动，为路易十六及其美丽的王后被送上断头台而哀伤不已。这当然是不理解法国革命所代表的伟大历史意义。其实，英国人并不像柏克所描述的那样温文尔雅，查理一世被处死早于路易十六上断头台一百多年，英国在通向革命的道路上反而可能是真正的前行者。在英国，1629 年解散国会其实是一个信号，国家政治体制的改革已经成为不可回避的时代任务。1640 到 1653 年召开的长期国会充分显示了新兴力量的强大。1688年的“光荣革命”最终为英国王权制度画上了句号，民主共和制度在英国取得决定性胜利，这时距查理一世被处死不过40年。英国民主制对于世界影响如此之深刻，以至于孟德斯鸠把民主制度说成是“英国的制度”，由此可见世人对其评价之高与它的深远历史意义。当然，社会政治革命中，起决定作用的并不是一两个国王的存亡，而是制度的变革。

法国是启蒙主义的大本营，也是民主政治学说的起源地。法国启蒙主义思想家伏尔泰、狄德罗等人都反对封建等级制度，主张人权与平等自由。但是，正像西方学者已经注意到的那样，他们对于封建王朝专制的反对是软弱无力的。最有代表性的就是他们推崇中华帝国这样的东方专制国家。伏尔泰等人极端崇拜中国帝制，清代乾隆皇帝等人被他们说成是一代明君。虽然他们的目的是要抨击法国王权，但关于东方帝国专制的赞美也反映出他们思想的局限性，这一特点已经引起现代法国学者们的关注，他们这样来看待部分启蒙主义思想家对于东方君主制度的赞美：

> 例如，在《中国人的近代史》第1卷第196—210页中即持这种观点。虽然中国皇帝以专制君主而施政，其权力在许多方面都比法国国王更大（因为中国君主可以自由地决定其继承问题并指定其儿子中最称职者为其继承人，甚至他可以选择其家族之外的其他成员），他可以变得滥用职权：“但没有丝毫专制的特征”……中国对于皇权有一种很高尚的想法，他们的政府完全是在这种美好基础上运行的，皇帝为其臣民之父，中国完全是个皇帝为其家长的大家庭。①

我们已经指出，18世纪的欧洲对于中国的态度是先褒后抑，经历了一个大转向。这是出于两方面的原因，一方面是欧洲早期关于中国的了解，主要途径是通过传教士与东方行商，道听途说，以后才逐渐全面理解中国。另一方面则在于，欧洲与中国双方都在经历巨变，不同时期有不同的观念，所以彼此的看法会在不同时期产生变化。无论如何，这种对于中国帝制的赞美并且把它的专制说成是它优胜于法国王朝的原因，是荒谬的。

法国大革命是世界革命的一个象征，从1789年的法国大革命到1917年的俄国十月革命，世界经历了整整一个革命的时代，从资产阶级革命到无产阶级革命、武装斗争与其他形式的革命蔓延世界各国，成打的王冠滚落在地，世界各国民族解放与民主斗争此起彼伏，形成一个浩浩荡荡的文明进步浪潮。在这一历史浪潮中，甚至有从原始社会、奴隶制度社会一跃而成为世界上最先进的国家制度的情况。无论是采取君主立宪还是民主共和，它都代表着一个世界新纪元的到来，封建民族国家被资产阶级民族国家所取代，除了一部分社会主义国家之外，

① ［法］安田朴. 中国文化西传欧洲史. 耿升，译. 北京：商务印书馆，2000：722.

发达国家中主要是资产阶级国家。

1789 年 7 月 14 日，法国巴黎的起义者攻克巴士底狱，欧洲最强大的法国王权宣告覆灭，同时也意味着统治人类世界长达数千年之久的封建专制制度已经面临覆灭。虽然封建制度本身还会以各种形式存在，但作为主要形式的封建民族国家并不是永恒的，这已经得到证明。7 月 14 日成了法国国庆日，法兰西以一个革命民族著称于世。从 1789 年 7 月 14 日起到 1794 年 7 月 27 日，短短五年之中，法国革命一波未平，一波又起，各种政体与政党，各种政治势力把巴黎变成了政治变革的试验场。先后登台主政的有君主立宪的“斐扬派”（1791 年 7 月至 1792 年 8 月 10 日）、代表工商业主利益的“吉伦特派”（1792 年 8 月 10 日至 1793 年 6 月 2 日），最后是小资产阶级民主派的“雅各宾派”（1793 年 6 月 2 日至 1794 年 7 月 27 日）。

表面上看来，相当多的学者们愿意承认英国革命在代议制度上的贡献、美国独立战争所创造出的宪法这样的贡献，而对于法国大革命则有部分学者持有不同看法，认为法国大革命所留给人们的只是革命原则。甚至于对这种革命原则还持一种怀疑态度，俄国作家屠格涅夫有一句名言：“米罗岛的维纳斯远胜过法国大革命的原则。”

其实不然，法国大革命所创造的并不只是一种革命原则，它是民族国家形式进化中极为重要的一环，资产阶级民族国家建立的思想观念主要是由法国大革命所创造，这一创造经历了两个世纪之久，从启蒙主义者卢梭的《社会契约论》到法国大革命的《人权宣言》，这是西方近代国家思想最重要的柱石。《人权宣言》中说：“人人生而自由平等，每个人都有获得自由、财产、安全和反抗压迫的权利，主权属于人民。”这是国家主权首次真正得到全面的表述，人民为国家之主体，民主为国家之政治原则，平等自由是社会道德之基石，也都从此而确立。取消封建等级特权、皇帝与贵族的特权，而代之以人权与法制、在法律面前人人平等的思想，这也是人类社会最有价值的法律本位思想之一。公民具有表达自己思想见解的权利，享有言论、著述与出版自由，这一思想已经成为世界各国宪法的基本观念。私有财产有神圣不可侵犯的权利，这是文明创造之源，自渔猎文明与农业文明开始之后，人类私有财产成为社会进步的推动力，这一事实最终以法律形式规定下来。可以说这样的国家与政府的体制是有其历史贡献的，我们认为，这种相对的历史进步性是应当肯定的，历史实际上已经解决了前人所争论不休的问题。

1792 年 9 月 22 日，法兰西第一共和国成立。国王路易十六因为与外国势力勾结，反对国民公会，于 1793 年 1 月 21 日被送上断头台，这虽然不一定是对付专制君主的最好办法，但按照法律行事是当时的一种指导思想。此时，共和国并非完全是破坏，而是有破有立。1793 年罗伯斯庇尔所提出的《粮食最高限价法

德拉克洛瓦描绘法国1830年革命的名作
《自由引导人民》

案》在国民公会获得通过，这是国家管理史上的重要创造，政府以法律形式实行经济宏观管理，制约不法奸商与反对派危及社会的经济行为，这是民主政府最重要的原则之一。而创造者就是法国大革命本身。它为以后俄国革命新经济政策提供了借鉴。这是政府机构与管理的重大创造。

对法国大革命的评论历来不一致，已经为世人所共知。但我们要强调的是，即使是对于法国大革命持不赞同态度的，但有一定历史观念的学者，仍然能看到法国大革命的双重意义，它的推翻旧专制与建设新体制的历史作用，如法国历史学家托克维尔在《旧制度与大革命》一书中所说：

> 法国革命的目的不仅是要变革旧政府，而且要废除旧社会结构，因此，它必须同时攻击一切现存权力，摧毁一切公认的势力，除去各种传统，更新风俗习惯，并且可以说，从人们的头脑中荡涤所有一贯培育尊敬服从的思想。这就产生了法国革命如此独特的无政府主义特点。
>
> 但是搬开这些残渣碎片，你就会发现一个庞大的中央政权，它将从前分散在大量从属社会权力机构、等级、阶级、职业、家庭、个人，亦即散布于整个社会中的一切零散权力和影响，全部吸引过来，吞没在它的统一体中。自罗马帝国崩溃以来，世界上还没有过一个与此相似的政权。大革命创造了这一新权力，或者不如说，这一新权力是从大革命造成的废墟中自动产生的。的确，大革命建立的政府更为脆弱，但是比起它所推翻的任何政府却强大百倍。①

与大多数英法历史学家一样，托克维尔对于法国大革命仍然有一种恐惧感，虽然他精研大革命的所有资料。法国大革命活在他们心中的是英国作家狄更斯的《双城记》中所描绘的场面，一种民众起来暴动的恐怖场景，昔日受尽压迫的市民与工人以暴力来对抗贵族，血腥复仇的气氛笼罩着整个巴黎。在这些历史学家看来，有民主固然可贵，但有了民主未必就有自由，特别是个性自由，法国启蒙主义的理性王国当然不是法国大革命所创造的政府。

无论如何，法国大革命已经超越了资产阶级国家与政府建构的模式，成为西方文明的宝贵财富。不仅对于法国与欧洲的封建专制制度，而且对于世界的封建

① ［法］托克维尔．旧制度与大革命．冯棠，译．北京：商务印书馆，1997：48.

专制制度，法国大革命都是它们思想上的终结者，而且法国革命所创造的民主政府体制，也为真正的民主制度提供了最丰富的经验。

也就是在英国革命与法国大革命同一时期，远离欧亚大陆的美国人建立了一个新的国家——美利坚合众国——一种联邦制度的新国家。新大陆与新制度，它所具有的民主色彩与法制精神是旧大陆诸国所远远不能比拟的，尽管联邦制度的利弊对于历史学家们现在仍然是一个有待解决的问题，但是它比起一般的民主共和国来说，更能发挥地方政府积极性，更有利于限制中央集权。

在进一步具体剖析西方国家体制的构成原则之前，我们有必要先对其历史经验进行简单总结。西方国家的历史进程表明，从封建制度到资产阶级民主制度的发展是有进步意义的。这一进程起于英国君主立宪，以法兰西共和国为典型形态，前进过程中的每一步，社会各进步阶层包括中小资产阶级、工人、农民与知识分子，都付出了巨大代价，都有不可替代的贡献。无可否认的是，这一历史过程以其进步社会意义与革命精神为世界文明增添了异彩。同时，我们从这里更可看出，绝对的民主与自由从来就不存在，只有符合社会进步的要求，才可能实现这种历史环境中的民主。

第四节　现代西方国家体制

一、现代西方政治原则的形成

西方社会经历了 17 世纪英国革命与 18 世纪法国大革命的剧烈冲击之后，才基本确立了现代社会的政治原则。经过 2 个多世纪的发展，虽然社会政治变化剧烈，而且经历了帝国主义与殖民主义的海外扩张、法西斯主义战争与民族独立运动等重大历史运动，但政治基本原则保持了稳定，没有大的变化。我们认为，西方社会政治的基本原则可以表述为以下方面：

首先是社会民主政治制度的建设，这种民主制度是近代资产阶级民主的继续发展。多党政治制度是相当重要的内容，其中最为典型的形态是两党制，现在已经是西方多数国家的主要政党制度。最早实行两党制的是英国，虽然早在 17 世纪革命中，托利党与辉格党的斗争已经具有两党制度的一些基本特征，但是尚未能形成政党政治，这两个党派分别代表了土地贵族与资产阶级。19 世纪中，这两个党成为保守党与自由党，成立了议会党团，建立了各级组织与领导核心，从事竞选活动，正式形成两党制度。两党有不同的政治主张与立场，自由党以民主改革为宗旨，保守党则代表了资产阶级中持相对保守态度阶层的立场，以后自由党被工党所取代。在英国政坛上，保守党与工党两党竞争，轮流执政，为西方现代政党政治树立了样本。美国两党政治也经历了长期的演变，早在 1787 年围绕宪法的争论中，就出现了以汉密尔顿为首的联邦党与以杰弗逊为代表的反联邦党的斗争。1854 年前后，美国共和党与民主党两党政治格局形成。美国政党政治的特色恰是两党政治主张区分不明显，相对来说，民主党比较接近改革立场，与知识分子与少数族裔之间的关系密切，而共和党略显保守。2016 年美国共和党在大选中战胜民主党，特朗普当选美国第 45 届总统，这是美国历史上首次企业家直接当选，很能显示美国政治的新状态。其他西欧国家政党政治情况大致与英美相近，只不过是多党制较多，也有一党制。如法国、德国与意大利等都是多党政治，这种情况下，可能会出现多党联合执政的局面。此外，扩大选举权是民主政治的一个重要方面，欧洲国家陆续进行选举制度改革，向全民投票的方向前进。英国 19 世纪进行了一系列的选举改革，使工人、农业工人与社会各阶层逐渐有了选举权。美国 20 世纪初的“进步运动”中，也把扩大选举权等作为主要措施。21 世纪以来，西方的所谓“全民公决”等形式越来越多，欧洲各国的民粹思想起伏，右翼势力有上升表现，也代表了这一方面的发展趋势。

其次，通过议会制度改革，使民众意愿与政府决策之间产生制约与平衡。1911 年，英国实行议会改革，将每届议会期限从 7 年改为 5 年，同时实行下议院议员薪金制度。在此之前，下议院议员没有薪金，这些下议院议员中相当一批人经济上并不宽裕，更没有政治活动经费，薪金制度的实行，对于他们积极反映下层人民意见很有帮助。英国上议院由贵族组成，他们政治态度保守，是英国政治改革的主要阻力，他们甚至否决下议院通过的预算案，阻止社会改革。1911 年英国两院通过阿斯奎斯法案，法案规定：下议院的财政法案提交上议院 1 个月后，自动生效成为法律，无论上议院是否通过。同时，其他法律，如果下议院连续通过三次后，并在第一次讨论之后两年，即自动成为法律，而无论上议院是否同意。英国的议会改革从法制上保障了社会改革。美国国会经过多次改革，具有相当重要权力，可以对总统进行弹劾直至以各种形式罢免总统，极大地限制了总统的权力，从政治制度上防止独裁与专制。

再次，加强法律的制定与执行，以法律为准则，使现代社会政治有可靠的基础。英国从 19 世纪起制定一系列法律来保障民主，防止贪污，如 1883 年的《取缔选举舞弊及非法行为法》等。从 1874 年到 1911 年，英国颁布了大量关于禁止使用童工、保护女工、规定最低工资、工伤赔偿、劳资关系等方面的法律。美国也相当重视劳动法、反不正当竞争法、女工与童工法、反种族歧视法等法律的建立。

保护人权与个人自由，尊重个人权利，反对种族歧视，维护少数族裔的利益，也是西方社会政治的一个重要方面，但是在这方面，各个国家在不同时期有不同的表现。总体来说仍然有相当多的缺陷与不合理之处，例如直到近年来，美国等国多次出现以妨害国家安全的名义，对少数族裔科学家进行迫害的现象。

此外，西方现代政治中，各种社会监督机制建立起来，代表民众对政府进行监督。新闻机关及其他社会力量也成为社会监督的重要组成部分。相当多的国家建立了社会福利与保障制度，有的国家实行全民福利制度，老弱病残等弱势人群从经济上得到保障，这些都是西方现代政治制度建设的重要方面。

值得注意的是，西方现代政治虽然标榜自由平等，其实是极其虚伪的。美国政府与地方政府，多次迫害共产党等组织，敌视进步人士，镇压工人罢工。20世纪50—60年代，美国黑人民权运动风起云涌，1963年8月28日，美国各界群众在首都华盛顿举行争取自由的“自由进军”活动，黑人领袖马丁·路德·金在林肯纪念堂前发表了《我有一个梦》的讲演，使全国为之震动，黑人民权运动势不可挡。1968年4月4日，马丁·路德·金被种族主义者们所暗杀，这一卑鄙行径引起全国人民的愤怒，美国100多座城市展开反抗斗争，使黑人的社会地位得到一定程度的提高。但是，直至今日，种族不平等仍然是美国社会中的严重问题。

19世纪之后，各国普遍加强了政权的控制能力，强化国家机器，扩充军队与警察，对付反政府力量。1907年，英国建立警察部队，代替了原来的义务保安队。1894年，美国改组陆军，加强了各州的民兵队伍。1908年，美国成立联邦调查局，扩大警察队伍。其他欧洲各国也纷纷扩充军队与警察，增强统治力量。20世纪后期，美国军费开支浩大，引起国内外不安。冷战结束以后，美国成为世界军事超级大国，1991年取得海湾战争胜利，这是自朝鲜战争与越南战争以来美国取得的最重要的一次军事胜利，不仅使美国在中东地区的影响加大，也滋长了其用武力解决政治争端的信心。近年来的伊拉克战争，引起国内外的强烈反响，这也标志着，美国及其政治盟国在全球化时代，政治与军事发展正面临着新的考验。

全球化时代的到来，使西方政治的基本趋势是多元化与一体化的并进。21世纪初期，酝酿已久的欧洲共同体终于形成，这意味着从13世纪就开始的欧洲封建民族国家的建立与民族主义运动现在开始向相反方向运动。新世纪中，欧洲各国流通的货币统一为欧元，虽然语言尚没有统一，但是共同市场的组建意义深远。

为了分析西方现代社会政治制度的实质，我们在下文通过英美两国的实例，进行个案研究，从中观察其国家机关的构成与作用。

二、英国议会制君主立宪制度

英国议会制的君主立宪制度，体现了三权分立思想：议会行使立法权，并且正如孟德斯鸠所说，议会由上院与下院组成，分别代表不同社会阶层的利益。立法是关系到国家体制及发展方向的大事。由总理（首相）为首长的内阁行使行政权，而司法则由法院与司法机构进行。

所谓君主立宪，是指根据英国宪法规定，英国国王是国家的世袭元首，是立法机关的组成与法院首领，是武装部队总司令与国教的世俗领袖。国王有权任命内阁首相、政府大臣、高级法官及各属地的总督，这里的属地也包括昔日的殖民地即现在的英联邦国家。国王有权指挥军队，对外宣布战争状态，有加封贵族与授予荣誉、批准法律的权力。国家的一切重要行为都要用国王的名义来宣布。所以英国习惯使用“皇家空军”“国王的名义”等用法。但是实际上国王并不能决定国家大事。国家大事的决定权要由国会下院来决定，下院产生以首相为首的内阁。英国国王是世袭的，其即位的各个细节都有详细规定。国王虽然没有实际权力，但具有检查、听取汇报的权力。

议会是英国的最高立法机构，由国王和上院（贵族院）及下院（众议院）组成，其中起决定性作用的是下院。议会的主要工作就是制定法律，并且以立法方式来通过财政预算，检查政府的政策和工作，向选民报告国内外有关情况。

议会下院也就是平民院，也称众议院。议员由选举产生，每5年进行一次大选，法定人数40人，每年平均开会时间为175天左右。下院主要职权是立法，但是议案必须由两院通过和国王批准后，才能成为法案。下院的另一项职责是监督政府，内阁受议会监督并对议会负责。下院有权对政府财政进行监督。政府有权决定提前大选。目前英国共有635个选区，每个选区负责推选一名议员，选举中得票最多者当选。大选中取得多数议席的政党为执政党，其领袖由国王任命为首相，首相任命内阁，内阁可以是一党内阁，也可以组成多党内阁。所谓反对党就是在下院中得票第二多的政党，这是法定的，反对党可以组织预备内阁。执政党提名并经反对党同意选出议长，议长可以是执政党成员，也可以是反对党成员。议长是议会的发言人兼大会主席。

议会中的上院就是贵族院，由王室成员、世袭贵族与终身贵族担任，终身贵族就是非世袭的贵族。上院主要工作之一是研究通过下院的法案，但是其权力是十分有限的，因为法律规定，上院对于下院的法案只能否定一次，如下院再次提交同一法案，上院有义务通过此法案。从首次提交法案到第二次提交，中间要间隔一年时间。英国的上院其实已经有些名存实亡的意味，目前上院共有1 000多人，但经常参加会议的只有200多人，其余多为高龄的议员，并不经常到会。

英国法律上设有枢密院，从15世纪亨利六世开始设立，主要为国王提供咨询意见。以后演变为协助国王处理各种事务的组织，可以看成是国王的秘书班子，也可以看成是国王与国会之间的一种协调与配合的机构。在内阁出现之后，枢密院已经失去了作用，其实目前只有法律上的名义。

由内阁首相、枢密官与各位内阁大臣所组成的政府领导机构，其人数没有严格规定。内阁就是国家的最高行政机关，它的使命就是行使行政权力，包括外交、军事、警察等，制定并执行一切政策。政府的法案主要是由内阁所提出的，每个内阁大臣在形成决议之后不得违反，否则就要辞职。首相由下院多数党领袖担任，必须经过国王任命。内阁首相同时兼任首席财政大臣，也是国家所有文官的首领。内阁由首相提名组成，主要包括外交、财政、国防、内政等大臣，大法官与枢密院院长、掌玺大臣、英格兰事务大臣和威尔士事务大臣等，人数根据情况具体确定。首相有权任免大臣或是改组政府，贵族的称号、爵位、荣誉称号等需由首相提名再请国王授予。英国首相的权力比较大，而国王其实并不亲自出面来主持朝政。这就是君主立宪制度的一个特点，与共和制度相比较各有不同，共和制度是由总统来处理国事，国务卿只是协助总统，权力掌握在总统手中，只有国会才能一定程度上限制总统的权力。

政府主要是由内阁与各部门组成，内阁设有内阁办公厅与各种委员会，主管十余个部。内阁成员分为两大部分，即部门大臣与非部门大臣，有部门大臣设置的包括外交联邦事务部、财政部、教育和科学部、贸易工业部、能源部、环境事务部、农业渔业和粮食部、卫生与社会安全部、就业部、苏格兰事务部、威尔士事务部、北爱尔兰事务部、邮电部、文官部等各部。此外，还有枢密院院长、掌玺大臣、兰开斯特公爵郡大臣、主计大臣、不管大臣等相关设置。

值得关注的是政府官员分为两种，一种是政务官员，一种是文职官员。所谓政务官员只包括大臣、国务大臣与政务次官。政务次官就是部长的助理。这些人员是内阁的领导层，但他们会受到内阁改变的影响，他们可能会随着内阁人事变动做出相应的改变。而绝大多数的政府工作人员是文职官员，相当我们所说的公务员。文官的选拔有严格的手续，经过公开考试才能录用，主要从事行政、科学与管理工作，当然也包括一些事务性工作的人员。文官是政府最稳定的工作成员，不受政府变化的影响，更不会因为个别人的好恶受到牵连，他们工作效率较高，熟悉本职的专业工作，使政府工作的连续性得以保持。

各级地方政府的组织原则仿效中央政府，市区与乡镇都设有议会，市议会的会长称为市长，全都是经过选举产生。

英国是典型的法治国家，具有悠久的法治传统，从大宪章开始，英国的法治就走上了稳定与求实的发展道路。英国司法的原则是法律与政治分离，法官不参与政治或是自称为“中立”，政府不得干预司法。法官多是由牛津、剑桥等著名大学毕业的学生担任，法官一般很难被免职，薪金很高，大多数是终身制，尤其大法官的薪金与首相相同，由此可见英国政府对于法律的重视。但英国司法系统工作程序繁杂，审理期限长，也是其多年的传统，早在 19 世纪英国小说家狄更斯等人的小说中，就可以看到这种弊端，可以说至今仍没有大的改变。

英国的司法工作主要是由法院承担的，法院分为两级，即中央法院与地方法院。上院是司法的最高机构。但是一般的上院议员与司法无关，只是由国王任命的相关议员来行使司法权。法官不是选举的，而是经过任命的。权力最大的是大法官，其同时也是上院议长。

英国实行两党政治，这使多种政党可以平等参加政治活动。主要两大政党是保守党与工党，多年以来，两党轮流执政，它们是通过选举获得在议会中的多数席位来取得执政权力的。

英国国家制度一直是西方政治制度的样板，作为一种君主立宪的民主制度，它通过议会、政府与王室三者之间的平衡，既继承了欧洲古老的政治传统，又体现了与时俱进的民主精神。它与法兰西共和国、德意志共和国等国家的政治体制一起，在保持各自特点的同时，共同构成了欧洲丰富多彩的政治体系。

但是无可讳言，这种西方资本主义制度从本质上来说是不可能实现真正民主的，所谓的民主只能是资产阶级的民主，不可能是全民的民主。

三、北美联邦制度

18世纪，北美的两个国家美利坚合众国与加拿大创立了联邦制度，这是继欧洲政治制度改革之后另一个重要创造。联邦国家作为一种与欧洲文明有直接联系，但同时具有鲜明的美洲特色的政治制度，经过两个世纪的风雨，它的成与败，正在吸引世界的眼光。当然，确切地说，美国与加拿大虽然同属于联邦制，但两者之间仍然是不同的。加拿大受到英国政治制度的影响与限制相对比较大，尊英国女王为国家元首，政权归于英国女王，并且设有总督一职，20世纪中期之前，这一职位一直由英国王室亲属或是贵族担任，之后才有所改变。不过，加拿大政体仍然属于联邦制度，并且其目前形势也相当明确地朝着加强联邦制度方向发展。

美洲原有的文明属于印第安文明，被西班牙征服后，欧洲移民首先是按照欧洲的政治法律传统来组织社会的，这就是殖民时代的社会政治。1776年7月4日，大陆会议通过了《独立宣言》，其内容充满了反对殖民主义的精神，它所依据的是法国启蒙主义者的天赋人权与社会契约学说。它的主导精神与英国的大宪章之间其实有相当大的差异，这一宣言对英国政府的殖民主义进行了严正声讨，其所主张的独立自由和民主精神，与英国政治传统并不一致。直到1783年《巴黎和约》签订，北美13个州独立，美国的政治制度并没有一幅现成的蓝图，而只是充满了对于未来新型共和国制度的憧憬。所以最初的联邦制度比较简单，强调各州的独立性，唯恐中央集权会削弱各邦的独立性。

1787年在费城召开的制宪会议通过的联邦宪法，即《1787年宪法》，首次把三权分立制度与联邦制度结合了起来。美国宪法规定宪法高于一切法律，各州平等，互相尊重；宣布联邦政治是中央政府，但是各州政治相对独立。从美洲的历史与现状出发，宪法主张分权而治，联邦政府不具有集权性，但是已经明确规定，联邦设国会，国会分参众两院，行使立法权。行政权力归总统，总统是国家元首兼政府首脑。最高司法机构是最高法院。宪法规定了三权分立与互相制衡的机制。从美国宪法产生以来，已经经历了数十次的修宪，主要是增加了反对歧视黑人与妇女等方面的内容。从美国政治总进程来看，美国政府克服了联邦制度初期的权力过于分散的局面，加强了国家权力。美国宪法其实是世界上第一部作为独立统一国家的成文宪法，它的历史意义在于明确提出以总统来取代王室，以人民可以掌握的力量来取代世袭的皇家权力。相对于传统民主形式的英国与欧洲其他国家政治制度来说，美国政府不但是最新的，也是最为进步的，最富于民主精神的。

合众国有别于共和国，其中心是强调国家的联邦性质，各州与联邦政府之间的独立与从属的复杂关系，不同于一般共和国如法国等国家与各地方行政之间的从属关系。

美国宪法明确规定三权分立原则，主张以宪法为国家大法。国会行使立法权力，其由参众两院组成，基本上与英国是一样的；总统行使行政权力，这一点与英国不同，美国没有王室，总统的权力要大于一般的首相；司法权则由最高法院与国会法院行使。三种权力之间互相制约以取得公正，其最终目的仍然是启蒙主义者 200 年前的目标：避免独裁与专制。

由于具体的历史环境，美国的历届总统都是世界关注的人物。总统由全国选举产生，任期为 4 年，连任不得超过两届。美国历史上曾经有过富兰克林·罗斯福四次当选总统的先例，这种情况可能与第二次世界大战等特殊历史状况有关，但在 1951 年通过的美国宪法修正案第 22 条中仍然作了明文规定，美国总统连任不得超过两届，这显示了美国民众限制政府首脑权力与个人长期任职的民主精神之深厚基础。美国总统必须是从出生于美国的、并且在美国居住超过 14 年的、年满 35 周岁的公民中选举产生。美国总统选举是全国最隆重的大事，每 4 年选举一次，虽然参加选举的人数非常之多，但美国总统不是直接选举，它是由各州选举人所组成的选举团选举产生的，而各州的选举人则是由各州的选民投票产生。所以这种选举仍然是不可能代表全民意见的，特别是选举中各种政治力量的违法操作、舞弊营私、接受贿赂等现象屡禁不止，各级选举经常成为一种闹剧。不但总统选举如此，其他各级选举也存在同样的问题。美国著名作家马克·吐温有一个著名的短篇小说《竞选州长》，该文辛辣讽刺了美国的选举制度，为了争夺州长职位，各种势力不惜采用各种手段，造谣污蔑，栽赃陷害，甚至直接迫害候选人，从中可以看出美国各级政府所谓民主选举的真相。

美国行使行政权的总统与国会之间关系复杂，我们先看一下美国国会的产生与运作，再来分析它们之间的关系。

美国总统

美国的国会也是两院制，分为参议院与众议院。与英国不同，美国没有贵族，所以参议院并不是真正意义上的代表贵族利益的，两院议员都是选民直接选举产生。参议员100名，任期6年，每两年改选1/3；众议院议员435名，任期2年，任期完成之后，全部要进行改选。关于两院议员资格的规定最重要的是，政府任职人员在任职期间不具有被选举的资格。这一点与英国相近但又有所不同，比英国法律规定更加明确与严格。参议员年龄不得低于30岁并且要成为美国公民9年以上，众议员年龄不得低于25岁，并且要成为美国公民7年以上，这些要求具有这个移民大国的色彩。参众两院的分工十分明确，每年1月3日开会。国会的权限相当广泛，包括征收赋税、偿还国家债务、货币铸造与度量衡标准的制定、招募与训练军队等，具有对外宣布战争的权力、制定与修改宪法的权力等。众议会由议长主持，其特有权力包括提交征税的法案，有权对总统及所有政府官员因各种犯罪进行弹劾，如果在总统大选时，没有一个人能得到绝对多数票，可以由其推选出一位总统。参议院也有其特权，它可以批准总统与外国缔结的一切条约，批准总统提名的高级官员，审定弹劾议案，如果在总统选举中，没有一个人能获得绝对多数票时，其有权选出一名副总统。美国政府包括13个院部，由总统领导，所以也称总统内阁，这种建制是与英国内阁不同的。它包括国务院、财政部、国防部、司法部、内政部、农业部、商业部、劳工部、卫生与人民服务部、房屋与城市发展部、交通部、能源部、教育部。另有总统办公厅、白宫办公人员、管理与预算局、经济顾问委员会、国家安全委员会等机构。

从以上有关规定可以看出，美国宪法对于国会与总统的规定是相当明确的，但为防止万一，仍然做出多种规定。总统并不对国会负责，而是对全民负责。如总统不能履行职责，则由副总统来负责。宪法规定行政权力属于总统，他有权管理国家事务与联邦事务，选任所有部院署局等数百名高级联邦官员，不过这一任命要得到参议院的同意。作为国家武装部队的总司令，总统可以召集国民警卫队，在战争期间，总统可以行使特殊权力，以保护国家安全。总统可以使用否决权来否决国会法案，但如果参众两院有2/3以上多数反对则无效。总统有权召集国会特别会议，向国会建议立法。总统有权任命联邦高级司法官员，可以提名包括联邦最高法官在内的各级法官，但要征求参议院同意。总统有赦免大权，可以全部或部分行使这一权力。总统全面负责对外关系，包括任命大使及各级外交官员，具有同外国缔约的权力，但要经过参议院 2/3 多数的批准。

美国自认为是最崇尚法制的国家，早在欧洲移民乘坐的第一艘名为“五月花”号的船登上美洲大陆之前，船上的移民们就相约在新大陆要共同遵守法律。但实际上，这些移民都是来自欧洲，所以他们关于法律的理解也是欧洲的法律。美国司法的权力归于最高法院以及其他法院。全国划分多个区，每个区内都设立了联邦法院，目前有最高法院、11 个上诉法院、91 个地方法院与 3 个具有特别裁判权的法院。最高法院是宪法规定的唯一法院，这个法院是国会所无权取消的。最高法院由首席法官与 8 名法官所组成，开庭时最少要有 6 名法官出席才有效，判决以投票结果决定，多数票为决议，最高法院的判决不能在其他法院上诉。美国的最高法院有一项重要的职能，就是监督立法。它可以用违宪的名义来宣布相关法令的无效。

最基层的法院是联邦地方法院，它负责审判发生于某一所辖区内的案件，其设有两个陪审团，大陪审团负责起诉，小陪审团进行判决。如果不服判决，可以上诉至上诉法院。上诉法院又称为巡回法院，美国在 11 个上诉区内均设有上诉法院，这种法院的主要工作是受理上诉判决，或是复审地方法院判决。一般来说，上诉法院的判决就是最终判决，但有例外，就是当上诉法院认为有必要提交给最高法院审核时，可以不做出最终判决。此外，如必要时，国会可以根据有关法令而建立特别法庭，以审判一些复杂的事项。

美国法律制度虽然表面上是公正的，但是如同其他资本主义国家法律制度一样，是受一定法律思想支配，并且为一定的社会阶层利益服务的。美国法律主要是维护特定社会阶层、集团和族群既得利益的，对于广大社会成员的利益从来没有真正的关心。举例来说，美国枪击事件频发，21 世纪的十余年间愈演愈烈，2017 年 10 月 1 日晚，在拉斯维加斯曼德勒湾酒店旁发生的大规模枪击案，导致 59 人死亡，527 人受伤，世界为之震撼。但美国的“禁枪法案”却一直难以通过。对于一个民主法制的社会，社会治安是最重要的基本保障，光天化日之下，公众场合之中，公民随时可能遭受枪击，生命安全有不测之虞，谈何“民主、自由”呢? 此外，美国法律虽然相当烦琐，其实并不能真正起到民主监督的作用，如美国总统权力过大，历届总统中经常出现总统滥用职权、否定国会提案的情况，甚至可能会发展到发动战争，危害美国与世界人民利益的地步，这是必须警惕的。

第八章
基督教信仰与宗教思想

第一节 基督教的历史

一、基督教的来源

基督教（Christianity）是指以信奉耶稣为救世主的宗教，它包括了天主教、新教或是耶稣教与东正教三大流派，是当代世界人数最多、影响最大的宗教之一。到20世纪80年代，世界基督教徒的总数已经达到15亿，其中天主教徒为8亿多，新教徒5亿，东正教徒2亿，总人数居世界宗教之首，已接近世界人口的四分之一。世界各大洲无不有高高耸立的基督教堂与十字架。基督教到底分布于世界多少国家？可以说无法统计，至少在150多个国家民族中有基督教组织，其余国家民族中大多数也有各种形式的基督教活动。在世界经济政治中，基督教会、教皇与信徒的影响远超过其他任何宗教，这也是一般的政治或经济势力集团所不能比拟的。据统计，基督教的经典《圣经》是世界上被译成外国语言最多的书，大约达到古今语言1 000余种。

其实基督教并非原本就是欧洲的宗教，它的前身可以说是诞生于现在中东巴勒斯坦的犹太教，是由古代东方民族希伯来人所创造的。为什么这种古代希伯来人创立的宗教能够有这样的发展？这或许是最难以回答的问题。我们还是从它的历史来看它的今日，从历史主义观念出发，这是理解事物本质最重要的方式之一。

1世纪初期，在巴勒斯坦的犹太人中流传一种相信救世主的宗教，这种宗教先是在社会下层中间形成。当时犹太人在罗马帝国统治下，地位极为低下，受尽苦难，盼望能有救世主出世。这些人相信上帝耶和华将派救世主“弥赛亚”（也就是古希腊语中的“基督”）把人们从苦难中拯救出来。这种信仰深入人心，发展迅速，但是尚未能形成教会。2世纪到3世纪，基督教开始形成教会，并且从下层人民向上层社会发展，其教义也发生了大的改变，以顺从、忍耐为主要宗旨。392年基督教取得罗马帝国国教地位，从此，一直是西方文化的中心。从宗教改革之后，基督教进入了新的阶段，一方面它的地位继续得到巩固，成为西方各国主要宗教或是主要宗教之一。虽然中世纪的政教合一的局面已经不存在，但基督教仍然是重要的社会政治势力。另一方面，基督教自身的教义不断变化，教派越来越多，内部的思想分化也日趋严重。15至16世纪，随着西方殖民扩张，基督教被当作殖民者教化野蛮民族的精神武器，在世界各地广泛传播，使之成为世界最大的宗教之一。有人在形容西方殖民主义扩张时说，基督徒们一手持剑，一手持《圣经》来到殖民地，这并非完全夸张。

综观基督教主要历史发展可以看出，这个起源于中东地区的古老宗教在罗马时代融入西方文化之后，与希腊精神相结合，成为西方的信仰。继而又随着这种文化的发展而向东方与世界扩展。我们必须承认，基督教有它的内在精神法则，唯有这一法则使它能如此。古代犹太教是基督教的前身，要理解古代犹太教，必须先理解犹太人的先民希伯来人的神——耶和华。

二、前基督教时代

公元前13世纪犹太人首领摩西带领犹太人走出埃及来到西奈半岛，开始建立犹太教，到公元前9世纪前后犹太教正式创立，这是人类历史上最早的、具有系统神学理论的一神教。在此之前，古代宗教与原始宗教中也曾有一神教，但是没有相应的神学理论体系。犹太教认为世界是由唯一的神创造的，所以世界的万物是有序的与和谐的，人作为神的创造，也就具有理解这个世界的可能性。人与神之间建立了一种契约关系，人是可以选择的，而不是命定的。在犹太教的教义中，有关于承认法律主权、尊重人格等方面的内容。犹太教首先实行一夫一妻制，保护妇女权益，这与其他宗教教义也是不同的。这些思想对基督教产生了关键性的影响，也间接作用于西方文化精神。

公元前334年，犹太人被亚历山大王所征服，当亚历山大所开创的大帝国灭亡后，犹太人被埃及的托勒密王朝所统治，最后，成为罗马帝国的一个组成部

发现摩西

分。在这一历史时期中，犹太教不但没有灭绝，反而影响越来越大。

公元前4世纪，雅典人实际上已经对传统宗教不再感兴趣，具有人文主义精神的思想家的影响已经超过了宗教（这里其实是指那些原始宗教，因为在当时现代意义上的宗教还没有产生，或是说没有取得主导地位），取得了人类理性发展史上一次重大的胜利。这种胜利给世界文化以丰厚的遗产，包括政治领域里的民主制度、思想领域中的理性精神以及尊重科学的观念等等，时至今日这仍是西方文化最重要的成果。但为时不久，到了希腊化时代，即从公元前4世纪的亚历山大东征结束（公元前322年）到奥古斯都即位（公元前30年），希腊理性与犹太宗教相遇，这一次，却是犹太人的宗教战胜了希腊人的人文主义，或像一个希腊化时代的词汇所说，这是一种“融新”（syncretism）。这种融新不是逾越或是征服，也不是两者之间的对立、冲突或是互相取代，这是双方在思想结构中经过磨合，进而产生互动与互补，创造出新的宗教精神。在罗马人的统治下，犹太教的一个分支发展出基督教，从此之后，基督教成为西方文化的核心，同时基督教也浸染了古代希腊的人文主义、理性精神，使自己更符合西方文化传统与时代的要求。

根据基督教教会记载，上帝耶和华降圣灵于圣母玛利亚，感灵而生耶稣。耶稣又称基督耶稣或是耶稣基督，他在《圣经》中有许多名字与称呼，如圣子、基督、神的儿子等等，他自己最喜爱的称呼是“人之子”。耶稣是圣灵之子，同时也是亚伯拉罕的第42代孙（另一种计算方法为第21代孙）。耶稣出生之际，恰逢罗马皇帝圣奥古斯都（也就是罗马第一个皇帝屋大维，公元前27年到公元14年在位）命令所有的犹太人都要报名入册。圣母玛利亚与丈夫木匠约瑟一起来到犹太的伯利恒城登记，耶稣降生于伯利恒的马厩之中。出生8日之后，按犹太人规矩行了割礼，取名耶稣，为“主是拯救”之意。耶稣出生于一个信仰混乱、社会矛盾尖锐的时代，犹太人的一神教信仰更是与罗马人的思想之间存在不可调和的冲突。这种历史条件为耶稣创立自己的宗教提供了机会。耶稣本人是一个伟大的宗教活动家，虽然他真正传播自己宗教思想的时间可能极短，但是已经成功地组织了宗教活动，聚集了众多的信徒。耶稣与犹太公会（Sanhedrin）之间形成对立，罗马总督与犹太上层人士指控耶稣亵渎上帝和自立为“犹太人之王”，于是把他送交给罗马行政官彼拉多（Pilate）。公元33年4月3日，耶稣被钉死在十字架上。据《圣经·新约》所说，耶稣于 3 日后复活，40 天后升入天堂。耶稣不仅复活，并且要重新降临，对世人进行审判。耶稣死后，由他创立的宗教在艰难困苦中存活了下来，经历了三百年的奋斗，最终成为罗马国教。当然，在这一漫长的历程中，基督教遭受过无穷的迫害，特别是在 284 年—305 年间，戴克里先对基督教进行了最残酷的迫害，但令人称奇的是，恰是在这一时期，仍然有新人加入这一宗教。313 年，罗马皇帝君士坦丁与莱西尼阿在米兰联合发表了“米兰敕令”，使基督徒可以保持信仰，不受干扰，发还了原先被没收的财产。君士坦丁受到基督徒们的拥戴，并且统领所有的教会。君士坦丁于 325 年召集各地 300 名主教在尼西亚举行基督教历史上第一次“普世主教会议”，制定了教会的法规，实行主教制，按帝国行省划分教区，但是罗马、亚历山大里亚和耶路撒冷主教比其他主教有更大的权力。大会还规定，圣父、圣子、圣灵三位一体为正统的信仰，三者无先后大小之分，圣子与圣父的本体是同一的，而不接受这一信条的阿里乌斯教派则被开除出教。392 年，罗马皇帝狄奥多西宣布将基督教立为国教，帝国所有臣民一律为基督教徒，严禁异教活动，所有参加非基督教崇拜的活动，全部是背叛行为，被视为异教活动。狄奥多西死前将罗马帝国分为东西两部分，交给他的两个儿子。基督教会也分化为东西两派，东派主要是希腊语区，西派则是拉丁语地区。330 年君士坦丁堡成为帝国首都，两派斗争激化。381 年教会在君士坦丁堡召开第二次公会议，规定君士坦丁堡地位仅次于罗马。451 年的查尔西顿会议又规定，君士坦丁堡的主教与罗马主教具有同等的教务权力，但双方一直不能达到和谐，1054 年终于公开分裂。

三、基督教的中兴时代

罗马帝国灭亡后，罗马基督教会受到蛮族国家的排斥，曾经处于困难境地。这些日耳曼蛮族最早接触的是基督教的阿里乌斯教派，他们大多数加入了这一教派。496 年，法兰克国王克洛维与他的 3 000 名战士在兰斯大教堂接受罗马基督教洗礼，这是蛮族中第一个接受罗马基督教的国王，从此，罗马基督教会开始在法兰克王国各地传教。511 年，法兰克王国教会在克洛维的支持下，召开宗教会议，通过决议，决定所有法兰克王国的所有居民，必须就近到罗马基督教教堂做礼拜，不得违反，这样才使得法兰克人成为正统的基督教徒。查理大帝继续执行基督教化的国策，查理在建成大帝国的时期，大军所到之处，强迫所有居民必须信教，必须缴纳基督教的什一税。所谓什一税是基督教的宗教税收，根据《圣经》中的有关论述，农牧产品的十分之一是属于上帝的，所以基督徒应当将此收入捐给教会，用于教会和教士的费用。查理大帝从 779 年全面征收什一税之后，欧洲各国也都纷纷仿效，给人民造成重大负担。宗教改革运动中，反对缴纳什一税成为重要内容。直到 18 世纪之后，欧洲各国才逐渐废除这一税制。查理大帝时代，教会开始享有特权，如教会可以免除税收、任何官员不得进入教堂内逮捕人等，以后教会的权势越来越大。

英国早在3世纪就传入了基督教，597年，教皇格列高利一世派遣布教团进入英格兰，在坎特伯雷开始传教。大约在7世纪中期，罗马基督教成为英国的统治性宗教。随后，罗马基督教进入西班牙等地。东法兰克王国进入神圣罗马帝国时代后，基督教进入中欧地区，斯拉夫人接受基督教，德国人也成为基督教传播的主要力量，他们大批迁移到东欧与北欧地区，大约于10世纪到11世纪间，中欧与北欧地区也普遍被基督教所控制。在天主教积极传播的同时，东正教也努力扩大势力，9世纪起，君士坦丁堡向北欧与东欧地区传播东正教，为了扩大影响，还将《圣经》译成斯拉夫文。988年，东正教传播取得重大胜利，基辅罗斯大公弗拉基米尔一世宣布皈依基督教，并且确定东正教为国教。过去东正教的领导权集中于四大牧首，即君士坦丁堡、亚历山大里亚、安提阿和耶路撒冷这四个牧区的牧首。西欧的宗教改革运动之后，俄罗斯成为东正教的另一个中心，莫斯科索性脱离了君士坦丁堡，自立俄罗斯正教。以后，东欧国家的教会群起而效之，纷纷脱离君士坦丁堡自立。1453年，东罗马帝国被土耳其奥斯曼帝国灭亡，从此之后，东正教的中心开始移向俄罗斯。

相对来说，西欧的基督教发展更为顺利，从6世纪中期起，基督教权力不断上升。通过与世俗政权相结合，教会获取大量的土地与财富，这使得罗马教会成为西欧最大的土地占有者，占有土地面积几乎达到西欧土地的三分之一。8世纪中期，法兰克国王矮子丕平为了报答罗马教廷支持他篡位，向罗马教皇赠送大量土地，罗马教皇国得以成立。罗马教皇国成立后，与世俗政权之间的关系更加密切，教会与王权互相利用。同时，基督教教会制度也逐步完善起来，大主教区管辖着相当于行省的广大地区，权力极大。9世纪前后，大小教会、修道院已经遍布各地。修士与教士并列，是基督教的两大类神职人员。教士们的职责是教化信徒，管理宗教事务，而修士们则脱离现世生活，以修行的方式取得灵魂的自救。修道院出现以后，大批的修士们集中于此，集体生活，与佛教的寺庙相似，通过修持来完成宗教使命。意大利人本尼狄克在罗马与那不勒斯的卡西诺山顶上，创立了西欧基督教自己的修道院，主持制定了《修士守则》，建立了本尼狄克修会（即本笃派修会）。西欧修道院与其他宗教组织有相近的一面，但也有自己的特点。主要特点在于，并不一味主张苦行，而以自食其力、参加劳动来纯洁灵魂，达到净化精神的目的。修行者不能结婚，实行禁欲主义，过独身生活。日常生活以农业劳动等为主，其余时间则诵读经典，学习宗教教义。这种修道院对于西方文化的发展与保存有重要意义，一些文化水平高的修士们对于西方文化经典有较深入的研究，他们记录了相当多有意义的西方文化史料。

教会的势力极为强大，政教合一成为欧洲社会的主要统治方式。12世纪到

13 世纪，教会建立起了军事武装组织骑士团——十字军进行东征。12 世纪与 13 世纪之交，教皇英诺森三世将教会权力推向顶峰，意大利、英国、瑞典、丹麦和葡萄牙等国全都臣服于教皇，宗教与世俗社会的一切权力归于教皇，权势之大，无以复加，这是教会统治的全盛时代。14 世纪之后，随着文艺复兴运动的到来，基督教的势力也逐渐衰退。

四、宗教改革运动

从 16 世纪开始，欧洲发生宗教改革运动。宗教改革运动兴起的直接原因是罗马教廷的衰落、基督教神职人员腐败、宗教制度落后、宗教组织的分裂等。但它的产生却有其内在的动力。中世纪后期，欧洲的封建割据政治加剧，封建领主们各自为政，他们政治腐败，残暴专横，这使得其与市民和农民之间的冲突日益尖锐。各级教会不仅是宗教中心，同时操纵世俗政治，它们的横征暴敛和贪婪无度，早已经引起社会各界的愤怒。

欧洲近代工业的兴起使社会结构与各阶层之间的力量发生巨大变化，地理大发现与海外征服，使得资产阶级力量更加壮大。资产阶级与封建教会之间的矛盾成为社会冲突的中心，反对天主教会的斗争已经不可避免。1377 年教皇格列高利十一世从阿维农迁回罗马，一年以后教皇病故，从此罗马天主教会不再统一。罗马教廷的新教皇是意大利人乌尔班六世，而法国红衣主教则在阿维农另立教廷，两个教廷同时存在，于是教会历史上开始了“大分裂”时期。在这种形势下，宗教改革的舆论工作逐渐展开，英国神学家威克里夫激烈反对教皇至上，主张王权不受教权支配，否认教皇有权任免英国神职，反对教廷向英国征税。他提出，《圣经》是唯一的权威，教皇行为腐败，其实是基督的敌人。另一位杰出的思想家是捷克布拉格大学校长胡斯，他同样主张只有基督才是真正的教会领导，教皇根本不配作为教会首领，教皇的权力是非正义的，所以教徒们不要顺从这种权力。他揭露教皇的特使到捷克出售所谓“赎罪符”，亵渎神圣事业。胡斯最后被康斯坦茨宗教会议判处了“异端罪”，并被处以火刑。胡斯事件在捷克引起极大反响，并引发了大规模的农民起义，这次起义被称为“胡斯战争”。此外，如文艺复兴的重要人物伊拉斯谟等人也对宗教改革兴起有一定作用。

什么是宗教改革运动，改革什么？

简单地说，宗教改革运动是特指 16—17 世纪发生于欧洲基督教的一种改革运动，起因是反对基督教教会的宗教思想专制与贪婪的经济剥削，目的是改革教会的统治思想、教会体制与宗教生活的方式，它是资本主义的新宗教精神的表现。宗教改革具体目标则在于反抗罗马教皇与世俗政治势力的相互勾结和反对欧洲的封建制度。宗教改革运动严重打击了欧洲中世纪封建教会的“普世主义”，有利于资产阶级民族国家的建立。另外，相当多的西方学者认为，宗教改革中产生的新教精神，代表了资本主义的勤俭与奋斗意志，对于资本主义在欧洲的发展有重要意义，也形成了西方文化的精神特性。当然，无可讳言，教会制度改革并不能从根本上解决基督教内部的深刻矛盾，更不能彻底修正它的宗教思想。另外，它也不可能真正改变封建社会的状况，这些都已经被宗教改革的历史所证明。

宗教改革起于德国，这也是由具体的历史环境所决定的。英国、法国、意大利、葡萄牙等国的王权在16世纪初期已经得到一定程度的巩固，资产阶级力量也相对强大。天主教会在这些国家中已经处于相当狼狈的境况，所以不得不有所收敛。而德国一直无法实行统一，各诸侯国割据一方，教会仍然控制了社会的政治经济大权。教会在政治上独断专行，在经济上加紧盘剥，不但实行什一税，而且以出售宗教的“赎罪券”来聚敛财富，激起社会不满。1517年10月31日，德国维登堡大教堂门前贴出一份声明，这是反对德国教会销售赎罪券的一份檄文，题目是《九十五条论纲》，作者就是维登堡大学神学教授、负责教会的牧师马丁·路德（Martin Luther，1483—1546），宗教改革运动从此在欧洲迅速蔓延。文中所提到的“赎罪券”是教会史上的一件丑闻，当年罗马教皇为聚敛财富，曾经向欧洲各国的广大教民出售赎罪券。基督教教义中的赎罪（atonement）是从犹太教而来的，即认为世人是有罪的，这种罪恶与上帝的神圣之间是对立的。因此，世人只有通过赎罪才能得到神的宽恕，得到宽恕才能有神的保佑，而赎罪的行为是按照上帝规定的程序来进行的。基督教宣称耶稣基督就是为众人赎罪而被钉在十字架上的，所以是最大的赎罪。罗马教廷的赎罪券其实是利用宗教教义诈取教徒钱财的一种手段，也是对宗教神圣教义的一种亵渎。所以马丁·路德的论纲一出现就迅速在民间传播开来，赎罪券的身价一落千丈。罗马教廷大为震怒，只是由于德国的上层宗教人士与各地诸侯的抵制，才没有将路德立即传唤到罗马受审。1520年，路德陆续发表了《致德意志基督教贵族公开信》《教会被掳于巴比伦》《论基督徒的自由》等文章，提倡宗教改革。路德提出政教分开的主张，即教皇是无权干预政治与王权的。其次，教皇不是《圣经》的最后解释者，而祭司也不是神圣的。人必须信仰上帝，通过宗教生活，人的灵魂可以获救而升入天堂，但是，这并不是教会的功劳。更没有必要的是基督教的那些礼仪，人类赎罪是依赖于真诚的信仰。因此，建立信仰的关键是直接阅读《圣经》。可以看出，路德的主要观念是反对腐败的教会，反对烦琐的宗教仪式，要求宗教教会进行改革。然而，虽有世俗政权与地方宗教机构的保护，路德最终还是不能逃脱教廷的惩罚，1520年，路德被教会宣布为异端，并被开除教籍，以后在萨克森公侯的庇护下，埋头翻译《圣经》，1546年逝世后被安葬于维登堡教堂内。

当我们回顾路德在宗教改革运动中的作用时，不可忽视的是他的两个重要观念。

其一是路德对于基督教精神的体会，即基督教的“纷争动力”（cause of disturbance and disagreement）。这是一种相当重要的观念。从这里可以看出基督教与犹太教、《新约》与《旧约》之间的差异与同一。1521 年，路德在沃尔姆斯帝国议会上发表的那篇脍炙人口的讲演（“Before the Diet of Worms”）中，曾经引用《圣经》来为自己辩护。他说：

> 我不但没有被这些危险所吓倒，而是高兴地目睹，今天基督福音仍然与古代的一样，引起纷争与动乱。这是上帝福音的特点，是早已经预定的。耶稣基督曾经说过：我来并不是让人间享太平，而是动刀兵（I came not to send peace onto the earth，but a sword）。①

宗教改革的发生不是偶然的，因为正像路德所说，《圣经》中本身就含有了一种反抗世俗的精神，这种精神用老子的话来说，就是“反者道之动”。一种推动事物发展的“恶”的精神，这是黑格尔哲学中曾经说过的，但还不如路德说得更清楚。这种宣传对于资产阶级反抗教会专制的斗争和改革腐朽的教会制度有鼓舞作用。

这种宗教改革精神，在西方文化中特别是在文艺复兴之后发挥了关键作用，激励着工商业者与社会各阶层奋发向上。天主教教会长期以来，打着上帝在人间事业的幌子，麻痹人民，镇压异端。宗教改革肯定的这种反抗精神，表达了资产阶级反抗封建宗教的决心，号召人民反对教会的控制，其思想意义十分重要。

其二是路德对宗教改革的具体观点的强调，这就是人人可与上帝直接相通，不必经过教会或是教士。路德说：“如果找不出《圣经》的道理或无可辩驳的理由，不能像我刚才所引用的《圣经》的话来令我满意，不能用福音书或是《圣经》改变我的判断，那么，我不能够，也不愿收回我说过的任何一句话，因为基督徒是不能说出违心之言的。”可见，路德仍然是一个上帝的忠诚子民，是遵守《圣经》教谕的圣徒，他所反对的只是借神圣的名义来鱼肉百姓的教会。他是教会的逆子，而是上帝的忠仆。他的主张即人与上帝之间的直接沟通，无须通过教会。这种思想在《圣经》中其实早已经存在，从根本上说，这是一种西方民主精神在教会中的折射，是一种希腊人文精神的再现。这种观念必定会引起注意，如果不是路德提出，迟早也会有别人提出的。这种在当时不易为人所接受的精神，在今日任何一个基督教堂礼拜中，已经成为牧师们布道的最基本根据。当我们回顾路德时，不能不感叹于他的创造精神。

路德这个人物对于德意志民族的影响远远超出了宗教，他已经成为德意志民族的精神领袖。他历史性地提高了德国文化的地位，为近代德国兴起做好了准备。德国宗教改革运动后期，牧师托马斯·闵采尔领导了农民起义，各地农民义

---

① Martin Luther.“Before the Diet of Worms”. 参见圣经·马太福音. 第 10 章第 34 节.

军没收了教会的财产，建立了独立政权。1525年，波澜壮阔的农民起义被镇压下去，但是宗教改革在德国的影响却更加深入。全国教徒分为两大派，路德派与天主教派，全国的教区也划分为两种，天主教区与新教教区，从这里也可以看出，新教在德国人心目中已经深深扎下根。

宗教改革中，与路德的宗教改革主张不同的是法国人加尔文（Jean Calvin，1509—1564）的宗教改革主张。加尔文出生于法国努瓦营，父亲是一位教会律师，这就为他以后在法律与宗教之间的生存、为他一生中在世俗与宗教之间的思考创造了条件。加尔文先在法国马歇学院和蒙太古学院学习神学、哲学和古代文字，以后又到奥尔良大学学习法律。1531年回到巴黎之后，开始信仰新教。在这种信仰的鼓舞下，1534年，他离开巴黎，来到了瑞士的巴塞尔，这里是新教的中心，以后，又迁居日内瓦。在这里他与自己的好朋友、日内瓦宗教改革领袖法雷尔一起，领导了宗教改革运动。

1536年加尔文的《基督教原理》一书出版，这本书其实并不激进，书中否认了教会的权威，重述了教会不可能救世赎罪，因为上帝早已经预定了一切。人能否得救，并不是由教会决定的，而是由上帝所决定的。这种思想与路德就有所不同了，对于路德来说，因信取义是最终目的，而加尔文却认为不但要因信取义，更为重要的是坚持圣洁的生活。赎救是预定的，这是他的最重要观点。从这本书中可以看出，加尔文的主张与激进的改革者是相差很远的，所以在1538年，他与市民改革派之间的冲突是必然的。这种冲突导致了加尔文的出走，直到1541年，他才再次回到日内瓦，建立了代表自己思想的归正教会。这是一个由富有的市民和教士们所组成的组织，他们主张建立政教合一的共和国政权，要求废除主教制度，成立长老教会。生活上要求节俭，反对浪费与奢侈。他们关注工商业者的利益，认为做官执政、积蓄私有财产、放贷取息、经商得利等与教职一样，都是受命于上帝的。加尔文教派反映了新兴资产阶级与市民阶层的利益，主张工商业主的正当权利，认为积累财富是为上帝争光。同时，他在生活上提倡清教徒的节制欲望，勤俭节约，提倡努力工作与奋斗，以成就事业。当资本主义在欧洲兴起的时候，它需要建立一种自己的宗教道德与伦理观念，资产阶级可以依靠这种观念与传统宗教理论相对抗，巩固自己的社会文化地位。新教的道德与伦理适应了这一要求。

当我们总结宗教改革运动时，应当客观对待前人评价。最为常见的是从社会阶层分析角度来看待宗教改革，即认为，路德代表了农民的利益，加尔文所代表的是新兴市民阶层的利益，为在封建社会中立足未稳的工商业资本家们提供了精神与伦理上的支持。这种看法基本上反映了宗教改革运动的历史状况。但同时也要看到，无论路德还是加尔文的改革，都不能仅从社会阶层分析或是宗教教派内部来研究，宗教改革是一种宗教现象，同时它也是一种社会现象与文化现象，它的产生是西方文明进化的一种必然阶段。这是基督教精神与西方文明结合之后，从希腊精神吸取营养，从文艺复兴得到机会，从而产生的一种文化变革。这种变革的发生是这种古老宗教适应社会生产与生活方式变化的结果。同时，由于基督教在西方社会中的重要地位，它也必然给予社会以极大影响，西方从16世纪到20世纪的工业化进程，社会政治经济结构的变化，相当重要的动力产生于宗教改革。

宗教改革运动是近代以来广大人民反抗教会的精神控制与经济剥削的重要斗争，欧洲资产阶级在这场斗争中取得了一定胜利。宗教改革运动不但提高了资产阶级的社会地位，而且使新教精神得到推广，成为资产阶级的宗教思想核心，这对于英国革命与法国大革命起了直接推动作用。新教在欧洲大陆与美洲大陆广泛传播，农场主、资本家、市民与农民们信仰新教，其宗教文化和思想与天主教完全不同，它为资产阶级进一步的斗争创造了条件。

五、现代基督教

新教的产生改变了基督教的结构与体制，使教会制度变得更加多样化，并出现了主教制、长老制和公理制并存的局面。新思潮不断出现，像现代派、自由主义神学、基要派、新正统派神学、社会福音派等等。在基督教内部，宗教改革最实际的成果是多种多样的新教派的出现。

最早的新教派是德国的路德派（主要是德国与北欧国家的信义会），也称之为信义派或是信义宗，其中又分为两派：路德宗（Lutherans）是流行较广的教派；信义派（Lutherans Church）其实只是其中的一派，但是地位最为重要。路德派以路德所提倡的教义为原则，以《奥格斯堡信纲》作为教会纲要。主张“因信称义”，即人类在上帝面前得以称为“义”，也就是不被定罪，其原因不在于教会的教规，而在于信仰本身。他们提倡所谓“廉价教会”，反对铺张的宗教仪式，要求简化教士等级。这一教派在16世纪宗教改革后成立于德国，后来成为德国与北欧一些国家的国教。18世纪后传入美国，成为美国新教的主要教派之一。

加尔文派（主要是瑞士、法国、德国、苏格兰等地的长老会、归正会等教派）是新教的主要教派之一，是以加尔文所提倡的教义为依据所形成的教派。加尔文教派主张：由教徒们推选非职业性的领袖长老和执事们组成“长执会”来管理教会事务，聘任专职牧师。长老为终身职务，要经过正式任命，一般教堂只有二三名长老，特殊的可以多设。执事的地位次于长老，不一定实行终身制。16世纪宗教改革后，加尔文派产生于瑞士，激进的市民们按照民主共和的思想组织了这个教会。其后不久，加尔文派传遍欧洲，在芬兰与苏格兰还成为统治性教派。17世纪后，英国的国教圣公会派受到加尔文派的思想影响，产生了清教徒。这些清教徒与荷兰人大批移民美国后，成为美国新教的主要教派之一。

圣公会派是英国国教，即英国的Church of England Protestant，在美国称为Episcopal Church of the United States，这一教会在日本、澳大利亚、印度等国都有。这一教派在宗教改革运动中产生于英国，当时由于英国王权争取摆脱罗马教廷控制，资产阶级与贵族们也加入反对教会特权的行列，英国国王亨利八世于1532年命令英国教会停止向罗马教廷缴纳贡金。1534年，国会通过法案，宣布英国教会不再受制于教皇，英国国王为教会最高元首。圣公会在英国英格兰地区成为法定的国家教会，即“英国国教会”。圣公会的成立与路德派、加尔文派不同，它并不是因教义分歧而直接导致教会分裂而形成的，它更主要是产生于政教之间的矛盾冲突，当然这种冲突也与教义有一定关系。所以圣公会成立初期，它并没有形成自己独立的教义，只能受制于天主教。17世纪后，它受到加尔文教派的影响，观念发生很大改变，被恩格斯称为“新的资产阶级化的国教会”。19世纪时，教派内部分裂为两大派：一派是高教派，主张恢复天主教传统，维持教会的权威地位；另一派是低教派，反对恢复天主教传统，并且反对过度强调教会的权威。英国成为世界强国后，圣公会向世界各国传播，大量教徒进入美国。美国建立后，美国圣公会也脱离英国独立。

浸会教派（Baptist Churches）也是新教中势力较大的教派，分为“浸信会”（Baptist Church from South U. S. A）与“浸礼会”（Baptist Church from North U. S. A）两个大的宗教团体。浸会教派产生于17世纪英国与在荷兰生活的英国流亡者中间，产生之初属于清教徒中的一个教派。在施洗时要将受洗者全身浸入清水中，所以称为“浸礼”。浸礼教派重视宗教礼仪的作用，并且主张宗教礼仪改革，反对给儿童施洗礼，认为教徒成年后才可以洗礼。这个教派提倡各个教会独立，反对政府与国教会对各个教会的控制。17世纪浸会教派传入美国之后，由于适应美国文化，得到迅速发展，成为美国新教的主力之一。

18世纪之后，新教派丛生，如英国的卫斯理派等。在美国等国家中，新教派更是繁多，无法逐一统计。从全球范围来看，基督教新教主要分布于英国、美国、德国、瑞士、北欧各国与澳大利亚、新西兰等国，与东正教和天主教成三足鼎立之势。

宗教改革之后，由于新教与多种教派的产生，天主教相对于过去已经显得有些衰落，但是仍然不断有复兴天主教的宗教运动出现，如西班牙罗耀拉于1534年建立的耶稣会就是一个有代表性的组织，这一组织纪律严密，公开宣布效忠于罗马教廷。他们在全球范围内展开传教活动，耶稣会士们满怀宗教热忱，远涉重洋，到世界各地传播天主教和西方文化，特别是深入到中国、印度、日本与美洲各地。来到东方的早期传教士们几乎全是这一组织成员，如中国人所熟悉的利玛窦、汤若望、南怀仁等人，他们献身于传教事业，其中相当多的人客死异乡。

另外，罗马教廷也对宗教改革做出反应，从1540年起，罗马教廷对教会进行自我改革，这就是所谓的“反宗教改革运动”。这种改革进程并不顺利，一方面教会严厉抨击宗教改革运动，对新教教义横加指责；另一方面又不得不承认，神职人员腐败渎职，使教会蒙受屈辱，决定建立监察组织，建立新的修道院，整顿教会的纪律和道德。从 1545 年到 1563 年，罗马教廷在意大利和德国边境的特兰托召开了多次会议，宣布了“特兰托会议信纲”，目的在于替教会做宣传，以恢复教会的威信。1870 年，在罗马举行的第一次梵蒂冈公会（Vitican Ⅰ）上，特意提出了教皇“永无谬误论”（infallibility），认为教皇是从“圣座”也就是他的职位出发，对教义和宗教伦理进行的阐释，应当说都是无错误的。由于现代社会中新的“天主教现代主义”对天主教形成了冲击，所以到 1907 年，罗马教廷再次通过一个决议，谴责这种现代主义思想，重申教皇无谬误理论。但事实上，目的是阻止新的神学家与哲学家们对《圣经》与神学原理进行新解释。可惜这种禁令已经没有什么作用了，直到第二次梵蒂冈公会议（1962—1965），这个问题仍然没有得到最后的解决。

虽然如此，罗马教会退出欧洲的政治舞台仍然是一个漫长的过程。在这个历史时期中，时刻都存在激烈的斗争，欧洲资产阶级革命中的每一步，都与宗教直接相关，每一次大的斗争，都是资产阶级和社会各进步阶层与封建君主和罗马天主教之间不可调和的斗争。16 世纪后期到 17 世纪初期的尼德兰革命，以维护新教利益的“破坏圣像”开始，以战胜天主教与贵族所代表的封建统治而结束。17 世纪英国革命中，英国清教徒是革命的中坚力量，革命进程与英国国教会、苏格兰宗教及新教问题都有直接关系，清教徒组成的“圆颅党”以剪短发并且不戴假发为标志，而贵族与国教的高级教士们则以佩长剑、戴假发的骑士打扮为特征。所以有的历史学家认为，英国革命是宗教色彩极深厚的一场革命，有人并因此贬低其历史作用，这当然是不对的。无论如何，基督教退出社会政治统治，政教分离，在西方现代文化中已经成为定局，只是各国随着社会进程的不同有时间的先后而已，时代潮流已经不可阻挡。到 18—19 世纪，欧洲各国除个别国家外，基本上完成了政教分离。

现代社会中，基督教各种教派都十分活跃。第二次世界大战后，基督教的发展呈现出普世化、自立性与开放性等特点。1948 年世界基督教协进会（World Council of Churches）成立，掀起了基督教的“普世教会”运动，教会更加民主。亚洲和非洲国家，基督教的本土化推进十分迅速，日本、朝鲜和印度等国成立了自立教会，近年来自立教会运动在各国都有所发展。罗马天主教开始尝试在与各种教派的合作中担任主要角色。1958 年教皇庇护十二世逝世，新教皇约翰二十三世召开了第二届梵蒂冈大会，东正教代表受邀参加大会，新教各派代表则作为观察员与会。大会实施了一定的改革措施，大会宣布承认非天主教徒也是真正的基督教教徒；弥撒中可以使用地方语言，鼓励更多的教徒参加宗教活动；犹太人不再为耶稣的死负责。这次大会表明了天主教在新时代的基本努力方向，即从宗教思想上适应时代变化，对外关系中扩大与各种教派的联系。从总体来看，天主教与新教、东正教等不同教派之间的协作与对话得到加强。欧美国家中，宗教思想理论领域中的争论此起彼伏，新思潮不断产生。20世纪30年代，自由主义神学思想在英美等国异常活跃，这些自由主义神学家被称为现代派，与20世纪各种新思潮有着千丝万缕的联系。与自由主义神学相对立的是基要主义者，他们坚持保守立场，拒绝一切关于《圣经》研究的新成果，强调《圣经》一字一句全都是正确的。基要主义的这种立场使得他们终究难敌代表新思潮的自由主义神学，逐渐走向衰败。20世纪30年代到50年代，新正统派调和了神学理论中相互对立的一些观念，曾经得到相当广泛的支持。

第二节　基督教的理论体系

一、犹太之神——耶和华

一个宗教的神就是这个宗教教义的象征。古代宗教的神来自自然的物象或是神话人物，他们或神或人，或男或女，都有强烈的夸张的自然特性，如希腊的泰坦诸神、印度的湿婆神等，他们一般都有法力神奇、力大无比、生殖力强盛等特异功能。成熟的宗教如佛教的释迦牟尼、伊斯兰教的穆罕默德都是从普通人升华为神，具有人格化特征，而基督教的主、上帝与耶稣及三位一体的神灵，却表现出一种复杂的神灵构成，这一象征是独具特色的。

犹太教的神一般称为“耶和华”，它与其他神灵之间不太相同，耶和华（Jehovah）这个神名其实是一个误读，其实它的原名是“雅赫畏”（Jahweh）。古犹太教规定，人不能直呼神名，以表示敬畏。而且在书写中也不能写神的全名，只允许书写辅音字母，而辅音是不发音的，于是神名就写成了JHWH。那么，后世的“耶和华”一词是如何出现的呢？这一神秘原因一直未能为世人所知，直到19世纪比较语言学发达，学者们经过研究发现，这是由于古犹太教不直呼神名，而称其为“主”（Adonai），也就是所谓的“阿多奈”。可能对于犹太教的神职人员来说，这种书写与称呼的异名制是可以的，但是对于大多数犹太人来说，毕竟容易产生混淆。“耶和华”一名的产生，就是由于把JHWH与Adonai结合起来了，犹太人把前者的辅音与后者的元音合在一起，就是耶和华，后世沿用这一名称。由于古代语言与近现代西方语言有所不同，译名不统一之处在所难免，在此不一一说明。其实在《旧约》中，神是称为“雅赫畏”的，应当说这是标准的神名。由于约定俗成，教内教外将上帝称为耶和华已经无法更改。

另外要注意的是，犹太教是世界一神教理论体系的主要创造者，为世界宗教进化做出了巨大贡献，这是无可置疑的。但是，这并不是说犹太教是第一个一神教信仰，根据学者们研究，很可能在犹太人之前，古代埃及出现的太阳神教就是一种一神教。犹太教的最大贡献在于它首先创造了一种一神理论体系，这是其他一神教所没有的。同时，一神教创造的过程并不顺利，我们可以从《圣经・旧约》中明显看出古代犹太人的多神崇拜，其中把神称为“埃罗欣”(Elohim)，也译作“厄罗音”，西方学者指出，这个词其实是个复数词，从中可以看出，犹太人的神可能曾经也是多数的。

这个耶和华是从哪里来的呢？为什么在耶和华之后，又出现了耶稣呢？

从《旧约》可以看出，耶和华的产生主要经过两步，第一是亚伯拉罕认为，在众神之上更有力的神就是耶和华，是耶和华指使犹太人从两河地区来到迦南。第二是摩西时代才有一神教，其代表文字就是《出埃及记》第 20 章和《申命记》第 10 章中所说的“摩西十诫”，据记载，其神谕是：

> 我是耶和华，你们的神，曾经领导你们从沦为奴隶的埃及走出。除了我以外，你们不得再有其他的神。不得私自雕刻偶像，也不得作什么形象以仿制天上地下、地中和水中的万物，不得跪拜和事奉它们。因为你们的神耶和华是反对邪路的。凡恨神者我们必征讨其父子直至于三代四代。爱我遵守神的诫训者，我必向其发慈悲，直到千秋万代。不能直呼耶和华的名，否则不能认为其是无罪者。应当记念安息日作为圣日。6 天劳作做你一切工作，但第 7 天是对耶和华你们的神所赐的安息日……当孝敬父母，使你的生活在你们的神耶和华所赐的土地上长久。不可杀人。不可奸淫。不可偷盗。不可作伪证陷害他人。不可贪恋别人的房屋、妻子、奴仆、牛马等一切所有。

我们略加回顾就可以看出，正是犹太人的两次重要迁移产生了耶和华信仰，第一次是来到迦南地，第二次是走出埃及，重返迦南地。所以这个一神教的神是产生于犹太人对民族独立、对自己所热爱的家园的渴望。而这种渴望产生的历史背景就是犹太民族的历史苦难，他们长期流离失所，受到其他民族的压迫与奴役。这种历史环境与民族经历，使得这个民族产生了信奉唯一的、最高的神的宗教。他们坚信，只有这个神才可能拯救犹太人，才可能拯救世界。这个民族特殊的命运产生了它的特殊性格，这种特殊的性格才可能产生这种宗教。一神教信仰超越自然崇拜、多神崇拜及其他原始宗教，一神教信仰比

撒莱将夏甲交给亚伯拉罕

起这些宗教来，更为神圣，更具有超越现实的特点。同时，一神教也一定程度上符合罗马统治者们改革旧宗教、创造世界唯一的主宰与统治者的愿望。

二、弥赛亚与基督教

从犹太教到基督教是一次根本性的转折，基督教曾经是犹太教的一个派别，但是，自从它建立以来，就成为一种崭新的宗教。同时，对于基督教诞生初期的历史，一般人有一种错误认识，以为是罗马人支持了基督教。其实并非如此，是基督教产生在先，罗马人将基督教确立为国教在后。一定程度上，是基督教本身的强大使罗马不得不如此。4 世纪成为国教之前，基督教在罗马曾经受过残酷的迫害。耶稣是基督教的真正创造者，正是在他的领导下，犹太教的这一分支才从古代宗教脱离，建立新宗教。这一过程也是从《旧约》到《新约》的过渡。在耶稣之前犹太教已经存在了近 2 000 年，那么，是什么原因从古老的犹太教中产生出基督教？

我们认为，耶稣与基督教的产生同样取决于犹太教内部的要求与它在罗马社会中的命运，与其说是耶稣创造了基督教，不如说是基督教选择了耶稣。

我们研究这个民族就会发现，宗教可以说是犹太人最重要的创造，这个民族在历史上并没有别的重要物质创造与发明，特别是在近代科学发展之前。犹太人向迦南人学习农业耕作，较早地发展了纺织业与皮革制造等。但是，对世界文化，犹太人真正的贡献是他们的宗教。也正因为如此，犹太人一直相信自己是上帝的选民，他们曾经希望上帝保佑自己兴旺发达。巴比伦流亡之后，他们的信心也曾经遭受挫折，因为异教徒竟然战胜了唯一的主的臣民，异教的神战胜了主。实际上以色列人的宗教已经成了一种“精神胜利法”，因为一个连国土都没有的民族如何是上帝的宠儿？到了罗马时代特别是公元前 200 年前后，在罗马人的长期压迫下，自我救助的意识终于发展到了极点，产生了弥赛亚主义，宗教革新到来了。这就是基督教的产生，我们把它看成是犹太宗教在内部要求与外部环境结合中产生的变革。

何为弥赛亚？

弥赛亚（Messiah）来自希伯来文，其本义是“受膏者”，这是因为在古代犹太教仪式中，祭司与先知们的即位仪式，都要经过一种在头部抹膏油的程式，这就意味着上帝以圣膏赐予其人以示委派其人之职。这种仪式的意义过去只是一般的祭礼，但是，经历了巴比伦之囚后，弥赛亚思想开始变得不平凡。犹太人一直坚信唯一的主耶和华必将实现最终的统治，可是亡国与流亡、宗庙被毁的历史事实使得犹太人惶惑：异教屡次战胜他们，不信耶和华这唯一神的异教徒们趾高气扬，神的选民们却沦为俘虏。不过，失败没有让犹太人放弃信仰，相反，使他们更坚信，神的报复一定会出现，一定会有末日的审判，这就是末世论。这种末世论孕育了一种末日与复活并存的思想，这就为耶稣出世与死而复生埋下了伏笔。耶稣的复活不过是犹太复活的延续。同时，原有的救世思想，现在变成了盼望出现赎救犹太人自身的圣人。这个圣人或先知就是弥赛亚。所以，可以说弥赛亚主义是一种忧患意识，一种救赎意识，一种盼望救世主的意识，这是犹太宗教所特有的一种思想。这种思想来源是复杂的，其宗旨来自古代犹太教义，没有这种教义不会有以后的思想。而这种思想又有产生的时机，这就是犹太人的长期流亡与苦难经历，由忧患而产生赎救意识，从而产生弥赛亚，并因弥赛亚思想而建立基督教。基督教最后大成于罗马帝国，这有正反两方面的原因，一方面是罗马对于犹太人的残酷迫害，反而激发了这种宗教的兴旺，最后成为国教；另一方面，西方的古希腊罗马的伟大文化与来自东方的犹太人的宗教相结合，最终为基督教的兴盛提供了有利的条件。

耶稣是犹太人企盼已久的弥赛亚，就是基督，所以称基督耶稣或耶稣基督。但是，耶稣一开始并没有自称基督。这样的一段记载是耐人寻味的。耶稣带领他的门徒在北方游历时，彼得对耶稣说："你就是弥赛亚!"耶稣立即对他们说，不要将这话告诉任何人。如果说出，这将是惊世骇俗之举，因为早在耶稣出生之前，对于弥赛亚的盼望已经不再是一种《旧约》中的种种预言的猜测，而成为犹太民族热切的盼望，犹太经学家们中间已经形成了一种党派：弥赛亚派。这个党派的名称就是"奋锐党"（Zealots），他们以反对罗马人而著称，公元前 1 世纪，他们活动频繁，坚信弥赛亚即将出现。一位神学家这样评论当时犹太教内部的分化：

> 祭司和先知们将注意力转向内部，他们所面对的是犹太社团内部事务，是以色列的神圣化过程。而弥赛亚一派与他们的先知、导师们则面对外部世界，是世界各国，他们所探讨的是以色列的拯救事业。①

耶稣的门徒西门据说就是这个党的成员，不过耶稣似乎与孔子一样，对于过激的行动并不赞同。所以，竟然是彼得来宣布耶稣是弥赛亚，耶稣自己并没有直接宣称自己就是弥赛亚。其实由谁来宣布并不起决定作用，重要的是，弥赛亚的到来既然已经是不可避免，那么由谁来说明是无关紧要的。

我们还记得摩西十诫，记得犹太教重要的历史转折，那是犹太人立教的开端。现在，历史翻开新的一页，犹太教变为基督教并走向世界，一种具有普世性的宗教诞生了。2 世纪后期，基督教经典《新约全书》形成，这种新宗教的宗旨在《加拉太书》第 3 章中第 26 至 28 节说得最为清楚：

> 所以，你们因信基督耶稣，都是神的儿子。你们是受洗归入基督教的，都是披戴基督了。无论犹太人、希利尼人、自主的、为奴的、或男或女。因

① Jacob Neusner. *The Way of Torah*. Wadsworth Publishing Company, 1993: 73.

打碎十诫石板的摩西

为你们在基督里都成为一了。

这是基督教的世界主义的宣言书，一种世界性宗教的、无民族、无国界的新精神。这种精神与犹太宗教的《旧约》具有相当大的不同，对于摩西来说，只有犹太人才是神的子民，对耶稣而言，世人都是救赎的对象，所以这是一种神学思想的新生。这种思想无论是否真的为耶稣所提出，抑或是由保罗等人所提出，甚至如哲学史家们所说，斐洛等人的学说对于它产生过重要作用等等，或是这些条件可能全都存在，重要的是它已经成为基督教的教旨，它标志着一个更加理性化、有更广泛的社会基础的宗教已经在教义方面前进了一大步。但是也必须指出，正是这一精神被罗马教会所利用，特别是在中世纪宗教专制时代，罗马教会推行基督教的“普世主义”，把罗马教会说成是上帝在人间唯一的代表，不承认其他宗教，也不承认基督教其他教派的作用。格列高利一世只许自己称为“教皇”，排斥其他主教取得宗教领袖的地位，以后的历代教皇们与王权互相勾结，使得教皇君临世俗与宗教两界，权势无比。

基督教教义革新是它以后进一步发展，并且最终成为世界主要宗教的前提，无论它是否被罗马所承认，它的自我新生已经完成，所等待的只是走向全社会的时机了。罗马人经过对基督教的长期迫害后，终于意识到，排斥基督教不如使它为己所用。这个契机其实在耶稣遇难之时已经来临，门徒们偷出耶稣的尸体，宣告其复活，象征着这个宗教的原始宗旨的现实化。原罪、赎罪和救世，这三大主题和谐地交织于这样一句话：“耶稣复活了”。“复活”（resurrection）也就是再生，是生命的延续，是精神信仰不死的标志。这种与大自然相融合的精神，无疑包含了欧洲古老宗教与崇拜的成分。同时，现世的专制与残暴所造成的生存绝望由此得到了一种美好的盼望。于是，这一口号就有了强大的号召力。基督教在罗马得到承认，也就是取得了胜利。公正地说，虽然罗马曾经迫害过基督教，但也正是罗马使基督教成为世界性宗教。

三、基督教经典与教义

基督教的正典是《圣经》，“圣经”一词源于希腊文 bitlia，原意为“一组书卷”，以后在拉丁文中成为基督教经典的专有称呼。《圣经》分为两大部分，第一部分是《旧约》，这个名称中的“约”来自拉丁文 testamentum，原本是盟约的意思。《旧约》原来是犹太教的经典，基督教认为，它是上帝通过摩西所传的

“律法”，这种律法是上帝的选民以色列人与上帝所订立的一种约法。后来由于以色列人犯下罪恶，上帝结束了旧约，派了基督来到人间，另外立了《新约》，这就是《圣经》的第二部分。

《旧约》大部分用希伯来文写成，所以也称为希伯来圣经，约形成于公元前6世纪到公元前2世纪。它可以分为三个大的部分：第一部分是“摩西全书”，也就是律法书，以古代神话与历史记载为主，主要内容是反映以色列人的历史，包括《创世记》、《出埃及记》、《利未记》、《民数记》和《申命记》，共5卷。第二部分是先知书，又可以分为两种，一种是历史记载，又称前先知书，包括《约书亚记》、《士师记》、《撒母耳记》和《列王记》；另外一种就是后先知书，记载了先知们的言行，包括《以赛亚书》、《耶利米书》、《以西结书》、《但以理书》和《十二小先知书》。《十二小先知书》是一组先知书，有《何西阿书》、《约珥书》、《阿摩斯书》、《俄巴底亚书》、《约拿书》、《弥迦书》、《那鸿书》、《哈巴谷书》、《西番雅书》、《哈该书》、《撒迦利亚书》和《玛拉基书》。第三部分是圣文集，有诗歌词（宗教诗歌和情歌）、智慧书与戏剧故事等，包括《诗篇》、《箴言》、《约伯记》、《雅歌》、《路得记》、《耶利米哀歌》、《传道书》、《以斯帖记》、《以斯拉—尼希米记》和《历代志》。值得注意的是，希伯来正典原来只有24卷，但是基督教新教与天主教的《旧约全书》的篇数都多于此，新教通行的《旧约全书》共39卷，这是由于对原有篇目进行了不同的划分，但主要篇目没有大的变化。

《新约》形成较晚，大约成书于1世纪末到2世纪末，全部用希腊文写成，全书27卷，共分为四大部分：（1）福音书，也就是叙事类的著作，记叙耶稣生平及传播宗教的经历。包括《马太福音》、《马可福音》、《路加福音》与《约翰福音》，合称“四福音书”。（2）《使徒行传》，记载早期基督教历史及宗教活动家们的经历。（3）教义类著作，共有21卷，为书信体，全面阐释基督教教义，突出了“因信称义”的思想。其中前13卷据说是圣徒保罗所作，合称为“保罗书信”。另外还有《希伯来书》、《雅各书》、《彼得前书》、《彼得后书》、《约翰一书》、《约翰二书》、《约翰三书》和《犹大全书》，这些全属于基督教早期活动的重要文献。（4）启示书，即《启示录》一卷，又称为《约翰启示录》，主要内容是想象天地末日的景象。

公元前3世纪，《旧约》从希伯来文译成希腊文，《新约》形成后，新旧约合辑为《圣经》，通行的全书共66卷，成为基督教的正典而流传于世界。以英语版本为例，1380年到1383年间，牛津大学神学教授约翰·威克里夫及其助手首次将《圣经》全文译成英语，这就是著名的“威克里夫译本”。以后又有丁道尔译本、科威兑勒译本、马太译本、大圣经、日内瓦圣经、主教圣经等多种译本。英国国王詹姆斯一世组织翻译了“钦定译本”（*The Authorized Version*），于1611年出版，这一译本日后风行世界，成为世界上最重要的译本之一，由于其语言典雅，被誉为英语散文语言“最华美庄严的纪念碑”。该译本不仅仅是宗教经典，同时也成了学习英语语言文学的范本。

《圣经》是世界上最古老，也是最普及的宗教经典之一。《旧约》反映了古代东方希伯来文明的精神信仰与民族历史，从公元前17世纪到公元前1世纪，地域包括美索不达米亚、叙利亚（即《圣经》中的亚兰）、阿拉伯、波斯、巴比伦（迦勒底）、亚述、推罗、西顿、他拖、以拦、米太、亚米尼亚、小亚细亚、迦南地（巴勒斯坦）、埃及与希腊地区等。《新约》同样涉及疆域辽阔的罗马帝国各地与东方古代国家。古代世界中，除了远东之外，几乎主要文明全都包罗其中，可以说是一部珍贵的世界古代史。《圣经》思想博大精深，它从宗教角度来思考宇宙与存在的意义、人类社会的起源与结构、社会生活的本质与特性、多种民族的心理与特性等，这种思考集中了历代犹太教与基督教思想的精华，综合了深刻的人类宗教经验，使东西方的宗教思想达到前所未有的高度。《圣经》也是具有代表性的一神教经典，对于一神教这种宗教形态的建立起了关键作用。《圣经》内容丰富，涉及政治、经济、家庭、婚姻、爱情、战争、道德、日常生活与精神世界各方面，而且它的表现形式多样，语言优美，叙事与说理都别具一格，善于使用隐喻、寓言、故事、趣闻轶事、箴言、警句等多种表现形式，可以说，它既是深刻的宗教思想经典，也是语言文学的不朽之作，既是犹太民族的史诗，也是世界多个古代民族的历史。《圣经》是西方文化的支柱，它所树立的西方宗教信仰与精神观念，使西方文化不断前进，也为世界文明创造了宝贵的财富。

基督教的教义相当丰富，可以简略归纳为以下几点：

基督教教义指出，上帝创造了世界；世间万物包括人类在内，都是上帝的创造物，所以上帝也称为造物主。上帝是唯一的主，也是唯一的神，这是一神教的基本观念。同时，上帝是“三位一体”的，上帝是圣父（God the Lord）、耶稣（Jesus）、圣灵（Hoy Spirit）所组成的一体。圣父是三位一体的第一位格。耶稣是救世主基督，耶稣是上帝的独生子，是为“圣子”，由圣母玛利亚的圣灵感孕而降生，这个过程称之为“道成肉身”，所以他同时具有完全的神性与完全的人性，是三位一体的第二位格。耶稣是上帝启示的宣传者，他为了救赎世人而死去，以后又复活和升天，并且再次降临人世间，对人类进行最后的审判。圣灵是基督教三位一体的第三位格，是宗教信仰的精神层次，它作用于人类心灵，使人类知道自己的罪恶，并且要悔罪与成圣。

教会是由基督所建立的，由上帝的选民们所组成，是神圣而公义的组织。它负有传播福音的使命。但在不同教派中，关于教会组织的性质与作用有不同的看法。

上帝按照自己的形象创造了人类，人有肉体与灵魂，人是万物的灵长。但是人类的始祖亚当与夏娃在伊甸园中，受到蛇的诱惑，违背上帝的教诲，偷食了禁果，这一罪过成为原始的罪恶，这就是所谓的“原罪”（Original Sin），它使人类不断产生罪恶，因此，人类要信仰上帝，依靠基督来得到赎救。

基督救世的理论与说法相当多，其一是通过神圣力量的显示来医治病痛、消除灾难；其二是宣传道德，感化堕落者；第三是规定戒律，惩治罪恶。最根本的方式还是宣传教义，使人觉悟，因义而信教，最终可以得救。

基督教有自己的礼仪与活动，称之为圣事。有关圣事的理论也是教义的一个方面，包括对圣餐、洗礼等活动的意义所进行的研究。

关于上帝的恩惠与末日审判等方面的讨论，是基督教理论的一个组成部分。这些问题经常只在神学家们或一定范围内讨论。例如末世论方面，死人的复活、末日审判、千禧年、天堂、地狱和炼狱等。

基督教教义中相当重要的是宗教道德与修养，无论是《旧约》还是《新约》，这方面的内容是基本一致的，包括信、望、爱等不同方面，其中爱是最重要的。基督教自称为爱的宗教，这里所说的爱主要是上帝的关爱，而不只是爱自己。关于上帝的爱，也可以解释为爱他人。《圣经》中的“摩西十诫”是基督教道德与修养的基本原则，它的内容是：（1）崇拜唯一的耶和华而不能崇拜其他的神。（2）不得雕刻与崇拜偶像。（3）不得妄称上帝的名字。（4）必须遵守安息日为圣日的规定。（5）要孝敬父母。（6）不得杀人。（7）不得奸淫。（8）不得偷盗。（9）不得作伪证。（10）不得贪恋别人的妻子及财物。虽然关于以上十条的解释在不同教派中有所不同，但基本内容相同。从 13 世纪之后，这些内容被编进了各种宣传基督教教义的文件之中。

基督教教义极大地影响世界，例如“圣战”（Holy War）其实就产生于基督教，《旧约》中有多次“圣战”，如约书亚攻陷耶利哥城（《约书亚记》，6：1-21）等。但近年来，恐怖分子与极端组织往往打着“圣战”的旗号发动恐怖袭击，乃至于发动战争。

第三节　基督教的组织与宗教礼仪

一、基督教派别

从基督教被罗马立为国教到中世纪罗马教皇国的建立，经过几个世纪的发展，基督教不仅建立了全面的理论体系，而且形成了森严有序的宗教制度与礼仪。这种发展与欧洲国家的基督教化过程相得益彰，基督教在教内教外都有与自己地位相当的组织与权力。基督教在长期历史发展中，主要分为三个大的类别，其中每一个类别之下又分为无数个小的教派。

其一是天主教（Catholicism），是罗马公教的汉译，亦可音译为“加特力教”，因其以罗马为中心，所以称为罗马公教。基督教产生之后不久发生分裂，主要分为以希腊语为主的东派与以拉丁语为主的西派。395年，随着罗马帝国分为东西两部分，基督教的东西两派对立也加剧。476年，罗马帝国灭亡前后，罗马教会却从中受益。756年，东法兰克国王丕平向罗马教会奉献了大片土地，罗马主教成为西部教会的首领，以后自称教皇。1054年教会正式分裂为东西方两大派，东方基督教称为东方正教，西方基督教称为天主教，意为“普世的宗教”，也就是所谓的“公教”。天主教完全受教皇控制，以保持基督教的神圣性与纯洁性为己任。在神学制度上，它以罗马法律为依据，信奉天主（即上帝）和基督耶稣，奉玛利亚为圣母。主张教徒服从教会的权威，教士有天主授予的神秘权力，可代表天主惩处违规教徒。16世纪马丁·路德领导的宗教运动之后，西方基督教中又分裂出新教来。天主教以后主要分布在西欧国家、匈牙利、波兰、美国及拉丁美洲国家。

其二是东正教（Othodoxy），亦即东方正教，也称正教。1054年东西方教会分裂后，东方教会以君士坦丁堡为中心称为“正教”，表示自己代表正统的教义，由于位于东方，故称为“东正教”。这一教派起初主要是在希腊语的地区，因为宗教仪式中使用希腊语，以希腊哲学为宗教依据，所以也称为“希腊正教”。325年以来，基督教所召开的7次世界性基督教主教会议，形成了相对统一的决议，东正教拥护这些决议。但它拒不承认罗马教皇作为世界基督教会首领的地位，只承认其具有罗马主教与“西部教会牧首”的权力。东正教的教规与天主教不同，除了主教之外，一般的教职人员可以结婚。另外东西方文化差异也造成教规的不同，天主教在行使仪式时，一般使用没有发酵的饼，而且一般的教徒只能领饼而不能喝葡萄酒，但东方正教用发酵的饼，所有信徒都可以享受上帝赐予的饼与葡萄酒；在宗教教义表达上，即使个别字词的使用，也表达了双方立场的不同，并且都有久远的历史争论，如东方正教表达“圣灵从圣父出来”，而天主教则一定要表达为“圣灵从父和子出来”；东方正教深受希腊文化影响，所在重视希腊哲学，并且用希腊哲学观点与方法来研究“道成肉身”和“三位一体”等教义，而天主教以律法为中心，强调“原罪说”“罪的赦免”等方面；两者差异甚至从外表上一看便知，天主教牧师不得留须，而东正教神父可以留大胡子。

中世纪时，拜占庭将东正教定为国教，所以东正教又称为“拜占庭教会”。16世纪后期，莫斯科大主教脱离君士坦丁堡教会控制，在俄国形成以斯拉夫语为主的俄罗斯正教，并被定为国教，以后东欧的一些国家也脱离了君士坦丁堡，但是君士坦丁堡的教会仍然被认为是首席教会。东正教主要分布于希腊与东欧国家。

其三是新教（Protestanten），Protestanten的德文原意为异议者，也称为抗罗宗或是抗议者。最早是因为1529年德意志帝国会议上，一批新教代表人物对恢复天主教的特权提出抗议，这些人中还包括一些城市的代表人物，以后成为新教各派的共同称呼。新教一般用来指 16 世纪欧洲的宗教改革运动中脱离传统教会的各种新教派，中国人有时将新教称为“耶稣教”。新教对基督教教义有一定的革新，比如新教不承认所谓的“炼狱”等说法；主张教徒可以直接与上帝接触，不必通过教士；要求对宗教制度进行改革，要求多样化。关于新教的各种具体流派等方面，我们在有关章节已经有所论述。

二、基督教的组织机构

西欧教会实行以教皇（pope）为中心的教阶制度，教皇是教会的统治者。“教皇”这个词在基督教产生之初，只是对于所有高级神职人员的称呼。2 世纪，基督教实行主教制度，所有主教都被称为教皇。罗马主教因为地处中心，所以逐渐成为教会的重要人物。6 世纪时，罗马主教由于据有了大量的土地，权势日增。8 世纪的东法兰克国王丕平献地之后，罗马教皇管辖的土地已达 4 万多平方公里，遂成为教皇国。这个教皇国位于意大利中部，以罗马为首都。11 世纪时，罗马教皇的地位更加巩固，以后罗马教廷正式建立。教会的中央行政机关是红衣主教团与办公厅等。1309 年到 1377 年，教皇曾经被迫迁往阿维农。1870 年意大利完成了统一，教皇的领地被收回了，罗马教皇被迫迁入罗马城中西北部的梵蒂冈高地，所谓的教皇国家当然已经名存实亡。1929 年 2 月 11 日，意大利法西斯首领墨索里尼为得到教皇的支持，与教皇庇护十一世签订了《拉特兰条约》，意大利正式承认梵蒂冈为主权国家，主权属于教皇。从此，教皇才正式承认了教皇国的灭亡，但是梵蒂冈城仍然是独立的宗教国家。1992 年，教皇为受到教廷迫害的伽利略平反，1994 年 10 月，教皇任命了 30 名红衣主教，并且选举了 100 名，这就是所谓的红衣主教团。

教皇是罗马教廷的首脑，他集立法、司法与行政三权于一身，是“基督在世上的代表”，是世界天主教的领导。教皇通过选举产生，但是终身任职。红衣主教团是教皇的咨询机构，所组成人员是高级教士，主要由教皇挑选产生，教皇通过红衣主教团领导教会。

罗马教廷以教皇为首脑，实行教阶制度：教皇—枢机主教（红衣主教）—首席主教（patriarch，一个国家教会的首脑或是首都所在地的主教）—大主教（archbishop）—主教（bishop）—神父（priest）。从中世纪起，基督教就建立了教区，主要分为大主教区（archdiocese）、主教区（diocese）和乡镇教区（parish）三个层次，这三种教区实际上是按照罗马帝国的行政区域来划分的，大主教区与罗马行省相等，主教区则相当于大的城市，而乡镇教区则是最低的宗教单位，一个教区可以有多个教堂也可以只设一个教堂。

教会的神职人员一般分为两种：第一种是教士（priest），所谓教士是指那些承担着拯救灵魂、指导着人民精神生活的人员。他们一般管理着不同规模的教区。第二种是修士（monk或是friar）、修女（nun或是sister），他们则是以自己修行为主，并不负担指导他人的职责。

三、宗教礼仪与节庆文化

基督教有着严格的礼仪与制度，主要仪式就是圣礼。最初的圣礼相当简单，主要就是洗礼与圣餐等，中世纪则变成为多种多样的烦琐礼仪。1215年，罗马教廷为了统一礼仪，特地召开第四次拉特兰宗教会议。会议规定基督教礼仪为七大圣礼，包括洗礼、坚信礼、婚礼、圣餐礼、忏悔礼、终敷礼和授圣职礼。所有的教徒每年至少要向神父忏悔一次，至少要做一次弥撒，以上所有礼仪统称为"圣事"（sacramentum）。圣事是各个教派的教徒都要遵守的。我们仅对其中部分圣事进行简单介绍。

1. 洗礼（Baptism）是基督教的入教仪式，举行洗礼称为受洗，受洗方式分为点水礼与浸礼两种。点水礼由主持者先念诵规定的经文，用手沾"圣水"即经过祈祷祝圣的清水，轻点在受洗者的头上或额上。浸礼则是在教堂中所特有的浸礼池中进行，由主礼人扶着受洗人向后倒下，迅速在清水池中浸过全身。现代洗礼中，所有人全都穿上特制的防水服装。洗礼是一种象征，表示悔改信主。天主教还规定婴儿生下后8天内必须受洗，新教派中有的不施洗礼。

2. 圣餐礼（Holy Communion，Lord's Supper）是起源于耶稣与其门徒共进最后的晚餐的一种仪式。主礼人要对面包和葡萄酒（新教派大多用葡萄汁）祝祷，用来纪念耶稣基督的救赎。据《圣经》记载，在最后的晚餐上，"耶稣拿起饼来，祝福，就掰开，递给门徒，说：'你们拿着吃，这是我的身体。'又拿起杯来，祝谢了，递给他们，说：'你们都喝这个。因为这是我立约的血，为多人流出来，使罪得赦'"。这一圣礼的作用在于加强信徒与基督、信徒们相互之间的沟通，它也象征着圣教会的合一。

3. 婚配礼（Matrimony）是指男女双方在教堂内，由神父主礼，经过教会规定的礼仪正式结为夫妻。常见的程序是：神父询问双方是否自愿结为夫妻；双方做出肯定的回答后，神父诵读规定的经文，如"人要离开父母，与妻子结合，二人成为一体"，"天主所配合的，人不能分开"；最后为结婚者祝福。新教的圣事中没有婚礼，但是也要请牧师来证婚。近年来，基督教的婚礼仪式在世界各国普及，有的国家中并不完全按照圣事的规定进行。《圣经》上有相当多关于婚姻的教文，如新郎新娘的穿戴等等，并不完全成为圣事的规定，也可能被民间所采用。

教会也制定了一系列严格的法规制度，建立教会法庭，制定了教会法等等。

基督教建立了自己的历法。325年，在小亚细亚召开了尼西亚会议，罗马皇

恺 撒

帝君士坦丁主持了此次会议，会上决定以儒略历为基督教日历。儒略历是罗马恺撒时代制定的。公元前 59 年，埃及天文学家索西尼斯应恺撒之邀，对罗马历法进行修改。罗马原来是阴阳合历，现在改为阳历，并于公元前 46 年开始使用，这一历法因恺撒名字旧译儒略（Julius）而得名。儒略历法实行不久，恺撒的继承人就对它进行了修改。儒略历法中规定，一年为 365.25 日；共设 12 个月，单月 31 日为大月，双月 30 日为小月；2 月为 29 日，每隔 4 年一个闰年，闰年 2 月是 30 日。奥古斯都将 2 月减少一天，加在了 8 月（8 月即为 August，以奥古斯都得名）中。这样 8 月就成了 31 日，而 9 月与 11 月成为小月，10 月与 12 月则成为大月。

现行的公历是在以上历法基础上，由教皇格列高利十三世所制定的。因为儒略历的计算与天体运动之间有误差，每一个回归年共有 365 日 5 小时 48 分 46 秒，这样儒略历每 4 年将多出 44 分 56 秒，大约经过 128 年左右就会多出一天来，经过 400 年就会多出 3 天。儒略历规定每年 3 月 21 日为春分日，春分节后月圆后的第一个星期日是基督教的重要节日复活节。到了 16 世纪后期，由于长期的历法误差积累，春分节已经到了 3 月 11 日。格列高利十三世于 1582 年宣布历法改革，把该年 10 月 5 日改为 10 月 15 日，以消除历法误差。同时还规定，以后逢百年不再有闰年，但是 400 年及其倍数除外。这就是今天所采用的公历，也称为格列历。但是当时东正教已经与天主教分开，所以格列历在东正教得不到承认，东正教仍用儒略历，到 20 世纪末，儒略历与公历已经相差 13 天左右。

圣诞节（Christmas）是基督教最重要的节日，是为了纪念耶稣基督诞生而设立的，时间是每年 12 月 25 日。从 4 世纪起，西方教会统一规定 12 月 25 日为圣诞节，基督徒在这一天举行各种庆祝活动。各个时代与不同民族各有不同的庆祝方式，现代英美各国一般是在家中摆上圣诞树，这种风俗最早起于德国，早期圣诞树一般是枞树，用来象征伊甸园的树。现在，常用常青树代表不断进取、努力奋斗的精神。树上挂着薄饼，象征禁果。以后在树上挂了各式各样的东西，包括玩具与礼品等等。亲友们互相传报佳音，唱圣诞歌。并且有人扮成圣诞老人，向儿童们赠送礼品。彩灯与火是最常见的装饰，象征温暖与长寿。圣诞节现在已经不仅是宗教节日，而且成为许多国家的重要社会节日。

复活节（Easter），据《圣经》记载，当耶稣受难被钉在十字架后，于第 3 天复活，为了纪念耶稣的复活，教会设立了复活节。复活节在基督教中相当重要，被认为是仅次于“主日”（星期日）的最古老的节日。325年的尼西亚会议规定，每年春分月圆后的第一个星期日为复活节。所以复活节一般在每年的3月22日到4月25日之间。由于东西方教会的规定不同，故此东西方的复活节日期有时是相同的，有时又不相同。复活节活动的方式各不相同，最流行的方式是吃复活节蛋，用以代表生命与复活。欧洲人多用野兔来庆祝，象征生育与多产；北美洲人则多用家兔，用以象征人生的除旧布新。

十字架上的基督

万圣节（All Saints Day）与万灵节（All Soul's Day）这两个节日经常被混同，所以我们放在一起介绍。万圣节作为基督教节日，是为了纪念一切有名与无名的圣徒而设立，又名诸圣日，或是“诸圣瞻礼”，所以中文译作“万圣节”。这个节日东西方教会也有不同，东方教会一般定为圣灵降临节后的第一个星期日，西方教会定为11月1日。除了万圣节还有一个万灵节，万灵节是天主教节日，在这一天教徒要为所有已故教徒的亡灵祈祷，依据天主教信条，生前虽然受过洗礼但是又犯过罪行的人，死后其灵魂要在炼狱中涤罪，活着的信徒的祈祷可以减轻这些人的罪行，使他们早日被上帝所召见。这个节日定在每年的11月2日，如果是星期日，则顺延一天，改为11月3日。

基督教的礼仪与节庆日众多，经过千余年演化，已经被西方社会所广泛接受，成为一种文化习俗。圣诞节与相隔几日的元旦及中国人的春节，越来越受到世界各民族人民的重视，正在成为被相当多国家所接受的节庆文化。

第四节　基督教与理性和科学

基督教立为罗马国教之后，由于其思想观念与古代希腊罗马文化中原有的人文主义思想与理性观念之间是不相容的，所以它们之间的对立不可避免。同时也要看到，西方文化有这样的传统，如同希腊时代一样，理性观念与宗教同时发展，它们在推动人类文明进步方面又有同一性。在反对原始崇拜与多神教的历史进程中，二者又在思想上协同作战，因此出现了错综复杂的关系。以历史进程而言，两者时而互相对立，时而互为补益。

西方神学史上，有一个中心问题始终存在：信仰重要还是理解重要？我们以此作为分析西方宗教发展的起点，历史线索就清晰可辨了。从这一标准看，西方神学家可以分为两大类，第一类是主张信仰为先，先有信仰，才有理解，就是基督教的信仰比起理性来，信仰占有更重要的地位，即使是不理解神的伟大，仍然要信奉神。第二类的主张相反，是主张理解更为重要，只有理解才能信奉。其实就是要求对神学有理性认识，在理性的基础上来信仰神。这两派虽然是对立的，但对于上帝的信仰是绝对的，不容怀疑的。

第一种主张的代表人物相当多，早期有罗马神学家特图良（Tertullian，约160—222），中世纪有安瑟伦（Anselmus，1033—1109）等人。安瑟伦的名言是：信仰而后理解。他的理论基础是所谓上帝的“本体论证明”，也就是说上帝的存在是不需要事实来证明的，信仰是不需要理性来扶持的。

第二种主张的代表人物大多不仅在神学史上闻名遐迩，而且在思想史上也是重要人物。其中奥古斯丁与托马斯·阿奎那，他们两人在西方神学史上都是里程碑式的人物，在理性与宗教的关系理解中，他们之间存在一种内在的相通之处，虽然他们是从不同的角度来看待这一关系的。奥古斯丁首先是纠正了特图良的一种不适当的看法。特图良当年曾经有一句脍炙人口的名言：“虽然它是荒谬的，但正因为如此，我才信仰它。”这种说法反映了基督教从异教成为罗马神圣宗教初期的一种幼稚心态，也可看出当时神学初创阶段的理论的不成体系，芜乱秽杂。奥古斯丁则主张，如果信仰它，就应当理解它。除非你相信它，你不能理解它。这种见解反驳了特图良的说法，其目的是为理性辩护，也是为了使宗教不与理性对立起来。奥古斯丁的可贵之处在于开创了一个传统，这个传统就是基督教的理性化，从而结束了宗教与理性之间的对立。这可以说是一个转折，将基督教与科学观念、希腊哲学相对立的局面完全扭转过来。但是总体来说，奥古斯丁的历史局限性还是显而易见的，他为理性的辩护也显得立场折中和言辞晦涩。而托马斯就不同了，托马斯明确宣布，上帝是相信理性的，而且这种理性经过上帝传达到宇宙。托马斯说：

> 人的理性本身就是上帝创世的产物，而信仰与此相反，我们要由启示去认识上帝。前者是由上而下，后者是由下而上。但它们其实是相同的，通过信仰而得到理性，或者通过理性达到信仰，不过是同一方法的不同方式而已。[①]

托马斯的贡献在于通过寻找到合适的认识论而确立一种统治性思想的地位，从而完成了统治性思想的理论化与体系化。自托马斯之后，基督教理性化的进程加

---

① Thomas Aquinas. *Summa Contra Gentiles*. Book 1. London：University of Notre Dame Press，1975：39.

速，主要表现为宗教思想与理性观念（以希腊哲学为代表，以亚里士多德形式逻辑为模式）、科学精神（以文艺复兴与英国唯物论为代表）和法治政治（以雅典城邦制为代表的民主政治和政教分立原则所形成的人治与神治的协调结果——法治）之间的长期磨合。这里也要说到，理性中心并不是最理想的社会发展模式，这已经为当代社会现实所证实。

一般认为，西方文化有三个重要组成部分，希腊思想、希伯来宗教与近代科学。从我们以上的分析可以看出，这三者其实是三位一体的。希腊人的逻辑为希伯来宗教也就是后来的罗马基督教带来了理性因素。为了宗教教义，教会把布鲁诺处以火刑，把伽利略监禁起来。但我们也不可忽视，欧洲教会又时时对希腊哲学与近代科学施以小恩惠，希望能用科学与理性来为神学服务，正像恩格斯所指出，中世纪的学术成为神学的婢女。这里也含有神学利用科学与理性为自己服务的意思，只是这种利用是不尊重科学与理性的，是不恰当的。事实上，西方历史上的科学家们除了出生于基督教之前的之外，大多数科学家是基督徒，科学家中相当多的人并没有直接反对神学，而且有相当多的科学家把上帝作为理性和科学的统治者，当然，也有的科学家是无神论者。

古希腊人托勒密（C. P. Tolemy，约90—168）是古代世界伟大学者之一，他创立的地心学说中，认为太阳、行星与恒星都在绕地球运动。托勒密本人不是基督徒，他所处的时代雅典尚未被基督教所征服。虽然他本人如同荷马一样，在后世基督徒看来都是些“异教徒”，但是罗马教会仍利用了托勒密的学说，主张地球是宇宙的中心。这是因为，在《圣经·约书亚》中说，上帝命令太阳离去，而不是命令大地。这样，基督教就与托勒密学说牵强附会拉在一起。另外基督教强调上帝是一切的造物主，上帝也是存在之主。这可以说是基督教与科学第一次成功联姻，上帝从此与宇宙创造的科学结合为一，《圣经》中的“创世记”越洋渡海，来到爱琴海畔，为上帝创造宇宙找到了自然科学的证据。

罗马帝国灭亡之后，对于保存希腊罗马文明，教会组织起了重要作用。这些组织的本意是承续古代文明，以后却转向了学术与科学研究，其中最为重要的是意大利与西班牙教会。最早开始学术与科学研究的是5世纪建立的意大利本笃修会，此后修道院作为学术研究的团体而具有相对独立性，这一传统以后发扬光大，渗透于整个宗教精神之中。9世纪，英国人创立了牛津学院，这个学院可以看作以后举世闻名的牛津大学的前身。牛津学院在英伦三岛上是传播科学的大本营，它的主要领导人与教授都是从事科学研究的教士，本笃会与方济各会修士都参加了牛津学院的研究与教学工作。意大利人还创立了另一个著名的修士组织方济各会，这是13世纪初期由意大利修士方济各（Francesco，1181—1226）所创立的。方济各会以科学研究为主旨，先后参与了巴黎大学、牛津大学的创建。

西班牙人不甘落后，先后成立的两个教会组织奋起直追，与意大利方济各会等不相上下，在欧洲科学研究中享有盛誉。其一是多明我会，这个教会组织是1215年由西班牙人多明我（Domingo，1170—1221）所创立的，主要活动是在法国，还在欧洲各地建立了学校，提倡学术研究与科学研究，托马斯·阿奎那是这个会的成员。其二是真正设立在西班牙多助忒城的多助忒会，这个教会组织的前身是一个翻译馆，大约于12世纪在西班牙的多助忒城成立，主要工作是翻译各国的学术著作。由于这个会馆相对稳定，一大批学者聚集于此，科学研究工作也就在此开始。学者们在这里出版了一批天文学、动物学等方面的著作。

这些教会组织是欧洲近代科学研究的先驱，在欧洲主要科学机构建立之前，除了大学之外，它们是主要的科学研究机构。这种情况直到17—18世纪随着欧洲主要国家的科学院相继成立，教会组织的科学研究任务才告一段落。同时由于海上交通开启，大批海外传教士越洋渡海，来到东方，他们在传教的同时，重要的任务之一就是传播西方科学。中国人所熟知的一大批传教士就是来自这些教会组织。1684年，法国耶稣会士洪若翰、白晋、刘应、张诚等人被法国皇家科学院任命为通讯院士，命名为“国王数学家”，派到中国传教，同时传播西方科学。此外意大利、英、德等国也派出了有科学素养和特长的教会神职人员到中国来。这成为中西文化交流史上一段不平凡的历史。

文艺复兴时代的波兰天文学家哥白尼（Nicolaus Copernicus，1473—1543）精心研究了托勒密的学说后，提出太阳中心说。但是由于与教会所主张的地心说相违背，哥白尼把自己的主要著作《天体运行论》推迟“四十九年”不出版。最后，他给教皇保罗三世写了献词，作为自己书的序言。他诚惶诚恐地写道：“但是为了使受过教育和未受教育的人都相信我绝不回避任何人的批评，我愿意把我的著作奉献给陛下……由于您的教廷的崇高以及您对一切文化还有天文学的热爱，您被推崇为至高无上的权威。因此您的威望和明断可以轻而易举地制止诽谤者的中伤，尽管正如俗语所说：‘暗箭难防’。”而且，哥白尼还在自己的学说中为上帝创世留下了位置，至少是从表面上。这表现在他仍然主张上帝创世说，而且力图把太阳中心学说与上帝创世说相融合，或是不造成冲突。他说道：

> 我相信，这种看法比起把地球放在宇宙中心，因而必须设想有几乎无穷多层天球，以致使人头脑紊乱要好得多。我们应当领会造物主的智慧。造物主特别注意避免造出任何多余无用的东西，因此它往往赋予一个事物以多种功能……最卓越的造物主的神圣作品无疑是非常伟大的。[①]

无论哥白尼怎样盛赞上帝创造宇宙的伟大，教会并没有因此而对哥白尼学说放松警惕，而是一直把它视为异端邪说。

---

① ［波兰］尼古拉·哥白尼. 天体运行论. 叶式辉，译. 西安：陕西人民出版社，武汉：武汉人民出版社，2001：33-35.

近代科学经过几个世纪的发展，17世纪后期已经具有了全面解释世界物质构成及其运动形式的理论准备，牛顿《自然哲学的数学原理》就是对我们生存于其中的世界的机械论的解释。自从人类把上帝作为世界产生的第一推动力以来，至此人类才第一次有了关于世界的科学解释。值得注意的是，当牛顿力学已经对于物质运动做出科学的解释之后，仍然要补充道：上帝，永恒的上帝才是这个世界的第一推动力。由此可见牛顿对上帝十分虔诚，别的科学家就没有他这样的坚定信仰。欧洲还流传着拉普拉斯的一个故事：他把自己的《天体力学》一书献给拿破仑，拿破仑问道："你的书里为什么没有说到上帝?"拉普拉斯回答说："对不起，陛下，我认为不必要有那个假设。"

中世纪教会的火刑、教会审判、禁闭都没有能阻止科学的发展，这引起教会自身的反省，从19世纪后期起，基督教会特别是其最高决策层梵蒂冈教廷对科学的态度开始发生重要变化。近代科学则经历了三次技术革命，成为人类社会中最重要的因素。当然，科学作为一种生产力或是社会力量，它仍然不能满足人类精神需求，也不可能取代神学。不过科学解决了物质世界的现象分析问题，这对于宗教有决定性的影响，并且使宗教自动地从科学中吸取养料，以提高自己的理性化程度。

1951年，罗马教皇庇护十二世向罗马科学院院士们发表了一个演说。罗马科学院是在教皇支持下成立的科学院。教皇演说的题目是"从现代自然科学来看上帝证明"。这是一种前所未有的态度，因为对于传统神学家来说，上帝存在的问题是无须证明的，所有怀疑上帝存在的思想都是不可宽恕的。今天教皇本人来讨论上帝存在证明的问题，这本身就是一个有象征性的举动。教皇本人利用了现代科学来说明上帝是存在的，而科学正是证明上帝存在的最好方式。教皇认为：

> 当罗马教皇科学院的院士们揭露大自然的秘密，引导人类正确地利用自然界的力量时，同时他们也以数字、公式和发现宣告了全知的上帝的深奥莫测的和谐……真正的科学前进得越远，便发现上帝越远，上帝几乎伫立在科学所打开的一切大门之后。①

1980年，罗马教皇约翰·保罗二世发表了一次演说，他认为真理其实有两种，一种是信仰的真理，一种是神学的真理，这两种真理并不矛盾，它们是统一的。因为前者是造物所表现出的真理，而后者是上帝的"道"，两者的起因是一致的。所以科学研究与神学研究势必殊途同归。信仰保障真理，信仰又可以无限地拓展人类理性的视野。这虽然只是一种姿态，或是说还有些言不由衷，但重要的并不是教皇如何说，而是一种思想已经初露端倪——基督教会认识到，宗教与

---

① ［梵］庇护十二世．从现代自然科学来看上帝证明（1951年11月22日向罗马教皇科学院的院士们的讲话）．梁志学，译．哲学译丛，1963（10）：30.

科学之间的对立时代已经结束，理性、科学不再是宗教的对立面，而可能成为宗教的盟友。

20 世纪教皇们关于上帝与科学关系的见解，使人联想到一位中世纪神父的话，生活在千年之前的奥立金就曾经讨论过人能不能从物理角度来证明上帝的问题，他的看法是：

> 人是生活在肉体中的，他不可能识别其他隐藏的和神秘的事物，除非是他已经悟解了那些肉眼不可见识的事物。在我的想象中，那个用智慧创造了一切事物的造物主一定是这样创造了这个世界中各样可见的事物：他在它们之中放入了不可见的和只有上天能察的识见，使人类心灵能借此达到与灵界的相通，并且寻找到上天事物的根基，最终，在上帝智慧的指引下，或许可以断言：那不可见的和可见之事吾辈均已理解。①

在柏拉图主义者中，奥立金还算是对物理学等自然科学有较公正态度的，他仍然把理解自然事物的希望寄托于上帝身上。当代教皇们的态度虽然比奥立金更为宽容，如 2013 年梵蒂冈新任教皇方济各就曾经学习过化学工程专业，并且在阿根廷的大学讲授过文学和心理学。但是这位第 266 任教皇在宗教理论方面没有本质上的改变，同样是以上帝作为理解科学的指导者。

① R. P. Lawson. *Origen: The Song of Songs——Commentary and Homilies*. London, 1957, Ⅲ, 12: GCS, 209.

第九章

科学技术的成就

第一节　西方科学的观念

科学是关于自然、社会和思维的知识体系，是人类社会实践过程的经验总结，是社会文化的重要构成。从古到今，世界上各个民族都十分重视科学研究，进入现代社会之后，科学的地位得到进一步的肯定。现代科学有多种分类法，最常见的是将科学划分为：自然科学、技术科学、数学、哲学、社会科学等五大部类。但是也要看到，世界各种文化中，科学的概念也不相同，如埃及古代科学（包括几何学、农学等）、中国古代科学（包括古代天文学、机械学、农学、医学、工学等）、印度古代科学、阿拉伯科学等，都有自己的具体内容。而在西方文化传统中，最初的科学包括在统一的哲学之中，以后才分化为不同的学科。科学（science）在拉丁语中，主要是指学问与知识（scire，学或知）。古代科学包括了所有知识的内容，它并不只是包括自然科学和技术。英语中的“科学”专指自然科学，就是指以掌握自然规律、以改造自然和利用自然为目的的活动与知识体系。由于西方文化构成的特殊性，我们在本书中将对西方的自然科学与社会科学分别进行研究，本章中所使用的“科学”范畴专指自然科学，关于社会与思维的研究，我们将在其他章节中论述。

西方科学是人类科学研究中的一个组成部分。特别是在近代科学中，即以实验方法为主、以逻辑分析为理论工具的研究中，西方科学的理论与实践都占有重要地位。具体而言是指从文艺复兴以来，培根等的实验方法成为科学研究的主要方式之后，西方发展出了独立的自然科学学科。这种现代科学与传统科学之间，既有一定的继承关系，同时也有相当大的差异。不仅古代希腊罗马的科学对现代科学有影响，就是古代东方科学经过文化交流传入西方后，同样对西方现代科学的兴起有不可替代的启蒙作用。实际上中国的造纸术、火药、罗盘、印刷术、种痘术、几何学、天文学、地理学等长期在世界上处于领先地位，并且传入欧洲，引导了欧洲科学技术的发展。此外，古代埃及、古代印度、阿拉伯的科学也对于西方科学有一定影响，同时也必须承认，现代科学是一个新的科学体系，它有新的认识论与研究方法，有新的学科划分，这也是传统科学所不具有的。

西方科学具有独特的发展过程与历史特点。首先，西方科学重视理论体系的建构，以哲学认识论作为科学研究的指导原则。早在古代希腊人的哲学中已经包括了后世科学理论方面的内容，特别是毕达哥拉斯学派的数学、希波克拉底的医学、托勒密的地理学、亚里士多德及其学生的自然科学研究，都成为近代科学的始祖。而这些古代科学都具有相当的理论基础，思想体系相对完整。文艺复兴之后，英国唯物论者与法国启蒙主义者、德国古典主义哲学家们无不重视科学理论体系的创造。西方科学史上，每一个重要的历史阶段都有较完整、系统的理论体系，正是达尔文的进化论、伽利略和牛顿的物理学理论、爱因斯坦的相对论等重要科学理论体系推动了世界科学发展。但是也要看到，西方科学理论中也充满了形而上学与实践之间的矛盾冲突，比如 19 世纪 20 年代，黑格尔提出了自然哲学理论体系，就曾经受到过自然科学家们的批评，著名化学家李比希、数学家高斯、生物学家施莱登等人，全都反对黑格尔的理论体系，反对用形而上学理论谈论自然科学。但是，没有过多久，19 世纪末到 20 世纪初，当物理学从古典力学向相对论力学过渡、当物质结构学说从原子研究向电子研究深化的时刻，旧唯物主义自然观由于无法解释相对论而完全崩溃，新物理学陷入唯心主义之中。以后的科学家如生物学家迈耶克-阿比希、物理学家魏扎克等人接受了历史教训，都关注辩证法理论，以提高科学研究水平。

另外，西方科学重视方法论，追求以实验科学、数学等精密科学为研究方法，并发展出严密的学科分类。从亚里士多德时代起，西方科学就开始学科分类，在改进科学总体研究方法的基础上，形成了各自学科的研究方法。文艺复兴之后，实验方法与唯物论方法论在科学研究中得到广泛推广，这为现代西方科学奠定了坚实的基础。17—18 世纪中，西方科学更是获得空前的大发展，无论是理论科学还是科技发明都出现飞跃，从而确立了西方文化在世界上的重要地位。

在这一时期中，自然知识与观察方法丰富起来，科学技术水平的提高为人们提供了更多的研究手段，科学家们将观察、分析、概括与推论等方式结合起来，深入认识事物运动规律，建立了“真正有系统的实验科学”。从19世纪至今，西方科学方法处于新的整合与跨学科发展阶段，新方法与新学科大量涌现，使全球化时代成为一个科学大发展的时代。

此外，综观西方科学发展的历史可以看出，科学与技术的紧密结合也是其重要特征，特别是近代以来，重要的科学发现都会引起技术的巨大进步，以能源技术为例，热能、电能、太阳能、风能、核能技术的进步无一不与科学发明有密切联系。同时，技术的发展又会推动科学的发明，两者互相促进。

无可讳言，西方科学的每一个进步都经历了艰难曲折，专制制度与宗教都曾经阻碍科学的发展。特别是势力强大的基督教，曾经对西方科学发展构成巨大威胁。中世纪的基督教曾经把亚里士多德等人看成是基督教建立之前的异教徒，相当多的教士反对古代希腊科学思想。由于科学思想与宗教世界观之间的冲突，中世纪教会对科学家百般压制，甚至进行人身迫害，如布鲁诺被处以火刑，伽利略曾经受到过监禁，直到20世纪，教会仍然不承认进化论。我们可以预见到，随着社会进步，罗马教廷或是西方其他宗教都可能会改变自己对科学的看法，宗教与科学之间的关系也可能一定程度上得到缓和，这对于西方科学的发展是有利的。

第二节　古代科学思想

古希腊人向埃及人学习了医学与几何学，并且发展了它们。古代埃及人有相当发达的医学，同时，由于尼罗河河水经常泛滥淹没农田，每次大水过后，埃及人都要测量农田，这种生产实践培育了埃及的几何学。古代巴比伦人则创造了发达的天文学。这些成就以后都被希腊人所吸收，善于理性思维的希腊人把它们变成了专门的学科，并且把这些学科规范化，创立了这些学科的基本原理，使它们达到新的水平。

公元前6世纪，希腊的爱奥尼亚（Ionia）的自然哲学家们在埃及几何学知识与实践的基础上，由米利都的泰勒斯（Thalēs，约公元前624—约前547）与萨摩斯的毕达哥拉斯（Pythagoras，约公元前580至前570—约前500）正式创立了几何学。毕达哥拉斯发现了直角三角形的规律，即直角三角形斜边的平方等于两条直角边平方之和，这一发现被命名为“毕达哥拉斯定理”。希腊化时期，著名的几何学家欧几里得（Euclid，约公元前330—前275）对前人的几何学知识加以整理，形成了欧几里得几何学，他的名著《几何学原理》是这门学科最早的教科书，其中已经提出了基本的几何学定理。另外一位数学家阿基米得（Archimedes，公元前287—前212）发现了杠杆原理并且提出浮力理论，他对于几何学也有杰出的贡献，特别是关于球体、圆柱体与不规则物体的体积、表面积与周长的计算等方面。他把圆周率计算到小数点后第3位，在当时也是最先进的。他还创造了作战使用的回旋式起重机与投石器。阿基米得是古代社会中最杰出的发明家之一。他的名言是：给我一个支点，我可以撬动地球。

欧几里得

希腊学者们提出了著名的四原素说，用以解释宇宙的形成。西西里的哲学家恩培多克勒（Empedoclēs，公元前495—约前435）总结了前人的学说，认为土、水、气与火是四种基本原素，它们受到吸引力与排斥力的作用，以各种不同比例结合起来，形成了宇宙与世间万物。另外一些学者如留基伯与德谟克里特则建立了原子说，伊壁鸠鲁（Epicuros，公元前341—前270）采用了原子说，并且在雅典讲授原子学说。伊壁鸠鲁的唯物论曾经引起青年马克思的注意，被选来作为自己博士论文的研究内容。

古希腊医学也相当发达。医学家们分为两大派，一派是柯斯派（Cos），认为人的疾病来源是身体的错乱，所以通过自然疗法可以得到恢复。另一派名为克尼多斯（Cnidos），则主张对于具体的疾病应当有相对应的医疗方法。据说公元前6世纪的一位克罗顿医生阿尔克芒（Alcmaeon，公元前500年左右）首先进行了人体解剖，当然这种说法并不完全可靠，可靠的记载是在托勒密王朝时代的亚历山大里亚，医生们才首次进行了人体解剖。但是阿尔克芒的另一个贡献却一直受人称道，他指出大脑是人类思维器官。这在当时是伟大的发现之一，因为在此之前，多数人认为人类是用心来进行思维的。

阿基米得

最著名的医学家是希波克拉底（Hippocratēs，约公元前460—前377），他是希腊医学的集大成者。著名的希波克拉底在誓言中说：医生要处处为病人的幸福着想，要保持自己的一生与医生行业的纯洁与神圣。希波克拉底及其追随者们发展为一个学派，他们主张在医学中应用实验方法，建议实验的观察者可以每天打破一个鸡蛋，从中观察胚胎发展的过程。从这里可以看出，实验方法与胚胎学的研究对于这一学派是相当重要的。他们认为疾病是服从于自然法则的，应当用观察与实验的方法来进行研究。希波克拉底重视医学道德与规则，他为希腊医生们制定了具有人道主义色彩的医学道德原则，这些观念直到今日还有相当大的影响。

在天文学与地理学这些基础学科中，古希腊人也有相当重要的发现。希腊哲学家恩培多克勒观察了日食现象，指出日食形成的原因在于月亮位于地球与太阳之间，使地球上的人类看到日食。继他之后，阿那克萨哥拉进一步研究了月食、银河等天文现象。以后还出现了托勒密等一批重要学者。托勒密生活在希腊化时代的亚历山大里亚，这里是雅典之后希腊文化的中心。我们上文已经指出，托勒密建立了地心学说，认为太阳、行星与恒星都在绕地球运动。这种学说一直到哥白尼学说出现才被推翻。其实他的科学贡献远不止于此，托勒密是一个百科全书型的科学家，他从事天文、地理、数学与物理学等方面的研究，并且都有相当杰出的成就。作为一个杰出的地理学家，他还关注到东方的存在，并从地理学上论证了地球的分区。希腊化时期的伟大天文学家是萨摩斯岛的阿里斯塔克（Aristarchos，公元前310—前230），后人称“希腊化时期的哥白尼”，他曾经测量过月球、地球与太阳之间的距离及体积的比例等，并且留下论文《论太阳和月球的大小与距离》，其中以太阳中心学说来阐释天体构成。

如果说希腊人天才地发展了理论科学，在基础学科研究中做出重大贡献，那么罗马人则以重视实际、努力发展实用科学为特点。如前所述恺撒（Gaius Julius Caesar，公元前100—前44）曾经亲自参加了对于儒略历法的修订，以后这种历法也以其姓氏命名，正式将一年的时间定为365.25日，这种历法在欧洲一直使用到1582年，教皇格列高利十三世才加以参正。罗马人阿格里帕（Agrippa）曾经进行过地理测量，并且绘制了世界地图。工程师弗朗提努（Sextus Julius Frontinus，40—103）曾经管理过罗马的给水工程，他在世界上较早地论述了流体力学方面的原理。奥古斯都时代，罗马建立了第一所公立的希腊医学校，医生塞耳苏斯（Selsus）用拉丁文撰写了内外科医学的专著。这部著作结合了古代医学中两派的观点，既重视对理论的研究，又注意对病情的观察。希腊医学在亚历山大里亚得到继承，出现了著名医学家盖仑（Claudius Galen，约129—200），他综合希腊人关于解剖学、胚胎学与临床医学的重要经验，首先开始在活的动物身上进行实验，他关于心脏与脊髓的研究被医学史家们认为是古代医学最重要的成就之一。但是，盖仑是个有神论者，他把一些神学观念引入了医学，提出了人体的“元气”的观念，这种观念一直对欧洲医学有较大影响。

盖仑关于血液的论述十分重要，直到欧洲近代学者发现血液循环的原理之前，盖仑学说一直居于主导地位。他认为，血液是由食物在肝脏内部变成的，然后经过与元气的混合，在这一过程中，形成了营养成分。血液的一部分经过静脉流入身体各个部分，并且最后还要回到心脏里来。另外的一些血液则与肺中的空气混合，通过动脉流到身体的各部分。这种理论是前所未有的，虽然其中有神学思想的因素，但是毕竟是一种理论创造，为此它一直为西方医学所推崇，直到文艺复兴中哈维等人的学说兴起。

罗马农学相当发达，出现了瓦罗（Marcus Terentius Varro，公元前116—前27）与科路美拉（Lucius Junius Modoratus Columella，约1世纪）等杰出的农学家。最早的一部农业理论专著的作者是学者老加图（Marcus Porcius Cato Censorius，公元前234—前149），他同时也是著名的历史学家，著有《罗马历史起源论》等著作。他的农学著作《论农业》是对奴隶制农业的经验总结，该书集中论述了农业的经营与管理方面的实践。另外瓦罗的《农业论》是一部对话体的作品，技术性强，涉及农业管理、作物种植、农业经济与畜牧业等方面，表明罗马农业与畜牧业已经处于相当发达的程度。

来自西班牙的罗马农学家科路美拉是帝国后期的农学家，他的巨著《论农业》共有12卷。针对当时罗马农业中心地区已经受到极大的破坏、生产状况日下的形势，科鲁麦尼在书中讨论了意大利地区农业衰落的原因，并且提出改进农业技术，加强经营管理的策略。

罗马人已经广泛运用了水车。公元前20年前后，罗马建筑师维特鲁威就已经提到过水车。公元前79年维苏威火山爆发后，将一架水车的水轮印痕永远留在熔岩中，使后人可以看到当年罗马水车的大致样式。

罗马人在建筑方面成就非凡，特别是在罗马帝国时代，罗马城规模宏大，建筑风格多姿多彩，成为世界古代建筑史上的奇迹。西方建筑的主要模式都可以在罗马城中看到，精心设计的广场、神庙、剧场、凯旋门等，成为欧洲各国竞相模仿的样本。更令人称赞的是，罗马城里建设了总长达到100多公里的高架引水道，水道共有11条，全部用巨石铺砌而成，从远处引来的清水汩汩流入罗马城，供给全城居民使用。这种大型供水系统在世界古代城市十分罕见，充分表现出罗马人的科学求实精神与高超的建筑工艺。公元前33年，罗马皇帝奥古斯都改造了已使用6个世纪的大型城市排污管道。早在埃特鲁斯坎诸王时代，罗马人已经建立了大型的开放排水道。帝国时代将这种排水道改为封闭式的巨大建筑，污水排入台伯河，这也是当时世界上不多见的。

不可忽略的是，罗马人对基础科学也有自己的贡献，世界上最早的地图就是在屋大维时代绘制的。一直到16世纪，西方地理学家们都十分重视地图的绘制，并且以科学方法绘制出世界地图。环球航线开通之后，这种地图绘制方法传到世界各国，对于各国地理学都有推动作用。罗马人还总结了古代科学史，被称为百科全书式的学者老普林尼（Gaius Plinius Secundus，23—79）写下了巨著《自然史》，其目的在于全面总结罗马帝国科学文化的成就，该书举凡天文、地理、生物、数学、物理、化学、医药、农工林业、雕刻绘画与艺术近2万种事物，介绍古今学者作家等杰出人物500多位，征引典籍达到数千种。这种撰述风格与成就，展现出罗马人善于总结前人成就、继往开来的精神品格。

总体来说，希腊科学重视理论探讨，创造了比较完备的理论体系，而罗马人生性重视实践，在实践科学方面成就较为突出。无论二者差异有多大，从希腊到罗马，西方的古典科学对人类社会发展功不可没。它把自然作为研究对象，以揭示自然奥秘、发现宇宙与世界的本质、掌握事物运动的规律为目标，这种宗旨与思想对于后世有巨大影响。但是古代科学仍然处于初始阶段，科学研究方法以观察为主，研究目的处于实用阶段。

在中世纪的神学统治下，科学受到排斥。391年，罗马皇帝狄奥多西就曾下令禁止学习数学与天文学等，从此之后，教廷对于科学家进行了更加严厉的迫害。希腊女数学家海帕西娅（Hypatia，约370—415）等一批科学家被处以火刑，科学传统被中断，科学研究停滞不前。

第三节　近代科学体系的形成

文艺复兴后期，近代科学观念开始萌芽，宗教思想已经无法控制历史形势。破开坚冰的是一位哲学家弗朗西斯·培根，被马克思称为“英国唯物主义和整个现代实验科学的真正始祖”。培根在《新工具》中提倡科学研究，主张以实验方法来进行研究，从而成为现代实验科学的倡导者。虽然培根本人并没有在自然科学方面进行太多的研究，但他是科学思想理论的革新者，他以唯物论观点与实验方法影响了整个现代实验科学。科学方法论在这里取得了原则性进步，培根发展了以归纳法为主的逻辑体系，法国哲学家笛卡儿则认为演绎方法更为重要，如果把培根的学说与笛卡儿的理论结合起来，可以说近代西方科学方法论已经基本形成。

培　根

西方近代科学的主要任务是解决认识问题，其对自然界的认识分为三个步骤，也是三个层次。第一是对事物的感性认识，包括成分与形体的认识，解决事物是什么样的与其构成形态如何的问题。这种认识是通过经验与观察的方法来解决的。第二是理性认识，即事物的本质特性是什么，它的意义何在，这一层次是通过分析研究来解决的。第三是事物的形式，这一层次则要通过数学计算来解决。贯穿这三个步骤和层次的就是近代科学中的理性精神与实验方法，这是近代科学的灵魂。

中世纪后期，波兰天文学家哥白尼提出太阳中心说，这是对希腊人托勒密的地球中心说的否定，但考虑到教会主张地心说，哥白尼不敢公开自己的学说，被迫把代表作《天体运行论》推迟出版。直到哥白尼临终，他才最后看到了自己的“那本不朽著作”（恩格斯语）面世。意大利科学家布鲁诺（Giordano Bruno，1548—1600）公开拥护哥白尼的学说，在哥白尼学说遭到教会否定时，他仍然坚持自己的观点，最后被宗教法庭处以火刑，成为流芳百世的捍卫真理的勇士。

新的物理学的第一位代表人物是意大利人伽利略（Galileo，1564—1642），他反对中世纪先验论，主张以实验方法进行物理学研究，从而成为新的物理学的奠基人。1609年，伽利略发明了温度计，以后又根据光的折射原理，发明了望远镜，能将物体的直径放大30倍，并且将这一发明应用于天文学，使当时的人们首次看清了月球表面、木星周围的四个行星，看清了银河系……这使整个西方世界为之震动。伽利略主要的贡献在于动力学的研究，他在著名的比萨斜塔上进行了实验，得出了物体运动加速度的公式。同时，他从动力学角度解决了一个重要的具有认识论意义的问题：什么是宇宙第一推动力。前人总认为，宇宙的运动总有一个第一推动力，如亚里士多德就认为存在一个“不动的推动者”。但是伽利略发现，运动的物质并不需要推动力，天上的行星是依靠自身的力在运动，所以行星系并不需要外力，它自身就会不断地运动。这样就解决了从古代到中世纪都一直困惑不解的第一推动力问题。可以说在自由落体运动、抛物线运动、摆动定律、惯性定理等物理学与力学方面，伽利略都是其创始人。他的名著《关于托勒密和哥白尼两大世界体系的对话》与哥白尼的《天体运行论》、牛顿的《自然哲学的数学原理》共同被看成是现代天文学的三部杰出著作，而且这些著作对自然科学其他领域也有划时代的影响。故此伽利略、牛顿（Isaac Newton，1643—1727）与爱因斯坦（Albert Einstein，1879—1955）被认为是近现代物理学的三位具有里程碑意义的代表人物，各自代表了物理学的不同发展阶段。

解剖学与生理学方面也有重要突破，做出这一贡献的主要人物之一哈维（William Harvey，1578—1657）是英国国王詹姆斯一世的御医。1628年，哈维出版了《心血运动论》，提出新的心脏血液运动理论，这一理论打破了盖仑关于心脏血液循环运动的学说，否定了人体是靠“元气”来维持循环的说法，指出血液是从动脉流入到静脉中去，然后再回到心脏。这一结论完全出于实验，它解开了血液循环之谜，是一种真正科学的理论。

在天文学上，虽然哥白尼学说已经被相当多的人所承认，但是这一学说仍然需要从科学上得到论证，特别是从天文学本身加以说明。首先是丹麦天文学家第谷·布拉赫（Tycho Braho，1546—1601）献身于这一事业，他耗时24年专心观察恒星，目的在于想证明地球是在运动的。虽然他未能最终证明这一点，但是所积累的大量资料为这一方面的研究提供了条件。第谷的资料极为精确，并且他将自己的资料无私地交给自己的学生约翰·开普勒（John Kepler，1571—1630），后者终于完成老师未竟之业。开普勒是德国的一名星象术图书的编辑，他的著作包括《宇宙的奥秘》、《哥白尼天文学概论》、《鲁道夫星表》与《世界的和谐》等。他相信哥白尼学说，他创造的开普勒定律主要有以下内容：第一，行星运动的轨道是椭圆形的，太阳的位置正在其中的一个焦点上。第二，太阳的中心与行星中心的连线在轨道上所扫过的面积与时间成正比例。第三，行星在轨道上运动，它运行一周的时间的平方与它到太阳的平均距离的立方成比例。开普勒首次总结了关于行星运动的规律，而且以系统而准确的公式表达了出来。

英国天文学家哈雷（Edmond Halley，1656—1742）的《彗星天文学概论》，推算出彗星按照椭圆形轨道环绕太阳运行的行程，经过计算后，他预测一颗彗星可能于1758年回归，因为据他计算，彗星运行的周期是75年，事实证明他的计算完全正确，以后，这颗彗星被命名为“哈雷彗星”（Comet Halley）。

17世纪后期，西方科学进入一个新的发展阶段，推动这一进展的是伟大的英国科学家牛顿。1643年，艾萨克·牛顿出身于英格兰的一个农民家中，大学阶段在剑桥大学学习自然哲学，27岁即开始担任剑桥大学数学教授。1696年，牛顿被委任为造币厂监察，并且于1703年担任了英国皇家学会主席。牛顿是一位在多个领域里有伟大贡献的科学家，在数学方面，他与德国的莱布尼茨一起创立微积分并且用微分方程来表达物体的运动。同时，他也是一位杰出的光学家，他所进行的三棱镜试验证明，光并不是单纯的白色，而是赤、橙、黄、绿、青、蓝、紫等七色，而且这些光的折射率是各不相同的。在《自然哲学的数学原理》这一划时代的巨著中，牛顿把天文学与力学发展到一个新的高度，该著作提出了著名的牛顿三定律与万有引力定律，从而解决了从古希腊以来一直在探讨的科学问题，也就是物理学最重要的问题，即物体运动的规律与宇宙变化的原因。

牛顿认为，宇宙间的一切物体全都受到惯性定律、质点运动定律与反作用定律的支配，主要表现为：第一，惯性定律是，物体在未受到外力作用时，会保持原来的静止状态或是匀速直线运动。第二，质点运动定律是，物体运动状态的改变与所受力的大小成正比，并且发生在作用力的直线方向上，即在质量（m）一定时，外加力F与加速度a成正比，公式表达为$F=ma$；如果外力是一定的，物体的质量则与运动状态改变的程度，即加速度成反比，用公式表达为$m=F/a$。第三，作用与反作用定律是，在相互作用的两物体之间，作用力与反作用力是相等的，方向相反，并且作用于同一条直线上。

万有引力定律则指出，因为宇宙间所有的物体都处于互相吸引的作用力之中，每一个粒子都在互相吸引；物体之间吸引力的大小与它们之间距离的平方成反比，与其质量成正比，用公式表达为 $F=GmM/r^2$。牛顿万有引力定律由于适用于宇宙间一切物体，所以得名。它不仅对于物理力学有重大意义，也是人类科学认识史上的里程碑，代表了人类以科学方法来掌握世界的巨大成就。

近代科学技术是西方科学史上关键的一环，它对人类社会产生了重大影响，它也改变了西方文化。概括起来，它的作用突出地表现于以下方面：

其一，近代科学技术的应用改变了人类社会生产性质，机器首次成为社会生产中的重要生产工具，蒸汽机的使用大大提高了生产效率，并且逐渐取代了传统的人力与畜力为主要生产工具的模式，这也引导社会形态从农业生产向工业化迈进，西方社会在这一进程中领先世界，成为社会生产力最发达的地区。

其二，近代科学技术改变了西方文化的传统类型，使西方文化从中世纪的宗教文明中心模式向近代科学中心模式转移。中世纪封建社会中宗教思想统治一切，在人与自然的关系中，基督教主张人与自然都是上帝的创造，人本身就是有罪的，人不能任意改变上帝的创造物，也不允许人类通过科学来解释与掌握自然。西欧的生产力一直相当低下，尽管中世纪后期农业与商业经济得到发展，但仍然不可能有突破性的发展。直到近代科学技术兴起，推动西欧的工业化，才可能使西方走到世界经济的前列。西方文化的类型也在近代社会中发生大的转型，科学技术成为西方文化的中心。

其三，近代科学技术使西方文化内部结构也产生一定变化，造成文化中心的转移，即西方文化的中心从地中海地区向大西洋地区转移。最初的近代科学中心是在意大利。意大利城市众多，工商业发达。15 世纪以后，土耳其奥斯曼帝国占领巴尔干地区，大批科学家与学者流亡意大利。这些杰出人才在意大利受到佛罗伦萨等大城市统治阶层的厚遇，专心于科学研究，成就突出。意大利的冶铁业中首先使用水车带动的鼓风冶铁炉，其余如纺织、兵器、造船等工业技术在欧洲也是第一流的。但是随着拜占庭帝国灭亡，土耳其奥斯曼帝国控制地中海，造成意大利商业贸易衰退。15 世纪后期意大利遭到法国的侵略，经济受到破坏。16 世纪以后，罗马教廷镇压异端，严格控制思想言论。这些因素使意大利最终在日益兴起的以英国为首的西欧经济面前败落下来。

随着地理大发现所产生的海外贸易兴旺，殖民地扩张，形成海外大市场，英国国内经济迅速发展。斯图亚特王朝重视科学，延揽人才，建立各种科学组织。1662 年英国成立了伦敦皇家学会，这就是以后的英国皇家科学学会。英国主要大学中也纷纷开设自然科学课程，涌现出大批杰出科学家如哈维、巴罗、波义耳、培根、牛顿、哈雷等人，他们的研究与发明推动英国科学技术迅速发展，这使英国成为世界一流的科学中心，并最终使英国成为西方第一个真正意义上的世界强国。英国的崛起，带动了整个西欧国家的经济，也使欧洲文化的中心从地中海转向西欧。

第四节　现代科学的突飞猛进

18 世纪以后，随着西方工业化的深入，一次又一次的工业革命、产业革命、技术革命强烈冲击着科学研究。同时，科学研究也掀起了一次又一次的变革与革新，回应着社会生产的迅猛发展。现代西方科学体系取代了近代科学，从康德的宇宙理论到爱因斯坦的相对论，从达尔文的进化论到能量守恒定律，现代科学的思想基础建立在辩证认识论之上。

1755 年，康德出版《自然通史和天体论》，提出了太阳系起源的星云假说，并总结了人们对天体特别是“星云”的认识。在康德的理论提出之前，瑞典与英国的科学家们已经发现，宇宙中存在着无数个类似于银河系的恒星体系，但是这些宇宙物体是如何形成的，科学家们则见仁见智，说法不一。康德依据牛顿力学与开普勒的天文学，认为宇宙是无限的，宇宙中存在着无数个类似于太阳系的恒星系。其次，康德认为宇宙的天体并不是原来就有的，是由宇宙间的细小物质微粒在引力作用下形成的。从一个个行星到大的天体，都经历了这一过程。所有宇宙天体正处于永恒的变化之中，有无数个类似太阳的天体在燃烧与消灭，这就是宇宙的发生与循环过程。最后，康德还预言，在宇宙的其他星球上可能也有人类居住。

1796 年法国著名科学家拉普拉斯（Laplace，1749—1827）发表《宇宙体系说》，支持康德的学说。作为一个杰出科学家支持一位哲学家所提出的假说，这种现象充分表现出西方科学家们尊重科学、追求真理的精神。

恩格斯曾经对这种学说予以极高的评价：

> 在这种僵化的自然观上打开第一个缺口的，不是一位自然研究家，而是一位哲学家。1755 年出现了**康德的**《自然通史和天体论》。关于第一推动的问题被排除了；地球和整个太阳系表现为某种在时间的进程中**生成的东西**。①

爱因斯坦相对论提出后，对宇宙论产生了巨大影响。就如同当年康德运用牛顿力学来解释宇宙论一样，当代科学家们基本上一致用爱因斯坦的相对论来解释宇宙存在，希望能获得突破。由于这些理论都正在建构之中，我们只能对其中有代表性的“大爆炸理论”做一个简单的评述。

其一，根据广义相对论，宇宙是有始有终的。一位自称用相对论建构宇宙理

---

① 马克思恩格斯选集：第 4 卷. 北京：人民出版社，1995：266-267.

论的物理学家，英国剑桥大学的史蒂芬·霍金（Stephen Hawking）认为：

> 然而在广义相对论中，情况则相当不同。这时，空间和时间变成为动力量，当一个物体运动时，或一个力起作用时，它影响了空间和时间的曲率；反过来，时空的结构影响了物体运动和力作用的方式。空间和时间不仅去影响，而且被发生在宇宙中的每一件事所影响。正如一个人不用空间和时间的概念不能谈宇宙的事件一样，同样，在广义相对论中，在宇宙界限之外讲空间和时间是没有意义的。
>
> 在以后的几十年中，对空间和时间新的理解是对我们的宇宙观的变革。古老的关于基本上不变的，已经存在并继续存在的无限久的宇宙的观念，已经为运动的膨胀的并且看来是从一个有限的过去开始的并将在有限的将来终结的宇宙的观念所取代。这个变革正是下一章的内容。几年之后又正是我研究理论物理的起始点。罗杰·彭罗斯和我指出，从爱因斯坦广义相对论可推断出，宇宙必须有个开端，并可能有个终结。①

其二，既然宇宙有开端，那么这个开端是什么？如果它不是上帝的第一推动力，又是什么开创了宇宙。从 1912 年至 1916 年相对论创立开始，大爆炸理论逐渐吸引了世界的关注，并且成为宇宙理论中普遍流行的学说。这是康德宇宙论之后最重要的宇宙理论，也是自然科学家们提出的最重要理论体系。这种理论经历了数十年发展，在 20 世纪后期才趋于成熟。但直到今日，我们最好仍然把它看成是一种发展中的理论，因为这种理论并非已经能够或是已经解决了所有重要的问题。

根据广义相对论，一个时间不变的静止空间是不存在的，宇宙就是时而变大时而变小的。这样就有两种宇宙状态，第一是封闭宇宙状态，即宇宙中物质密度大于宇宙延伸速度时，宇宙便处于膨胀之中。不过这种膨胀的速度是有限的。第二是无限膨胀，这种状态是物质密度低于临界值时发生的，这时空间变得无限大，天体之间的分裂也是无限的，互相分离而去。这样，我们就必须假定存在一个原初的统一宇宙，这就是 1927 年比利时天文学家勒梅特所提出的“宇宙蛋”的设想，他认为宇宙蛋是宇宙的物质和能量原本所在的，是在宇宙的零时刻存在的。这个宇宙蛋突然发生了大爆炸，宇宙产生于这次大爆炸之中。美国科学家伽莫夫把这种理论命名为“大爆炸理论”，从此风行世界，成为普遍流行的学说。

这一学说的物理学验证是 1929 年美国天文学家埃德温·哈勃所提出，这就是宇宙膨胀的证实。哈勃用望远镜发现，除了银河系所在的星群之外，其余所有的星系都在远离地球而去，而且速度越来越快。哈勃计算了九个星系与地球之间距离的关系，得出了哈勃定律：星系远离地球的速度与星系和地球之间的距离成

① ［英］史蒂芬·霍金．时间简史．许明贤，吴忠超，译．长沙：湖南科学技术出版社，2003：44.

正比。

另外两个辅助性的证明：第一是1948年伽莫夫以粒子物理学理论研究大爆炸学说，认为大爆炸会留下遗迹，那就是在宇宙里的温度为几度的微状背景辐射。这一假设于1965年得到证实，美国贝尔实验室中的两位天文学家彭齐亚斯和威尔逊发现了宇宙微波背景辐射温度，大约是3度。第二是宇宙中氦的存在，这也是伽莫夫所提出的。如果真的有大爆炸，那么宇宙中应当遗留有大约25%的氦。以后的宇宙科学家们认为，可以证实宇宙中存在着30%的氦，这也可以说是证实了伽莫夫的假设。

西方的化学是在古代炼金术中发展出来的，在近代科学中还没有重要的位置，但是随着社会生产的发展，化学与化学工业的地位日趋重要，化学科学因此而得到了长足发展。

1869年，俄国彼得堡大学教授门捷列夫（1834—1907）的论文《元素性质与原子量的关系》在俄罗斯化学协会上被宣读。这篇论文中指出了元素的周期律，即按原子量排列起来的元素，在性质上呈现出明显的周期性，同时，化学元素的性质取决于原子量的大小。门捷列夫把当时已知的63种元素按原子量的大小列了周期表，并且根据原子量变化的规律，为尚未发现的4个元素留下了写有原子量的空缺位置。以后，他所留出空位的元素相继被发现，这些元素的原子量基本上与他所列的周期表相同。元素周期表是化学史上划时代的发现，它使化学真正成为一门科学，不只是从实践意义上，而且是从理论意义上。

早在18世纪末期，欧洲科学家已经发现，热能可以向机械能转换。19世纪，科学家们先后发现，在各种运动中能量可以转换，在能量的转换过程中基本上遵守了能量守恒的定律。1847年，英国科学家焦耳（James Prescott Joule，1818—1889）在英国科学年会上宣读了自己以前发表的一篇论文，这篇论文曾经在学术会议上宣读过，但是没有引起足够的注意。这篇论文认为：自然界的力量是不能毁灭的，哪里消灭了机械能，总能得到相应的热能。可惜的是这篇论文反响不够热烈，焦耳通过进一步努力，计算出热当量值是428克·米/卡。从此，能量守恒与转化的定律在自然界被正式承认。能量守恒与转化定律证明，自然界的事物与运动之间有普遍的联系，宇宙中的能量不可能创造也不可能消灭。人类社会应用的能量来自自然，能量在自然中是可能被转换的，然而它是守恒的。

19世纪40年代，生物学家们发现细胞分裂过程，1879年，德国生物学家发现细胞核内遗传物质的载体染色体，建立了细胞学说。英国科学家达尔文（Charles Robert Darwin，1809—1882）于1859年出版的巨著《物种起源》，论证了生物进化的原理。达尔文认为，自然界中的物种是在自然选择条件下进化的。以人类驯养的动物为例，它们的祖先并不具有原先就与之相同的先祖，而是从少数的几个野生动物进化生成的。物种具有遗传与变异的特性，有用的特性被人类选择而得以保存，无用的特性会被淘汰。自然界同样可以在更为广阔的范围里，以自然环境进行这种进化的选择，优胜劣汰，不断产生能适应环境的物种。1871 年，由于进化论已经被科学家们用于解释人类起源，达尔文出版了《人类的由来》一书，阐释自己关于人类起源的看法。他认为，人类是与某些较低级的物种一起，从同一个祖先进化来的，人类的这些近亲现在已经灭绝了。进化论提出后，遭到相当多的人反对，因为进化论认为人类是由动物进化来的，而不像《圣经》上所说的那样是上帝所创造的，令很多人愤怒。正是在反复的斗争与辩论中，进化论迅速推广开来，受到各个阶层有识之士的肯定，被认为是 19 世纪最伟大的科学理论之一。

进入 20 世纪之后，以物理学为代表，现代科学再次产生具有革命意义的巨变。牛顿力学作为经典物理学的地位一直受到新发现的挑战，最后终于被爱因斯坦的相对论与量子力学理论所取代，现代物理学在这新生的两大理论基础上取得了新进展。同时，粒子物理学中的夸克模型、宇宙学中的大爆炸理论、分子生物学中的 DNA 双螺旋模型、地质学中的板块模型理论，建立了 20 世纪理论科学中的四大模型理论。

量子理论是 20 世纪物理学理论的第一次重要革命。1895 年伦琴（Wilhelm Conrad Röntgen，1845—1923）发现了 X 射线，1897 年科学家们发现超原子微粒，这标志着新的物理学与新的科学将要在 20 世纪出现。1900 年，德国物理学家普朗克（Max Karl Ernst Ludwig Planck，1858—1947）提出了著名的量子学说，即物体在发射与吸收辐射时，能量的交换不是连续进行的，能量只是以一定的数值和它的整数倍数辐射或是吸收；正如物质是由单独的原子所组成的，能量也是由单独的每份“能量原子”所构成的。普朗克把每一份能量作为一个“参量子”，简称为“量子”。这种学说由他的《关于正常光谱能量分布定律的理论》论文进行论证，从此，量子理论正式产生。量子理论将传统的宏观的、外部的世界研究推向了微观的、内部世界的研究，这是科学新时代的理论转换。

1905 年，爱因斯坦发表《论运动物体的电动力学》，提出了狭义相对论的基本原理：其一，对于任何惯性体系，一切自然定律都同样适用，这就是相对性原理。即力学运动、电磁运动都具有相对性，这样就完全否定了绝对静止的参考系：绝对时间与绝对空间。其二，对于任何惯性系来说，自由空间中的光速都是相同的，它是物体运动的最大速度，也就是光速不变的原理。在这篇论文中，他以同时性的相对性否定了牛顿力学的基础。爱因斯坦指出，相对论的效应表现为：运动的尺度会缩短，运动的时钟将会变慢；物体的质量将会随着它的运动而发生变化；物质的质量 m 与能量 E 之间有 $E = mc^2$ 的公式，所以当物体的质量发生 Δm 的变化，同时必然产生 ΔE 的能量的变化，反之亦然，这一公式为原子能的利用开辟了广阔的前景。1907 年，爱因斯坦发表论文《关于相对性原理和由此得出的结论》，提出了广义相对论。1916 年，爱因斯坦建立了广义相对论的引力场议程，论证了空间的结构和性质决定于物质分布的观点，首次论述了四维时空和物质的分布密度相联系的重要思想，认为物质及其运动决定时空的性质，而时空的性质反过来又决定物质的运动。

相对论与量子理论，是现代物理学的基本理论，它们互相配合，对物理学与哲学都产生了较大的作用。时间与空间是事物存在的基本形式，在传统观念中，时间与空间是固定的，有各自的存在维度。但是相对论指出，时空之间是相联系的，两者不可能单独发生变化。时空变化及其结构与物质运动状态不可分。这是一种新的时空观、运动观与物质观。令人兴奋的是，2017 年中国科学家的量子保密通信技术取得进展，为世界高科技贡献了中国力量。

第五节　西方科学技术与社会生产

科学原理与生产技术紧密结合起来，科学上的发现及时运用于生产之中，从而推动生产力的发展，这是西方科学与技术的一个重要特点。

近代西方科学应用于生产中，引起了工农业生产中的近代技术革命。什么是近代技术革命？简单地说，就是以蒸汽动力为基础的、以机器应用为中心的生产技术进步。所以，近代技术革命是相对于古代手工业的人力生产模式而言，是一种机械化的观念。

欧洲较早就出现了以水为动力的水磨，以风为动力的风车等，欧洲还有精密的钟表技术，这些发明与东方文明的创造一样，是技术的进步。众所周知，世界科学史上最早的发明创造相当多的是出于东方，如指南针、印刷术、火药和造纸等发明都是出于中国。但是这些发明在中国并没有直接投入生产，没有产生巨大的经济作用，比如火药这样的重要发明虽然有明显的军事利用价值，也一直只用于烟花爆竹之中，不但没有广泛运用于军事之中（虽然最早的火铳等武器也曾出现，但未能发展出步枪等武器），连开山炸石这样重要的工程都没有利用火药。这就不能不引起我们的反思，其根本原因当然在于封建专制制度对于科学的排斥。在中国漫长的封建社会中，对科学的压迫与欧洲中世纪一样严酷。欧洲近代技术革命的意义就在于改变了封建制度下的落后生产力，以先进的机器工业为标志，向工业化社会前进。

技术革命从意大利发轫，在英国工业中得以大成。文艺复兴运动为意大利工业的兴起创造了思想与物质上的准备。15 世纪中，意大利首先应用了机械织机，纺纱机也实现了机械化，这使纺织工业在意大利成为国民经济的支柱产业。冶炼工业中，以水为动力的鼓风冶铁炉开始普及，它的发达有利于其他各行各业的发展。同时，在造船、交通等方面，意大利也跃居前列。可惜的是，16 世纪之后，由于西方文明从地中海转向大西洋，意大利的地中海交通枢纽地位逐渐丧失，同时由于周边国家与意大利的战争，国内宗教专制横行，这些因素使意大利的工业生产衰退。从 17 世纪开始，大西洋地区的英国取代了意大利的工业中心地位。英国不但有广大的海外殖民地与海外贸易的优势，更有重要的科学技术发明，从培根到牛顿，著名科学家如雨后春笋般出现，使英国的科学研究实力稳居世界首位。同时，近代技术革命最重要的发明蒸汽机在英国产生，使英国成为世界技术革命的中心。文明中心的转移是一种长期的历史积累，是多种历史条件所形成的必然趋势，绝非偶然。

纺织工业是最古老的工业，近代技术革命与大工业化生产不约而同都是先从这里开始。

世界上最早的纺织机极有可能是中国人与埃及人各自独立发明的，据亚·沃尔夫考察，埃及人公元前 12 世纪就已经发明了织机，一直到 18 世纪初，欧洲工业中所使用的织机仍然是 4 世纪从埃及传入的。

织机的大变革产生于英国工业革命之中。众所周知，1764 年詹姆斯·哈格里沃斯发明了珍妮纺纱机，这是一种只需要一个人管理的高效纺织机。1769 年理查·阿克莱发明了水力纺纱机。1776 年赛米尔·克伦普顿发明了骡机。1787 年卡特莱特博士发明了动力织机。大工业生产的需要使得技术革命像火山爆发一样威力无穷，同时，先进的技术又立即转变为巨大的生产力。

18 世纪，英国引导世界工业革命潮流，实现从手工业向大工业的转变。大工业生产中，机械化当然是重要因素，但是，更为重要的是新动力与能源的发现。动力是能源的应用，能源是动力的来源与物质基础，两者其实是合一的。综观人类社会的历史，首先是在农牧业文明中，人类学会运用牛马等畜力，在农业与手工业生产中，牛马作为生产工具使社会成为文明社会。近代技术革命中，机械动力如蒸汽机的蒸汽动力取代了畜力与人力，使工业化社会降临。而大工业生产中，电力、石油动力、核动力等的应用，使人类进入新的时代。有新能源，就有新动力，有新动力就有新社会生产、新社会形态。

早在蒸汽机出现之前，由于欧洲大量使用风力与水力，多数国家的风车与水车及相关机械已经相当发达。1617 年浮斯图斯·维兰齐奥的《新式机器》一书中已经收入了一些风车的细部结构、桥拱的拱架、吊桥以及疏浚设备等。商人贾科木·斯特拉达·迪·鲁斯贝格于 1617 年至 1618 年就出版了一部书，书名是《各种畜力和人工的风车、水车以及各种水泵和其他无须花多大劳力而提升水的发明的图解》。该书主要介绍了意大利 16 世纪的技术成果，特别是机械与动力方面的创造，这一定程度上可以看成是文艺复兴时期技术成果的总结。我们上文已经说过，文艺复兴的巨匠达·芬奇等人不但是艺术家，他们的才能是多方面的，即使是在机械设计方面也成果突出。达·芬奇绘制的机械图精确而且实用，他在世时所绘制的许多机械图纸，当时只是一种想象中的事物，几个世纪之后才开始在世界各地被人们所发明与应用。

蒸汽机发明的历史更为久远，西方科学家早在亚历山大时代就开始有了蒸汽机的最早构想。公元50年前后的希罗编纂过几部关于力学的书籍，其中就有一部谈到利用蒸汽来产生动能的装置。以后原始的蒸汽利用机械发明一直不断，从12世纪到18世纪，利用蒸汽作为动力一直是西方科学家的理想，其中有的已经真实运用于生产实践之中。1663年伍斯特侯爵就已经获得了一个专利，这个专利名称是“控水机”，主要用来抽干矿井中的积水，这是当时急需解决的生产问题。英国博物馆里至今还收藏着这种机器的图纸，这个机器运用了蒸汽的压力来抽水。最重要的是17世纪英国工程师托马斯·萨弗里所发明的蒸汽机，这种机器也是用于矿井坑道抽水，而且它的实际应用性非常强，1669年获得专利并且在英国皇家学会进行了模型演示。这个机器有一个副锅炉，可以不间断地给工作锅炉供水。

可见，在瓦特（James Watt，1736—1819）发明蒸汽机之前近一个世纪，英国的科学家与工程师们就一直在努力制造蒸汽机。1768年，瓦特试制成了可以大规模应用的蒸汽机。在现在的中小学课堂上，教师们经常向学生们讲这样的一个故事：1763年，格林诺克的詹姆斯·瓦特博士看到水壶中水沸腾时，水蒸气冲开壶盖，灵机一动，发明了蒸汽机。事实上，蒸汽机动力是欧洲科学家特别是英国科学家们数百年来的梦想，经过几代人甚至十几代人的努力，才实现了这一梦想。从这里我们也可以看到，任何科学发明都是长期科学研究与历史积累的结果，尤其是推动一个时代前进的伟大发明，绝不是天才人物的灵机一动式的偶然发现。

蒸汽机一旦进入生产，就如同神话里见风长大的魔鬼，其力量无比巨大。1785年瓦特在诺定昂县建立了第一个蒸汽机纺织厂，随后在阿克莱与克伦普顿建立起了一批使用蒸汽机的纺织厂。由于大量使用瓦特蒸汽机，生产效率大大提高，随着蒸汽机在全国工厂的广泛应用，英国工业进入高速发展时期。1770年英国的籽棉输入不到272万千克，1800年增至2 450万千克，1836年增至16 330万千克。机械化程度的提高，使得棉纺生产的其他工序如漂染、印花等工序也有较大的技术改进。1833年英国生产了1 026 400万纱锭，总长度达到了81亿公里以上。当时的棉纺织厂达到1 300家，纺织工人有237 000人，蒸汽织机10万台以上，手工织机24万台。棉纺织业的急速发展引起了连锁效应，英国的采矿业与其他工业也走上了高速发展的轨道，这同样是由于蒸汽机与水力机械的应用才形成的。原本是沉重的体力劳动为主的发展缓慢的工业，由于机械化而效率猛增。

英国的主要矿业是煤业与铁业，其煤炭储藏丰富，到了19世纪中叶，英格兰与苏格兰的所有煤矿都在开采。据恩格斯统计，仅在诺森伯兰与德勃穆的煤矿每年就有500万吨以上的煤出口，矿工人数达到四五万人。铁的生产在1740年不到17 000吨，到1834年就达到了700 000吨。钢铁工业是基础工业，它带动了化工、建筑等工业的发展。1788年，英国约克郡出现了第一座铁桥，以后，伦敦在泰晤士河上修建了萨德克铁桥。英国成为世界上第一个钢铁巨人。1830年，从利物浦到曼彻斯特开通了第一条大铁路，随后几十年间，英国铁道联结起了所有大城市：伦敦、南安普顿、杜弗、科尔彻斯特、剑桥等地。交通运输历来是工业发展的大动脉，1818—1828年仅仅十年时间，英国建成了欧洲最发达的公路网，英格兰和威尔士修建公路1 610公里，路面宽达18米。几乎就在同时，苏格兰修建1 450公里公路，1 000多座桥梁。英国的荒山僻壤转瞬成为交通便利的城镇，公路网四通八达。英国小说家瓦尔特·司各特（Walter Scott，1771—1832）的历史小说中曾经描绘了苏格兰地区的历史场景，那里原本盗匪丛生，人民生活贫困。但是到了18世纪二三十年代，苏格兰已经成为交通发达的地区，原本以盗猎为生的山民们，现在已经成为大工厂的工人或是矿工了。这里发生的一切巨变，并非个别人的能力，而是时代与社会的发展所造就的，是工业文明兴起的必然结果。

英国本来是一个没有运河的国家，但是18世纪工业的需要使得运河成为英国主要的交通线路。英格兰开凿了运河3 220公里，苏格兰开凿了凯利多尼亚运河，爱尔兰也开挖多条运河，一时之间，英国成为世界上运河运输最发达的国家之一。

工业化引起的变化涉及社会生活的所有方面，当年，人们关注的只是经济布局、工业动力等方面的变化，现在，人们可以更清楚地看到城市化进程是相当重要的因素，城市化是工业化所带来的必然结果。城市化是劳动力转移所带来的一种社会状态，农业生产的机械化使农村劳动力过剩，工业生产与第三产业则需要大量的劳动力，这就形成了农业劳动力向工业化城市集中。而工业化大生产需要相对的集中，工业生产首先在经济、运输条件相对好的城市集中起来，形成大城市，于是工业化与城市化进程同步进行。据米歇尔·博德统计，经过18世纪中期到19世纪中期的农村人口大转移，英国从以农村人口为主的国家变成了一个以城市人口为主的国家。1851年，英国总人口为1 800万，其中农村人口占48%，而城市人口已经占到总人口的52%，城市人口超过了农村人口。英国在当时是世界上唯一一个城市人口超过农村人口的国家，法国、美国、德国、俄国、意大利等国当时农村人口仍然多于城市人口。工业文明一定程度上就是城市文明。城市，虽然不可避免地产生对立与分化、贫民窟、交通拥挤、两极分化等现象，但它从根本上来说，却意味着财富的大量创造，人们生活方式与风格的改变，生活水平的提高。1835年根据“城市自治机构条例”，英国开始城市地方政府改革，城市市政机构通过选举，有力地推进了城市的地方民主化。工业化是社会生产方式的变革，城市化是生活观念与方式的转化，工业化与城市化相得益彰，使社会生活转型的文化意义得到全面呈现，这是古代城邦文明经过长期的封建社会之后，在工业文明时代中重新获得的一种新的历史意义。当然，无论工业化与城市化都不是西方的特权，现代社会发展证明，东方民族的工业化与城市化的进程同样不可阻挡，完全有可能与西方并驾齐驱，互相补益。

整个欧洲大陆的工业化是从1800年前后全面展开的。法国是从第一帝国到七月王朝期间完成了初期的开发，主要工业部门是纺织工业、冶金工业、采煤业、交通运输等，其发展模式与英国基本相似。但是有一个细节不容忽视，一般的欧洲国家工业化都是起于棉纺织业，只有法国例外，法国的丝织业当时相当发达，它对于初期工业化的作用是不可低估的。另外值得注意的是，法国的公路建设当时已经处于世界先进行列，它具有发达的筑路技术，使法国一直保持了自己的领先地位。正如亚·沃尔夫所指出：

> 法国是近代最早建立了一个令人满意的公共道路网的国家。于贝尔·戈蒂埃的《论道路建筑》于1693年出版，这部著作说明了行车路的筑造方法：建筑和夯筑密接大石块构成的路基，并加以夯槌。这种制式后来同特尔福德的名字联结在一起。1716年，成立了桥梁道路工程师协会（Corps des Ing'nieurs des Ponts et Chauss'es）。在皮埃尔·特雷萨盖（1716—1796）领导下，法国公路在欧洲独占鳌头。他沿用一种经过修改的古罗马方法：在石头上铺设石头路基，然后用大石铺一层厚厚的石座，上面再铺小石块。后来（1764年）他把基石竖放，并减小上面几层的厚度。①

先进的筑路技术使得法国公路发展相当快，1850年法国国家总公路已经达到3 500公里，相对于领土并不大的法国来说，公路交通网已经基本形成。法国公路中的国际公路占有相当比例，如法国到瑞士瓦蒂与意大利皮艾蒙特的欣浦隆通道，从法国里昂到意大利都灵的瑟尼山通道等，都是联结工业中心的重要公路，是法国对外的交通枢纽。但是从科学技术全面应用与工业发展速度来说，法国仍然显得缓慢得多，无法与英国并驾齐驱。第二帝国时期，法国工业进入另一个发展高潮。拿破仑三世关心工业化进程，圣西门等人的学说对他的思想有一定影响，他主张以国家经济为主体，国家以预算与分配等手段干预经济发展，同

---

① ［英］亚·沃尔夫．十八世纪科学、技术和哲学史．下册．周昌忠，等译．北京：商务印书馆，1984：658.

时，他还主张自由贸易。因此，这一时期工业、农业、商业与金融都有较快发展。1861—1869 年，法国冶金工业总产量增长近 3 倍，生铁产量从 41 万吨增长到 135 万吨，钢产量从 1.4 万吨增长到了 11 万吨，煤炭产量从 455 万吨增长到了 1 350 万吨。1869 年法国全国铁路网建成，路线总长 16 465 公里。

法国的科学技术应用也成就突出，专利成果与发明大量涌现。其中最为重要的当数内燃机的发明，1860 年到 1862 年，勒努阿和博·德·罗萨制成了内燃机，这种新动力的出现，不仅对法国工业，也促成了世界工业的飞跃。如果说，英国人发明了蒸汽机，开启了工业革命新阶段，那么，法国人发明了内燃机，继续推进了工业革命的新阶段发展，其历史功劳不在英国之下。从 19 世纪后期起，世界进入以电力与内燃机为主要动力的时代。法国人还有更多的新发明，如 1861 年索尔韦的新制碱法，1867 年德里埃发明的制冷机，1869 年贝尔热成功进行的水力发电等，都是具有世界意义的伟大发明，这些发明对于工业生产有巨大的推动作用。从 1850 年到 1870 年，20 年时间里法国工业总产值翻了一番，从 60 亿法郎增长到了 120 亿法郎，法国成为世界工业强国，位于英国之后，居于世界第二位。

从理论上说，英国工业革命、法国大革命与德国宗教革命之间存在着思想上的联系，但是德国政治经济发展在当时相对滞后。实际上德国现代工业起步并不晚，18 世纪后期就已经有现代工业，但是受到封建政治制度的限制，发展缓慢，直到 19 世纪二三十年代才开始大发展。这个时期与新大陆的美国几乎同步。19 世纪中后期，德国工业进步很快，它的工业道路相当独特，与欧洲其他国家不同，德国工业革命并不是从轻工业特别是纺织工业起步，而是从铁路交通开始。大规模的铁路建设带动了冶金、采矿、煤炭等行业，所以德国重工业基础好，工业体系全面，这一布局对于德国工业有深远的影响。同时，德国重视发展新兴工业，这是德国工业的又一特点。在化工、机械等方面德国后来居上，甚至超过欧洲一些工业强国。

美国工业革命从 18 世纪末期开始，到 19 世纪 70 年代大致完成。在近一个世纪里，美国从一个新大陆国家成为世界工业强国。美国发展的特点是优先发展农业与铁路运输，引进英国先进技术，保护科学发明，实行知识产权与专利制度，这种具有远见卓识的发展策略，其实是美国自由主义思想与法制制度的产物，也是基本国策。也正因为如此，才使美国能在以后成为世界强国。美国不同于欧洲国家，它土地广阔，资源丰富，并且有大量的移民劳动力，这是工业化的特有优势。同时，美国利用其他国家战争的机会，贩卖军火与短缺物资，从中牟取暴利。在历史上，美国通过贩卖黑奴与掠夺印第安人的土地，积累了大量财富，这些财富被转化为工业革命的资本，并使美国能够在短期内成为世界最富裕的国家之一。

第六节　走向科学技术时代

19世纪中期，电磁科学研究取得决定性成果，在工业上引发了一场新的能源与动力的革命：电力革命。电力作为一种工业生产的动力，对社会生产力的巨大推动作用是不言而喻的。同时，电力作为能源，对人类社会生活也有划时代的影响。电气化时代的到来，表示人类取得了一种生活中随时可用的、最为方便与经济实用的能源。电气化的触角伸展到生活的各个层面，带给社会以新生活的风格与理想。

1838年，德国雅科比制成第一台电动机。

1844年，美国开通第一条电报线路，从华盛顿到巴尔的摩。

1847年，英法之间的英吉利海峡铺设了第一条海底电缆。

1866年，德国维尔纳·西门子制成第一台自激式发电机。

1879年，美国爱迪生发明电灯。

1885年，美国与意大利科学家分别发明了交流感应电动机。

1886年，美国建立第一座交流发电站，次年法国巴黎北火车站电厂建立。

1901年，意大利马可尼在英国与加拿大之间建立了第一条国际无线电通信线路。

进入20世纪之后，电力工业已经基本取代了蒸汽的统治地位，欧美等国家电力应用已经十分普及。美国1902年全国发电总量为60亿度，1907年德国工业电力总马力达到190万，电力已经成为世界发达国家主要动力。从20世纪初到20年代，经过第一次世界大战后的经济恢复，欧美主要国家已经基本实现了电气化。

20世纪中后期，科学技术革新与应用呈现出一种波澜壮阔的局面，它的一个重要特点是已经摆脱了依靠个别能源与动力的大规模应用引发爆炸效应的模式，比如所谓的蒸汽时代、电气时代等。无可否认，新能源与材料的开发在当代科学中仍然是重要因素，但它们已经不再是唯一的核心，也不是决定性因素。构成技术革命核心的是人类能力相关因素的延展，如知识与信息，是表现人类自身能力最大发展的因素。20世纪40年代开始的所谓“第三次技术革命”主要是指核能源利用、电子计算机技术、生物技术、空间技术、信息产生研究等新创造。

19世纪与20世纪之交，世界物理学悄然发生形态转化，从近代物理向现代物理学转变。牛顿力学被相对论与量子力学所取代。1895年德国物理学家伦琴发现了射线的存在，这就是著名的X射线，物理学家们开始关注隐形的放射性元素。1896 年，法国物理学家贝克勒尔发现了铀的放射性作用，以后波兰科学家居里夫人等从事放射性元素的研究，取得重要进展，钍、镭、钋等多种放射性元素也被逐一发现。第二次世界大战期间，德国开始进行核武器的研制工作，但是没等到研制成功，纳粹德国已经战败。柏林被盟军攻占后，美国与苏联分别控制了德国原子弹研究的人员与资料。美国迅速研制成功了原子弹。1945 年 8 月 6 日和 9 日，美国空军分别在日本广岛与长崎投下两颗原子弹，从此，核武器出现于世界。世界各国无不意识到，这是一种具有毁灭性力量的武器，也是对世界战争与政治演变有重要影响的因素。此后，只要有条件的国家无不努力研制核武器，到 20 世纪后期，世界发达国家中相当多数已经拥有核武器或是有了核研究能力。

原子弹爆炸

这一革命以后波及其他高科技领域。核能源的发现与其他任何能源不同，核能源是人类经过加工产生的第一种最强大能源。传统的能源主要是自然能源，包括煤炭、水力、风力甚至电能，它们之间虽然有大小强弱的不同，但是有一个共同之处，它们都是自然界中所存在的可以直接利用的物质，如果把这种物质转化为能源就可以利用。即使如电能这样的能源，虽然是通过发电才可能获得，但是自然界中是存在雷电、动物电的。核辐射是一种自然能，但是核能源不是对显而易见的自然力的利用，它是人类从物理学、实验室里研究出来的能源，以后再把它转化为动力。这一过程本身寓意深刻，它表达出人类对自然的利用进入了一个创造性的阶段，也表明科学技术发展进入一个更为自由的时期。

这种技术进步有一个重要的副产品，这就是核武器。

其中最令西方世界震惊的是 1964 年 10 月，中国成功爆炸了第一颗原子弹，这是中国独立研制的核武器。从清代鸦片战争以来以贫穷落后的形象出现于世界的中国，从此真正改变了国际形象。这并不是以一个跻身于核俱乐部而引人注目的变化，其实质是从一个古老衰败的穷国向当代世界强国的转变。

核武器的出现能否改变人类的命运，它能否成为决定一切的力量，或是被战争狂人所利用来毁灭世界文明？这一切至今仍然是人类所关注的问题。科学发展为时代提供了核武器，但是科学家并不是核力量的推崇者。新科学时代的创始人之一爱因斯坦就一直关心世界和平，据说他对于核武器给人类社会带来的危害极为担忧。1931 年，国际联盟与在巴黎的国际知识分子合作协会提议，在有代表性的知识分子之间安排一些通信交流，主要论题是为国际联盟与知识分子生活的共同利益服务，并且定期印发一些他们之间的通信。国际知识分子协会选定了爱因斯坦，爱因斯坦则提出了精神分析学家弗洛伊德的名字。1932年7月30日，爱因斯坦从波茨坦附近的卡普斯写信给精神分析学家弗洛伊德，认为世界文明必须面对的最重大问题就是人类能不能战胜战争的威胁。信中这样说道：

> 近十年来，为达到这一目标而做的一切努力的失败，尽管有明显的诚意，而我们不容置疑的强大的心理因素却促使这些努力趋于瘫痪。这些因素中有一些是不难发现的。……我特别记得在每一个国家中都十分活跃的、虽然较小但起决定作用的群体是由这样一些个体组成的，他们对社会考虑的事物和各种限制漠不关心，而把战争、武器的制造和销售只视为发展其个人利益和扩大其个人权力的一次机会。①

这段话虽然写在原子弹发明之前，但已经充满了对战争、武器给人类社会带来巨大威胁的预感。历史证明了爱因斯坦不是杞人忧天，核武器的发明和使用给人类社会蒙上了一层阴影，它已使数十万人顷刻之间死于非命，死里逃生者还被核辐射等后遗症所折磨，终身难愈。核武器使人想起了但丁《神曲》里所描绘的地狱之火，“即使是烧化的玻璃，与这样的火焰相比，也如同凉水一般”。我们承认核武器的危险性是巨大的，但是我们绝不惧怕也不神化这种武器，只是为了世界的和平，我们要防止这种武器的扩散带给人类意想不到的灾难，这也是世界爱好和平的人们要预防核危机的理由。

历史上没有任何一种自然力量或是物质力量能够毁灭人类文明，任何与人类社会进步为敌的欲望也最终失败。史前冰川时期的天寒地冻，有史以来从没有间断过的地震海啸等都曾经给人类带来巨大危害，但是人类还是顽强地生存下来，人类文明还是得以延续。人类社会中的战争苦难，无论是亚述人那样的残暴杀戮，罗马人的征服战争，蒙古人的铁骑掠杀，德、意、日法西斯主义的侵略与屠杀，都不能使人类文明停止。人类历史上，新型武器的发明屡见不鲜，人类的武器从杀死一只麋鹿都相当费力的削刮石器到一弹可以炸死数头大象的火炮，再加上原子弹、氢弹、生化武器等，其间的进步可谓极大。但是，没有一种武器能扼杀文明与进步。

电子计算机技术与空间科学、光电子信息技术、生物工程技术等新兴科学技术从20世纪60年代风起云涌。世界上第一台电子计算机于20世纪40年代出现于美国，从最早的电子管、晶体管到以后的集成电路与大规模集成电路，计算机技术不断更新换代，发展速度可谓一日千里。到20世纪90年代，在美国产生了信息高速公路，立即引发了世界各国新的一轮信息科学竞争。网络技术在世界普

---

① 爱因斯坦致弗洛伊德的信//车文博主编. 弗洛伊德文集. 第5卷. 长春：长春出版社，1998：297.

及，人们知道了一个新的名称：互联网或是因特网。全球的信息可以通过网络来传输与利用，遍布世界的光纤网络能够使得世界各个角落里的人们互通信息，其速度与效率远远超过了从古代到今天的邮政设施。从来没有一种技术令人感到世界是如此之小，“天涯若比邻”这句中国古诗得到了新的阐释。

航天飞机升空

飞机的发明使人类能够离开地面，但是人类还不能够离开地球，不能进入宇宙。1957 年 10 月，苏联的第一颗人造卫星成功发射，这是人类航天史上新的一页。1969 年，美国“阿波罗 11 号”飞船登上月球。从此，人类真正实现了古代神话中的飞天梦想。其后，载人航天器的试验成功，航天飞机、航天空间站、空间探测器等的使用，使得人类掌握宇宙的理想正在变为现实。

在探索宇宙及外部世界的同时，人类探索在自身与生物世界的秘密方面同样有了重大进步。1997 年 2 月 23 日，世界上第一只克隆绵羊多利在苏格兰诞生，克隆技术、人类基因工程成为生物工程中最引人注目的焦点。2000 年 8 月，英国宣布将批准以医疗为目的的人体胚胎克隆试验。虽然政府强调，这种克隆技术只是一种“医疗目的”，而不是“繁殖克隆”，但是，意大利、法国、美国不断有科学家宣称，克隆人的试验可能已经正在进行之中。由于克隆人的技术与设备都并不复杂，所以克隆人的出现是完全可能的。克隆技术基于对干细胞的研究，所谓干细胞是指未成熟的细胞，它还没有完全分化，具有可以再生各种细胞和人体的功能，这就是医学界所说的“万能细胞”。人体的干细胞分为两种，一种是全功能干细胞，可以用于直接克隆人体。另一种是多功能干细胞，它可以用于复制各种器官与修复各种组织。这样，至少是通过干细胞的分离与体外培养，可以生成各种组织或器官，通过移植等手段进行疾病治疗。

第十章 西方的教育制度与高等教育

第一节 西方教育思想的发展历程

教育思想是关于教育的基本认识与指导原则，它引导着具体的教育方针、教育行为与教育现象。教育思想要解决的问题是：教育的本质是什么？教育的目标是什么，也就是应当培养什么样的人？教育的规律是什么？等等。西方教育源远流长，它的教育思想也相当丰富。

一、古典教育的模式

古代希腊教育思想中，引人注目的特点是雅典人与斯巴达人创造了两种完全不同的教育模式。

斯巴达是希腊诸城邦中典型的农业生产城邦。政治上实行双王制、贵族议事会与人民大会三种制度。城邦建立了平等社会，但这种平等只是对斯巴达公民而言。斯巴达实行国有奴隶制度。斯巴达曾经征服了拉哥尼亚南部的希洛城，并且将所有的希洛人定为奴隶，所以将奴隶称为希洛人。以后斯巴达人征服其他城邦如美塞尼亚等地之后，将俘虏也称为希洛人。除此之外，斯巴达城邦中还有一个以经营工商业为主的阶层皮里阿西人。斯巴达人对外征服，对内镇压希洛人，这一社会现实要求他们实行以军事体育为主的教育模式。对男人从小就培养其勇敢善战、坚强不屈的品格。他们把教育看成是关乎民族存亡的关键，婴儿生下来就要进行体检，特别是男婴，先天不足者与有缺陷者要被抛弃。从 7 岁起，斯巴达的男孩就要适应军事化的集体生活，不能穿内衣，要在野外忍受条件严酷的磨炼。他们只接受最基本的文化学习，达到能够写书信、可以用文字表达自己意思的程度即可。从 20 岁起一直到 60 岁，他们一直在军营中生活。斯巴达式教育的目标是培养严格服从纪律、习惯集体生活、勇敢善战、在战斗中视死如归的战士。这种教育模式产生于特殊的历史环境之中，有它积极的一面，对于培养儿童吃苦耐劳、不怕困难的品质方面有参考作用。但是也要看到，这种教育模式，作风粗野、残酷，而且具有一种极端主义的思想方式。这些方面从长期来说，是不利于人的全面发展的。

雅典人的教育模式则完全不同，雅典城邦重视以一种人文主义精神来教育儿童，目标是把他们培养成为贵族奴隶主的优秀人物。雅典教育其实只限于男人，女孩一般终身不入学，只在家中学习文字、家务与音乐等。男子从 7 岁开始进入文法学校学习，科目包括语言文字、算术、体育与音乐等，12 岁以后进入体育学校（也称为体操学校）学习。希腊人重视体育，这也是西方教育的一个基本特点。雅典城中设有专门的体育馆，负责培养那些贵族出身的青年，他们在这里学习角力、投枪、跑与跳等方面的技能，以增强体质。雅典青年一般在 18 岁之后要接受两年的军事训练，结束后才能取得公民的资格。

希腊人的教育思想丰富多彩，这些教育思想有相同的方面，但也有不同甚至完全相反的地方。总括起来，希腊教育思想可以给后世以下启示：

第一，教育是人类社会的一项重要工作，人的天性可以通过教育得到进一步的发扬、改善与健全，教育是人类从野蛮向文明进化的一种必需的思想工具与实践手段。教育有其指导思想与原则，不同的教育方针会产生不同的教育方式，也会培养出不同的受教育者。

第二，建立起系统的学校教育制度是文明社会的重要工作，家庭教育与学校教育要密切衔接，特别是学校教育，承担着为国家和社会培养人才的重任。儿童从 7 岁入学接受学校教育，一直到成人，不同级别与不同性质的学校承担着不同年龄阶段的教育任务。

第三，在希腊人的教育思想中，国家教育观念影响深远。这里的国家教育并不只是指国家办学，而是指国家负责指导、规划与支持教育事业，学校为国家培养所需要的人才。特别是柏拉图等人在研究了斯巴达教育之后，吸收了这种教育模式中国家统一教育的思想，提出国家教育的思想。这种思想对于以后西方国家教育有重要影响，特别是初级与中级教育由国家建立统一的教育体制，通过初级学校与中等学校来培养人才，成为西方国家教育的主要体制。古代国家教育思想对近代义务教育制度的实行起了关键的作用，政府有责任对一定年龄段的儿童进行义务教育，家长有义务送儿童入学接受这种教育。

第四，希腊教育的主要精神是人的全面发展，特别是培养道德、思想与文化修养等方面具有优秀品质的人。这与希腊的人文主义思想有相当密切的关系，这种思想对希腊的教育有着直接的影响。亚里士多德等人还提出了教育要适合人的天性发展的思想，虽然这一传统在中世纪曾经被迫中断，但文艺复兴与启蒙主义思想家们为了恢复人的全面发展的教育，进行了艰苦的努力，并且取得了一定成效。

第五，希腊人重视体育教育，要求培养出身体强壮并能够担负军事、公共事务与政治行政方面工作的人。这与希腊人主张人的全面发展的思想是一致的。在古代希腊人看来，教育要促进人的体育、德育与智育的和谐发展，身体发展先于灵魂发展，体育先于智育。古代希腊的杰出人物大都非常重视体育，据说柏拉图原名叫阿里斯托克勒，喜爱体育运动，他的体育老师看他体魄健壮，劝他改名柏拉图，“柏拉图”一词在希腊文中的原意是身体宽广。戏剧家欧里庇得斯也是一个优秀的体育运动员，参加过摔跤与拳击运动。

罗马人在教育思想方面受到希腊人很大影响，认为道德品质与人格的培养是教育关键的一环，教育的目标在于培养为国家与民族效力的人才。西塞罗（Marcus Tullius Cicero，公元前 106—前 43）认为，教育的目标应当培养雄辩家，他所谓的雄辩家包括政治家、军事家与法学家等，不仅仅是能够演讲，还要有学问、道德、理智等必备的条件。要成为这样的人，必须学习文学、修辞学、历史学、哲学与法学等课程。杰出的罗马教育家昆提良发展了西塞罗的教育思想，他重视教师的作用，主张提高教师的素质，认为教师是教学的关键；他提倡集体教学的方式，认为教学方法上要划分为理论指导、模仿和练习等不同步骤。罗马帝国时代，基督教开始进入教育领域，神学思想成为教育的指导思想。进入中世纪之后，教会办学成为西方教育的主流。

在欧洲中世纪，教会垄断了知识与教育，教育成了神学的附庸，这是不可否认的历史事实。同时也要看到，中世纪的中后期，世俗教育开始恢复。从 11 世纪起，封建贵族与庄园主们开始了骑士教育，12 世纪中这种世俗教育发展相当快。12 世纪是欧洲教育一个关键的转折时期，在这一时期，欧洲创建了大学，改变了教会垄断教育的局面。从此以后，城市学校与大学在教育中发挥了越来越大的作用，到 1600 年前后，欧洲已经建立了百余所大学，成为世界上教育最发达的地区之一。

但是，如果要全面认识欧洲教育，中世纪教育包括前期的神学垄断时期的教育思想的演变过程是不可略过的，特别是从神学向世俗教育转化的过程。虽然神学垄断教育的局面已经成为历史，但是历史与现实从来不可能完全一刀两断，中世纪教育思想在欧洲教育史上留下的印痕是难以消除的。

中世纪所有的学校中，《圣经》与经院哲学都是必修的课程，神学是学校里最重要的科目，而且是一切学科中最重要的。神学教育同样重视道德，但是他们的道德与希腊人的道德已经完全不同。希腊人的道德教育目的在于培养学生勇敢、正直、热爱祖国、敬老爱幼等优秀品质，而中世纪的道德教育则把信奉上帝和做一个虔诚的基督徒作为培养目标，并要求学生进行忏悔，反省自己的罪行，以求得解脱与赎罪。中世纪学校中除了神学之外，也开设了逻辑学、修辞学、数学、哲学、几何与音乐等课程。其中逻辑学是经过神学思想改造的亚里士多德逻辑，能够适应神学理性化的需要，所以也受到重视。

文艺复兴运动中，人文主义思想家们激烈抨击神学教育，倡导人文主义教育。法国作家与教育思想家拉伯雷（Francois Rabelais，约 1494—1553）自幼接受神学教育，对于这种压抑人性、扭曲青少年心理与性格的教育深恶痛绝。1532 年前后，拉伯雷出版了小说《巨人传》，以相当大的篇幅讨论青少年的教育。小说主人公卡冈都亚把巴黎圣母院钟楼的大钟摘下来当成自己的马铃，使受神学思想统治的巴黎大学教授们魂不附体，乱成一团。作者还描写了一个充满人文主义精神的德廉美修道院，寄托了自己对于未来教育的美好理想。

从文艺复兴到启蒙主义思想家，都十分重视教育，他们深入批判神学教育思想，倡导教育思想的解放，提出了丰富多样的改革教育的设想，为以后的教育思想改革打下了基础。

二、教育思想的变革

17 世纪到 19 世纪，西方教育思想经历了大变革，近现代教育思想得到确立。

最能体现教育思想变革的是捷克教育思想家夸美纽斯（捷克文 Jan Amos Komensky，1592—1670，亦译作考门斯基）的"全面知识"（亦称"泛智论"）理论的提出。夸美纽斯出生于摩拉维亚（1918 年起为捷克斯洛伐克所属），父母早亡，他自幼受到捷克兄弟会教徒们的抚养，毕业于德国著名学府海德堡大学，回国以后在兄弟会办的学校里任职，并且成为一名兄弟会的教士。三十年战争爆发以后，夸美纽斯长期流亡国外。在寓居英国、波兰、瑞典、荷兰等国时，继续从事教育工作，1670 年客死阿姆斯特丹。他的主要著作《泛智学校》与《大教学论》是 16—17 世纪欧洲泛智主义教育思想的代表作，其著作与教材包括《语言入门》《世界的迷宫》《世界图解》等。

所谓"泛智主义"是当时流行相当广的一种教育思想，它强调通过逐步扩大学生的见识的方式，培养出具有百科全书式知识结构的人才。这种百科全书式的知识，既包括自然科学也包括社会科学。这种思想与中世纪占主导地位的经院式教育那种自我封闭、内容狭窄的教育针锋相对，并且对它形成了剧烈的冲击。夸美纽斯曾经提出一个口号：把一切事物教给一切人。这句话可以说集中代表了中世纪后期与文艺复兴时代教育思想发展的潮流，夸美纽斯用自己的教学实践证明了这种教育思想的优越性。他主张扩大教学的科目与课程设置，改革教学方法，提出教学必须要“遵循自然”的原则，即要从事物本身来获得知识；要求统一学校的制度，采用班级教学的方法，这对于改变中世纪经院式学习模式有决定性作用；主张普及初等教育，使普通人都有接受初等教育的权利。作为一个教育思想家，他最突出的贡献是系统提出了新兴资产阶级的教育观念，包括教育的目的、作用、内容和方法等。同时，作为一名教师与教育改革的提倡者，他还进行了大胆的实践。在教学方法上，他认为教学应当具有“简易性”“彻底性”“简明性和迅速性”等，他主要的教学实践集中于语文与艺术等课程中。夸美纽斯不仅是新兴资产阶级教育思想家，也是教育学的先驱，他的著作是西方最早的教育学专著，对于教育学形成一门独立学科有重要作用。

17世纪英国的“绅士教育”代表了当时另外一种教育思潮，英国哲学家与教育家洛克（John Locke，1632—1704）是这一思潮的代表人物。洛克关于教育学的著作是《教育漫话》，他提出，教育的最终目标在于把人培养成为绅士，这里的绅士并不是一个具体的阶层，而是一种人格类型，用洛克的话来说，就是具有“德行、智慧、礼仪和学问”这些精神品质，同时身体健康的人。洛克的思想反映了资产阶级对于教育的要求与理想，表达了把古代人文主义与资产阶级的观念结合起来的理想人格。绅士教育最为重视的是“德育”，所谓德育主要是指使人的行为举止合乎“理性动物的高贵完美的身份”。智育，主要内容包括成为资产阶级事业家的本领，处世经商方面的能力。因此除了要学习自然科学与社会科学的知识外，还要学习文化修养方面的知识与技能，如击剑、跳舞、园艺与木工等。英国的绅士教育在教学方法等方面也有创新，提出从学生兴趣出发，采用可以启发学生思维的直观式教学方法。绅士教育对近现代西方教育有重要影响，它所树立的人格成为现代教育中的一个样板。同时，它有相当广泛的社会现实性，具有西方文化的民族特性。成为一个“英国式的绅士”，这是相当长时期里英国中上层社会青年们的理想。从教育史上看，它是中世纪神学教育向近代资产阶级教育的转折点，开启了资产阶级教育思想的先河。

18—19世纪，西方教育进入一个流派众多、思想活跃的繁荣时期。其中具代表性的当属18世纪法国思想家卢梭等人的启蒙主义教育思想与19世纪德国主知主义教育思想。

法国卢梭（Jean Jacques Rousseau，1712—1778）是启蒙主义思想家与文学家，与其他教育思想家的不同之处在于，他的教育思想并不是通过教育学的专著或论文表达出来，而是通过他的小说《爱弥儿——论教育》以文学艺术的形式表达的，同时在他回忆录性质的著作《忏悔录》中，也可以看出他对教育的看法。

作为一个启蒙主义思想家，卢梭主张教育应当顺应儿童的本性，让他们的身心得到自由的发展，教育的目的在于"回到自然"去。卢梭的《爱弥儿——论教育》于1762年出版，共分为五卷，描写了一个人从出生到结婚，接受教育，进入社会的生活经历。作者的观点是，"一切事物凡出自造物主之手时全都是好的，到了人的手里就全变坏了"。如果从这一前提出发，那么教育的功能就在于，恢复"自然的人"，防止人变坏。爱弥儿出身于贵族家庭，但是卢梭认为，虽然出身于贵族，但是教育可以纠正其贵族出身所带来的偏见。他主张婴儿不要用襁褓来包裹，这样可以使他自由活动。作者还特意把爱弥儿成长的环境安排在农村，因为农村可以接触自然，使人的感情也接近自然。儿童通过自身的感觉来体会周围的事物，产生冷热、重量与距离等认识。在教育方法上，作者主张事实教育，比如儿童打破了窗上的玻璃，这时并不要立即惩罚他，而是让他晚上睡在没有玻璃的房子里。当他被窗外的寒风吹醒时，就会认识到自己所犯的错误。儿童教育中，不要迷信知识，更不要过多地借助于寓言等，因为这些寓言本身就是成年人写的，其中的看法与语言都与儿童格格不入。如著名的拉封丹寓言《乌鸦与狐狸》，卢梭认为就是不道德的，并且不适合于儿童阅读。卢梭主张儿童长大以后，要学一门手艺，将来可以自食其力。爱弥儿可以有信仰，但是爱弥儿的信仰并不是天主教，而是自然神教。作者通过书中的神父萨伏亚的自白，赞美自然与自然神的信仰，描绘了人与自然之间互相反应的境界。最后，爱弥儿终于在人世间邂逅苏菲，这是一位与爱弥儿受过相同教育的姑娘，两人最后结成美满的婚姻。

卢梭笔下的故事虽然浪漫，但是作者对于教育的思考是严肃而深刻的。卢梭反对宗教神学教育，也反对封建教育思想，他所塑造的人物形象是资产阶级新人的代表。他所提出的回归自然的思想，通过教育过程得到展示，具有一种特殊的意义：理性不能有悖于自然，真正的理性其实是植根于自然与人类天性之中的。在教育方法上，卢梭提倡以活动为主，主张通过自由活动发展儿童的认识能力。这种思想所培养的是有自由精神、实践能力与生活本领的新人，这种新人已经不同于传统认识中的"绅士"或是资产阶级新贵。在西方教育家们所描绘的理想人物形象的画廊中，爱弥儿等新形象的出现，代表着社会风尚与时代精神的更替，具有不容忽视的意义。

启蒙主义思想家的教育思想内容丰富，卢梭的教育思想只是其中具有代表性的一种。他们反对宗教神学与封建教育对于青年的毒害，提倡新的教育思想与观念，主张改革传统教育的方法与制度，建立起适合新兴资产阶级的教育体系。但是他们的教育思想中理想化的成分较多，有很多方面是不切合实际的。

19世纪瑞士教育家裴斯泰洛齐（Johann Heinrich Pestalozzi，1746—1827）

毕业于苏黎世大学，从青年时代起，就在各地创办孤儿院，开展对贫苦儿童的教育工作。他受卢梭的教育思想影响很深，主张进行自然教育，认为这种教育可以发挥儿童的天赋，使他们的能力得到和谐的发展。他还倡导一种“初步教育”，认为对数目、形象和语言的把握是儿童的三种天赋能力，应当通过教育使儿童的这三种能力得到平衡发展。在初等教育中，不但要学习识字与计算，同时还要进行道德与宗教教育，最重要的是，还要让儿童学习手工业与农业劳动。这种设计基本上符合卢梭的理想。

影响最大并且富有创见的教育思想家是 19 世纪德国的赫尔巴特（Johann Friedrich Herbart，1776—1841），他在耶拿大学学习时曾师从著名哲学家费希特（Johann Gottlieb Fichte，1762—1814），1797 年到 1800 年在瑞士任家庭教师工作，在这期间他结识了裴斯泰洛齐。1802 年起，赫尔巴特到哥廷根大学任教，以后在哥尼斯堡任哲学教授，在这期间，他开设了教育学讲座。1833 年后，他重返哥廷根大学任哲学教授，直至逝世。赫尔巴特在哲学、心理学、伦理学与教育学等方面都有独到见解。他认为对于人类精神生活而言，观念是至关重要的，人的情绪、意志、思维、想象等心理现象，不过是观念的不同表现方式与形态。人类道德的基础就是由观念所构成的，主要是五种观念：内在自由、完善、善意、权利和公平。人类社会有五种与其相对应的社会组织：第一是宗教社会，它与内在自由观念相对应，以追求精神生活为目标。第二是教化组织，与完善的观念相对应，目的在于文化的启发。第三是行政的组织，与善意的观念相对应，目的在于谋求个人与人类的福利。第四是法律社会，与权利的观念相对应，目的在于建立公正的原则。第五是报酬组织，与公平的观念相对应，目的在于奖善惩恶。赫尔巴特的教育学原则建立在他的哲学基础之上，他认为，教育的根本在于学生的可塑性或陶冶性，这种特性受到个性、环境与时代等因素的影响。教育既不是万能的，也不是无用的。教育学从本质上来说是一种哲学的科学，教育学学科必须以伦理学与心理学作为基础，由伦理学来制定教化的目的，由心理学制定教化的方法，二者缺一不可。教育的目标在于培养“具有完美道德的人”，这里所说的“完美道德”指的就是以上所说的五种观念。在教学方面，他提出了“教学的教育性”的范畴，即认为教学是教育的主要手段，教学的目的则在于发展六种兴趣（经验兴趣、思辨兴趣、审美兴趣、同情兴趣、社会兴趣与宗教兴趣）。在教学中，应当启发儿童已有的观念，并在此基础上，引导儿童去学习新的观念。他还从心理学上，把教学划分为四个阶段：明白、联想、系统和方法。与此相对应的心理是注意、期待、探索和行动。赫尔巴特把教学划分为三个部分，即管理、教学与训育，主张以严格的手段来管理学生，建立严格的教学纪律。他在教育学方面的著作主要有《普通教育学》与《教育学讲授纲要》，这两本书系统地论述了他的教育思想。

三、现代教育的学科化与体系化

19世纪建立了现代教育学的基础，使教育学成为一门独立的学科。过去，西方教育的思想来源主要是哲学，而在现代教育中，除了哲学仍然对教育思想有极大影响外，教育学与心理学之间的联系开始变得十分紧密。心理学的实验方法及理论促进了教育的科学化。更为重要的是，教育学建立了自己的独立方法论与认识论，它的理论体系更加完善。

进入20世纪之后，西方教育发展更为迅速，各种新的教育思想层出不穷，教育学学科成为受到社会广泛关注的学科。在这种形势下，教育学本身也出现了多种分支的发展，学科分类更加细致与深入，每一个领域都出现专门学科。当代西方教育呈现出学科化、规模化与科学化的总体发展趋势，但同时，跨学科研究与综合研究也成为一种潮流，多学科之间的互相补充使西方教育变得更加丰富多彩。

教育哲学从19世纪开始兴起，德国哲学家罗生克兰茨（Karl Rosenkranz，1805—1879）的《教育学体系》一书代表着教育哲学学科的诞生。这部著作被美国教育家布莱克特（Anna Callender Brackett，1836—1911）译成英语后，书名改为《教育哲学》，此后“教育哲学”一词不胫而走。20世纪教育哲学得到普及，美国著名哲学家杜威（John Dewey，1859—1952）的《民主主义与教育》（副标题《教育哲学引论》）、德国学者那托尔卜（Paul Natorp，1854—1924）的《哲学与教育学》等著作的问世，使教育哲学的学科规范得到进一步肯定。现代西方教育哲学流派很多，其中有影响的有：存在主义教育哲学，以存在主义哲学为理论基础，主张以人为中心，教育的目的在于个人的“自我完成”；实用主义教育哲学，以实用主义哲学思想为指导，重视经验在教育中的作用。此外还有主张恢复欧洲古典教育传统的永恒主义教育哲学、提倡用“人类文化传统”作为教育的要素。

教育心理学是教育学与心理学相结合的一门学科，它的研究对象是教育活动中的心理现象及规律。其主要研究范围是学校教育中的心理现象，如果从广义的教育心理学来理解，则应包括社会生活各个层面中与教育心理方面有关的一切方面，比如社会教育、家庭教育与学校教育等。教育心理学的研究内容包括受教育者在教学与接受教育过程中所形成的心理、道德、行为特点，特别是认知活动形成过程、智力与体力发育特征，其目的在于为教育提供理论依据。从教育心理学的实践来看，由于接受教育者主要是青少年，所以教育心理学研究的重点之一是儿童心理。由瑞士儿童心理学家皮亚杰（Jean Piaget，1896—1980）所创立的“皮亚杰学派”就是一个从儿童心理学开始，最终在哲学等广泛领域里产生影响的学派。皮亚杰1896年出生于瑞士的纳沙特尔，1911年进入纳沙特尔大学，

1918 年以《瓦来州阿尔卑斯山区软体动物分类》的博士论文获得生物学博士学位。毕业后即前往巴黎，师从法国的心理学与儿童心理学专家。1921 年回到瑞士，任教于日内瓦的卢梭学院。此后，他陆续发表《儿童的语言与思维》《儿童的世界表象》《智力的发生》《智力心理学》《发生认识论概论》等著作，建立了“发生认识论”的理论体系。1955 年在日内瓦建立了发生认识论国际研究中心，聘请世界各国数学、物理学、逻辑学、语言学、哲学、心理学、教育学、控制论与信息论方面的专家，集中研究儿童的思维与心理。他们的研究成果为人类认识论研究提供了心理学的依据，受到国际学术界的关注。

皮亚杰认为，人类认识活动的本质是一种适应过程，而这种适应依赖于主体对客体所产生的动作，知识产生于主客体之间的互相作用。他把儿童认识过程划分为四个年龄段：(1) 感知动作阶段，从出生到一岁半至两岁期间，儿童处于认识活动的萌芽时期，形成了最基本的动作协调方式，这种方式通过机体成熟和环境变化的作用，成为一种思维结构。(2) 前运算阶段，从一岁半到六七岁期间，语言能力发展，会说单个的词，具有表象思维的能力。(3) 具体运算阶段，从六七岁到十一二岁为止，这一时期出现了逻辑思维，但一般仍然只能对具体的事物进行运算。(4) 形式运算阶段，也称为命题运算阶段，大约从十一二岁到十四五岁，这一时期儿童可以运用抽象名词进行逻辑思维及命题运算，具有利用假设来进行推理的能力，可以将内容与形式区分开来，使得思维不再局限于事物的具体内容或是可感知的事物，而向非直接感知方面发展。总之，皮亚杰的学说建立在实验的基础上，有相当的说服力，为研究儿童认识发展提供了一种新的模式。同时，他所提倡的“发生认识论”也已经成为认识论研究中的一个重要学派，具有世界影响。

教育科技的迅猛发展是 21 世纪教育学的一个重要特点。由于教学过程中大量使用现代科技，从 20 世纪 60 年代起，西方国家中大多建立了教育工艺学等学科。这一学科的主要研究内容是教学过程中现代科学技术的应用方式，特别是科技产品所引起的教学心理与学习方法的变化，从而提高学习的效率，掌握科学的学习方法。它的理论基础是心理学的学习理论。美国心理学家桑戴克（Edward Lee Thorndike，1874—1949）以研究学习心理而著称，所以被推崇为这一学科理论研究的先驱。具体而言，教育工艺学的主要研究分布于以下领域：第一，现代科学技术对于学习效率的促进，包括视听教学工艺学与信息科学教学教育工艺学等，视听教学工艺学是将通信媒体理论与视听教育理论应用于教学实践之中，包括摄像机、投影仪、录音机、录像机、闭路电视、语言实验室等电化教学设备的应用研究。信息科学教学则包括计算机辅助教学与计算机管理教学等方面，将信息技术手段应用于教学过程，包括教育系统模拟、教育情报检索和教育情报处理等方面。第二，利用心理学中学习理论研究的成果，提高教育质量，目前这方面的探索名目繁多，如所谓程度教学、发现学习、小队教学等等。第三，将现代建筑工程等方面的科技成果应用于教学设施方面，包括学校建筑、教室结构、教学仪器等方面的改革。

教育经济学也是当代西方教育的一门重要学科，这一学科的出发点是从社会经济角度来研究教育的功能与效率，它把教育作为一种社会投资，从教育与社会经济的联系、教育与生产的关系、教育经费分配与使用、教育计划与经济关系等方面来进行研究。早在 1924 年，苏联教育学家斯特鲁米林就曾经提出，有必要从经济观点，运用数理方法来研究教育与经济的关系。1935 年，美国学者沃尔什（John Raymond Walsh）的《人力的资本观》一书出版，这本著作被认为是西方教育经济学的开山之作。20 世纪 50 年代，美国学者舒尔茨（Theodore William Schultz）等人指出，智力投资是一种重要的投资方式，它比起单一的物质与劳动力的投资来，更能促进经济的发展。基于这种观念，美国政府开始进行教育经济方面的研究，进入 60 年代以后，教育经济学成为一门学科，欧美国家的大学中开始设置这方面的课程，并开展相应研究。

20 世纪 20 年代，教育社会学在欧美国家中创立，它是以社会学原理来研究教育问题的一门学科，其所关注的是社会与教育之间的联系。首先是教育与社会总体的关系，如学校与社会的变化之间的关系，学校与经济、政治变化之间的关系。其次是学校的各种教学组织与社会之间的关系，学生成绩与家庭、社会间的关系等。再次则是关于学校与社会身份认证、阶层之间的关系。在现实社会中，由于宗教信仰、民族与种族的差异，使得学校教育不可能完全公正与公平，如何克服这些不平等现象，成为教育社会学的一个重要研究内容。例如欧美大学中，相当多的学生有不同于主流社会的宗教信仰，有的学生上学时要穿戴表达自己信仰的特有服饰或宗教标志，而有的院校则意欲对此进行限制，不允许学生使用宗教标志。这样就会形成学生乃至宗教团体与校方的冲突，有时这种冲突甚至会扩大到学生与政府之间。类似的问题都需要进行研究，以决定政府与学校正确的政策，从而有利于社会与教育的和谐发展。最后是关于教育对于人的社会地位变化的影响，如高等教育的学历与学位对于就业与资格的影响等。现代社会中，随着科学技术与全民文化水平的提高，学历与学位成为青年就业时的一个重要条件，发达国家中普遍要求从业者有一定的学历与学位，各大企业与文化教育机构更是把具有一定学历与学位作为招收工作人员的必备条件。名牌大学与高学历的学生受到社会重视，也存在忽视实际工作能力，唯学历论，盲目追求高学历等现象。社会教育学的研究，有助于政府制定教育政策，也有利于学校培养真正为社会所需要的人才。

教育社会学在学术方面的代表人物有美国的苏则罗（Henry Suzzllo，1875—1933）、德国的那托尔卜等人。当代法国学者布迪厄（Pierre Boudieu，1930—

2002）以研究教育与社会结构之间的关系而著称，引起国际教育学界对于这一方面的关注。

当代西方教育学研究中，新学科不断产生，如比较教育学、教育文化学等等，充分表现出这一领域蓬勃的生命力。

第二节 初等与中等教育体制

西方国家中的教育基本上可以分为初等教育、中等教育、高等教育等不同阶段。

所谓初等教育主要由初级学校（elementary school）完成，也有的国家称这种学校为“基础学校”（primary school）。这种学校的类型可以分为私立的与公立的，但一般以公立学校为主。有的学校是由教会承办的，称为教会学校，教会学校除了关于宗教方面的一些特殊要求之外，一般没有其他特殊要求，它所学习的内容与一般初级学校是相同的。西方最早的学校就是由教会兴办的，大约从9世纪的加洛林王朝起，查理大帝就开始兴办学校，一开始以宫廷学校为主，教育对象是王室与贵族子弟，以后范围逐渐扩大。西欧经济复兴之后，各修道院与教堂开始设立旨在宣传神学的学堂，世俗学校就是在教会学校的基础上产生的。

西方传统意义上的中学是所谓的文科中学，其主要特点是要学习希腊文与拉丁文这两种古代语言。但是这种学校早已经被新的中学所代替，新的中学制度在欧洲已经基本普及。欧洲中学一般为6年，其中3年为初级中学。中学生入学年龄各国不太一致，如德国一般在10岁左右，而法国则为11岁，荷兰为12岁，丹麦14岁，等等。中学开设课程包括自然科学基础的数学、自然知识、体力与手工劳动基础、本国语与现代外国语、历史、地理与古典文学等。19世纪到20世纪，欧洲各国曾经不同程度地对中等教育进行改革，主要是开设了针对社会生产需要的人才培养，如工业技术学校与专业学校。但是，它的办学思想与方式也受到质疑，直到今天仍然处于改革之中。

义务教育制度在西方国家中普遍实行，最常见的是9年制义务教育。以丹麦为例，从1814年就开始实行了义务教育制度，1973年又开始推行9年制义务教育，7至16岁的少年儿童都要接受这种教育。它的中学分为高级中学与职业中学两大类，只有大约1/3的学生接受高级中学教育，而多数学生接受工业技术与商业方面的教育。在欧洲与美国，多数中学生可以进入大学，一般采取入学考试的方式或是依据中等学校成绩录取的方式。

英国的基础教育则是另有一番景象，义务教育要求儿童 5 岁必须入学，实行全日制教学。经过 11 年学习后，年满 16 岁方可离开学校。中小学都分公立与私立两种，私立学校师资与条件比公立要好，但收费也较高。公立学校不但不收费，而且可以供应免费午餐。小学开设的课程有基督教教育、英语、数学、历史、地理、自然、卫生、手工、美术、音乐和体育等。英国小学毕业要参加“11 岁大考”，虽然从学制上来看，这种考试只相当于我国的小学升初中的考试，但是，对于英国小学生来说，它的意义非同一般。只有少数成绩优秀者可以进入英国的“文法中学”学习，以便将来进入大学学习，而多数学生则进入一般中学或是专业技术学校，毕业后直接进入社会工作。所以，这种考试实际上是一种分水岭式的考试，颇有“一考定终生”“朝为田舍郎，暮登天子堂”的意味，其重要性甚至远远超过其他国家中的高等学校入学考试。对此考试学生及家长们无不重视有加，视为决定人生贤愚之分的关键，竭尽全力进行准备。其实，这种制度的弊端是显而易见的，最突出的是过早地对学生进行分类，既不科学，也不公平。当然对于英国教育的这种批评早已经引起英国政府与教育部门的重视，近年来，英国教育有了一定的改革，以适应现代社会的要求。

英国最高等的中学是所谓的“公学”，这并不是公立学校，而是高级中学，全部是私立，每年学费高达数千英镑，专为培养社会精英所设立，其地位高于所谓的“文法中学”，所以入学者其实只能是一些富裕家庭的子女，一般经济条件的家庭是无法问津的。这种公学历史久远，在英国地位相当高，如著名的伊顿、曼彻斯特、威斯特敏斯特、勒格比、查特豪斯和哈罗等 6 大公学，英国的政府首脑与文化名人中不少出于这一类学校。

为什么英国的中等教育呈现出这种两极分化的现象？一些名校极受重视，成为培养社会中坚的主要基地，而其他一些普通学校则只为社会培养普通工人或其他普通劳动者。应当说，这种现象具有普遍性，并不只存在于英国，欧美国家中等教育中这种现象普遍存在，只不过在英国表现得最为突出而已。产生这种现象的根源在于西方社会的性质与特点。西方教育的目标是为社会培养两种主要人才：一种是为大企业培养的，受过严格的专业和职业训练，具有专业技能的工人。这种人才社会的需求量相当大，它并不要求受教育者具有高学历或高学位，而是注重实际技能与解决问题的能力。另一种人才是为政府、科学教育机构或大企业所培养的，是所谓的“精英”人才，要求受过良好的教育，具有领导能力与专业知识，可以负责某一方面的工作。由于这种教育思想的影响，所以英国中等教育采用分类教育，并且推崇名校，维护传统，也就并不奇怪了。现代科技社会的到来，已经极大地改变了欧美国家包括英国的教育传统，这也是一个事实。企业与工厂对于从业人员受教育程度要求越来越高，因为现代化的生产技术要求专业化的教育。另外，“精英教育”模式与社会民主化的趋势之间也出现了不太适合的地方。从社会管理方面而言，普通工人与管理者之间的关系也在不断变化。总的形势是，社会要求从业人员受教育的程度越来越高，专业化训练与高科技研究之间出现了一种张力，现在具有坚实的专业基础、广阔的知识面、较强的解决问题能力的人才越来越受到社会欢迎。这一现实对中等教育也提出了新的课题，现代教育改革已经势不可挡。

第三节　高等教育的起源与发展

一、古代希腊学园

古代希腊时期，西方的高等教育就已经萌芽。公元前5世纪的雅典社会，学术风气浓厚，各种思想流派竞相发展，并开始进行教育活动，以普及自己的学说，培养学生。智者学派较早成立学校。他们的学生大约是十五六岁的青少年，一般进行3到4年的学习。主要学习课程为文法、逻辑与修辞，有的还讲授一些自然科学知识。这种学校是古代西方高等教育的最初形态。伊索克拉底于公元前392年创办了修辞学校，讲授内容增加了文学、历史、哲学与法律等。这所学校培养了不少希腊社会的名人，受到社会广泛重视。由于该学校专业划分明确，所以被认为是希腊最早的教授专业知识的高等学校。5年之后，柏拉图主持的学园阿卡德米（academy）成立，这是西方历史上最著名的古代高等学府。学校开设的课程全面，包括算术、几何、天文、音乐、哲学等，更为重要的是，学园提出了西方早期的教育思想，以培养学生通过学习来掌握永恒的理念世界，并不是只教授知识与技术。该学园延续达900年之久，“阿卡德米”一词的词义为“学术”与“研究院”，该词义一直沿用至今。

柏拉图学园成立之后，雅典开办学园成风。公元前334年，曾经在柏拉图学园里学习过的亚里士多德创办著名学园“吕克昂”，这所学校开办在雅典的阿波罗神庙附近。亚里士多德是一位百科全书式的学者，他研究的范围相当广泛，几乎涉及当时的自然科学与社会科学各个主要学科。在他的精心教授下，他的弟子也学识渊博，知识面宽广。亚里士多德与其弟子首先对西方学科进行划分，比如地理学、天文学、几何学、物理学等学科，再加上传统的逻辑学、修辞学等，形成了西方最早的完整学科体系。除了这些学园之处，伊壁鸠鲁学园、芝诺学园等也纷纷成立。

古代希腊的高等教育对于西方高等教育思想的形成有重要影响。以思想根源而论，古代希腊的教育思想是人文主义的，它形成了一种私人办学的传统，即尊重学术，主张学术自由，不同学派可以进行争鸣。希腊高等教育重视对知识与真理的追求，这是西方文化的重要特征之一。

二、中世纪大学的成立

欧洲中世纪时，大学开始出现。最早成立的是 11 世纪的意大利波洛尼亚大学与萨莱诺大学，12 世纪法国巴黎大学成立。这是欧洲最早的三所大学，故称欧洲大学之母。

中世纪后期，意大利经济繁荣发达，建立了一批文化生活丰富的城市，吸引了来自各地的杰出学者与优秀青年，从而为大学的产生创造了条件。当时的城市中，工商业与贸易兴旺，手工业者众多，各行各业成立自己的行会，维护自己的利益。这些行会之下又有多种多样的社团组织，这些社团组织研究技术与学术，举办各种类型的活动，逐渐形成了大学这样的教学与研究机构。具有医学背景的是萨莱诺大学，它大约成立于 1099 年，位于意大利南方名城那不勒斯附近的萨莱诺（Salerno）。这里是著名的疗养地，古代就已经建立了医学学校，为当地的疗养与医疗服务。希腊著名医学家希波克拉底等人的医学很早就传播到了这里，成为医学教育的内容。11 世纪初期，犹太医学家阿非利加诺（Constaninus Africanus）在这里行医与著书立说，传播医术，使这里成为著名的医学中心。1231 年，政府正式批准这里为大学，随后，一批医学类的学院与大学也模仿萨莱诺大学建立起来。

另一所意大利大学是波洛尼亚大学，它位于意大利北部的城市波洛尼亚。这里是商业发达的地区，经常发生商业诉讼，因此当地法律学校相当著名。中世纪的大量法学家们聚集于此，进行研究与讲学，在对罗马法进行深入研究的基础上，发展了民法，并汇编各种法典。1158 年，弗里德里克一世正式颁布法令，将法律学校改为波洛尼亚大学。从此，这里成为中世纪学术研究的重镇，到 14 世纪中期，已经成为拥有法学、神学、医学、自然科学等多学科的大学。著名诗人彼特拉克、卡尔、帕斯克里，戏剧家哥尔多尼，诗人但丁，文学家塔索，天文学家哥白尼，发明了无线电的科学家马可尼，解剖学家马尔皮基等一大批科学文化杰出人才都出自这里。

最著名的欧洲中世纪大学是巴黎大学，其前身是诺丹（Notre Dame，巴黎圣母院）主教学校，成立于 12 世纪初期。巴黎大学成立之际，法国正处于王室与教廷、地方封建势力与政府之间激烈的斗争之中，它正是这一时代的产物，在它身上深深印上了时代的烙印。1180 年，刚成立的巴黎大学与市民之间发生冲突，法国国王路易七世看到了大学所具有的政治潜力，公开宣布承认巴黎大学，争取大学对王权的支持。以后，法国国王菲利浦·奥古斯都与大学对立，大学又取得了教皇西勒丁三世所给予的特权。1231 年，罗马教皇正式下令肯定大学自决权，从此，大学与教会一样，具有独立权力，对世俗政权可以抗命。从 13 世纪末期起，巴黎大学文学院院长当上了大学校长，学者掌握了学校的领导权。巴黎大学共有文学、神学、法学和医学4大学院，学生最多时达到4万多人，成为欧洲当时最大的大学。

在这三所大学影响之下，高等教育风起云涌，西欧各国纷纷成立大学。1168年，英国牛津（Oxford）大学成立，1209年剑桥（Cambridge）大学从牛津大学中分出，成为一所独立大学。1222年意大利帕多瓦（Padova）大学成立，1224年那不勒斯（Napoli）大学成立，1355年亚勒索（Arezzo）大学成立。同时，葡萄牙的里斯本大学、西班牙的帕伦西亚大学、萨拉曼卡大学也相继成立。教皇格列高利九世则创立了图卢兹大学、蒙彼利尔大学。13世纪之后，布拉格大学、维也纳大学、爱尔福特大学、海德堡大学、科隆大学等纷纷成立。到1600年，全欧洲共有105所大学，我们现在所熟悉的欧洲著名大学，此时基本上已经全部成立。

英语中的大学University来自拉丁文Universitas，是“行会”与“组织”的意思，来源于中世纪各行业的行会与专业团体。中世纪大学的原名是“教师与学生的组织”（Universitas Magistrorum et Scholarium）。由于大学是专业学术团体，其所研究的文学、法学、神学与医学等都有相当普遍的社会性。同时，学校机构庞大，具有相当的社会影响，也无法不介入社会权力斗争。所以大学与教会、世俗政权之间经常发生摩擦。经过长期的斗争，大学最终发展为具有独立学术权力与自决权力的机构。欧洲大学历史久远，纷争从未间断，历史上多次发生过与社会各阶层的冲突，导致学校的分校、迁校等行动，也正是在这种环境中，使欧洲大学建立了严格的学术与管理体系。

中世纪大学的基本单位是学院，最早的学院并不是按专业划分的，后起的大学才按专业划分了学院，其中文学院一般是基础教育，神学、法学、医学属于较高的专业教育。欧洲大学最早建立了规范的学位制度，这也是欧洲高等教育对世界的贡献。最初级的学位学士原本是一种学历证明，说明学生已经获得了可以从事教授的资格，以后逐渐发展为独立学位。硕士与博士原来只是同一级别的学位，但是考试与颁发学位的方式不同，以后则发展成为不同级别的学位。学位申请者都要经过两种考试，即个人考试与公开答辩，答辩之后，答辩委员会经过表决，申请者才可能获得学位。

中世纪大学是欧洲文化中一种重要现象，一方面它表现了基督教力量的强大，几乎所有的大学都不同程度受到教会控制，有的大学成了教会的工具；另一方面，中世纪大学在争取学术独立与自由方面又有独特的贡献，大学特权与自决权是其重要表现。当时相当多的大学有自决权，即有权力设立法庭，校外人员与大学生发生争议，由大学进行审理。大学师生可以免服兵役与享受免赋税的特权。1385年，洛伯特一世宣布，海德堡大学师生，包括学校相关人员，可以免除各种赋税。大学有权颁发专业证书与特许证，持大学证书就可以在各地任职任教。发证人原为教会，以后经过教师据理力争，相当多的大学以教师为发证人。相当多的大学规定大学教授执教一定年限可获得爵位，牛津、剑桥、巴黎、苏格兰等大学还在国会中有自己的席位。以上这些规定，都反映出当时大学的特殊地位。正因为如此，大学里培养了一批批优秀人才，杰出的学者如伽利略、加尔文、弗朗西斯·培根、牛顿等人。可以说，中世纪以来欧洲科学、思想与艺术的发展，欧洲文化的进步，都与大学密不可分。

三、现代高等教育体制的建立

文艺复兴运动兴起之后，西方大学面临强烈的冲击。一方面，欧洲大多数大学与教会关系密切，学校受教会资助，教会控制大学的领导权，神学思想在大学里泛滥。另一方面，大批的人文主义者身居大学之内，宣扬人文观念，反对宗教专制。也有一些大学如巴黎大学等，由于受基督教教会的影响，思想僵化，成为旧思想的堡垒。法国文艺复兴时期的思想家与文学家拉伯雷在名著《巨人传》中，就将巴黎大学描写成一个神学与经院哲学旧思想的堡垒，其教育观念陈腐，行为可笑。这是当时巴黎大学的真实写照，正因为其教育思想落后，所以受到了人文主义者的嘲弄。

18—19 世纪，海上环球航线开通之后，欧洲资本主义发展迅速，科学技术日新月异，旧大学体制再也难以维持下去。大学如果不改革，则将无法适应社会发展。在这种状况下，经过两个多世纪的时间，欧洲大学进行了深刻的改革。第一阶段是从 18 世纪到 19 世纪中期的大学体制革新，主要是从德国发起，以后推向全欧洲。第二阶段是从 19 世纪中期到 20 世纪中期，现代大学体制基本建立。第三阶段是 20 世纪后期，各国大学又进行了新的改革。短短两个世纪之中，全欧洲与美国基本实现了从传统大学向现代大学的过渡，建立了相对全面的现代大学体制，直到今日，世界范围里的大学教育改革方兴未艾。

首先进行改革的是德国大学。德国启蒙运动起步虽然晚，但是有自己的特色，启蒙思想与宗教改革密切结合，深深地影响了大学教育。欧洲古老的大学哥廷根大学与哈勒大学中，不再使用拉丁语作为教学语言，而使用德语讲授课程，大胆地改革神学，独立开设哲学课。数学与物理学等自然科学课程也在大学开设，传统的文学院被改为哲学院，增加了心理学、基础数学、应用数学、物理学等多种具有现代社会特色的课程。从 18 世纪初期到中期，德国重要的大学进行了两次大规模的改革，最终确立了大学独立进行科学研究与学术研究的办学宗旨。同时政府也向大学提供经费，委任教授，反对宗教迫害，提倡思想自由。19 世纪初期，德国大学进行了第三次重要改革，使德国大学完成改型，具备现代大学的雏形。著名语言学家与思想家威廉·洪堡创建了柏林大学，这所大学贯彻了全新的办学理念。这种新思想主要体现为以下方面：学术独立与学术思想自由是学校的基础，只有学术思想自由，才可能培养出具有独立思考精神的个人，只有具有独立思考精神的个人，才会有全面发展的、个性和谐的人；大学的最终目的是培养全面发展的人；大学必然以科学研究为重要任务，教学与研究结合为一，发展科学研究与培养人才结合起来。在这种办学精神的指引下，柏林大学这所成立时间不长的大学在欧洲众多古老大学中脱颖而出，成为时代先锋，它的教学理念与方式影响到欧洲各大学。由于高等教育的改革与大学的优秀传统相结合，德国大学在世界高等教育中享有盛誉，特别是一些古老的大学如海德堡大学、哥廷根大学等，集中了众多的世界著名学者。20 世纪后期，多达数十位诺贝尔科学奖得主汇集于这些学校，这使得这些大学与英国的牛津大学、剑桥大学，法国的巴黎大学一样，成为世界大学中的佼佼者。

德国大学的改革模式被欧美多数大学所接受，特别是在美国大学中得到广泛传播。由于受到国家历史的限制，美国大学比欧洲大学较晚建立，但是发展却相当快。科研资金雄厚，设备先进，这是美国大学的优势。美国高等教育独具特色，一方面公立大学数量多，政府重视大学教育，每一个州都有州立大学，多数州还不只一所；另一方面，私立大学更为突出，优秀的私立大学进步相当快。19 世纪后期，美国哈佛大学、耶鲁大学、哥伦比亚大学等都加强科学研究，学习柏林大学的教学与科学研究模式。美国成为世界最富有与经济最发达的国家后，政府加大对高等教育的投资，使全国大学数量猛增，根据美国教育部 2001 年的统计数据，美国正规高校总数为 4 070 所，其中公立院校为 1 688 所，私立院校为 2 382所，私立院校多于公立院校，这是美国大学教育的特点之一。大学生总数达到 1 450 万人以上，而且还在迅速递增，78%的高中毕业生可以直接升入大学学习。此外，美国高等教育中还有其他一些特色，例如，20 世纪后半期以来，美国社会反对种族歧视运动此起彼伏，政府通过了《AA 法案》（即 Affirmative Action，所谓《平权法案》），相当多的大学招生时照顾黑人等少数族裔的学生，其中不乏哈佛大学等著名高校。

美国大学中最为知名的是一批所谓“常春藤联盟”（Ivy League）的大学。这个名称起源于四所名校的联合行动，因罗马数字Ⅳ的字形相似于英文中的“常春藤”(Ivy)，故人们用它来称呼这四所名校。20 世纪 40 年代，当时美国四所优秀大学哈佛大学、耶鲁大学、哥伦比亚大学与普林斯顿大学有感于各校为了招收体育尖子学生而降低录取标准的现象严重，认为这样做不利于提高学校教学质量。四校经过协商，共同宣布取消专为体育项目而设立的奖学金，并且为了推动体育运动发展，在四校之间组织橄榄球赛联盟。1954 年，康乃尔大学、宾夕法尼亚大学、达特茅斯学院、布朗大学也加入了联盟，八校签订了协议，在各校之间举行各类体育比赛，互相支持。从此，这八所院校以“常春藤联盟”而声名远扬。这八所院校共同的特点在于：第一，它们全都是位于文化发达的美国东部地区的私立院校，以高质量的学术水平与优良的社会声誉闻名遐迩。第二，除了建立于 1868 年的康乃尔大学外，其余七校全都建立于 18 世纪，学校具有悠久的传统，校园风光旖旎，绿草如茵，古老的建筑上挂满了青碧的常春藤，颇为名副其实。

除此之外，美国其他一些著名大学如麻省理工学院、芝加哥大学、加州大学伯克利分校、密歇根大学等也都实力超群，它们的科研力量非常强，教师中有著名的科学家和相当数量的诺贝尔奖获得者。大量科研成果迅速转化为生产力，使美国科学技术特别是在新兴的电子科技、生命科学、航空航天、材料科学与环境科学等前沿科学中领先世界。

从 19 世纪中期到 20 世纪初期，世界大学教育围绕着是否为社会生产与建设服务展开了新一轮的争论。洪堡等人的人文主义教育观念强调大学对于个人精神的培养，主张以理性与个性的自由发展为其精神，这是一种自由主义的大学教育观。另一种以大学服务于社会为观念，主张大学应当为社会生产建设提供知识与人才。这两种对立的观念在各国大学中都各有其根据地，但是，前一种观念实际上已经成为一种传统，后者则表现出一种与社会需要相结合的创新。所以在 19 世纪后期到 20 世纪，大学与社会现实的结合成为新型大学的方向。英国是工业化的起源地，新型大学建立较早。其特点在于，成立之初先采取以理工科为主的学院，以后转为大学。如曼彻斯特欧文斯学院（1880 年转为曼彻斯特大学）、约克郡理工学院（1904 年转为里兹大学）、伯明翰梅逊学院（1900 年转为伯明翰大学）等。美国也开展了性质类似的教育改革，即所谓“赠地学院”运动的产生。美国总统林肯于 1861 年签署了《莫里尔法案》，法案规定：

> 联邦政府在每州至少资助一所从事农业和机械工艺教育的学院；按照 1860 年规定分配的名额，每州凡有国会议员一人，可分得 3 万英亩公用土地或相等的土地期票，出售公地所获资金，除 10%可用于购买校址外，其余将设立捐赠基金，其利息不得低于 5%；这笔捐赠如果 5 年内未能使用，将全部退还给联邦政府。①

联邦政府这一举措推动了美国高等教育与社会生产相结合，全国建立了 69 所“赠地学院”，这些学院以农业与机械为主要专业，培养了大批人才，直到今日，在美国许多州里，这种学院仍然是高等教育中的重要力量。

20 世纪中期之后，经济全球化步伐加快，在世界性的科学与高技术发展中，高等教育的作用受到了前所未有的重视。

最能体现 20 世纪高等教育特色的是高等教育的大众化。为了适应工业化社会中对科学技术人才急速增长的需要，各国都把大学的科学研究作为基础力量，

① 王廷芳主编．美国高等教育史．福州：福建教育出版社，1993：134.

这使得大学招生量不断扩大，新建高校不断增加。昔日只有少数人能够进入的高等学府，现在变成了大多数人学习的机构。第二次世界大战结束后，大量美国退伍军人进入大学，从1946年到1947年，美国进入高等院校的退伍军人每年都达到100万以上，政府为他们入学提供经济资助。到20世纪50年代初，美国高校每年招生总数达到200多万，到20世纪末期，美国在校大学生人数占到全国青年的50%以上。欧洲各国入学率也大幅度增加，虽然没有美国那样高的入学率，但也非昔日可比。英国大学数仅60年代就增加了一倍以上。

现代欧美高等教育的另一个重要特点是多样化的教育体系形成，促成这一变化的根本原因在于社会生产与生活对大学教育的要求越来越多样化。最先实行多种大学体制的仍然是美国，美国的社区学院是一种创造性的高等学校办学方式，这种学校一般是两学年制，在美国这种院校总数达到1 000多所，主要培养实用技术型人才，为当地经济生产服务。到20世纪90年代，这种社区学院竟达到了1 500所，学生总数达到567万多人。美国大学还有一个特点，就是重视留学生教育，美国大学向世界各国开放，向各国优秀学生主要是研究生提供奖学金，这一举措使美国可以利用世界各国培养出的青年科学才俊，充实自己的科学研究队伍。尤其是在自然科学研究方面，包括物理学、化学与化工、航空航天、材料科学、能源科学、医学、生物学、生命科学、电子工程、机械与自动化等与国民经济密切相关的学科中，来到美国大学学习的各国研究生们在教授学者指导下，经常能取得相当突出的成就。这种高效率与高水平的科研成就与宏大的办学规模，使得美国高等教育稳居世界教育之前列。

教育产业化，特别是西方优质教育资源的国际产业化是21世纪的突出现象。美国成为世界招收留学生最多的国家，每年中国赴美留学生总数达数十万，加拿大、澳大利亚、英国及欧洲多国的留学生数量也相当多。国际教育产业化为西方长期一蹶不振的教育打开一扇希望之门。但高额经费收入后面也隐藏着教学质量降低、留学生安全问题突出、毕业就业困难等不足之处。

第十一章

哲学与社会科学

西方素有重视学术与社会科学研究的传统。中国哲学家冯友兰曾经引用过学者严复关于西方学术的见解，他说："严复指出，西方长处的根本在于政治与学术，而政治又以学术为根本。西方的国家互相竞争，竞争是相反而又相成。概括地说，西方文化的要点是'以自由为体，以民主为用'。"① 西方的"学术"就包括了社会科学。关于社会科学，我们要简单说明一下，现在关于社会科学的定义尚有一定争论。主要是两种意见，一种是将社会科学与人文科学分开，如将文学、历史与哲学归为人文科学，而把政治学、经济学与法学等相关学科归入社会科学；另一种意见则是将自然科学之外的科学统称社会科学，包括了前边所说的社会科学与人文科学等内容。在本书中，不再另立人文科学范畴，统一称为社会科学。

西方社会科学的特点是学科门类齐全，分类明确；理论体系多样，各种不同学说、观点与看法互相争鸣，互为砥砺。西方社会科学的普及程度相当高，由于文化传统与宗教信仰等方面的原因，西方读者对社会科学著作的兴趣相当广泛，宗教、哲学、历史、科学等经典名著深受世代读者的喜爱，与小说、诗歌、戏剧等文学作品一样，拥有大量的读者群，这也就使得西方社会科学的研究比较发达。

① 冯友兰选集．上卷．北京：北京大学出版社，2002：665.

早在古代希腊时代，其人文社会科学，特别是哲学已经是闻名于世的文化瑰宝。它最早的源流是史诗，希腊的历史、哲学与文学都起源于希腊史诗，史诗是西方多种思想观念、社会科学与文学艺术的滥觞，古希腊最伟大的史诗就是荷马史诗。

荷马史诗基本上是一部反映古代战争的史诗，其中也有希腊人海上历险与日常生活的描绘，全面展现了希腊社会生活的不同层面。英国哲学家罗素说：

> 我们现在所了解的哲学和科学源自希腊人，希腊文明的出现，导致了思想活动的大繁荣，可以说，这是人类历史最宏大的事件之一。这样的巅峰时期是空前绝后的，在短短的200年里，希腊人在艺术、文学、科学和哲学领域里取得了令人惊叹的伟大成就，这些杰作汇聚成奔流不息的激流，最终形成了西方文明的普遍标准。①

罗素的话概括地说明了西方自然科学和社会科学与希腊文明的关系，这评价虽有夸张，但仍基本上符合事实。在荷马史诗中，有关于古代希腊社会的宗教、哲学、文学、历史等各个领域的知识，而且还有希腊地区的自然环境、地理状况、社会生产与经济、社会风俗等各方面的丰富资料。荷马史诗一直是历代学者们研究古代社会与社会科学的重要资料来源，马克思晚年尤其重视对古代社会的研究，他曾经利用荷马史诗中的有关记载来研究古代希腊社会经济。荷马史诗不但是西方文学艺术的宝库，它也是西方古代社会研究的宝库。

第一节　西方哲学思想

一、希腊罗马哲学

“哲学”一词来源于希腊文的philosophia，原意为“爱智慧之学”。希腊哲学是西方哲学的创始，也是它的高峰。德国学者E. 策勒尔认为：“并非每一个民族甚至每一个文明的民族都产生过一种哲学。许多民族都有圣人、先知和宗教改革家，但只有极少数民族，拥有哲学家。在古代的民族中，除了希腊人，只有中国人和印度人可以加以考虑……这三个民族按各自特有的本性形成了自己的哲学。可是，整个欧洲哲学却都是希腊哲学的后裔。”② 公元前8世纪之前，希腊的哲学可以称为神话哲学，其世界观与认识论都寄托于神话之中，通过古代人所特

① ［英］伯特兰·罗素．西方的智慧．亚北，译．北京：中国妇女出版社，2004：2.

② ［德］E. 策勒尔．古希腊哲学史纲．翁绍军，译．济南：山东人民出版社，1992：2.

有的神话思维方式来表达。希腊神话与荷马史诗中含有丰富的哲学思想，这正是希腊神话不同于其他民族神话之处。俄狄浦斯之谜，普罗米修斯盗天火，赫拉克勒斯的故事……都是关于人类命运与人类和自然关系所进行的反思，思想异常深邃。荷马不仅是一位伟大的诗人，也是一位杰出的哲学家与历史学家，荷马史诗涉及古代世界中的政治、军事、家庭生活、社会伦理等各个方面的知识，体现了文史哲难以分离的最初状态。

从公元前 8 世纪起到罗马帝国，希腊罗马哲学主要可以划分为这样的主要流派：1. 米利都学派；2. 毕达哥拉斯学派；3. 爱利亚学派；4. 折中主义学派；5. 智者学派；6. 苏格拉底体系；7. 柏拉图学派；8. 亚里士多德学派；9. 斯多葛学派；10. 怀疑主义学派；11. 新柏拉图主义。这些学派几乎在各个历史时期都存在，并且对后世哲学产生深远影响。我们可以把它们的历史大致分为三个阶段：第一是自然科学与哲学结合的阶段，这一阶段涌现出的米利都学派、毕达哥拉斯学派、原子学派等哲学流派，反映出哲学成为一门学科的初期发展特点。第二是公元前 5 世纪到公元前 4 世纪的雅典哲学的中兴时代，这是哲学作为人类与自然关系的形而上学研究学科形成的阶段。第三阶段是公元前 4 世纪到罗马时代，自从基督教被立为国教之后，哲学逐渐被神学所替代，希腊罗马哲学从人文主义的哲学变成了神学或所谓经院哲学。

最早的哲学流派之一是米利都学派，这是公元前 7 世纪至公元前 5 世纪产生于小亚细亚的米利都地方的哲学，也是希腊最早的哲学流派。它以研究世界的本原为主要目标，代表人物有泰勒斯、阿那克西曼德（Anaximandros，约公元前 610—前 546）、阿那克西米尼（Anaximenēs，约公元前 588—约前 525）等人。泰勒斯是杰出的自然科学家，名列希腊七贤之一。他认为水为万物之源，世界上所有的事物都是从水中产生的，最后又会复归于水。这是一种朴素的唯物论观念，与原始宗教中的神创万物的创世记是格格不入的。阿那克西曼德则主张，万物本原并不是物质的，因为从物质而生物质是不可能的。他认为万物产生于一种“无限”，它是实体，但不是物质，它可以产生万物，而不同于万物。“无限”无生，亦无灭。这种学说为以后的唯心论提供了基础。阿那克西米尼又有自己的看法，在他看来，世界万物产生于“气”，由于气的时散时聚的运动，所以万物也变化无常。这种观念中具有古代辩证法的特点。从总体来看，米利都学派是以唯物论为思想基础的。

毕达哥拉斯学派，以唯心主义哲学家毕达哥拉斯为代表，主张以数学来研究世界，他们提出“数学的本原就是万物的本质”。毕达哥拉斯学派产生了希腊哲学的一个转折和深化的阶段，哲学家们思考的中心从物质转向精神，关于世界本原与本质的思考成为当时的主要问题。同时，也是他们最早把宗教思想与科学结合起来，企图以科学来解释宗教的观点，从而证明神秘现象背后的原因，这种思想模式以后在西方文化中有相当的影响。关于社会构成方面，他们认为社会与自然一样，具有几何的比例。他们主张轮回学说，强调和谐，他们的思想对于柏拉图等人都有影响。另外他们还提出了毕达哥拉斯原理，即勾股定理。从思想体系来看，毕达哥拉斯学派有二元论的倾向。

爱利亚学派是公元前6至公元前5世纪产生于意大利的爱利亚城的学派，它发展了毕达哥拉斯学派中数学思想及其关于逻辑的学说，尤其关注“存在”意义的探讨。色诺芬尼（Xenophanēs，约公元前565—约前473）是这一学派的早期代表人物之一，他的口号是“只有神才是唯一的，不可动摇的，无始无终的存在”。这一思想其实最早是一种来自东方宗教崇拜的观念，与希腊神话和荷马史诗中的人神平等的观念是相冲突的。巴门尼德（Parmenidēs，约公元前515—约前445）是色诺芬尼的学生，他发展了神是唯一的学说，并且强调“存在”是永恒的。这种说法虽然简单但是颇为重要。总体来说，希腊哲学中有两个最重要的观念，一个是逻各斯，一个就是存在，这两个观念的提出与研究，是对世界哲学的伟大贡献。这两个概念与中国古代哲学的“道”、印度哲学的“梵”等观念一起，成为世界哲学与人类精神史上的基本范畴。

古代希腊哲学流派众多，百家争鸣，表现出一种人类精神创造的丰富性与内在的协调性，这是不同于其他文明早期精神发展中以宗教为单一思考内容的模式。如果说世界上有的民族在古代文化时代就以人文主义取代了宗教，那么东西方文明中就只有古代希腊与中国。世界上大多数古代民族选择宗教时，这两个古代民族选择了人文主义文化。古代希腊哲学流派众多，如与爱利亚学派相对的原子论者德谟克里特、智者学派的普罗塔哥拉、具有辩证思想同时又提出了著名“悖论观念”的芝诺、怀疑主义、犬儒主义等，这些学派或哲学家有的并不是独立流派，或是没有被归为某种流派，但这都无法掩盖他们独特的思想与个性，他们以自己独特而深刻的思想观念而为世人所关注。例如普罗塔哥拉在《真理或根据》一书中说：“人是万物的尺度，是存在的事物存在的尺度，也是不存在的事物不存在的尺度。”这一观念，对于西方无数哲人都是至理名言。其实对待它的态度又是大不相同的，有人认为它反映了人类与世界之间关系的变化，人类从原来的对客体依附变为主体的自觉；也有人认为，它反映了一种人本主义的思想，是人类中心或是理性中心观念的思想根源之一。无论怎样评价它，不可否认的是，它已经成为西方哲学中一种思想脉络，世界著名的哲学家康德就有一句人所尽知的名言：人为自然立法。如果说以人为中心是西方思想的一个出发点，显然，从普罗塔哥拉到康德，的确存在一条巨大的思想链条，要揭示西方文化的秘密，当然是无法脱离西方哲学史上所存在的这一链条的。

在希腊文化最为昌盛的雅典时代，希腊哲学也达到了顶峰。这一时期最杰出的哲学家是苏格拉底（Socrates，公元前469—前399）、柏拉图（Platon，公元前 427—前 347）与亚里士多德（Aristoteles，公元前 384—前 322）。

苏格拉底的父亲是一位雕塑师，母亲是接生妇。苏格拉底早年就已经继承父业，学会了雕塑。他的哲学主要是自学，但可能师从过阿契劳斯并且与智者学派的学者们有过交往。大约从伯罗奔尼撒战争之前，他已经开始进行他的事业，即“将雅典人从无所用心的状态中唤醒”。当然，这是一个不同凡俗的目标。因为他所处的历史时代，正是雅典最兴盛的时期，经济发达，文化昌盛，但苏格拉底仍然坚持认为，在雅典的表面兴盛之中，已经隐藏着精神的危机了。这种危机的表征就是对于日常生活的盲目满足，而失去了对于生活意义的思考。苏格拉底认为自己的使命就是唤起同胞的觉醒。

苏格拉底为人正直，品德高尚，早自青年时代起，就在雅典城中以有教养而著称。在雅典的对外战争中，他亲身参加过三次战役，忠实履行了公民的职责。他本人并不积极从事政治，但是一旦卷入政治事件，则能够以严肃的态度来对待自己的职责。他本人声言：作为一个维护正义的战士的立场，使得他与政治无缘。这与当时世俗的雅典人热衷于政治的立场截然相反。他在雅典广泛讲学授徒，培养了众多的弟子。苏格拉底的政敌梅利托、安托尼等人控告他不承认希腊之神，企图以新神来取代希腊神；指责他蛊惑青年，散布邪说，要求对其处以极刑。对苏格拉底提出控诉与进行判决的主要是雅典的革新派。苏格拉底拒绝承认自己有罪，最终虽然被处死，但是苏格拉底的死被赋予了非凡的意义。

苏格拉底被认为是唯心主义的哲学家，他认为自然是神所安排的，万物是神按照一定目的所创造的。“认识你自己”，这是雅典神庙的刻辞，也是苏格拉底哲学的目标之一。认识自己主要是认识自己的灵魂，只有认识了自己的灵魂，才可能具有道德。他主张知行联系，他的名言是“美德即知识”，即知识包含一切的善，只有天生有知识者才可能有美德。这样的人可以治理国家，而无知者不可能有德。他教育学生与众人的方法极为特别，在对话中，他向对方提出问题，迫使对话者进行思考，直到对话者被迫承认自己的无知。这时，他才像一位朋友一样，帮助对话者产生正确的认识。最后，他又把所得到的看法，通过定义的方式加以明确。此时的对话者已经对于所谈论的话题产生了深刻的理解，恍然大悟。以这种对话方式为体裁的写作是古代东西方的重要文体，中国的《论语》等也是同样的文体，不过这种文体现在已经很少见到了。由于苏格拉底本人没有任何著作遗留下来，关于其哲学与生平，我们主要是从柏拉图与色诺芬等人的著作中间接了解的。色诺芬的《回忆苏格拉底》是关于苏格拉底的重要著作。柏拉图则在自己的著作中，以苏格拉底为主角，与不同的人进行对话，以对话的方式宣传苏格拉底的见解。

苏格拉底是希腊哲学新阶段的代表人物，作为柏拉图与亚里士多德的老师与思想先驱，他并不是一个具有完备理论体系的哲学家，但他确实从理论与实践上

苏格拉底

全面发展了希腊哲学。苏格拉底成为希腊哲学史上最重要的人物之一，这种现象本身就相当令人深思。苏格拉底本人的政治立场并不完全站在民主派一边，他对于自然科学的意义与成就估计也不高；他把确立人类理性作为自己的目标，这可以看作苏格拉底最伟大的贡献之一，如果说以前的智者学派等已经接近人类理性自觉的边缘，那么真正使希腊哲学奉行了这一原则的应当说是苏格拉底。苏格拉底的学说以道德与伦理为主要内容，这与其他文明中的宗教领袖们或是古代圣贤们以宗教为行动目标是完全不同的。苏格拉底的特点在于将认识作为道德与伦理的前提，这种以认识世界与认识自己为目标的学说，最富于希腊哲人的特色。这就是说，并非被动地服从自然、命运或是神的旨意，也不是为了任何外在的目标而行善。把善与真（认识）结合起来是苏格拉底的重要贡献，这就使得行善脱离了宗教或是其他直接的目的，如祈善求福之类的活动，而具有更为高尚的境界。如果从这一层次来看苏格拉底，他的特立独行，他的临危不惧是有必然性的。

由于亲眼看到自己的老师苏格拉底被雅典人处以极刑，曾经热衷政治的柏拉图急流勇退，希望以献身学术来完成先师的未竟之业。

柏拉图出身于雅典世族，父系的先祖是高德鲁，是雅典的名门望族，而母系家族与著名的政治家梭伦有关，所以在柏拉图著作中经常出现一些雅典的名人，如克里狄亚等人，这些人物都与他的出身有关。柏拉图20岁左右认识苏格拉底，深受其感召，决心献身哲学，放弃了自己以前以文学为业的理想。苏格拉底被处死后，柏拉图开始游学四方，曾经到过对希腊文化有巨大影响的埃及。公元前387年，柏拉图开设了学园，开始授徒讲学的生活，在以后的岁月里，虽然他也曾经有过小范围的政治活动，但把主要精力放在著述与培养弟子上，直到80岁辞世。

柏拉图与苏格拉底、亚里士多德合称“雅典三杰”，柏拉图是著作被保存下来最多的人物之一。他的主要作品多达36篇，其中最为重要的有：《申辩篇》、《克里托篇》、《尤息弗罗篇》、《拉黑斯篇》、《查密迪斯篇》、《普罗塔哥拉篇》、大小《希比亚篇》（这两篇作品受到哲学史家们不尽相同的评价）、《伊安篇》、《李思篇》、《会饮篇》、《理想国》、《克拉底鲁篇》、《尤息底莫斯篇》、《米纳仁纳篇》、《高尔吉亚篇》、《曼诺篇》、《斐多篇》、《斐德罗篇》、《巴门尼德篇》、《泰阿泰德篇》、《法律篇》和《蒂迈欧篇》等。这些著作虽然篇幅都不大，但是流传极广，直到今天仍然受到世界各国读者的喜爱，而且它的阅读范围远远超出了哲学的读者群，所有对知识与思想感兴趣的人无不为这些言辞华美、思想深刻的文章所吸引，它远远胜过普通的小说与戏剧，鼓舞着世世代代人们思想创造的热情。

柏拉图

柏拉图注重思想体系建构，他的哲学以辩证法为主要方法，他的方式已经与苏格拉底式的感悟方式有较大区别，更具有希腊哲学的形而上学色彩。与苏格拉底相比，他更为强调认识活动的重要性，但是，他恰恰是强调，在认识的对象方面，一切可以感知的事物都并不是真实的、因为事物都是在变化之中。而只有概念才是真实的、不变的。他的认识是建立在“理念”的基础上，理念是永恒的，客观世界不过是理念的摹本或是影子。在理念的世界中又划分为不同的等级，最低级的才是实物的理念。在认识活动的主体方面，最深刻的知识是不能言传的，而只有灵魂才可以感知。同时，他又强调事物的非感觉的特性是真正的实在。他学说的中心是理念论，在理念论的探讨中，又是以肉体与灵魂之间的关系为线索来进行的。人类的灵魂最初是在理念的世界之中，而在进入人类的躯体之后，才忘记了理念世界，这就需要进行回忆，以达到理念世界。他的世界观也很有特色，如在国家治理方面的见解就不同一般，历来为世人所津津乐道。他认为应当由智慧者来治理国家，首先是哲学家，而武士则次之，最后才是农民与工匠。他的国家理论是西方有影响的国家理论，但是从今天来看是相当简单的。如划分人类不同等级的原则是职业，显然是不妥的。马克思曾经把他的国家理论称之为“种姓制度在雅典的理想化”，这是一种最贴切的评价。

柏拉图哲学中有显而易见的认识矛盾，在其哲学发展过程中，本体论与逻辑认识方式之间并不是和谐的。他的早期理论中，前者的成分多一些，后期的认识中，后者的成分则更为丰富，但是，两者一直又是并存的，从来没有完全的单线认识，只不过是在某一时期中，以其中一种为主线而已。

公元前384年，马其顿王的御医尼各马可生了一个男孩，这个男孩从小跟随父亲学医，这就是亚里士多德。医学经验对于亚里士多德终生都存在影响，比如他著名的悲剧概念“卡撒西斯”就是从医学概念转化来的。亚里士多德18岁来到雅典，师从柏拉图，从此进入了真正的哲学世界。20年后，当柏拉图去世之后，亚里士多德离开他所尊敬的导师的学园，来到了特洛伊的阿索斯，并且与阿塔尔尼亚的君主赫尔米亚的侄女结婚，从此，他与这位君主之间的联系一直没有断绝。公元前343年，亚里士多德受到马其顿王腓力普的邀请，充任王子的老师，这位王子就是日后建立了大帝国的亚历山大。公元前335年，亚里士多德回到了雅典，并且在城东的吕克昂建立自己的学校，学校被称为“吕克昂”。在这里，亚里士多德与他的弟子们在散步过程中讨论学问，被称为逍遥学派。这所学校的规模已经远远超过了柏拉图的学园，而且是一所有严格的教学体系的学术中心，在当时享有崇高声誉。亚历山大去世后，希腊人中的民族主义情绪高涨，由于亚里士多德与马其顿的亲密关系，他自然受到怀疑。有人对他发动攻击，罪名与苏格拉底相近，就是所谓“渎神”之罪。于是亚里士多德退出学校，回到母亲的庄园里，公元前322年去世。

在世人的印象中，亚里士多德的著作并不像柏拉图那样充满激情与力量，而是刻板单调的哲学讲义。实际上并非如此，亚里士多德的早期著作中，已经具有与众不同的风格，同样是对话体，亚里士多德更为重视考据严谨，征引丰富，这同样是影响后世的一种风格。亚里士多德的主要著作是他在学校里的大量讲稿，这些讲稿内容无所不包，从天地宇宙直到形而上学的思考，统统在亚里士多德的视野之中。也正是在吕克昂学校里，西方的各种学科包括天文学、地理学、逻辑学与雄辩术、艺术、数学等，已经具备雏形。亚里士多德的著作一度失传，后来才被人整理出来，但是其流传并不顺利。亚里士多德著作宏富，据统计至少有400卷以上，有人估计在1 000卷左右。亚里士多德流传较广的著作多达47部，主要是关于自然科学与自然哲学、逻辑学、认识论、雄辩术等各个领域的学术论著。

在亚里士多德的早期著作《论灵魂》与《规劝篇》中，明显带有柏拉图哲学的痕迹，也是采用了对话体，谈论灵魂与肉体的关系，带有宿命论的色彩，书中人物西勒诺斯甚至说：“最好是不要出生，因为生不如死。”但是，亚里士多德的论说逻辑严密，从推理的角度来影响读者，这是与柏拉图不同的。另一篇对话体的名著是《论哲学》，这可以说是第一部哲学史，内容涉及三个方面：哲学历史、主要批评与理论体系。虽然仍然是对话体，但是已经显示出亚里士多德式的构筑大的学术体系的治学理念。他关于道德思想的论著《欧德谟伦理学》继承了从苏格拉底到柏拉图的传统，将道德作为最高标准。这一观念其实与中国孔子的思想是一致的，所以我们千万不能简单地比较中西文化，例如认为西方人重智慧，中国人重道德，西方人重人力，中国人重自然等。亚里士多德认为通过直觉可以认识到神（与以后基督教的上帝概念并不完全相同），是最高的善与绝对的准则。他把善作为目的，来论述自己的国家观念，这样就必须批判柏拉图的理想国，那只是一种虚幻的国家。在亚里士多德看来，理想国家的规范并不是唯心的，而是产生于自然的。当然，他也把柏拉图所说的基本政体包括在其中。

亚里士多德也是西方科学哲学的奠基者之一，他在《形而上学》等著作中讨论了西方的物理学与宇宙理论，并批判了柏拉图的自然观念，这为西方科学发展提供了理论基础。在吕克昂学校期间，亚里士多德学术发展进入高潮，写就了大量的著作。主要包括：1.《工具篇》，其中包括了逻辑与思维方面的内容，如《范畴篇》《解释篇》等。2.《形而上学》，其实不是现代意义上的形而上学，而是建立在《物理学》之上的“第一哲学”，是“世界的基本原理”的科学，其中也涉及对于柏拉图的学园派的批评。3.《物理学》等自然科学著作，如《气象学》《宇宙论》《论生灭》《动物史》《解剖学》《植物学》等。4.《伦理学》等著作，涵盖了伦理与政治方面的内容，包括《大伦理学》《政治学》《亚历山大出征献辞》等。亚里士多德的政治观念为亚历山大的远征与殖民活动而鼓吹，对奴隶们表示轻视，以今天的标准来看这都是错误的。5.《诗学》与《修辞学》等关于文学艺术类的著作，其中的《诗学》是西方古代文学理论的早期重要作品，与西方历史上另一位杰出哲学家黑格尔的《美学》，形成西方美学与诗学史上对峙的双峰，在交错的时空变幻中，成为历代学术的经典。

亚里士多德是希腊哲学的集大成者，他将前人的辩证法、本体论与宇宙论等观念进行了综合，建立了希腊哲学中最全面的体系。我们认为，虽然亚里士多德曾经师从柏拉图，但是二人的思想观念完全不同。可以肯定的是，亚里士多德与柏拉图都掌握了思想的辩证法，但要注意的是，他与柏拉图各有不同的辩证法，柏拉图代表了精神运动的辩证法，亚里士多德代表了实体认识的辩证法。

希腊化时代中，传统哲学开始衰落，科学与哲学分离，埃拉托色尼等学者已经不愿自称为哲学家，而宁愿成为“学者”。科学与道德的实践性研究不再与形而上学的哲学同行，正统哲学中的斯多葛派与伊壁鸠鲁学派成为主流，其余多种流派则更加趋向于现实化。希腊哲学最辉煌的时代过去之后，它对民众影响不但没有减弱，反而日益增强。罗马时代的哲学虽然已经远不如希腊，但仍然保持了繁荣的局面。

罗马哲学主要有三种成分：第一种是原有的希腊哲学流派继续流传，斯多葛主义、怀疑主义等都有新的发展；第二种是罗马自己的哲学家，其中有的人与希腊哲学也有密切联系，但是毕竟形成了新的流派，如犹太—希腊哲学等，著名的犹太哲学家斐洛的学说为罗马帝国的哲学奠定了基础，第三种是由于基督教兴起后所产生的新流派。罗马新的哲学中，新柏拉图主义是最重要的流派，他们把哲学导向神学，这就意味着以人文主义精神为中心的古代希腊哲学的终结。

392 年，罗马皇帝狄奥多西颁布法令，关闭一切异教神庙，将基督教定为国教，这不仅是神学思想的变革，也是西方哲学的一大转折。

二、近代哲学的兴起

“近代哲学”是西方哲学家黑格尔等人常用的概念，一般是指文艺复兴之后到19世纪德国古典哲学的西方哲学，在黑格尔的《哲学史讲演录》中，近代哲学就是以康德、费希特等人为结束的。我们这里沿用这一阶段划分，并且在论述近代哲学之前，简略介绍中世纪的神学哲学。

欧洲中世纪一千年中，哲学成为神学的奴仆，此时的哲学已经不再是古代意义上的哲学而变成了所谓的“神学哲学”。“神学哲学”这个词本身就是一个矛盾的概念，它无法界定到底是神学还是哲学，因为哲学与神学虽然有联系，但毕竟是不同的两个学科。但是，一方面由于约定俗成，神学哲学已经成为中世纪哲学的代名词，我们利用这一概念反而可以有利于说明其历史环境。另一方面，虽然神学与哲学可以联系起来分析，同时也不妨碍各自成章，而我们对于基督教及其理论有独立篇章，所以这里只是简单说明其主要构成，这样有利于对西方哲学历史链条的整体把握。

中世纪神学哲学分为两个大的阶段：第一阶段是教父哲学，第二阶段是经院哲学，两个阶段的原则是基本一致的。教父哲学的产生是由于中世纪神学进入制度化与礼仪化阶段之后，需要在原始宗教的基础上进一步理性化，否则无法适应僧俗两众的理论要求。所以就其本质而言，神学哲学并不是哲学思想自身发展的产物，而是神学的哲学化。奥古斯丁（Aurelius Augustinus，354—430）是教父哲学的理论集大成者。奥古斯丁生于阿尔及利亚的苏赫腊斯，曾经信奉摩尼教。后来师从意大利米兰的基督教主教安布罗斯（Ambrosius，约339—397），皈依基督教，研究新柏拉图主义，以后在现在阿尔及利亚的安纳巴任教士与主教。他把新柏拉图主义哲学与神学结合为一，创立了神学哲学中的自我认识观念，但是，在关于理性与信仰之间的关系上，他极力主张理性是应当服从信仰的。在认识论上仍然坚持神学的理论，特别是上帝创世与造人的说法，同时他认为，圣父、圣子与圣灵三位一体，三者归为上帝；人类生来就有罪，原罪产生于人类始祖，只有信仰上帝才可能得到救赎。善恶有报，好人死后上天堂，恶人入地狱；关于世界的构成，他声称世上有两种城，一种是世人之城，一种是上帝之城，一般人居住的只是世人之城，世人之城是世俗政权，而上帝之城是教会的城，上帝之城是完美之城，它将取代不完美的世人之城。

11世纪之后，人类文明的进展使得基督教教父哲学理论体系已经不能让群众服膺，于是，由圣托马斯·阿奎那（Thomas Aquinas，约1225—1274）为代表的经院哲学产生了。经院哲学的目的在于完成教父哲学所不能完成的任务，继续为基督教神学服务。阿奎那出生于意大利南部地区，以后成为巴黎大学的教授，讲授神学。经院哲学中相当多的方面模仿了亚里士多德哲学的体系，与奥古斯丁等人的新柏拉图主义有相当大的区别。阿奎那认为，理性首先存在于经验感性之中，所以启示是知识的一个来源，这就解决了新柏拉图主义把理性与启示对立起来的问题。但是，如果认为经院哲学承认人类理性的决定性作用，那就错了。因为在根本的认识问题上，经院哲学认为只有启示能解决，而理性是无能为力的。本质与存在的关系是神学哲学的中心问题，在这方面，阿奎那有自己的贡献，如罗素所说：

> 阿奎那借助亚里士多德的潜在性及现实性理论，巩固了本质和存在术语。本质完全是潜在的，而存在则是现实的。因此有限物中总是包含了本质和存在的一种混合物。要存在，就必须参与某种活动。对任何有限物来说，这种活动必须来自别的什么东西。①

经过阿奎那的努力，亚里士多德哲学成为神学哲学的中坚，这种哲学以后被唯名论与唯实论的争辩所瓦解，对立的双方在“一般”与“个别”这一对范畴上产生分歧。其实这是从奥古斯丁起到阿奎那一直都在讨论的，只不过在新的形势下以更为普及的方式再次提出而已，这场争论虽然旷日持久，但其理论价值与方法意义都有局限性，成为一种烦琐哲学的讨论。

文艺复兴运动之后，人文主义哲学传统开始觉醒，自然科学与工业生产的突飞猛进为认识世界的方式提供了新的角度，近代哲学由此产生。近代哲学继承了希腊罗马哲学的观念，与神学分道扬镳，以人类社会思想为主要研究对象，无论内容与方法上都已经进入了一个新的阶段。

近代哲学的先驱者之一是弗朗西斯·培根（Francis Bacon，1561—1626），他的父亲是英国伊丽莎白女王的掌玺大臣，他本人历任政府要职。他曾向詹姆斯一世献上自己的《增进科学论》，以后当上英国的掌玺大臣、大法官，加封为威鲁兰男爵。后因贪污罪下狱，出狱后生活悲惨，晚年以研究科学为乐趣。培根从现实与经验出发研究哲学，反对经院哲学的形而上学，开创了英国的经验哲学。从培根开始，英国经验哲学成为一种传统，也使英国哲学在世界哲学史上占有重要地位。培根代表的是一种科学观念对哲学的影响，他把所有的学术分为记忆的事物、想象的事物与理性的事物三大类。他在《新工具》中宣扬一种新的认识方法，批判三段论的认识方法，认为观察与实验是认识事物的方法。培根极大地开拓了传统哲学的研究对象，他把一切社会生活的相关方面全都列入研究范围，甚至连长生术、炼金术等也列为哲学对象。

近代哲学的真正开创者是笛卡儿（René Descartes，1596—1650），从他开始，理性主义成为哲学的中心。正如黑格尔所说：

> 我们现在才真正讲到了新世界的哲学，这种哲学是从笛卡儿开始的。从笛卡儿起，我们踏进了一种独立的哲学。这种哲学明白：它自己是独立地从理性而来的，自我意识是真理的主要环节。〔哲学在它自己的土地上与哲理

① ［英］伯特兰·罗素. 西方的智慧. 亚北，译. 北京：中国妇女出版社，2004：199.

> 神学分了家，按照它自己的原则，把神学撇到完全另外的一边。〕在这里，我们可说到了自己的家园，可以像一个在惊涛骇浪中长期漂泊之后的船夫一样，高呼“陆地”。笛卡儿是那些一切从头做起的人们中间的一个；近代的文化，近代哲学的思维，是从他开始的。①

西方近代哲学流派众多，主要表达了两种对立的思潮，一种是理性主义，一种是经验主义，这是两种认识方式与观念的对立，正是在这种对立与抗辩之中，西方哲学不断前进。

笛卡儿出身于法国都棱省的拉·爱伊的一个贵族家庭，18岁时来到巴黎，以后曾经参军，退伍之后定居于荷兰。从1629年到1644年间，他潜心著述，发表了大量作品。在这期间，他与各种僧侣进行了激烈的辩论。瑞典女王克里斯蒂娜听闻笛卡儿的声名，特意邀请他到皇宫中居住与讲学，女王以礼贤下士而著称，当时宫中集聚了欧洲众多学者。由于不能适应北欧严寒的天气，笛卡儿于1650年在斯德哥尔摩去世。

笛卡儿是欧洲理性主义原则的确立者，他开创了一个全新的方向。大家都很熟悉的他的名言“我思故我在”，所代表的正是笛卡儿的这一方向，即从思维开始研究一切的观念。从思维开始，对于笛卡儿来说，就是怀疑一切，抛开假设，从而达到真实的东西；他把思维与存在统一起来，但是，理性是人类区别于其他一切事物的特征，这一观念影响了后世多数西方哲学家；他把人的心灵划分为两个部分，高级的部分是理性，低级的部分是情感，两者统一于心灵之中，从而统一于理性之中。笛卡儿说：

> 因为在我们身上只有一个心灵，这个心灵并不包括任何部分的差别；这同一心灵既是感性的，也是理性的，它的一切欲望也都是一些意志。②

在哲学基本问题上，笛卡儿形成了近代哲学的早期理论体系，他把物质与运动作为出发点，主张形体的本性是广延，运动规律其实是对有形体的东西的自在本质的普遍认识。他考察了机械学、世界体系与天体运动等诸多领域。在精神哲学中，他研究了伦理学，但对于伦理学研究不深入。值得注意的是，不能只根据一知半解来评价笛卡儿，例如，笛卡儿并不像有的人所理解的那样，把人作为一切事物的中心，相反，他认为有机体与动物其实如同机器一样。此外，他把永恒真理看成是天赋观念，这些观点对于以后的哲学家们有相当大的影响。

笛卡儿之后，荷兰哲学家斯宾诺莎（Baruch Spinoza，1632—1677）发展了唯物主义观念，认为自然界就是自身的原因，形成所谓“自因”（causa sui）说，

① ［德］黑格尔．哲学史讲演录．第4卷．贺麟，王太庆，译．北京：商务印书馆，1996：59.
② ［法］笛卡儿．心灵的感情//西方伦理学名著选读．上卷．北京：商务印书馆，1996：598.

实体是无限的存在，它就是自然界，它的属性是无限的，人类所知道的只有思维与广延而已。实体的暂时状态也就是个别的表现就是样态，是单个的有限事物。但是样态又必须受到实体的无限属性的限制，实体不变不动，样态有变化与运动。虽然从这里也可以看出，斯宾诺莎毕竟不能超越唯心主义思想的局限，但他肯定实体的独立存在意义，将实体作为自因，对于神学哲学是一种批判。同时，他也批评了目的论与笛卡儿的意志自由学说，他主张自然界的一切都是必然的，认识了必然，才可能获得自由。他否定超自然的上帝，把实体称为“上帝”。在认识论中，他主张唯理论，认为感性知识是不可靠的，只有通过理性的推理，才可能获得真正的知识。他的主要著作有《略论神、人和人的幸福》、《笛卡儿的〈哲学原理〉》、《神学政治论》与《理智改进论》等。

近代哲学在英国哲学家们中间发展出一个重要方向，霍布斯（Thomas Hobbes，1588—1679）、洛克、休谟（David Hume，1711—1776）等人形成了以经验主义为主的哲学流派，继承了培根等英国哲学家的传统。洛克主张思想与共相是存在于感性之中的，人类是从经验中获得真理。他的方法是从经验的事物中提取出普遍来，但是对于经验的辩证却不能全面考察；思维是具体的，而不是抽象的。所以知性仅仅是意识的，而不是思想性的。他反对笛卡儿的天赋观念，认为人类心灵原本是一块白板，以后才被经验所填充起来。但是我们也要注意到，实际上笛卡儿的天赋观念常常遭到人们的误解。笛卡儿天赋论只是强调思维是潜在的，是未成为存在之前的性质。不幸的是，这种误解到处存在，特别是在深邃艰涩的西方哲学中，这种误解是难免的。霍布斯既是哲学家，也是杰出的政治学家，他的政治观念的意义在于真正从理论上颠覆了神学的统治，将人类自己的行为作为国家统治权力的根源。他认为社会构成是由于人人都有恐惧，互相之间的畏惧最终形成了公民社会，这当然是一种自然主义的观念。另外，他还认为，人人之间是平等的，但这种平等原则不是建立在公正的原则之上，而是建立在人人都有软弱性的基础之上。要维护社会的秩序，必须要求所有的社会成员服从普遍的意志。这种意志当然是理性的，并且要由法律来维护它。

与英国哲学家们相对立的是德国人莱布尼茨（Gottfried Wilhelm von Leibniz，1646—1716），他是一个杰出的科学家与数学家，曾经提出过二进制。他反对洛克关于感知为一切认识之源的看法，这对于建立德国哲学的中心观念起了重要作用。他主张宇宙不是纯自然的，而是具有理智的。这是一种唯心论，与洛克和斯宾诺莎等人的看法完全相反。他以德国式的形而上学的方法来研究哲学，与英法哲学完全不同。莱布尼茨认为世界不是复合的，而是由单子构成的。每一个单子对于其他单子来说都是独立的，没有关联的，没有两个东西是完全相同的。在主体认知方面，莱布尼茨有不小的贡献，他区分了意识的不同层次，并且提出无意识的概念。20 世纪的精神分析学家弗洛伊德研究无意识时，首先提到了莱布尼茨的这一发现。

莱布尼茨之后，西方近代哲学进入了最后一个阶段，康德（Immanuel Kant，1724—1804）、费希特、黑格尔（Georg Wilhelm Friedrich Hegel，1770—1831）等人的哲学思想出现，这标志着西方哲学进入了现代阶段。从近代哲学向现代哲学的转换中，德国、法国与英国等国的哲学家们都有新的创造，其中表现最为突出的是以康德、黑格尔、费尔巴哈等人为代表的德国古典哲学。

1724 年，伊曼纽尔·康德出生于东普鲁士的哥尼斯堡（即今日的加里宁格勒市），父亲是一个马鞍匠。1740 年进入哥尼斯堡大学学习神学，1755 年开始任大学讲师，1770 年成为逻辑学教授，1804 年 2 月 12 日在哥尼斯堡逝世。这位名满欧洲的哲学大师的生活中有两个引人注目之处。第一是他终生没有离开过自己的故乡，据说他最远的行程不超过 90 公里，但是世界各地的信件与著作源源不断地来到他的身边。第二是他生活安静而有规律，每天下午由老仆陪同，挟着一把雨伞外出散步，天天如此，从不间断。周围的农夫们一看到康德出来，就知道该收工了，这就是“康德时钟”的故事。

康德是德国古典哲学的创始人，他的哲学也被称为“批判哲学”。他的代表著作《纯粹理性批判》、《实践理性批判》与《判断力批判》都是以“批判”命名，他认为自己所处时代的特点就是批判，一切都要受到批判，即使是神学躲在上帝之后，仍然要接受时代的批判。但是康德的“批判”概念不同于一般意义上的批判，康德说过，他所谓的“批判”，不是意味着对某一现象、一种学说或理论体系的批判，而是先于所有经验对理性能力的批判。这表明，他力图克服经验论与唯理论之间的对立。在认识世界时，首先应当批判地考察人类的理性能力以及这种能力的限度与范围。所以，它的批判归根结底是一种主体能力的批判。

康德早期著作中研究了自然科学中的理论问题。《自然通史和天体论》中提出了星云假说，解释了太阳系形成的原因与过程。时至今日，这仍然是最有价值的宇宙起源与太阳系起源理论之一，被恩格斯称为是从哥白尼以来天文学取得的最大进步，是在形而上学思维方式的观念上打开了第一个缺口。康德认为，前人都在围绕如何认识世界方面进行争论，这种争论当然是对的。但是，更为重要的是，先要对人类认识世界的能力本身进行检验，如果不清楚人类能力的作用，就无法真正认识世界。他认为，人类的认识能力有三种形式：感性、知性、理性。空间与时间是感性的先验形式，因果性等 12 个范畴是知性的先验形式，认识过程中，人把这些范畴加入感性材料之中，可能成为知识。不过，所有的知识是一种现象，所以知识的研究是一种现象学。人是认识的主体，但是在人之外，存在着“自在之物”（即物自体），它的存在并不依赖于感觉，它能够作用于感官并引起感觉，虽然如此，但物自体是不可认识的本体，人类所能认识的只是现象。理性是人类最高的认识能力，它必然要求对于物自体进行认识，但理性自身却又不可避免地陷入了矛盾，这就是“二律背反”。所以，最终的物自体仍然是不可知的，这样才有宗教存在的合理性。也就是说，康德认为，人类所能认识的只是现象，而对本体只能依靠信仰去理解。

康德的代表著作还有《未来形而上学导论》《道德形而上学基础》等。康德晚年关注社会历史文化研究，写了一些关于历史文化的论文，近年来引起广泛关注。虽然被认为是足不出户的哲学家，但其实康德关心世界与政治，不过其政治观念却十分矛盾。他拥护民主制度，反对贵族专制，主张人类自由平等与建立共和国。但他又认为共和国只是一种理想制度，无法实现。康德的批判思想与人道主义精神使他对于西方文化之外的民族文化持一种平等的态度，虽然他对于其他民族文化并没有太多的理解，但在其晚年的论著中尖锐批判了西方学者轻视其他文明的思想。

康德之后，德国哲学的主要代表人物是黑格尔。黑格尔于1788—1793年在图宾根大学学习哲学与神学，1793年到1801年间，在伯尔尼与法兰克福等地担任家庭教师，1801年与谢林（Friedrich Wilhelm Joseph von Schelling，1775—1854）共同编辑《哲学评论杂志》并任耶拿大学讲师。1808—1816年任纽伦堡中学校长，1816—1817年任海德堡大学哲学教授，1818年任柏林大学教授，开始主持哲学讲座。黑格尔哲学体系受到普鲁士政府的肯定，被确立为官方哲学，1830年任柏林大学校长，次年因感染霍乱去世。

黑格尔是德国古典哲学的集大成者，也是西方哲学史上最大的理论体系的缔造者。他的哲学是从对康德、费希特、谢林的批判开始的，他的哲学出发点是存在与思维的同一性，有人称之为“思有同一说”。从辩证法的观念来说，并不是指存在与思维的绝对同一，所以这一观念的出发点已经有不妥之处。因为存在与思维之间关系当然是有同一也有差异，即所谓“同与异俱于一”（墨子），片面地强调同一性，则会形成理性中心的观念。历史证明，黑格尔主要著作中正是表现出这种理性中心的错误，这不但使得他的学说，也使得许多受到他影响的学派与学者的思想走了弯路。

黑格尔认为绝对精神是事物的本原，绝对精神经历了逻辑、自然与精神三个辩证阶段，所以黑格尔的哲学体系的构成与之相对应，有三个部分：

第一部分是逻辑学，这是研究绝对精神“自在自为的科学”。在这里，观念是超脱人类社会与自然等而运动的纯粹思维形式，主要有“存在”“本质”“概念”三个阶段。显然，黑格尔的自在自为、纯粹精神等概念无一不是来自康德。但是不可否认，逻辑学是黑格尔的创造，其中质量互变、对立统一、否定之否定等都是作为思维规律提出的。他还建立了所谓“概念”的辩证法，其中主要讲的是客观事物的辩证法，即将本体论、逻辑学与认识论三者统一起来了。

第二部分是自然哲学。黑格尔在这里承袭了亚里士多德的学说，不过他抛弃了亚里士多德的唯物论观念，研究的对象不是自然，而是观念，自然哲学成为研究“观念他在或外在化的科学”。这个阶段中，观念自身“异化”为自然界。这里，黑格尔将自然界的变化置于空间之中、时间之外。虽然他的学说中也有物质世界的内容，如也有物质与运动的统一学说，化学元素的可变性与可转化性等合理因素，但总体构成是唯心主义的。关于黑格尔的自在哲学，我们上文已提到，它虽然含有唯心论的成分，但其中关于自然辩证法的论述还是有一定价值的，19世纪末到20世纪初期，在克服物理学的认识危机中，相当多的自然科学家曾经受到黑格尔自然哲学的影响。

第三部分是精神哲学，这是研究观念由它再回复到自身的科学，观念在这里已经从自然中脱身而出，再次经历了辩证发展阶段：主观精神（个人意识）——客观精神（社会意识）——绝对精神（绝对意识）。

黑格尔不同历史时期的著作全部都是围绕这三个中心展开的。第一部著作《精神现象学》被称为黑格尔哲学的秘密，其实是一个总体规划。《哲学全书》是对其哲学体系的论述。《法哲学原理》、《哲学史讲演录》、《历史哲学讲演录》、《美学讲演录》和《宗教哲学讲演录》都属于精神哲学。其余如《自然哲学》等著作则是关于其哲学体系不同部分的论述。恩格斯对于黑格尔有一段人所共知的评价，他指出：“黑格尔第一次——这是他的伟大功绩——把整个自然的、历史的和精神的世界描写为一个过程，即把它描写为处在不断的运动、变化、转变和发展中，并企图揭示这种运动和发展的内在联系。”①

德国古典哲学承前启后，它结束了西方近代哲学，开启了现代哲学，从康德到费尔巴哈，德国古典哲学以其庞大的体系建构，精密的形而上学思辨与丰富多样的内容，成为继希腊哲学之后又一个群星灿烂的时代。

三、现代西方哲学

现代西方哲学主要分为两个大的流派，一派是理性主义流派，另一派是非理性主义流派。也有人将现代西方哲学划分为科学哲学与人文哲学两大流派。前一种划分是从内容与方法而分，后一种是从研究方法与观念而分，各有其特点。我们这里根据论述的要求，分为理性主义与非理性主义两大流派。

马克思主义产生于现代社会，也是当代最伟大的思想体系。马克思主义由三个部分组成：辩证唯物主义与历史唯物主义、政治经济学和科学社会主义。辩证唯物主义与历史唯物主义是马克思主义哲学体系的核心，是它的理论基础。

马克思（Karl Marx，1818—1883）生于普鲁士莱茵省的特里尔城，先后就读于波恩大学与柏林大学法律系，在学习期间曾加入青年黑格尔派。1841年以

① 马克思恩格斯选集：第3卷．北京：人民出版社，1995：362.

《德谟克里特的自然哲学与伊壁鸠鲁的自然哲学的区别》的论文，获得博士学位。1842年起担任《莱茵报》撰稿人，1844年创办《德法年鉴》，发表《黑格尔法哲学批判》等文章。1844年在巴黎会见恩格斯，同年写了《经济学—哲学手稿》，1845年因从事革命活动被法国政府驱逐出境，迁居比利时首都布鲁塞尔，写了《关于费尔巴哈的提纲》，与恩格斯合著《德意志意识形态》等著作。1845年被逐出普鲁士后，定居伦敦直至逝世。1848年法国二月革命和1851年路易·波拿巴政变之后，发表《路易·波拿巴的雾月十八日》。1859年发表《政治经济学批判》，初步论证了剩余价值理论。1867年出版《资本论》第一卷，以后继续致力于第二、三卷的写作。1883年3月14日逝世。《资本论》第二卷、第三卷以后由马克思的合作者恩格斯整理出版，第四卷是《剩余价值理论》。恩格斯（Friedrich Engels，1820—1895）出生于普鲁士莱茵省的巴门市，中学尚未毕业，就因为父亲的要求开始在不来梅的一家大贸易公司供职。1841年在服兵役期间，在柏林大学听哲学课。1842年出版《谢林和启示》一书，批判谢林的神秘主义思想。1844年结识马克思之后，与其合作《神圣家族》，1845年春与马克思合作《德意志意识形态》，以后还合作了包括《共产党宣言》在内的一系列重要作品。1883年马克思去世之后，恩格斯不但整理出版了马克思的主要著作与手稿，并且撰写了《家庭、私有制和国家的起源》《路德维希·费尔巴哈和德国古典哲学的终结》等著作。1895年8月5日在伦敦逝世。马克思哲学的建立与马克思的主要理论著作的完成，都离不开恩格斯的协助与支持。

马克思主义哲学的直接来源是黑格尔哲学与费尔巴哈哲学，特别是黑格尔的唯心主义的辩证法与费尔巴哈的形而上学的唯物主义的合理内核，在此基础上形成的辩证唯物主义与历史唯物主义是马克思主义所特有的学说理论。辩证唯物主义是马克思主义的认识论，基本观点是反映、实践和辩证的观点。认为从物质到意识是认识的正确路线，认识是人类头脑对于客观现实的反映，这一反映是能动的，是为改造世界的目的服务的。实践是认识的基础，认识产生于实践，认识的真理性只能从实践中得到检验。认识的过程是从感性认识到理性认识，再由理性认识到能动地改造世界。正确的认识必然经过从物质到精神，从精神到物质，即从认识到实践，再由实践到认识这样多次的反复。要从不完全不确切的认识逐步发展到比较完全与确切的认识。由于社会实践是无止境的，所以认识也是无止境的。

辩证法是古代哲学的一个组成部分，黑格尔辩证法是在古代辩证法基础上形成的。马克思主义辩证吸取了黑格尔辩证法的“合理内核”，建立了唯物辩证法，这是关于自然界、人类社会与思维发展的普遍规律的科学。这种辩证法的主要观点是：世界是普遍联系的统一整体，一切事物都有它发展的规律，客观世界的发展规律决定了主观世界的发展规律；一切事物都包含内部矛盾，矛盾是普遍存在的，但是矛盾各不相同。矛盾双方的对立与统一，推动着事物的发展变化；事物的发展表现为从量变到质变、又从质变到量变的过程，还表现为肯定、否定、否定之否定的螺旋形上升和波浪式前进。对立统一规律、质量互变规律、否定之否定规律是事物发展的基本规律，其中对立统一规律是核心。唯物辩证法可以用于各个方面，用于研究自然界，总结自然发展的规律，就是自然辩证法；用于研究社会，总结社会发展的普遍规律，就是历史辩证法；用于研究思维，总结思维发展的普遍规律，就是辩证逻辑。

与以往的哲学不同的是，马克思主义哲学的目的不是用来解释世界，而是用来改造世界，所以，它具有鲜明的阶级性与强烈的实践性。马克思主义哲学公开声明自己是为无产阶级与广大人民群众服务，“哲学把无产阶级当作自己的**物质**武器，同样，无产阶级也把哲学当作自己的**精神**武器”[①]。

科学主义思想在西方源远流长，在17至18世纪的欧洲科学大发展的时代，科学与哲学的结合十分紧密，但是经过19世纪德国哲学的发展阶段之后，科学与哲学之间的联系开始减弱。法国哲学家孔德（Auguste Comte，1798—1857）所创立的实证主义哲学，为科学与哲学的再次联合开启了新的途径。孔德曾任圣西门的秘书，以后在巴黎综合工科学校任教。孔德在其主要著作《实证哲学教程》中提出，哲学应当以“实证的事实”为依据，所谓实证的事实就是经验或是经验现象，是由人的主观感觉构成的。他还首次使用了“社会学”这个词。他在《实证主义理论答问》《实证精神论》《实证政治体制》等著作中，将人类认识发展分为三个阶段：神学阶段（即虚构阶段）、形而上学阶段（即抽象阶段）和实证阶段（即科学阶段）。人类社会分别与以上三者相对应：事实阶段、过渡阶段与科学工业阶段。他在社会学研究中以“进步”与“秩序”为基本原则，要求社会安定，社会与个人之间保持和谐关系。实证主义思想在欧洲影响很大，在实证主义影响下，分析主义哲学兴起。分析主义以科学观念来研究哲学，流派相当多，其中最为重要的是逻辑实证主义。英国剑桥大学教授、哲学家罗素（Bertrand Russell，1872—1970）原本是一个新实在论者，以后转向逻辑实证论。罗素提出了逻辑原子论，即“原子事实”是基本元素，它是主观感觉，但它并不是物理的，也不是心理的，而是中立的。这就是所谓的“中立一元论”，这是他企图超越唯物主义与唯心主义对立的方法。怀特海（Alfred North Whitehead，1861—1947）与罗素合作了《数学原理》，以后怀特海的思想有所变化，主张所有的命题都必须从与宇宙体系之间的关系来看，被罗素称为“系统唯心主义”，认为从本质上与谢林的有机体概念相当接近。此外，还有德国哲学家维特根斯坦、奥地利哲学家卡尔纳普也是逻辑实证主义的重要成员。

---

① 马克思恩格斯选集：第1卷．北京：人民出版社，1995：15.

所谓"非理性主义"流派是一个相当宽的范围，也很不确定，一般认为，它主要包括精神分析学、人本主义、存在主义等多种学说。

精神分析学是由奥地利心理学家弗洛伊德（Sigmund Freud，1856—1939）所创立的。弗洛伊德出身于犹太人家庭，1881年在维也纳大学医学院获得医学博士学位，成为一名心理医师，从事心理学研究。1900年他出版《释梦》一书，标志着他所创立的精神分析也称为心理分析学的开始。用弗洛伊德自己的话来说，精神分析是"介于医学与哲学之间的东西"。他在《精神分析引论》《图腾与禁忌》等论著中，运用精神分析研究人类社会生活与历史文化。精神分析的要点是认为，无意识活动对于人类生活各方面都有重要影响，而性意识处于人类无意识的中心。弗洛伊德认为，人类从古代就有一种自我中心的思想，但是这种思想受到三次重要打击。第一次是哥白尼的太阳中心说，证明地球不是宇宙的中心，使人类认识到自己不是宇宙的中心，使人类中心观念受挫。第二次是达尔文学说，证明人是从猿进化而来，使人类认识到自己不是万物的中心。第三次是自己的精神分析学说，证明无意识对于人类活动至关重要，这使人认识到自己不是自我意识的中心。

弗洛伊德

精神分析学说的内容是什么？笔者曾经这样论述过：

> 什么是精神分析学的主要观念？通常有这样的看法，认为弗洛伊德的理论结构有五大支柱：1. 无意识，2. 婴儿性俗，3. 恋母情结（俄狄浦斯情结），4. 压抑，5. 转移。[①]

从20世纪二三十年代起，精神分析学说迅速传播开来，从欧洲到美洲，各国都建立起研究精神分析的学会。这门学科虽然没有进入医学院，但是在社会的心理治疗与社会文化研究中都有重要作用。第二次世界大战期间，弗洛伊德受到德国法西斯的迫害，流亡英国，逝世于伦敦。弗洛伊德的学说以后分为众多的流派，但是具有共同的理论基础，直至今日精神分析学仍然有一定影响。

非理性主义思潮的另一种代表性学说是柏格森（Henri Bergson，1859—1941）的生命哲学。柏格森1889年获得巴黎高等师范学校的文学博士学位，曾经在法兰西学院讲授哲学，1928年获得诺贝尔文学奖。柏格森认为生命是一种永远冲动的洪流，生命的本质就是一种冲动，这种生命的冲动也就是"绵延"，

① 方汉文. 西方文艺心理学史. 西安：陕西人民出版社，1999：338.

即是“真正的时间”，只有它才是唯一真正的“实在”。它的实质是自由的创造意志，它所创造的精神就是生命的形式，所以生物进化就是创造生命。物质是“绵延”滞后与削弱的结果，对于“绵延”是不能用理性来认识的，只能通过直觉来把握。柏格森的政治观念也很特别，他把人类社会分为两种，一种是封闭自守的社会，在这种社会中，以暴力进行统治；而另一种则是开放的社会，在这种社会中人才可以实现个性的自由。

尼采（Friedrich Nietzsche，1844—1900）也是一位以直觉为重要观念的哲学家，他青年时代曾经在波恩大学与莱比锡大学学习，从1869年起，任瑞士巴塞尔大学教授，晚年患有精神疾病。尼采认为在人类社会与自然界中，起决定性作用的力量就是意志，权力意志实现其自身的过程，就是社会的历史。而“超人”是历史的创造者，对于超人来说，其主要特征就是权力意志推动其生活，一般人只是奴隶，是超人实现其意志的工具。尼采的主要著作有《悲剧的诞生》《查拉图斯特拉如是说》《权力意志论》等。

存在主义也被有的人划入非理性主义思想的阵营，其实对此有不同看法。我们并不赞成将所有的存在主义思想家统统划入非理性主义。这里我们也不是从非理性主义角度来研究这种思想的。但是，必须承认，部分存在主义思想家的观念与非理性主义者之间有一定联系。存在主义思想是由丹麦哲学家克尔恺郭尔（Kierkegaard，1813—1855）首先提出的，他的“存在”（existenz）与古代希腊哲学家的概念完全不同，他认为存在表现为“有限与无限、暂时与永恒的综合”，存在主义的“存在”是以他的概念为指导的。第一次世界大战后，存在主义在德国诞生，表达了社会思想中的一种悲观的情愫。第二次世界大战为这种思想提供了发展的条件，大批存在主义哲学家产生。德国的雅斯贝尔斯（Karl Jaspers，1883—1969）是德国海德堡大学哲学教授，主要著作有《普遍的精神病学》、《世界观的心理学》、《大学的观念》、《时代的精神状况》、《哲学》、《生存哲学》、《哲学导论》和《历史的起源和目标》等。雅斯贝尔斯以人的生存意义为主要研究内容，认为人类生存是由个人的有限存在向无限的超越存在活动的过程，主张把个人自由与他人自由联系起来。他的历史哲学有普遍性影响，其提出的“轴心时代”观念，直到今天仍然是相当重要的历史发展观。这种观念强调，在公元前800年到公元前200年期间，世界主要文明不约而同地产生了精神运动，人类精神的基础在这一时期奠定。从中国、印度、波斯、巴勒斯坦到希腊同时产生

尼　采

了划时代的文明，这一时期就是轴心时代。海德格尔（Martin Heidegger，1889—1976）也是德国哲学家，他的主要著作有《形而上学导论》《存在与时间》等。其作品风格艰涩深邃，对后现代主义理论有较大影响。法国存在主义哲学家与文学家萨特（Jean Paul Sartre，1905—1980）以文学创作闻名于世，拒绝诺贝尔文学奖更使其引人注目。其实他的哲学名著《存在与虚无》与《辩证理论批判》对于存在主义理论也有不可忽视的贡献。其余如马塞尔（Gabriel Marcel，1889—1973）、梅洛·庞蒂（Merleau Ponty，1908—1961）等人，也都活跃在存在主义阵营中。存在主义者们对于存在作了多种多样的新解释，其中最为流行的是萨特的看法，他认为存在的不是客体而是主体，也就是个人的具体存在。个人首先是存在，然后选择自己的生活。存在先于本质，而选择是自由的；世界上每一个人都是个体的人，所以他人对于自我就是地狱；人生最大的恐惧就是死亡与虚无，所以哲学的任务之一就是研究死亡。存在主义者的学说各有不同，思想言论各异，只有基本的思想，没有完全相同的体系，是一种松散的思想流派。

最后应当关注的是德国的法兰克福学派，这是所谓的"西方马克思主义"的重要流派。20世纪二三十年代，德国法兰克福大学的社会研究所开始聚集一批学者，包括所长霍克海默（Max Horkheimer，1895—1973）、马尔库塞（Herbert Marcuse，1898—1979）、阿多诺（Theodor Wiesengrund Adorno，1903—1969）等人，第二次世界大战期间，他们中的多数人到美国避难，战后重返德国。法兰克福学派被认为是后工业化时代的马克思主义，他们的哲学基本立场是所谓"否定的辩证法"，即专注于对工业社会与后工业化社会的批判，认为自动化生产改变了工人的地位，资本主义生产已经不再以追求剩余价值为目标。认为社会生产的目的只是科学技术的提高，这种提高对于人性是压迫作用，形成了新的人性异化。资本主义真正的反对派不是其内部的，而是外部的青年知识分子与其他阶层。新的社会革命不是政权与暴力，而是心理的甚至是家庭结构的包括性爱的。法兰克福学派中社会影响最大的是马尔库塞，1968年，欧洲发生学生运动，马尔库塞的书被学生们奉为经典，也使他名声大噪。马尔库塞1898年7月19日生于柏林，家庭是犹太富商。1919年起先后在柏林大学、弗莱堡大学读书。1923年在著名的存在主义哲学家海德格尔指导下完成博士论文《黑格尔的本体论和黑格尔的历史哲学比较》。1932年进入法兰克福学派。第二次世界大战中，他跟随社会研究所迁到美国的哥伦比亚大学。在第二次世界大战期

萨 特

间，他曾在美国战略情报研究所服务，战后重回学术界，执教于哥伦比亚大学、哈佛大学等。当法兰克福学派的大部分成员重返德国后，他独自留在美国，支持这个学派的半壁江山。1979年7月30日，马尔库塞在德国逝世。

法兰克福学派首先提出了“文化研究”的概念，同时，也是他们用大众文化消费与社会权力的关系来说明后工业化社会中美学的重要转向问题。这一思想对于20世纪后期的英国文化研究学派有直接影响。马尔库塞后期的主要著作《爱欲与文明》、《单向度的人》、《论解放》和《反革命与造反》等，就是以后工业化社会的大众文化与社会控制力量为主要研究问题。他并不完全满足于从人的社会行为来研究人，还要从政治经济角度去研究人，甚至从无意识与性爱角度去研究人，因为这关乎到人存在的意义和幸福。他认为，从亚里士多德以来，西方哲学便关注人的幸福，这是至高的善，但这个原则仍是形而上学的，它并不关注真正的、感性的人，它没有触及人的灵魂。马尔库塞强烈谴责社会和文明对于“人性”（包括情欲）的压抑作用，提出“人类的历史是一部压抑的历史”。可以看出，在社会与无意识方面的立场上，马尔库塞与精神分析学家弗洛伊德是基本一致的。

近年来，法兰克福学派的活动的重点逐渐转向高等院校内部及学术思想界，以理论革命为主要目的，与社会生活关系更加疏远。德国哲学家哈贝马斯（Jürgen Habermas）等人作为法兰克福学派的最新代表人物，仍然活跃于世界哲学论坛。他所提倡的“活动交往理论”与对西方理性中心的批判，都受到学术界的普遍关注。

第二节　西方的历史学与史学理论

一、历史学的开端

西方重视历史科学，具有优秀的历史撰述与理论研究的传统，具有世界上并不多见的完整、全面的历史资料与文献记载，产生了许多杰出的历史学家。

西方的历史学同样以希腊史诗为开端，荷马史诗作为最早的历史记录，它全面记载了古代社会的社会生活与政治经济，同时也为西方历史学提供了最早的类型与模式。但是，不可忽视的是，荷马史诗毕竟是古代神话，神话与历史性质根本不同。由于荷马史诗的影响，历史学家与诗人赫西俄德（Hesiodos，约生活于公元前8世纪中叶）在《工作与时日》等著作中，主要依据神话进行社会历史分期，把历史分为黄金时代、白银时代、青铜时代、英雄时代与黑铁时代等。希腊的历史学科应当说起源于公元前5世纪的希腊历史学家希罗多德的著作。希罗多德是第一位伟大的历史学家，他的名著《历史》是希腊第一部真正意义上的历史学巨著，对于希腊古代社会与波斯等东方民族的社会风俗、人文习俗、地理疆域、经济生活等方面进行了详细的描述。这部著作中已经有关于印度与波斯的详细的记载，但没有关于中国的确切资料。这部著作的意义在于使历史学从史诗与宗教之中独立出来，成为一门科学。虽然在希罗多德的书中仍然残留着一些神话与民间故事的痕迹，但是已经与赫西俄德等人完全不同了。

历史学家修昔底德（Thucydidēs，约公元前 460—约前 400）的代表著作是《伯罗奔尼撒战争史》，这是一部专史，主要内容是关于雅典人与斯巴达人之间的战争史，集中于军事与政治范围，并不涉及其他方面。同时这也是一部断代史，它开辟了希腊历史学的新体裁。强调真实是这部史书的主要特征，这也反映了从神话史诗向正统历史学的转化过程。

重要的历史学家还有色诺芬（Xenophon，约公元前 430—约前 354），其著作包括《希腊史》、《远征记》、《居鲁士的教育》、《斯巴达政体论》、《回忆苏格拉底》与《经济论》等，其中最著名的是军事史论《远征记》，这是军事史论领域的开山之作。曾经游历罗马的历史学家普卢塔克（Plutarchos，46—120）的《希腊罗马名人传》更是脍炙人口的名作，它引发了人们对于人物传记的巨大兴趣，并使史传类著作从此在西方历史学中占有一席之地。

从以上事实可以看出，希腊历史学家的确起步相当高，历史学文体也相当多样，包括了纪事、传记、编年等多种文体，或重历史叙事，以历史学家的眼光评价世事，或忠实于人物事件，注重客观立场。其内容与侧重点也各不相同，或重政治军事，或以社会文化为对象，形式丰富多彩。

罗马人重视历史比希腊人有过之而无不及，西方古代历史学著作中，以罗马史为题目者远远多于希腊史。当然，这也表明了历史科学本身的前进。最早的罗马史学家当推毕克托（Fabius Pictor，生活年代约为公元前 2 世纪中期到后期），他的《罗马史》是最早的罗马史之一。其后，号称百科全书式的学者老加图写下了《罗马历史起源论》，这是用拉丁文撰写的第一部正规罗马史。罗马执政官恺撒本人就是一个历史学家，他的《高卢战记》留下了珍贵的历史资料。而西塞罗的《布鲁塔斯》是传记体史书，记载了两百多位雄辩家。萨鲁斯特（Sallustius，公元前 84—前 34）的《喀提林叛乱记》记载了公元前 63 年罗马共和国发生的一起叛乱，阴谋家喀提林妄图发动叛乱推翻共和制度，被西塞罗发现，果断地镇压了这次谋反，维护了共和国的安全。有趣的是，萨鲁斯特的另一部史书也与叛乱有关，不过这部名为《朱古达战争》史书记载的是发生于北非的事件，北非原本是罗马的殖民地，努米比亚国王朱古达与罗马朝廷上下关系密切，深受罗马人的赏识。但其实朱古达准备反抗罗马，他利用罗马将军与权臣贪婪受贿的机会谋反，最后仍然不免于失败。历史学家李维（Titus Livius，公元前 59—公元 17）

的名著《罗马史》是关于罗马民族的历史，原作卷帙浩繁，现存仅有35卷左右。只是其中关于能征善战的罗马人的战争记载显得不够精细，这可能与作者对战争的看法有关。

105年，历史学家塔西陀（Publius Cornelius Tacitus，55—120）出版了《历史》，这是一部与希罗多德著作同名的名著，所以人们提到两部著作时不得不以各自的作者来区分，如塔西陀《历史》或是希罗多德《历史》。塔西陀《历史》记载的是从公元69年到公元96年间的弗拉维王朝三代君主的历史，这一段时期是罗马史上最为黑暗的时代之一，君主们或为暴君或为昏君。作者亲历三朝，熟知朝廷内幕，掌握第一手资料，所以他的书一经出版，立即风行一时。塔西陀的另外两部史书也很有影响，这就是《编年史》与《日耳曼尼亚志》，特别是后一部，首次披露了古代日耳曼人历史，这个民族当时未被罗马人彻底征服，保留了自己民族的特色，这就是以后的德意志民族的先祖之一。在罗马时代日耳曼被称为蛮族，关于他们的历史从来没有完整的记载，文明世界不了解他们，是塔西陀第一次将他们带入了文明社会。塔西陀记载了这些处于部落生活中的民族，他们古朴的社会生产制度与家庭生活方式引起了罗马人极大的兴趣。其实正是这些蛮族，日后成为推翻罗马帝国的主要力量。从罗马时代的塔西陀到近代英国历史学家吉本的《罗马帝国衰亡史》，都对这些蛮族评价甚高。

希腊罗马与中国相同，重视历史学，具有发达的历史记录文献，这是其他民族中所不多见的。具有历史意识与反思能力，是文明发达的重要标志。希腊罗马的历史学家重视历史理论，这与希腊哲学传统有关。如果与同样以历史学发达著称于世的中国相比，中国历史学家则更为重视历史真实性与文献的丰富性。

二、历史学理论的进展

4—5世纪，西方的历史理论经历了巨大的变化，这一变化主要的表现是从世俗的历史观念向以基督教为中心的历史观念的转变。这种以基督教为中心的历史观念认为，世界的历史是人类的历史，是上帝规划世界各民族的历史。奥古斯丁在《上帝之城》等著作中系统论述了这一历史观，在奥古斯丁看来，人类历史不过是朝着上帝所指引的方向前进的过程，这一过程是有目的的、必然的。在这种历史观念的指引下，历史学其实变成了宗教史、神学史。

我们也要注意到，神学史与基督教史学虽然有不符合历史真实的，但是也有它的特点：第一，把欧洲的历史看成是“世界史”，建立了一种不同民族之间普遍联系的观点，这种观点是基督教的普世主义思想的反映。第二，中世纪史学家采用了基督教编年，这是一种统一编年法。古代希腊是奥林匹亚编年，罗马则是执政官编年，这两种编年法都有局限性。基督教编年后成为世界通用的编年法。

在中世纪后期，神学历史观发生了悄然的变化，这一变化的中心在于“进步论”。人类社会发展是原地不动还是不断进步的？这是中世纪神学历史学家们所关注的。意大利著名史学家与经院哲学家安瑟伦提出了一种新的神学史观：人类社会的发展是神学观念的实现，社会是一个进步过程，但这个过程并不是无尽的，最后的社会将是不进步的。这种观念虽然比起前人来说有所进步，但显然仍是末日审判论的翻版。以后的历史学家们进一步肯定了世俗社会进步性，反对绝对的目的论，基调变得越来越乐观。后期中世纪神学历史学的另一个重要变化是出现了民族史。中世纪欧洲基本上是基督教的一统天下，统一的历史取代了民族历史，但在中世纪后期，民族意识觉醒，民族与地方的历史出现已经成为必然趋势。德意志历史学家所撰写的《双城史》，虽然从表面上看仍然是奥古斯丁的“上帝之城”与“世俗之城”的翻版，但是其实已经发生了重要变化，重新从民族历史角度来审视西方历史。

文艺复兴之后，西方历史学从神学史中解放出来，重新回归人文与科学的传统。意大利是文艺复兴运动的起源地，但丁等人首先为新的历史学开拓了道路。特别是马基雅弗利（Niccolò Machiavelli，1469—1527）对于新史学有较大的推动作用，他在《论提图斯·李维〈罗马史〉前十卷》与《佛罗伦萨史》等著作中主张，历史学是研究人的过去的行动，而不是神学，从而维护了人文主义的历史学原则。他认为，研究历史的目的是为了现实，是为了指导人们当前的行动。弗朗西斯·培根发展了新的历史理论，他在《学问的进步》一书中写道：人的心灵有三种源泉：记忆、想象与理性，由此产生三个产品即历史、诗与哲学。历史划分为自然史与人文史，人文史又分为教会史、人文史（狭义）、学问史和技术史。历史应当客观并且建立于可靠的材料之上。

法国史学家鲍修哀（Jacques Bénigne Bossuet，1627—1704）是神学史学的最后一位代表，他曾经担任法国太子的老师，为了使太子以史为鉴，他特地为其撰写了《通史论》（也有人译为《世界通史》），中心观点是说明，历史上的每一个事件都是上帝所安排的，上帝的特选者犹太人与上帝之间关系不同于一般民族，所以犹太人的古代史是世界历史的开端，从那时开始，世界史就只是耶稣门徒们与异教徒们之间的斗争。全书分为三个部分：1. 从创世记到查理曼帝国的编年史；2. 宗教简史，当然是基督教的简史；3. 最后是各大帝国兴衰的考察。这本书是神学与世俗的大杂烩，宗教信仰与社会现实混在一起，虚虚实实，真真假假，令人难以分辨。如果从史学价值来说，这本书确实是不值得赞美的。

18 世纪启蒙主义者中不但有杰出的历史学者，同时也有优秀的史学理论家，最为突出的要数法国的伏尔泰（Voltaire，1694—1778），其史学代表作是《路易十四时代》与《风俗论》。伏尔泰反对中世纪的神学史，同时也反对对古代史的完全继承，主张历史以世俗为主要对象，力求自然与真实，认为历史是关于人们生活风俗的记录。伏尔泰打破了西方史学的欧洲中心传统，将东方国家的社会生活风俗与西方进行比较，视域广阔，具有开拓性。另一位杰出的理论家是意大利的维柯，他是近代史学理论的创造者。维柯认为历史是人类社会制度的产生与发展的过程，历史不是产生于理性推理。历史不同于自然，它是人们创造的，历史规律不同于自然规律。决定历史变革的是人民心理，人类社会历史发展有普遍性，一般都表现为三个阶段：神祇时代、英雄时代与凡人时代，但他的历史观已经有相当明显的欧洲中心论色彩。孟德斯鸠在其史学名著《罗马盛衰原因论》中提出，罗马兴起的原因是由于罗马人的道德崇高与他们的共和体制，同样，罗马的灭亡也是由于以后罗马人道德律条的松弛败坏以及专政体制。这种看法成为总结罗马兴衰历史的主要观点之一，启发不同时代的历史学家们继续进行探索。

近代史的一个重要特点是从民族史走向世界史。英国史学家们18世纪出版了《世界史》，但是由于编纂方法与观念的杂乱无章，受到德国哥廷根大学的史学家们的批判。哥廷根大学的史学家们主张以一种新的历史编纂学来写世界史。世界如此之大，民族众多，人类社会历史之久远，这就使得编写一部有价值而可行的世界史十分困难，取什么舍什么，何处疏何处密，这些问题都需要有一种理论体系来指导，并不只是一种资料问题。无论如何，哥廷根学者们的尝试有其合理的一面。

总结18世纪西方历史学的经验可以看出，在历史理论的发展、宏观史学与历史进步观念、人类精神发展等方面都有重大突破。但是无可讳言，从维柯到哥廷根学派，西方中心论的观念愈来愈强。进入19世纪之后，这种观念有增无减，终于达到了无以复加的地步。

从18世纪到19世纪，西方历史学观念应当说是经历了一定的转折，但又未能形成观念的突破，代表这一特点的是黑格尔的历史哲学。黑格尔在《历史哲学》中认为，历史哲学是精神哲学的一个组成部分，理性是世界历史的主导，世界历史进程是一个客观的过程，是绝对精神的自我实现过程。由于精神的本质是自由的，所以，历史的根本问题就是自由，是精神达到自我认识与自化。伟人与平民都是精神实现的手段，伟人不过是体现了世界精神的目的而已。世界历史最终目标是国家，在国家中自由获得了实体性，这就是法律。黑格尔这种历史哲学结束了启蒙主义的史学观，但它充满唯心主义的史学观，不可能为西方历史学带来真正的进步。

19世纪最重要的欧洲史学家是德国人兰克（Leopold Ranke，1795—1886），他是柏林大学教授枢密院顾问。主要学术著作有《拉丁民族和日耳曼民族史：1494—1514》、《16和17世纪的法国史》和《16和17世纪的英国史》等。兰克的主要研究方法是考据，以史料作为历史研究的基本。同时，兰克本人强调历史并不等于史料，重要的是从特殊事件向普遍规律的上升。兰克提出，历史学家的任务其实在于反映出时代精神，这就要求历史学家有一种总体论的观念，从不同时代与不同民族和国家的纵横交错的关系中，研究与把握特殊的历史事件。他认为：

在精确之上求整体性理解，永远是一个理想的目标，因为这要求对人类整体史有一个极其透彻的了解。一个单一细节的了解就要求我们作深刻的、富有穿透力的研究。在眼下，我们都同意，批判方法、客观研究、系统的构造，可以也必须联系起来。历史不会因与整体相关联而失去任何东西；没有这种联结，研究将软弱无力，没有精确的研究，整体的概念只能是一个幻想。①

从兰克的著作中可以看出，德国古典哲学家黑格尔、费希特等人的思想对他影响不小，他的历史观中的辩证法思想、宏观历史眼光及对于历史精神的理解，无一不得益于本民族同时代的一些哲学家。同时，他也与某些哲学家的欧洲中心论有密切关系。他早就说过："我认为所有欧洲基督教民族应当被看作某种整体，被看作统一的国家。这一思想是我所形成……否则，无论如何都不能正确理解西方和东方世界之间存在的巨大差别，也不能正确理解日耳曼民族和罗马民族之间出奇的相似之处。"这种见解并不具有特殊的史学价值，只不过是神圣罗马帝国史的注脚而已，如果去除其中对于东方民族的不正确看法，倒是较早地预见到了欧洲共同体的实现未来。

三、20世纪西方史学的新走向

20世纪前半个世纪中，两次世界大战对人类社会造成的严重创伤，深入到人类记忆历史的底层。欧洲，作为两次世界大战的主战场之一，所经受的苦难尤其惨痛。这段不幸历史使西方中心与欧洲中心观念开始发生动摇。这种怀疑产生于这样的反思：给人类社会带来科学技术的这种文明，是否完美无缺？如果以前西方的历史学家认为它推动了人类社会的进步，那么这种观念是否真实，这种文明是否会衰落？

第一次世界大战的硝烟未散，德国哲学家与历史学家斯宾格勒出版了《西方的没落》，整个欧洲为之震动。这是首部世界文明比较的历史著作，它实际上代表了一种比较历史学或比较文明学的新学科。但是，它的意义并不只在于比较，它以开阔的历史视域，将世界主要文明如西方文明、中国文明、印度文明、巴比伦文明、埃及文明、阿拉伯文明与美洲文明等置于一个历史平面上进行研究，反思了对于人类社会有巨大影响的西方文明的作用与其发展前途。斯宾格勒认为世界文明的趋势是走向衰落，西方文明是人类最后一种衰亡的文明。他的历史哲学中具有一种生物论的观念，把历史看成是生长与死亡的过程。这种观念与19世

---

① ［德］列奥波德·兰克．论十九世纪//何兆武主编．历史理论与史学理论．北京：商务印书馆，1999：229．

纪西方文化盛期的黑格尔历史哲学形成明显对比，黑格尔的盲目乐观和西方自我中心观念与这种观念相比之下，变得陈腐而可笑。受到斯宾格勒的历史哲学影响，英国历史学家汤因比在巨著《历史研究》中把世界文明看成是一个整体，进而把世界各民族文化划分成26种，西方文化只是其中的一部分。这种观念完全否定了西方历史学长期盛行的一种思想：世界历史就是欧洲史。新的历史学观念认为，世界历史是东西方不同民族的历史，各个民族的文明都有其独立价值。汤因比的一些观点很有影响，如他认为世界文明发展是循环式的，各种文明不断新生、衰落到死亡。如今世界上很多古老文明已经死亡，现存的文明只有几种。他还详细讨论了文明的起源，提出了文明产生于条件艰苦的环境中，是为了应对自然的挑战，这种“挑战论”受到学术界的广泛关注。

20世纪西方史学的总体特征是一种历史哲学的反思与全球化视域的结合。历史哲学反思是指对于人类6 000年文明而不再仅仅是对西方的近3 000年的反思，除了时段的拉长之外，重要的是对于文明发展总体规律的认识，这种认识又必然与多元化的文明结合起来。存在主义哲学家雅斯贝尔斯在《历史的起源和目标》中认为：人类历史经历了四个不同阶段，表现为世界历史的不同模式。第一是史前时期，包括远古的“普罗米修斯时代”。普罗米修斯是希腊神话中的天神，是他为人类盗来天火，使人类能够存活下来，进入文明社会。这个时代重要的发明有语言和工具的使用，人类开始用火。经过这一时代，人才成为了人。第二是古代文明建立的时代。第三是所谓“轴心时期”（axial period），这是雅斯贝尔斯理论的核心概念，也是他本人哲学最重要的创造。第四是科技时代，也就是我们现在所处的时代。人类社会最重要的是轴心时期。这一时期内，中国、西方与印度的文明同时进入了盛世。总体来看，这种存在主义的历史观是悲观的，雅斯贝尔斯认为从第一次世界大战起人类就已经有一种意识的危机，“人们感到末日的来临”。在这场危机中，历史的沉思有特殊的作用，它可以使人们不是丧气地而是信心十足地展望未来。这也是雅斯贝尔斯研究历史哲学的目的，他主张历史的目标是统一，并且相信这一目标最终一定会实现。

20—21世纪西方史学理论中流派众多，发展的总体特征是传统学派后继有人，如著名的法国年鉴学派，经过费伏尔（Lcian Febvre，1878—1956）、布洛赫（Marc Bloch，1886—1945）、布罗代尔（Fernand Braudel，1902—1985）等坚持不懈的努力，成为有世界影响的史学流派。同时，新的学术流派丛生，异彩纷呈，如精神分析学历史学、存在主义历史学、布拉德莱（F. H. Bradley，1846—1924）与科林伍德（Robin George Collingwood，1889—1943）的批判史学，美国的经济学史学家比尔德（Charles A. Beard，1874—1948）的学说，总体来说，历史学与历史哲学的结合成为一种发展趋势，历史理论化的色彩愈来愈浓。古老的西方史学正在努力摆脱把历史学看成是历史事件与人物记录的传统观念，创造出具有过去与现实相联系、事实与理解相结合的创造性学科。此外，神学历史学在当代也相当活跃，对于有着宗教传统的欧洲与美洲来说，这种历史学都有广泛的社会基础，所以末日审判、世界的毁灭等一类说法也经常可以看到。如果联系到从中世纪就已经形成的神学史学，就应该承认，这也是西方史学的一个传统领域。

第三节　法律与法学理论

一、希腊罗马法学思想与罗马法典

古代希腊奠定了西方法学的基础，希腊各城邦都十分重视法律的建立，斯巴达人尤其重视法律。公元前 9 世纪末，斯巴达人建国，开国者即是法律制定者来库古，他主持国政期间，主持制定一系列法律，从而使斯巴达成为一个独立的文明国家。公元前 6 世纪初，雅典城邦实行了梭伦改革，梭伦建立宪法，设立四百人会议，作为公民大会的常设机构；设立陪审法庭，任何公民都有上诉权，陪审法庭的陪审员由所有等级的公民经抽签以后选出，陪审法庭受理并裁决公民的投诉或上诉，相当于最高法院。庇西特拉图当政时，甚至设立了农村巡回法庭。克里斯提尼时期的法律更为完善，著名的陶片放逐法保证了民主选举，这种方法就是召集群众，让每个人把要放逐者的姓名写到陶片上，最后决定不合格的领导被放逐，这种方法曾经受到亚里士多德等人的称赞。

希腊人已经提出法律面前人人平等的思想。这是古代希腊民主制度的法学观念的基石，也是希腊人对于世界法律思想的伟大贡献。希腊法学中相当重要的问题是法律的本质、个人守法的意义等。柏拉图相当推崇法治，他在《理想国》中曾经说过："在一个法律是国家官员之主人的国家，我看到了拯救者和神给予它的佑护。"

如果说希腊哲学是希腊学术的代表，那么对于罗马人来说，法学则是他们所更为重视的社会科学。从深层联系来看，正是希腊人所确立的理性原则才可能产生罗马的法律至上观念。罗马人继承了希腊哲学家关于人生来平等、法律面前人人平等的观念，罗马皇帝马可·奥里略希望把罗马国家变成这样的国度：一种能使一切人都有同一部法律的政体，一种能根据平等的权利、自由平等的原则与言论自由而治国的政体，一种最能尊重被统治者的自由的君主政治。这种原则也成为西方社会的理想，从罗马皇帝到现代的资产阶级政治家，一直反复宣传它。当然，我们也要看到，这正是马克思所批判过的所谓资产阶级"理想王国"式的空谈。

纵观罗马历史，无论是共和时代还是帝国政治，制定各种各样的法律，推行各种新法，改革法律制度，一直持续不断，形成了罗马历史上一种独特的现象。

与罗马帝国的历史相关联，一个使用极为频繁的词是“罗马法”。罗马法是一个历史名词，包括两种含义，一是指所有罗马人通过的法典，二是指罗马民法。公元前509年，罗马人民起义推翻了塔克文家族的统治，结束了王政，进入共和国时期，实行执政官制度。公元前460年，罗马成立十人立法委员会，考察了梭伦宪法及希腊人的法律。而且罗马还出现了法学家阶层，这是世界最早的法学家阶层之一。公元前451年至公元前450年，在平民群起而斗争的情况下，贵族被迫同意制定了罗马历史上第一部成文法典《十二铜表法》，这部法典因铭刻于十二块铜牌上而得名。这部法典的目的虽然仍是为了保护贵族利益，但与以前的习惯法不同，这是以成文法的形式来保障社会秩序，这样就限制了贵族滥用解释权，曲解法律。《十二铜表法》之后，罗马又通过了一系列法律，基本上形成完备的法律体系。

罗马法的形成，对于世界文化意义重大，如果说在公元前5世纪之前，希腊罗马文化是一种以人文主义思想为指导与民主自由精神为追求的文化，那么，罗马法的确立，为世界贡献了以法律来治理社会的观念，这一观念成为罗马文化，也成为整个西方文化精神的代表。同时，这种法治精神对于未来世界产生的影响也是难以估量的。

公元前445年通过坎努里阿法案，废除了平民不得与贵族通婚的限制。公元前376年，平民保民官李锡宁与绥克斯图提出3项法案：第一，要求全体公民可以占用公有土地，但不能超过500犹格。第二，平民所欠的债务不必再付息，已付息的可以按本金计算，尚未还清的债务在3年之内还清。第三，两名执政官中必须有一名由平民担任。这项法案明显保护了平民利益，但经过10年的争论，才得以通过。法案提议人之一绥克斯图当选为第一任平民执政官。公元前326年，波提利阿法案通过，该法案禁止把负债的罗马公民变为奴隶，废除了债务奴隶制度，保证了公民的社会安全。公元前287年，罗马通过霍腾西阿法案，从此之后，平民会议的决议不再经过元老院的批准，并且对全体罗马公民具有法律效力。3世纪之后，罗马法律进入完成阶段，各种法典编纂进展顺利。

罗马法分为三大系统，即公民法、万民法和自然法。公民法包括成文法与非成文法两种，是关于罗马及其公民的法律，其内容有元老院的法令、罗马国家元首的命令、大法官的布告等。万民法是适用于一切公民与外来居民的法律，它的主要原则是保护私有财产，维护奴隶制度，保障交易、合作与契约原则。自然法是罗马法的核心，是罗马法典的思想基础，它强调正义原则与公理，认为合理秩序是一种自然的呈现。由于人类的天性是相同的，所以所有人都有权享受基本的权利，而政府无权违背这些基本权利。西塞罗指出，法律是产生于人民之中的，是永恒不变的正常理性，所有违背这一原则的君主必然成为暴君。

罗马法律体系通常称为罗马法典，是奴隶制国家法律的典范，但这并不意味着罗马法典只适用于奴隶制，作为法律体系，只能是一定社会历史阶段的产物，但是作为法律的精神，却是适用于各种社会与不同历史时代的。罗马法典的思想来源是复杂的，但主要还是来自希腊人的自然法思想。希腊自然法精神就是理性精神，正如英国学者梅因所说："罗马安托宁时代的法学专家们提出：'每一个人自然是平等的'，但在他们的心目中，这是一个严格的法律公理。"① 罗马法典之所以能受到世界各民族的肯定，流传于世，关键在于它所代表的正义与公正的精神，这种精神被用于衡量包括国家在内的一切事物。西塞罗认为，国家只是一个道德的集体，是共同拥有该国家及其法律的集团，所以是反对君主专制的。这可以看作罗马法典特别是早期罗马法律的一种精神。

在共和国后期，罗马建立了大法官制度，大法官有权解释与维护特殊诉讼法，并且有权向陪审团发布判决指示。也就是说，陪审团可以决定事实部分，但是判决是由大法官做出的，大法官的判决就是解决未来类似案件的原则，其他法律程序可以由此建立。这种程序对于后世的影响，可以由英国的习惯法看出。美国现在实行的陪审团制度，同样是由陪审团做出是否有罪事实的认定，最终判决仍然是由大法官做出。

2—3 世纪，罗马法律建设进入高潮，出现法学五大家盖约、巴比尼安、包鲁斯、乌尔比安和莫迪斯蒂努斯，这标志着罗马法学研究的最高成就。根据罗马引证法，当法律问题上没有成文法的具体规定时，可以依据这些法学家的著作来解决问题，由此可见罗马法学家的地位是何等重要。

但是，罗马法典并不是完美的，它毕竟是人类古代社会的法典，本质上仍然是代表了少数人的利益，可以说是以法律形式固定了奴隶主与贵族阶层的权力。特别是东罗马帝国建立之后，罗马法典的精神有了根本性变化。查士丁尼皇帝于 529 年编成了《查士丁尼法典》，以后又编成《法学汇纂》与《法理概要》等，这些法典汇集了历代法学家的研究成果，并且对于法学原理进行了简明的阐释。查士丁尼生前还编订了《新律》，后被称为《罗马民法大全》，这是西方第一部最系统的成文法典，后世的大陆法系就是以此为基础。这部法典与共和国的法律已经完全不同，它维护君主权力的统治，以帝国利益为最高原则，皇帝个人意志具有法律效力，主张政教合一，歧视异教徒。令人感叹的是，罗马法典以人人平等的自然法为起始，最后却以维护君权统治为结局，连续数个世纪的罗马法律建设，最终未能抵挡住君主专制的压力。

然而，罗马法典的精神并未因此而消失殆尽，罗马法典是古代法律建设中的伟大实践，它的每一步都表现出激烈的思想与政治斗争。它是奴隶制度下国家法

① ［英］梅因. 古代法. 沈景一，译. 北京：商务印书馆，1959：53.

律的产物，表现出奴隶主阶层与贵族的意志与利益。历史的复杂性在于，它也是平民与贵族斗争中的产物，其中也反映了平民斗争的成果。所以正如世界其他文化遗产一样，它是在特定历史条件下的创造，历史在创造它的同时，就规定了它的局限性。如果把罗马法看成是万能的、永恒的法律体系，这种看法是不合实际的。

二、民族国家的法律

罗马帝国崩溃之后，各民族的独立已经势不可挡，虽然宗教势力与皇权仍然在阻碍着古代民族国家的独立，但毕竟已经难以奏效。文艺复兴之后，早期民族国家的趋势已经出现，西方的法律制度也随之发生大的变化。罗马法律是建立在统一的奴隶制帝国基础之上，它主要解决帝国统治的秩序问题。近代资产阶级国家诞生之后，迫切需要有为民族国家制度服务的法律思想与条文。

西方近代法学理论中，最为基本也是最为重要的是三权分立原则，这种原则是法国启蒙主义思想家孟德斯鸠提出的，他认为，立法、司法与行政的三权分立是最为合理的国家政治与法律制度。他指出：

> 每个国家都有三种权力：立法权、对有关国际法事务的执行权和对民法有关事物的执行权。根据以上的第一种权力，国王或执政官制定临时或长久的法律，并且修改或废止原来制定的法律。根据第二种权力，作出讲和或宣战的决定，派遣或接纳使节，维护公共安全，防御侵略。根据第三种权力，惩治犯罪或仲裁民事争端。我们称后者为司法权，而把第二种权力简称为国家的行政权……如果司法权和行政权集中在同一个人之手或同一机构之中，就不会有自由存在。因为人们会害怕这个国王或议会制定暴虐的法律并强制执行这些法律。[①]

三权分立原则的提出标志着西方法律与政治思想发展的新阶段，它代表着民族国家形成进程中的法学思想，它是资产阶级法学的历史经验总结。

近代西方法律制度最先取得成效是在英国。1066年，威廉成为英国国王，英国进入封建社会。亨利二世继承王位后，反对地方贵族制定的地方法律，于是设立国王委员会，设国王法官一职。国王委员会同时有立法权与司法权。可以说亨利二世所实行的是中央集权政策。约翰王时代，贵族们起草了大宪章，限制国王权力，也部分地代表了商人、市民与农民的共同利益。1215年6月15日，约翰王被迫签署了“大宪章”。大宪章主要做出这样的规定：国王要尊重大臣的权利，大臣也应当尊重其仆人的权利；不得随意剥夺商人与农民的财产，不得随意征税；只有法律才能证明某人有罪，尊重人权；商人有经商的自由，国王不得否

---

① ［法］孟德斯鸠．论法的精神（上）．孙立坚，孙丕强，樊瑞庆，译．西安：陕西人民出版社，2001：184．

定城市特许令。

从 11 世纪到 18 世纪，英国法律制度经历过复杂激烈的斗争与反复。17 世纪初期，斯图亚特王朝的专制时代，以君权神授的口号欺骗百姓，利用国教来维护和加强王权。1688 年的“光荣革命”之后，英国王室接受国会的《权利法案》，英国王权专制被废除，实行君主立宪。

英国议会制的君主立宪制度，正像孟德斯鸠所总结的那样，体现了三权分立思想：议会行使立法权，议会由上院与下院组成，分别代表不同社会阶层的利益。由以首相为首长的内阁行使行政权，而司法权则由法院与司法机构行使。

近代法律制度之推行在英国最为成功，而法学思想的硕果却出现于法国。法国启蒙主义与 1789 年法国大革命都对法学思想的发展有独到的作用，法国法学家西耶斯（Emmanuel Joseph Sieyes，1748—1836）从自然法哲学出发，对法律是统治者意志的观念进行批判，提倡以保障公民财产与个人自由的精神作为法律的基础；提出宪法的“合法性”并不在于君主的权威，而在于国民的意志。他参与起草的《人权与公民权宣言》，体现出法国大革命精神，并且成为美国革命的思想武器。当然，法学思想的研究与法律实践二者是不可分离的，英法两国的法律与法学的进展体现出欧洲法律的性质与特色，其历史贡献是不言自明的。

三、现代欧美法律制度与法学思想

欧洲的三权分立原则在美洲大陆取得了胜利，并且产生了与欧洲不同的形式，也代表着现代西方法律制度与法学的重要进展。1787 年美国通过联邦宪法，即《1787 年宪法》，该宪法体现了三权分立的原则与联邦制度的结合，这是欧洲以前不曾出现过的。

有一个人物在欧洲与美国的政治风云中同时留下了痕迹，这就是托马斯·潘恩（Thomas Paine，1737—1809）。托马斯·潘恩曾经亲身参加了美国独立战争，以后返回法国，成为《独立宣言》的起草人之一，投身法国大革命，任制宪会议议员。他的法学思想中，将自然权利发展到公民权利，将人权观念推向新的阶段。他主张建立共和国，克服简单化的民主思想，推崇代议制。他还预见到，欧洲有可能将来成为一个大的共和国。美国的民主主义思想家托马斯·杰弗逊（Thomas Jefferson，1743—1826）是《独立宣言》的起草人，曾任美国第三任总统。在《独立宣言》中，他以天赋人权为思想基础，主张保护私人财产权利，政府行政必须坚持正义性；提倡出版与宗教自由，为美国联邦政府的法律与行政行为建立了准则。托马斯·潘恩和托马斯·杰弗逊在近代法学向现代法学思想的转换中，做出了重要贡献。

西方法学史家认为，杰弗逊式的“平民与自由主义的民主”是对启蒙主义民主的超越，启蒙主义的民主是拥护君主立宪的，而美国式的民主则是实行共和制度的。西方法学的发展从宏观来看是一个圆形结构，开始的罗马法是以民法为起点的，体现了一种共和国的古代民主法制传统，但是当代西方法学却是以国家法为终结的。西方法学发展的轨迹是从私法为重点开始却以公法为中心结束，这是一种值得深思的历史现象。

19世纪以后，英国法律制度进一步完善，边沁等人的学说一定程度上有利于政治法律的改革。1832年通过改革法案，1848年谷物法被废除，其后，宪章运动与社会主义思潮兴起，这使得英国现代法律制度得以实行，也使得英国处于欧洲法律制度改革的前列。从大宪章开始，英国的法制就走上了稳定与求实的发展道路。

美国的最高司法机构是最高法院，宪法规定了三权分立与互相制衡的机制。从宪法产生以来，已经经历了数十次的修宪，主要是增加了反对歧视黑人与妇女等方面的内容。从美国政治总进程来看，美国政府克服了联邦制度行使初期的权力过于分散的局面，加强了国家权力。美国宪法是世界上第一部作为独立统一国家的成文宪法，它的历史意义在于明确提出以总统来取代王室，以人民可以掌握的力量来取代世袭的皇家权力。

20世纪西方法律与政治制度经历了分化，特别是三四十年代，意大利与德国实行军国主义，破坏民主法制，建立法西斯集权政府，发动世界战争，给世界人民带来巨大灾难。这一历史教训使人民反思现代西方政治法律制度与思想，看到了所谓的民主制度下的隐患。

有鉴于此，法学家哈耶克（Von Hayek，1899—1992）提出了复兴古典自由主义等号召，他在《法律、立法和自由》、《通往奴役之路》和《自由宪章》等著作中，从西方文化的历史传统出发来研究法律与国家制度，主张实行真正的个人自由，这种自由不是别的，正是法治之下的自由，它意味着免于他人的强制，而其实现则取决于一个私人自治空间的创设。这种意义下的自由不是一种自然状态，而是法治的。“最能清楚地将一个自由国家的状态和一个在专制政府统治下的国家状况区分开来的，莫过于前者遵循着被称为法治的这一伟大原则。”[①] 从这些观点可以看出，这种向自然法思想的回归当然不是一种复古，而是具有新内容的发展。

---

① ［英］哈耶克．通往奴役之路．王明毅，等译．北京：中国社会科学出版社，1997：73．

第十二章 西方的文学与艺术

第一节 概 述

西方文学艺术历史久远，以其独特的风格与传统，展现着西方文化的深厚积淀。它最早的源流可以追溯到2万年前的史前文化，西欧与南欧地区的古代岩画可以看成是最早的艺术作品。公元前1500年前后的迈锡尼文明遗址中，出土了阿伽门农金面具等举世闻名的艺术珍品。如果从语言文学发展的历史来看，大约产生于公元前10世纪到公元前8世纪的荷马史诗等，标志着西方文学艺术的真正起源，至今已经有3000多年的历史。

文学与艺术虽然是不同的领域，但是它们之间有密切的联系，在西方文化中，文学与艺术发展史上的大多数阶段是互相关联的，具有文学思潮、创作流派、表现形式的相通之处，具有共同特性的文化构成，所以从文化理论角度，对西方文学艺术的特性与规律进行综合性的把握是完全可能的。更为重要的是，我们在研究西方文艺之前，先要对于它的文艺思想、审美观念有清楚的概念，而文艺思想与审美则是文学艺术所共同具有的。

古代希腊文学艺术是欧洲首创性的文化成果。古希腊是人类社会的童年，它创造出了美好的神话。希腊神话富于哲理，神的谱系完整，思想主题健康乐观，人物性格充满生活气息，具有浓厚的人文主义色彩，被称为希腊艺术的宝库。公元前8世纪，西方文学经典荷马史诗形成，它是希腊文学乃至整个社会科学的开端，史诗艺术也成为西方古代最重要的艺术形式。

雅典时代的戏剧产生于希腊城邦独特的文化氛围之中，在奴隶社会的民主制度下，市民与自由民具有享受公共娱乐的权利，所以希腊产生了杰出的悲剧作家与喜剧作家。同时，具有古典风格的希腊雕塑充分展现了崇尚自由的人文主义传统，以人体艺术的形式确立了西方雕塑艺术的主要模式，这种形式充分展现了西方文化的特色。罗马时代基本上继承希腊艺术的创造精神，它的神话、史诗与戏剧虽然不如希腊，但也有不少杰作。从文学艺术的形式而言，东西方文学也各有自己的特色，西方文学以史诗戏剧这种叙事类形式见长，东方则以抒情诗为代表，可谓各有千秋。这并不是意味着西方的抒情艺术不发达，古代希腊的诗人萨福等人的抒情诗也是文学珍品，只是相对于发达的东方抒情诗而言，西方叙事类艺术更具特色。各个民族都有自己的文学特色，这是最普通的道理。同时，在艺术风格上，西方的写实性艺术更为突出，人体比例相当准确。而中国传统艺术则重视写意与象征，这与西方的风格迥然不同。

进入中世纪，基督教占据统治地位。这使艺术思想与形式均发生巨大变化，宗教成为文学艺术的主题，主要内容就是赞颂宗教与教会，内容单调，形式也相当僵死，以至于后人把中世纪称为西方文学艺术史上一个凋敝的时代。当然，中世纪的文学艺术并没有停止发展，同中世纪欧洲的经济一样，它有多种多样的发展方式。宗教艺术在中世纪的发展达到了顶峰，宗教戏剧与传奇对以后欧洲文学艺术也有决定性影响。在中世纪社会结构的变革中，骑士阶层兴起，骑士们创造了自己的抒情诗与传奇。骑士们参加十字军东征，接触到了东方艺术，创作了充溢着浪漫瑰丽幻想的作品，也成为中世纪艺术的硕果。蛮族与其他民族有自己的史诗，这就是中世纪英雄史诗。日耳曼人的历史歌谣、神话传说；克尔特人中流传的英雄库胡林与芬恩的故事，特别是亚瑟王与圆桌骑士的故事，其中既有缠绵悱恻的爱情故事又有惊险神奇的冒险经历，这些对西方文学都有一定影响。

中世纪城市化之后，市民阶层的兴起，使得适合于市民欣赏兴趣的世俗文学崛起。市民在社会生活中是软弱无力的，他们在与贵族和教会的斗争中只能依靠自己的才智，所以在《列那狐传奇》这一类寓言中，主要讽刺封建贵族与教士，赞扬市民们的机智正直。从中世纪后期到文艺复兴的过渡时期，产生了伟大诗人但丁及其《神曲》，揭开了文艺复兴的序幕。

从文艺复兴到18世纪的启蒙主义时代，欧洲处于思想解放的一个大历史时期。在此期间发生的宗教改革、启蒙主义运动与法国大革命，包括1776年的美国独立，都是西方历史上的大事件，影响了一个历史时期的文学艺术风格。小说作为一种新的重要艺术形式从此登上文学史的舞台，塞万提斯与民间作家的小说开创西方小说的先河，并给以后欧洲小说的创作模式奠定了基础。文艺复兴时期的杰出诗人但丁，彼特拉克的诗歌，艺术家与科学家达·芬奇、米开朗琪罗、伦勃朗的绘画与雕塑，英国伟大戏剧家莎士比亚的戏剧，法国古典主义戏剧家的大批杰作，可谓精彩纷呈，展现了欧洲艺术的深厚魅力。这一时代的西方艺术，保持了现实主义的写实传统，同时呈现出多种形态。代表工业化时代的审美精神与艺术风尚的作品在这一时期已经显示出巨大的发展力，新兴的资产阶级有自己的艺术要求，在艺术题材与形式方面有新的开拓。

19 世纪，西方工业化国家成为世界强国，西方文化也在全球殖民化过程中向世界各地传播。这一时期中，多种社会思潮都对文学艺术有深刻作用，空想社会主义与德国古典哲学思想体系的建立，马克思主义思想的勃兴，科学技术的发展与科学主义思想的影响增大，使这一时期西方文学艺术中，浪漫主义与现实主义艺术几乎同时并举，特别是以社会批判为主要特征的被称为“批判现实主义”的思潮风靡各地，从西欧到东欧，新思潮一浪高过一浪。这一时期涌现出歌德、席勒、巴尔扎克、列夫·托尔斯泰、陀思妥耶夫斯基、马克·吐温、欧·亨利等大批杰出作家。这一时期的一个重要现象就是文学与艺术之间出现了艺术风格与形式方面的同步现象，19 世纪俄国现实主义作家、以“巡回画派”为代表的画家和以“强力集团”为代表的音乐家之间自然形成了一种艺术形式与内容的关联，他们代表一种共同的艺术思潮。他们的作品虽然取材各异，主题也不同，但是具有共同的时代感触与内在的艺术情愫。

19 世纪末到 20 世纪初，现代主义艺术震撼欧洲，立体派、未来派、印象派、超现实主义、具象主义等各种流派纷至沓来，各领风骚。这是对传统文学艺术传统的一次革命，产生变革的原因相当复杂。欧美各国这时已经过了工业的全盛时期，科学技术的发展对于文学艺术产生的影响是多方面的，既有更加求实的精神，如实证主义思想所要求的严格写实，同时也有对现实存在合理性的怀疑，这种精神使作家以非现实的、荒诞的、想象性的形式来表达自己的感受与思想。20 世纪 60 年代后，在欧洲的后工业化社会中，后现代主义等思潮形成，该思潮要求以反理性与反中心的观念来看待现实，这是促成现代主义文学艺术形成的重要因素。这种艺术形式与传统艺术思想和观念之间有相当的差距，相当长的一段时间里，现代主义与后现代主义艺术的欣赏者范围比较狭窄，但经过一个多世纪时光，现代主义艺术已经成为世界艺术的珍品。凡·高、莫奈、高更、塞尚等人的绘画受到广泛的关注，毕加索等艺术家的作品也被视为艺术经典。

西方文学艺术的传统是勇于创新，经典的传承与革新从来是相互辉映，所以伟大作家与作品数量相当多，在世界文学艺术的历史上有不可动摇的历史地位。

第二节　西方文学

一、文学的起源与史诗

史诗（epoc）是西方文学的起源，这是一种以诗歌的形式来记录表现重要历史事件与过程的文学体裁，同时，史诗也可以看作一种历史文献，具有史料价值。公元前8世纪前后，希腊的民间说唱艺人、盲诗人荷马将口头流传的史诗整理成系统的史诗，一部是《伊利亚特》（也有译为《伊利昂纪》），另一部是《奥德赛》（又译《奥德修纪》），两部史诗合称为“荷马史诗”。两部史诗都以发生于公元前12世纪末的一场战争为背景。这场战争中，希腊半岛南部的阿开亚人与小亚细亚西北部的特洛伊人发生了一场大战，希腊人组织了联军，跨海作战，经过10年征战后，希腊联军攻克特洛伊城。

《伊利亚特》记叙特洛伊十年战争中最后五十天的事件，希腊英雄阿喀琉斯因为一名女奴与希腊联军统帅阿伽门农之间产生纠纷，阿喀琉斯一怒之下，拒不出战，因为无人能敌特洛伊英雄赫克托耳，导致希腊军不能取胜。后来，因为阿喀琉斯的密友帕特罗克洛斯被赫克托耳所杀，引起阿喀琉斯的愤怒，再次出战杀死赫克托耳，特洛伊城终为希腊联军所攻占。《奥德赛》描写希腊联军中足智多谋的英雄奥德修斯的冒险经历，是典型的西方历险故事类型。特洛伊战争后，奥德修斯从海上返回家乡，但遭到海塞冬的报复，一路上设置重重艰难险阻，但奥德修斯意志坚决，最终返回家乡，与妻儿团聚。荷马史诗，一部是海外征战的战争史诗，一部是海上冒险与家庭生活的史诗，充分表现出希腊的民族心理与性格特色。史诗从艺术形式上，为以后西方的战争小说与流浪汉小说类型提供了借鉴。

荷马史诗是西方文学的起点也是不可逾越的高峰，它反映了广阔的社会生活与历史环境，其人物性格刻画之精湛，艺术形式之完美，都成为后世文学的典范。

中世纪的欧洲产生了一批英雄史诗，主要分为两大类，一类是蛮族史诗，包括日耳曼人的《希尔德布兰特之歌》（仅残存68行），描写东哥特王狄特里希的部将希尔德布兰特，因为与西罗马帝国的日耳曼人首领奥多亚克作战不利，与狄特里希一起避难于匈奴王阿提拉处。三十年后希尔德布兰特在返回故乡时，竟然与不相识的儿子哈都布兰特在互不知情的状态下刀兵相见。可惜的是，由于史诗不全，竟然不知下文。但这部史诗显然具有重要的历史价值，其中的奥多亚克、匈奴王阿提拉都是知名的历史人物。盎格鲁-撒克逊人的《贝奥武甫》（3 182行）

是篇幅较长的史诗，内容以神话为主，描写英雄与毒龙之间的生死斗争。冰岛的《埃达》与《萨迦》等也是著名的史诗，这些民族当时尚未信奉基督教，保持了氏族社会生活特点，所以这些史诗没有受到应有的重视。这些史诗多数形成于6至8世纪，反映了民族形成与蛮族社会分化的状况。这些史诗大多数与中世纪民族大迁徙有关，所以关于欧洲古代民族与匈奴之间的斗争是相当重要的题材。这些史诗保持了古代民间生动的语言，生活场面丰富多彩，思想深刻，有相当高的艺术价值。

另一类史诗是基督教民族史诗，产生于欧洲封建国家建成之后，以歌颂宗教与民族英雄为主，其思想与艺术形式受到基督教观念的较大影响，其艺术价值远远逊于带有浓厚古代民族形成时期的朴素与简洁的艺术，但是从中可以看出基督教观念的历史衍变与西方古代民族接受基督教的过程。这一类史诗包括法国的《罗兰之歌》（约1 080行）、西班牙的《熙德之歌》（约1 140行）、德意志人的《尼伯龙根之歌》（约1 200行）与俄罗斯的《伊戈尔远征记》。

这类史诗与古代史诗相比，思想主题方面仍然有一致性，一般以反对异族入侵或是对外战争为主线，但是观念已经发生了变化，由民族英雄的颂歌变为对封建王国的国王或是大公的赞颂，中心内容已经成为对异教的贬低与文化冲突的描绘，宣扬基督教的光明，异教徒的野蛮与背信弃义。《罗兰之歌》是根据法兰克人的历史写成的，真实描述了8世纪阿拉伯文化扩张中遇到法兰克人抵抗的历史场景。史诗的故事则以查理大帝远征西班牙摩尔人为线索，史诗中的两个中心人物，一个是封建帝王查理，是早期封建圣明君主的形象；另一个是查理的侄儿罗兰，是一个忠勇的将军，在中了叛徒的奸计之后，被10万摩尔人包围，英勇战死，成为保卫基督教的勇士。这种史诗中所描写的民族信仰与文化之间的历史冲突，具有重要的思想价值，使后人能反思历史，以宽容与和平的态度来对待文化之间的差异。其中德意志人的《尼伯龙根之歌》其实是关于5世纪时的欧洲民族迁移的历史，日耳曼人的勃艮第王国在437年被匈奴人所灭亡，日耳曼人创作了故事曲折的史诗来反映这一历史。俄罗斯史诗《伊戈尔远征记》成书于12世纪末期。东欧古代民族国家形成较晚，俄罗斯民族发展过程中面临一种特殊的历史环境，这就是蒙古大帝国的入侵。这部史诗形象地描绘了俄罗斯各大公们在蒙古人的入侵面前团结起来、战胜强敌的历史。与西欧史诗不同的是，由于民族文化的不同，当时的俄罗斯各大公国虽然已经普遍接受基督教，但从史诗中仍然可以看到一些古代宗教与原始宗教的特点。正如马克思所指出："全诗具有英雄主义和基督教的性质，虽然多神教的因素还表现得非常明显。"[①] 这部史诗取材于古代历史，但发现时代较晚，直到18世纪才广为人知。

---

① 马克思恩格斯全集：第29卷．北京：人民出版社，1972：23-24.

史诗，在西方主要是作为古代文学文体存在，进入近现代社会之后，传统意义上的史诗不复存在。这并不是指所有记叙历史内容的诗全都不存在，而是作为一种具有历史特征的文学体裁随着社会环境的改变而更新了。史诗作为西方文学的重要文体，不但是最早的叙事文学，也是抒情诗等文体的开端。

二、多姿多彩的诗歌

诗歌是西方文学中的一种重要文体，并且有着悠久的历史。西方的诗歌包括抒情诗、教谕诗、田园诗与神话诗等，具有史诗、叙事诗、十四行诗、长诗等多种多样的诗体，可谓多姿多彩，蔚为大观。

古代希腊已经出现了丰富多彩的诗歌创作，荷马之后，诗人赫西俄德的教谕诗《工作与时日》和《神谱》等是传诵一时的佳作，反映了公元前8世纪前后的社会生活，其艺术价值与历史价值同样重要。公元前8世纪到公元前6世纪之间，希腊从氏族社会向城邦社会过渡，社会制度的转变引起下层人民更大的不幸，于是产生不少抒情诗。女诗人萨福（Sappho，生活在公元前612年前后）是最负盛名的独唱琴歌的作者。琴歌是一种以竖琴为伴奏的乐诗。萨福的作品大多数以爱情与婚姻为题材，风格沉郁、哀婉。原作有五十卷之多，可惜的是大多佚散，现在只有残篇被译成各国文字。萨福之后，希腊另一位琴歌诗人是阿那克里翁（Anacreon，生活在约公元前6世纪），他写作了5卷诗，题材多为醇酒与爱情，他的诗体被称为“阿那克里翁体”。

罗马时代的诗歌形成一个高潮，首先是卡图卢斯（Gaius Valerius Catullus，约公元前84—约前54）在亚历山大里亚诗风影响下所创作的一批有创新意义的诗歌。卡图卢斯善于写哀体诗，其作品精雕细刻，风格沉郁、细腻。他的诗风对于文艺复兴的诗人有一定影响。罗马诗坛最杰出的诗人是维吉尔（Publius Vergilius Maro，公元前70—前19）、贺拉斯（Quintus Horatius Flaccus，公元前65—前8）与奥维德（Publius Ovidius Naso，公元前43—公元17），其中贺拉斯以文学理论著作《诗艺》为世人所知，是继亚里士多德之后最重要的文艺理论家。奥维德的代表作是长诗《变形记》，该诗根据古希腊哲学家毕达哥拉斯的“灵魂轮回说”来构思，用250个故事描绘人被变形为石头、天体、动植物等，把希腊神话的故事串接起来，其结构独特，题材新颖，是世界诗史上的一朵奇葩。奥维德因故被流放黑海后，创作了《哀歌》与《黑海零简》等诗集，诗风缠绵悱恻，哀婉动人。

诗人维吉尔是罗马最伟大的诗人，他的长诗《埃涅阿斯纪》近万行，分为12卷，被认为是欧洲“文人史诗”的开山之作。这首长诗以罗马先祖建立国家为内容，歌颂了罗马人英勇壮烈的事业。史诗描写特洛伊城陷落之后，王子埃涅阿斯被迫流亡海上，曾经与迦太基女王狄多结为夫妻，以后为了建立罗马，离弃狄多，远行意大利。狄多女王为爱情而自尽，以此来反衬埃涅阿斯为了建国大业，毅然断绝儿女私情的雄心壮志。埃涅阿斯来到拉丁姆地区后，奉神的旨意与国王拉提努斯的女儿结婚，杀死竞争者鲁图利亚国王图尔努斯，终于建成罗马国家。长诗将历史人物加以神化，埃涅阿斯成为罗马恺撒与屋大维这一族的先祖，形象感人，故事情节曲折，引人入胜。该诗重要特点是有较深入的人物心理描写，这是其他古代史诗中所难以达到的。同时，作为文人史诗，该诗没有荷马史诗那样经过长期民间传唱的基础，语言具有个性色彩，典雅庄重，受到历代诗人的推崇。另外长诗表现手段异常多样，作者运用幻景、梦境、暗示、预言等多种表现方法，有一定的艺术价值。

意大利诗人但丁（Dante Alighieri，1265—1321）是从中古封建时代到文艺复兴过渡时期的代表人物，恩格斯称其为中世纪的最后一位诗人，同时又是新时代的最初一位诗人。早期诗集《新生》等在内容与形式上都属于“温柔新诗体”，以歌咏爱情为主，但已经显示出作者杰出的艺术才能。但丁的代表作《神曲》奠定了他在欧洲文学史上的重要地位，结构宏大，主题庄严。与诗人早期创作相比，诗风为之一变，思想内容也大大超越了以前的作品。《神曲》的形式仍是中古梦幻文学的长诗，继承了希腊罗马长诗富于哲理的传统，想象诗人漫游地狱、炼狱与天堂三界，与古今人物对话，反思中古时代的各重要历史事件。长诗叙事方式采用象征、梦幻与寓意等手法，开头描写诗人在森林中迷路，被豹、狮、虎三只野兽拦住去路，正在危急时刻，受到诗人的女友贝雅特里奇的嘱托，罗马诗人维吉尔来到但丁面前，救出但丁，并且引导他游历三界，由此构成长诗三部曲《地狱》、《炼狱》和《天国》。每一部三十三歌，加上序曲共为一百歌，这种结构表现了中世纪式的对称、和谐与圆满的象征性。

游历过程表达了人类在新旧交替的历史时代中，克服错误与迷惘，达到真理与至善的境界。诗中广泛描写了中世纪意大利的社会现实，严厉批判了教皇与王权互相勾结危害人民的罪恶。地狱是生前犯有深重罪恶者的所在，但丁把教皇安排在这里受罪，甚至当时尚在世的教皇逢尼发西八世，也因为曾经帮助过但丁的政敌也被打入地狱。但丁痛斥以各种名义背叛祖国与人民的叛徒，在地狱中遭受煎熬的就有出卖耶稣的犹大、刺死恺撒并阻挠罗马统一的布鲁图与卡西斯等人。但丁对于封建道德的态度是矛盾的，他一方面同情保罗与弗兰齐斯嘉两人之间的爱情，另一方面又将他们作为淫乱罪的犯人放在地狱中。荷马史诗中的英雄尤利西斯也被置于地狱之中，但丁因为他搞阴谋诡计而惩罚他，同时又对他勇于航海冒险、探求知识的精神加以赞扬。

但丁信仰神，但是提倡理性，肯定人类追求自由与幸福的权利，但又认为理性是有局限的，只有神力是绝对的。但丁在诗中引用维吉尔的名言：“如果有人要以为理性能走完三位一体的神性的道路，那他无疑是疯子。”长诗艺术上成就突出，虽然有人认为长诗有理性说教等形式缺陷，但其结构布局，深刻的思想，华美的文字与精彩的比喻等，都表明《神曲》是西方诗歌史上的一座丰碑。

英国在文艺复兴之后成为西方诗歌发展的重要国家，直到今日，英国诗歌的成就仍然在西方文学中有重要地位。16世纪中后期，意大利的十四行诗在英国受到欢迎，使得英国出现了一批十四行诗人，但多数十四行诗人没有取得突破性的成果。反而是斯宾塞（Edmund Spenser，1552—1599）的长诗《仙后》成为名作，诗中以亚瑟王追求仙后格罗丽亚娜的故事为线索，歌颂英国清教，反对天主教，讴歌冒险精神与人文主义思想。英国诗人重视形式革新，无韵诗体的推广就是一个例子，马洛把这种诗体写成剧本，改变了英国戏剧。17世纪，在动荡的英国政治生活中，涌现出了伟大的诗人弥尔顿（John Milton，1608—1674），弥尔顿早年即以华美的诗风而著称，他的名作《列西达斯》被认为是英国最伟大的短诗。晚年生活境遇的悲惨，使他写出了三部长诗名作《失乐园》、《复乐园》与《力士参孙》。这三首长诗的出版，使得弥尔顿在英国文学史上位列莎士比亚之后，成为屈指可数的伟大诗人，也成为英国古典诗的最后一人。虽然后世有的诗人如庞德、爱略特等对于弥尔顿的诗风并不欣赏，但文学史上对于他的地位还是公认的。三首诗全部以圣经故事为题材，风格庄严凝重，诗中不仅有亚当、夏娃等人，而且对于魔鬼撒旦、以色列英雄参孙的形象进行了新的塑造，使神话人物具有现实社会的性格，抒发了诗人对于历史与现实的情怀。三部长诗充分显示了弥尔顿的历史忧思与过人才华。维多利亚时代之后，诗歌这一体裁逐渐走向低落。黑格尔等人甚至认为，诗歌这一体裁是不宜于资本主义时代的。

英国进入工业化社会之后，原有的社会秩序被打破，新生阶层与自然社会环境的改变，对于诗人产生不同的影响。18世纪后期到19世纪中期，诗人们形成不同的流派。华兹华斯（William Wordsworth，1770—1850）等浪漫主义诗人远离城市，居于乡间，创作出反映田园生活的诗篇。华兹华斯以编辑出版《抒情歌谣集》而成名，他的《丁登寺》《序曲》等都是英诗中的名篇。他的朋友柯勒律治（Samuel Taylor Coleridge，1772—1834）以描写自然与人的关系而著称，其诗篇《古舟子咏》、《克里斯特贝尔》与《忽必烈汗》等都是广为传诵的作品。此外，英国诗人拜伦（George Gordon Byron，1788—1824）的《恰尔德·哈罗德游记》《审判的幻景》《唐璜》等，雪莱（Percy Bysshe Shelley，1792—

雪　莱

拜　伦

1822）的诗剧《解放了的普罗米修斯》、抒情诗《西风颂》与《云雀颂》等，脍炙人口。

法国是欧洲的另一个文学大国，中世纪的十字军东征中，基督教骑士们从东方带回充满异域色彩的抒情诗，与法国普罗旺斯的民歌相结合，产生了一批优秀的诗歌，大多数是歌颂爱情的情诗。最为出名的是“拂晓歌”，描写天色拂晓之际，热恋中的骑士与情人难舍难分的心情。这种诗歌大胆描写性爱，冲击了中世纪基督教的禁欲主义思想。文艺复兴运动中，七星诗社掀起诗歌改革运动，七星诗社的宣言是杜倍雷起草的《捍卫与发扬法兰西语言》一文，提出不用拉丁文，改用法语来创作的主张；认为吸收民间语言，可以使法语更加丰富。这一主张与意大利诗人但丁的《论俗语》的看法基本一致，表现了人文主义者反对罗马帝国的政治专制与语言文化的一体化、倡导民族独立与思想解放的愿望。19 世纪的帕尔纳斯诗派（高蹈派）是法国诗歌史上的重要流派，诗人戈蒂埃（Thèophile Gautier，1811—1872）的诗集《珐琅与玉雕》，勒孔特・德・利尔（Charles Marie Leconte de Lisle，1818—1894）的《古代诗篇》《蛮族诗集》，埃雷迪亚（Heredia，1803—1839）的《锦帆集》，萨曼的《在公主的花园里》等，形式完美，精雕细刻，是形式主义诗歌的代表作。1857 年，诗人波德莱尔（Charles Baudelaire，1821—1867）的《恶之花》出版，这是象征主义者的名作，以敏锐的个人感觉来反映社会变革。20 世纪初期，象征主义诗人中新人辈出，克洛代尔（Paul Claudel，1868—1955）的诗剧《缎子鞋》，瓦莱里（Paul Valèry，1871—1945）的《海滨墓园》与《年轻的命运女神》等作品在 20 年代陆续出版，标志着现代主义在法国的一个高峰时期的到来。当代西方理论家所重视的诗人里尔克（Rainer Maria Rilke，1875—1926）是奥地利人，经历了从浪漫主义到象征主义的转化，以《祈祷书》中的短诗成名，其诗感情浓郁，语言优美，有丰富的音乐性。他的名诗《豹》流传极广。

在铁栏前不停地来回往返，
它的目光已疲倦得什么都看不见。
眼前好似唯有千条的铁栏，
世界不复存在，在千条铁栏后面。
柔韧灵活的脚迈出有力的步子，
在一个个小小的圆圈中旋转，

就像国之舞环绕着一个中心，
在中心有一个伟大的意志晕眩。

只是偶尔无声地撩起眼帘，
于是便有一幅图像侵入，
通过四肢紧张的寂静——
在心中化作虚无。①

《豹》的诗句富于情感并有深刻意蕴，直到今日仍然被看作象征主义的代表作品之一，从这首诗里，我们也可领略象征主义诗歌的风采。

德国作家歌德（Goethe，1749—1832）既是杰出的小说家，又是杰出诗人，诗剧《浮士德》是诗人历时近60年创作的代表作，诗剧取材于中世纪传说，叙述了博学多识的浮士德博士的灵魂被魔鬼所收买，他借助于魔鬼的力量，可以上天入地，经历许多不平凡的事情。全诗分为5个阶段，也是5个悲剧，以浮士德追求知识、享受爱情、施展政治抱负、对艺术和美的梦幻破灭以及创造事业等为主要内容。这5个阶段其实是文艺复兴以来资产阶级的精神发展史。追求知识阶段否定了唯一依靠书本知识的社会风习，肯定了浮士德走出书斋，面向现实生活的方向，批判了经院哲学及死气沉沉的德国学术对于知识分子的禁锢作用。爱情阶段以浮士德与城市民女之间的恋爱为线索，揭露了当时社会对敢于追求爱情自由的下层妇女的不公，同时也表现出作者对世俗爱情与精神追求之间的矛盾态度。政治阶段描写浮士德在魔鬼的帮助下进入皇宫，成为朝廷要人。皇帝却要求浮士德施展魔法，将古代美女海伦的幻影显现出来，供宫廷取乐。当浮士德看到古代美的象征海伦出现时，竟然感动得昏倒在地，从而结束了无所作为的政治阶段。在艺术与美的创造阶段，浮士德依靠魔鬼的帮助，与复活的海伦结婚，生下儿子欧福良。但欧福良的思想充满着浪漫主义精神，不断向上追求，最后反而陨落逝去，浮士德的美与艺术之梦幻再次破灭。这也象征着启蒙主义者们企图以古典美和艺术来教育人民的理想是不现实的，注定要失败的。最后，浮士德要通过改造大自然的事业来实现人生理想，他号召人民填海造田，目的是实现“在自由的国土上居住着自由的国民”。总结浮士德一生所经历的不同阶段，代表了文艺复兴以来新生阶层的思想家们自强不息的斗争过程，虽然每一个阶段都充满艰辛，但真正令人珍视的正是这种奋斗精神。

美洲新大陆的文学在19世纪也进入成熟阶段，美国的惠特曼（Walt Whitman，1819—1892）是具有民主主义思想的进步诗人，他的诗集《草叶集》中收入了《自己之歌》《大路之歌》《斧头之歌》等积极反映生活现实的作品，以后陆

① 黎华选编．外国象征诗精选．天津：百花文艺出版社，1994：96-97.

续加入一些反对蓄奴制度与悼念美国总统林肯等的诗作。惠特曼的诗歌歌颂独立的自我，赞美大自然与劳动创造，激情澎湃，格律上也有大胆革新，被人称为“自由体”。其中《阿，船长！我的船长哟！》等名篇受到美国与世界各国人民的喜爱，流传很广。惠特曼的诗歌使美国文学进入一个新的发展阶段，为美国诗歌走向世界铺平了道路。

在俄罗斯民族文学形成的历史上，一系列诗人的名字地位显赫。普希金与莱蒙托夫、涅克拉索夫与马雅可夫斯基等人，都是有世界影响的诗人。此外，匈牙利诗人裴多菲、波兰诗人密茨凯维奇等人的诗作，都为西方文学史留下了辉煌的诗篇。

三、西方文学的骄傲——小说

古代史诗的叙事传统与中世纪骑士传奇，为西方小说这一文学形式的形成起了铺垫作用。现代意义上的小说，起源于西方，并且流传于世界，成为现代文学中最重要的艺术形式之一。

15—16 世纪，西班牙人取得了反对摩尔人侵略斗争的胜利，建立统一国家。欧洲利比里亚半岛上的两个国家西班牙与葡萄牙成为海上强国，它们最早进行海上冒险与殖民扩张，在征服美洲与掠夺非洲的殖民主义活动中大发其财。16 世纪中期，西班牙的城市经济发达，市民阶层的文学艺术活动相当活跃，也产生了最早的小说。无名氏的《小癞子》被认为是第一部以描写流浪汉生活为题材的小说，这一独特的小说形式上承荷马史诗的《奥德赛》，下开后世小说文体之先河。流浪汉小说，由于能将广阔的社会生活场景纳入视野，具有世俗文学的特性，成为一种普遍的小说模式，在欧洲与世界流行。《小癞子》描写一个人称小癞子的少年，离乡到大城市里流浪，开始是为一个盲人领路谋生，以后又为形形色色的人当仆人，见识了世态万象。他的主人包括吝啬成性的教士、不名一文却装模作样的绅士、衣衫褴褛的修道士、靠卖免罪符为生的骗子、不务正业的公差等等，展示了城市生活中的三教九流众生相，以丰富多彩的市民生活故事引起世人的兴趣。

小说的出现，是世界文学史的一个转折，这是世界工商业发展、欧洲城市化运动所引起的文学现象。小说这种艺术以其描绘社会生活广阔领域，人物形象鲜明多姿，具有形象刻画社会现实等特性而推动了文学发展，很快成为文学艺术最重要的形式之一。西班牙不但是小说的起源地，也是小说思想与艺术形式最发达的民族。西班牙语的文学传统以后影响到拉丁美洲，西班牙人是美洲最早的殖民者，西班牙语成为南美的主要语言，所以直到 20 世纪，美洲小说仍与西班牙小说有相当密切的关系。

英国的早期小说中，托马斯·莫尔（Thomas More，1478—1535）的《乌托邦》具有非凡的意义，不仅是因为它开创了英国小说文体，而且也因为它把中世纪的宗教幻想诗改革为幻想小说，形式极为独特。这部小说有强烈的针对性，直指英国社会的现实生活，16世纪，农民在资本主义原始积累的圈地运动中，被夺去土地，流离失所。莫尔却创造了一个乌有国，在那里财产公有，城市美丽，道路宽阔，人民生活安乐，国家由明君统治，每一个人都享有信仰自由。小说用拉丁文写成，乌托邦是拉丁文即乌有之国的意思，以后成了空想美好社会的代名词，也成为世界广泛流行的词语。

18世纪到19世纪，英国小说开始进入兴旺时期。笛福（Daniel Defoe，约1660—1731）的《鲁滨孙漂流记》《摩尔·弗兰德斯》等取材于社会现实生活，前者描写英国海外殖民者的冒险经历，特别是在荒无人烟的海岛上求生的经历，扣人心弦，颇具吸引力。后者则是一个贫苦而天真的女子被骗后被迫成为盗贼，最后流放美洲后反而苦尽甜来，结成美满婚姻，故事跌宕起伏，趣味性强，深受普通群众喜爱。笛福的小说风格独特，为小说这一文体在英国的普及立下汗马功劳。斯摩莱特（Tobias George Smollett，1721—1771）的小说《蓝登传》是英国第一部以海军生活为题材的作品，具有现实主义风格，虽然表面上仍然沿用流浪汉小说的结构，但已经有较大的革新。他的小说以讽刺社会现实为主要色调，表现了英国现实主义文学的特点。斯威夫特（Jonathan Swift，1667—1745）的寓言小说《格列佛游记》风格独特，受到儿童与成人的欢迎。这部小说看起来荒诞不经，其实蕴含着深刻的思想内容。它所讨论的英国政治体制的得失、党派斗争、英国与殖民地爱尔兰之间的斗争等社会问题，都是英国举国上下所关注的，所以引起极大的社会反响，小说风行一时。18世纪中期，表现英国市民生活思想情感的感伤主义小说流行，理查逊（Samuel Richardson，1689—1761）是这一流派的主将，他的小说《帕美拉》（又名《美德受到了奖赏》）描写了一个女仆与男主人之间的爱情，女仆先是受到主人的追求，但并不愿意嫁给主人，以后反而在主人并不有利的情况下自愿嫁给主人，赞扬下层人物的自尊自重的美德，故事含有劝善的说教，符合一般市民阶层的心理。理查逊也是英国最早的浪漫主义小说家之一，他的另一部小说《克娜丽莎》（又名《一位青年妇女的故事》），篇幅达100多万字，是当时最长的英国小说，故事悲惨动人，描写一位少女爱上玩弄女性的罗伯特·洛弗拉斯，受骗后自杀身亡。以后，她的亲戚莫登上校愤而与洛弗拉斯决斗，杀死了他，为克娜丽莎报了仇。理查逊的小说故事曲折，心理描写细致生动，文字亲切感人，主题多为惩恶扬善，受到市民们的欢迎。菲尔丁（Henry Fielding，1707—1754）是英国最伟大的小说家之一，他的《弃婴托姆·琼斯的故事》是英国半封建半资本主义社会的写照，生活场面广阔，人物类型形形色色，五光十色的生活现象都得到反映。他也使用流浪汉小说的手法，但是又改变了传统模式，让主要人物生活于典型的环境之中，而不是仅仅在旅途上来展示其精神。他是一位伟大的现实主义作家，对于其后的英国小说家很有影响。同时，可以说他是一个过渡性的、承前启后的作家，他把浪漫主义与感伤主义的英国小说带进了现实主义的新阶段。

19 世纪到 20 世纪，英国出现了一批"出色的小说家"，他们与法国、俄罗斯、北欧等国的小说家们一起，把欧洲小说艺术发展到了顶峰。狄更斯（Charles Dickens，1812—1870）是一位伟大的现实主义作家，他创作丰富，多部小说都享有盛名，其中最为著名的是《双城记》。《双城记》以法国大革命为背景，描写医生曼奈特因为揭露贵族罪行而被判刑，农民的小孩无辜地死于贵族的车轮之下，反映了贵族的横行霸道，同时小说还反映了法国大革命中攻克巴士底狱、革命人民严惩统治阶层的情形。但作者所讴歌的并不是革命精神，而是宽恕与自我牺牲，认为这是对付革命暴力的济世良方。同时，英国作家中，萨克雷（William Makepeace Thackeray，1811—1863）的《名利场》，夏洛特·勃朗特（Charlotte Brontë，1816—1855）的《简·爱》，爱米莉·勃朗特（Emily Brontë，1818—1848）的《呼啸山庄》，盖斯凯尔夫人（Mrs. Gaskell）的《玛丽·巴顿》《克兰福德》等小说，都深为广大读者所喜爱。进入 20 世纪，杰出的诗人与小说家托马斯·哈代（Thomas Hardy，1840—1928）的《德伯家的苔丝》《无名的裘德》等作品，坚持现实主义方法，批判社会现实中不合理的方面，同情社会下层与劳动者，成为被称为"批判现实主义"文学流派的后期代表作品。

法国的小说在文艺复兴中也已经相当成熟，拉伯雷的《巨人传》在 1532 年前后陆续出版，创造出一个具有人文主义思想的巨人形象，庞大固埃不仅身体高大，并且是一个精神上的巨人，他反对教会与封建势力对于民众的压迫，主张个人有发财致富的权利，呼唤人身自由，享受爱情，追求知识与人生快乐。18 世纪是法国小说的重要阶段，法国作家勒萨日（Alain René Lesage，1668—1747）的长篇小说《吉尔·布拉斯》的历史背景放在 16—17 世纪的西班牙，这正是环球海上航线开通之后，西班牙经济最为强劲的时代。小说描写青年吉尔·布拉斯流浪各地，见证了封建社会的溃败过程，政府官员腐败，贵族们过着行尸走肉般的生活，金钱腐蚀了整个社会。这是一部杰出的现实主义力作，这里明为写西班牙，其实暗中是在批判法国社会。启蒙主义者伏尔泰、孟德斯鸠等人也有一批宣传启蒙主义思想的小说问世，其余如法国伟大浪漫主义作家维克多·雨果（Victor Hugo，1802—1885）的

雨　果

《巴黎圣母院》（1831）、《悲惨世界》（1845—1863）、《笑面人》（1869）、《九三年》（1874）等名作，气势磅礴，具有非凡的想象力和精湛的艺术技巧，极大地繁荣了法国的小说创作，提升了法国在世界文学中的地位。

1831年，法国作家司汤达（Stendhal，1783—1842）的长篇小说《红与黑》问世，红色象征革命，黑色象征宗教，小说以大革命后的法国社会为背景，描写贵族、宗教与新兴阶层之间复杂纷纭的斗争，肯定个人自由与奋斗精神，批判个人野心与贪欲，成为法国批判现实主义文学的代表作品。法国作家巴尔扎克（Honoré de Balzac，1799—1850）从1829年到1848年间，用20年的时间创作了总题为《人间喜剧》的系列小说，91部作品分为三个大的部分，即《风俗研究》、《哲理研究》与《分析研究》，其中最为重要的是《风俗研究》。巴尔扎克是社会的书记官，他是从社会风俗的变化来研究社会的，特别是对于法国复辟王朝时期的风俗的研究，在91部作品中，描写复辟王朝时期的作品占到66部。《人间喜剧》中，最为重要的有以下作品：《舒昂党人》、《驴皮记》、《夏培上校》、《欧也妮·葛朗台》、《高老头》、《幽谷百合》、《农民》、《贝姨》与《邦斯舅舅》等。巴尔扎克对现实主义文学有巨大贡献，他的作品以社会全景描绘的气势、典型的人物性格与环境、具体而详细的经济条件描写而超越以前的作家。

19世纪后期到20世纪初，法国文坛名家辈出，流派纷呈。自然主义作家左拉（Emile Zola，1840—1902）主张用自然科学的方法来研究社会环境，从文学描写中得出某种科学的结论。左拉的《卢贡-马卡尔家族》的写作从1868年开始，到1893年完成，共有20多部小说，展现了第二帝国时代法国社会的生活场景。以短篇小说为主要文体的作家莫泊桑（Guy de Maupassant，1850—1893）写下了350多篇中短篇小说，一些描写普法战争与小市民生活的名篇如《羊脂球》《项链》等传遍世界，这对于短篇小说的文体发展有相当大的影响。20世纪初期到中期，罗曼·罗兰（Romain Rolland，1866—1944）的《约翰·克利斯朵夫》等长篇小说代表着法国文学的不断开拓。同时，萨特、普鲁斯特等现代主义作家也为法国文学增加了光彩。

俄国文学真正走向世界是19世纪，俄国作家屠格涅夫、列夫·托尔斯泰与陀思妥耶夫斯基的小说震撼了欧洲文坛。列夫·托尔斯泰的长篇小说《战争与和平》（1866—1869）、《安娜·卡列尼娜》（1877）与《复活》（1889—1899）都是世界名著。其小说反映了俄国从农奴制度向资本主义制度转化，原有的农村庄园经济被破坏，贵族被新生的资产阶级所取代，各种新思潮猛烈冲击沙俄专制制度的历史背景。托尔斯泰出身贵族，但对社会问题有相当深入的思考，他把种种社会矛盾反映到自己的作品中，同时他自己的世界观也充满了矛盾，这些矛盾交织在一起，使他的作品中有一种独特的艺术魅力。

四、戏剧创作

古代希腊的文学中最重要的形式有两种：史诗与悲剧。对于他们来说，这两种艺术形式同样重要，并且具有相同的意义，只不过是形式上稍有差异而已。史诗重格律，而且不必考虑时间，戏剧则正相反，最多不过是在一天之中完成。希腊人在某种程度上虽然尊崇史诗，却更为宠爱戏剧。正如亚里士多德《诗学》中所说：

> 所以，能辨别悲剧优劣的人也能辨别史诗的优劣，因为悲剧具有史诗所具有的全部成分，而史诗则不具备有悲剧具有的全部成分。[①]

如果从希腊的历史来看，戏剧的兴盛有其历史环境。公元前5世纪的伯里克利时代，希腊人在与波斯人的战争中取得了胜利，进入雅典城邦的黄金时期。农村中的酒神祭祀被搬到了城中，祭祀的表演以后演变为悲剧。希腊实行奴隶民主制度，悲剧成为教育民众的手段，伯里克利时代还进行了一系列的改革，如发放观剧津贴，建立了巨大的露天剧场，举行戏剧比赛等。这就使得希腊的悲剧与喜剧成为最受民众欢迎、发展最兴盛的文学形式。

将希腊戏剧推向高潮的是三大悲剧诗人，第一位是埃斯库罗斯（Aeschylos，约公元前525—前456），他获得过17次戏剧奖，传世悲剧有7部：《求援者》（公元前490年）、《波斯人》（公元前472年）、《七将攻忒拜》（公元前467年）、《被缚的普罗米修斯》（公元前465年）、《阿伽门农》（公元前458年）、《奠酒人》（公元前458年）、《复仇神》（公元前458年）。他的戏剧描写了氏族贵族专制时代向民主制度转化的历史过程，表达了诗人拥护民主制度的思想。其戏剧中人物形象崇高，主题鲜明，但戏剧结构较简单。

埃斯库罗斯

第二位是索福克勒斯（Sophoclēs，约公元前496—前406），人称“戏剧艺术的荷马”，是雅典民主制度鼎盛时代的剧作家。他的传世作品也是7部：《埃阿斯》（公元前442年）、《安提戈涅》（公元前441年）、《俄狄浦斯王》（公元前431年）、《埃勒克特拉》（公元前419年）、《特拉基斯少女》（公元前413年）、《菲罗克忒忒斯》（公元前409年）、《俄狄浦斯在科洛诺斯》（公元前401年）。由于他生逢盛世，所以早年作品充满阳刚之

① ［古希腊］亚里士多德．诗学．陈中梅，译注．北京：商务印书馆，1996：58-59.

气，歌颂民主制度，但是在中年之后，城邦趋于衰落，他的戏剧中出现了反对僭主政治与专制制度的主题。他最优秀的剧作《俄狄浦斯王》是希腊悲剧中的代表作，故事曲折动人，该戏剧讲述了忒拜王拉伊奥斯从预言者口中得知，自己的儿子将会杀父娶母，于是派人将刚生下来的儿子俄狄浦斯抛弃。俄狄浦斯在科林斯王的宫殿中长大后，得知自己命运与未来后，逃往忒拜王国，并成为国王娶了前任国王的妻子。最终，俄狄浦斯王得知自己误杀的人正是自己的生身父亲，所娶的则是自己的生母。在不可知的命运的压迫下，俄狄浦斯刺瞎自己的双目，自愿放逐。该悲剧主题深沉，超越了希腊雅典一个城邦故事的范围，将人类对于命运的抗争作为主题，以人类自由与命运之间的对立为冲突，折射了希腊奴隶制度下的社会现实。

最后一位伟大的悲剧诗人是欧里庇得斯（Euripidēs，约公元前 480—约前 406），他是传世剧作最多的诗人，传世剧作包括 17 部悲剧与 1 部喜剧。其中较为出名的是：《美狄亚》（公元前 431 年）、《希波吕托斯》（公元前 428 年）、《特洛伊妇女》（公元前 415 年）、《伊菲格涅亚在陶洛人里》（公元前 420 年）、《奥瑞斯忒斯》（公元前 408 年）等。欧里庇得斯的大部分作品写于内战时期，充满了危机意识。他同情奴隶，曾经说过："奴隶身上只有一件东西不够体面，这就是奴隶这个名称。"他的戏剧中反映家庭生活与妇女问题，极大地开拓了悲剧的表现范围。其作品善于描写人物的心理变化，采用日常生活题材，改变了悲剧以国王或大英雄为主要人物的模式，使悲剧更加接近生活实际。

除了悲剧之外，希腊喜剧也具有自己的特色。著名喜剧诗人阿里斯托芬（Aristophanēs，约公元前 446—前 385）传世的作品有 11 部，其中较有影响的是：《阿卡奈人》（公元前 425 年）、《骑士》（公元前 424 年）、《云》（公元前 423 年）、《马蜂》（公元前 422 年）、《鸟》（公元前 414 年）、《地母节妇女》（公元前 410 年）、《蛙》（公元前 398 年）等。阿里斯托芬的坟墓上刻有柏拉图为他题写的墓志铭：

阿里斯托芬

> 美乐女神寻找一所不朽的宫殿，
> 她们终于发现了阿里斯托芬的灵府。

美乐女神所寻找的并不只是笑料，而是具有思想意义的喜剧，这种评价对于阿里斯托芬的喜剧应当是公平的。阿里斯托芬的喜剧与以后希腊化时代的喜剧完全不同，他的喜剧主题鲜明，具有重要的社会意义，他是恩格斯所说的"有强烈倾向的诗人"。其中最为突出的就是歌颂希腊民主制度，反对战争，《阿卡奈人》出现了反对战争的农民与拥护战争的将军厮打在一起的场景，结果是将军被痛打一顿后，不得不承认战争无益于国家，农民得意洋洋地打道回府。《骑士》中把统治者克勒翁变成了一个家奴，只会出卖讨好主人，具有强烈的政治讽刺性。

中世纪欧洲戏剧以宗教剧为主，奇迹剧与神秘剧占据了舞台，宣扬教义成了戏剧的主要内容，只有部分笑剧与市民阶层的生活现实有关。

文艺复兴时期是欧洲戏剧的高峰，人文主义思想对于戏剧这种大众化的艺术形式本身就是有利的，欧洲大陆的城市化在中世纪后期已经形成，市民阶层欣赏戏剧的要求为戏剧的新兴与复兴奠定了基础。英国的莎士比亚（William Shakespeare，1564—1616）就是应时代之要求而产生的伟大戏剧家，也是世界文学史上最伟大的作家之一。现存 37 部戏剧、两首长诗与 154 首十四行诗，其中最著名的是所谓“四大悲剧”，即《哈姆雷特》、《李尔王》、《麦克白》与《奥赛罗》。

作为一个人文主义思想家，莎士比亚在《哈姆雷特》中描写了丹麦王子哈姆雷特因为父王被暗害，母后再嫁给杀死其父并且篡夺王位的叔父，王子肩负起复仇的重担。但不幸的是，他却迟疑不能行动。最后，当他实行复仇计划时，终因无法完成重任而毁灭。哈姆雷特以人文主义者形象而著称于世界舞台，是世界文学中塑造得最为成功的人物形象之一，后人往往把他作为迟疑不决而不能行动者的代表，虽然这种理解可能有不妥之处，但作为一种艺术形象给人如此之深刻的印象，正表现出莎士比亚对其性格刻画之有力。

《麦克白》的故事取材于苏格兰历史传说。该戏剧讲述了苏格兰大将麦克白功劳卓著，但是在妻子的鼓动下，竟然谋杀国王，企图自立为王，由于个人野心的膨胀，最终身败名裂。剧中谴责分裂阴谋与野心私欲，歌颂民族统一大业。《奥赛罗》的主人公是摩尔人出身的统帅，他屡立战功，赢得了威尼斯元老的女儿苔丝德蒙娜的爱情。但是奥赛罗在外出征战中，不幸听信恶人伊阿古的诽谤，误信妻子与副官凯西奥有私，竟然扼杀妻子。事情澄清以后，懊丧的奥赛罗把利剑刺入自己的胸膛。奥赛罗在世俗的看法中只是一个嫉妒的丈夫，其实这个形象的意义并非如此之简单。奥赛罗在真相大白之后对罗多维科说：

莎士比亚

> 请你们在公文中老老实实照我本来的样子叙述，不要徇情回护，也不要恶意构陷；你们应当说我是一个在恋爱上不智也过于深情的人；一个不容易发生嫉妒的人，可是一旦被人煽动以后，就会糊涂到极点；一个像印度人一样糊涂的人，会把一颗比他整个部落所有的财产更贵重的珍

> 珠随手抛弃；一个不惯于流妇人之泪的人，可是当他被感情征服的时候，也会像涌流着胶液的阿拉伯胶树一般两眼泛滥。①

奥赛罗的鲁莽并不值得称赞，作者恰恰通过他的悲惨命运来歌颂真情与正义，揭露阴谋家的罪恶，赞美社会正义与纯洁的爱情。

莎士比亚的喜剧同样出色，在《仲夏夜之梦》、《无事生非》、《第十二夜》与《皆大欢喜》等名作中，多数以男女情爱为主题，乐观诙谐，表达了一种人文主义的热爱生活、享受生活的精神。与其悲剧、喜剧一样，莎士比亚的历史剧也十分精彩，《查理二世》《亨利四世》都是不可多得的名作。莎士比亚的历史剧重视人物性格刻画，英国君主在他的剧中走出历史，成为活生生的英国人，所以深受观众喜爱。

伟大戏剧家莎士比亚的艺术忠实于生活，以五光十色的社会生活背景来塑造典型的人物，而不是把作品变成时代的传声筒。他笔下的人物性格鲜明，虽然略有夸张，但给人留下深刻印象。作为一个语言大师，他把民间生活俗语引入作品，状物写人，如在目前。虽然由于大量采用民间语言，也曾被法国作家伏尔泰等人视为“粗野”与不雅，但受到历史的肯定。

进入17世纪之后，欧洲戏剧的中心移向法国，初期的法国剧作家们模仿古希腊戏剧，艺术上不成熟。后经过对于“三一律”的争论，原本是亚里士多德所提出的戏剧创作规律三一律，在法国经过古典主义理论的改造，成为法国古典主义戏剧的经典条律，使戏剧的时间、地点与事件相对集中，克服了以前戏剧结构松散、盲目仿古的缺点，经过艰苦努力，法国古典主义戏剧终于占据了舞台。1636年，高乃依（Pierre Corneille，1606—1684）的悲剧《熙德》上演，使他获得声誉，成为古典主义戏剧的第一期代表人物。这部戏剧以爱情与职责之间的对立为戏剧冲突，罗德里克与施曼娜本是一对出身高贵、门当户对的恋人，可是罗德里克的父亲被施曼娜的父亲打了一记耳光，于是罗德里克奉父命与施曼娜之父进行决斗，并且杀死了他。两家遂结为仇家。以后由君主任命罗德里克率兵与西班牙的摩尔人作战，获胜之后成为民族英雄。这种情况下，皇帝亲自下令让两人结为夫妇，以爱情取代了仇恨。高乃依的另一部名剧《贺拉斯》同样是以职责与亲情的对立为主要冲突，只不过将爱情换成了亲情，这也暴露出古典主义戏剧的一个根本缺陷，情节结构过于刻板，往往流于重复。拉辛（Jean Racine，1639—1699）是古典主义的第二期代表人物，1667年他的悲剧《安德罗玛克》上演后即成名。该剧取材于古希腊史诗，赫克托耳的妻子安德罗玛克在特洛伊城被攻破之后，为了保全儿子的性命，不得不嫁给希腊的皮罗斯，其实她心里准备在婚礼后即自杀。但是皮罗斯所遗弃的未婚妻爱弥奥娜却动员青年奥雷斯为自己复仇，

① ［英］W. 莎士比亚. 奥赛罗. 李恭忠，注释. 朱生豪，译. 北京：外文出版社，1999：438.

奥雷斯杀死了皮罗斯。不过，奥雷斯本人又并未能获得爱弥奥娜的爱情，最后终于发疯。与高乃依一样，拉辛的戏剧情节曲折，冲突尖锐，结构也很匀称，是古典主义戏剧的佳作。但拉辛所处的时代已经与高乃依大不相同，高乃依的时代是法国王权兴盛时期，新兴社会阶层力量软弱，此时社会矛盾尚不够尖锐，而拉辛的时代则已经是封建王朝走向衰落的时代，新生贵族与资产阶级势力开始强大起来，政治斗争十分激烈。所以拉辛作品中已经没有高乃依式的慷慨激昂的英雄，多的是一些钩心斗角的阴险小人，而且人物多为殉情而死，一片哀伤，多了些儿女情长，少了些英雄气概。

法国古典主义时代有一位伟大的戏剧家，却并不受三一律的约束，这就是喜剧作家莫里哀（Molière，1622—1673）。莫里哀原名让-巴蒂斯特·波克兰，莫里哀是其笔名。他的剧作以现实生活为对象，这同多数取材于古代希腊罗马史诗或是神话的古典主义悲剧不同。他虽然也信奉理性主义，但并不否认思想自由的原则。莫里哀的代表作之一是《达尔杜弗》（又名《伪君子》），描绘了商人与教会之间的斗争，主要倾向是反对虚伪贪婪的教会势力，歌颂国王的英明，这对于当时危害法国社会的宗教势力的批判是有进步意义的。他的《吝啬鬼》《太太学堂》《恨世者》等作品都有强烈的现实意义，针砭社会黑暗，推动社会文明。法兰西学士院是法国最高学术机构，17 世纪建立，由法国学术界杰出人士所组成，名额限定只有 40 人，不得超出。莫里哀本人虽然不是法兰西学士院院士，但是在法兰西学士院里为他立了雕像，上面刻着这样的题词："他的光荣一分不少，我们的光荣却少了他"。

在启蒙主义运动中，德国的戏剧产生了莱辛（Gotthold Ephraim Lessing，1729—1781）与席勒（Johann Christoph Friedrich von Schiller，1759—1805）这样杰出的戏剧家。德国由于历史上长期分裂，经济社会发展缓慢，各种文学思潮也落后于西欧各国。到 18 世纪 40 年代后，具有本民族特色的戏剧才真正形成。莱辛是第一位德国现代意义上的戏剧家与理论家，他的早期作品《萨拉·萨姆逊小姐》是德国第一部描写市民生活的悲剧，他有三部代表性作品：《明娜·冯·巴尔赫姆》（又名《军人福》），讲述了德国 7 年战争之后，普鲁士的军官台尔赫姆与敌对国家萨克森的一名贵族小姐明娜·冯·巴尔赫姆相恋，经过多种波折，最后终于结成良缘。台尔赫姆被写成一个具有启蒙主义思想的人物，以对其美好品德的歌颂来肯定启蒙主义的进步意义，这种赞颂同时也是对黑暗的普鲁士帝国的揭露。《爱米丽雅·迦洛蒂》取材于意大利史，但表现的社会生活却是德国的现实，讲述了没落贵族奥多雅多为了保全女儿的贞操，不受辱于无耻的亲王，竟然被迫将女儿杀死。《智者纳坦》以宗教斗争为主题，宣扬了启蒙主义关于基督教、伊斯兰教与犹太教三者可以互相容忍、不必彼此仇恨的观点。

18 世纪 70 年代德国兴起了名为"狂飙运动"的文学革新运动，席勒以其

《强盗》一剧一举成名，与歌德一起，成为狂飙运动的主将。他以市民生活为题材的悲剧《阴谋与爱情》被认为是德国第一部有政治倾向的戏剧，该剧以市民与封建统治者之间的斗争为主线，呼吁打破封建等级制度，要求自由平等。

19世纪到20世纪，欧美国家的戏剧主要有两种大的类型，一种是传统戏剧的繁荣，包括以浪漫主义与现实主义为创作思想的剧作家的作品，另一种则是现代主义剧作，特别是荒诞派戏剧的创作。最令人瞩目的是，传统戏剧作家中，原本沉寂的北欧与俄罗斯戏剧异军突起，出现了一批伟大戏剧家，成为欧美戏剧的一支主力军。

挪威作家亨利克·易卜生（Henrik Ibsen，1828—1906）是北欧也是世界文学中最杰出的戏剧家之一，他的创作风格多样，体裁与形式不拘一格，有话剧也有诗剧，有悲剧也有喜剧，有历史剧也有现代剧，有讽刺剧也有社会问题剧，共有25部剧作。其中最有影响的是所谓问题剧，以反映社会现实问题为特色。《社会支柱》讽刺资产阶级的虚伪道德，一家造船厂厂主身为社会上层，却是个盗窃别人钱财的无耻之徒，揭露了当时上流社会的道德败坏。《玩偶之家》（即《娜拉》或《傀儡之家》）涉及当时社会的道德伦理、法律、妇女与家庭等社会问题，以其深刻的思想意义引起震动。小资产阶级的青年妇女娜拉为了替丈夫海尔茂治病，假冒父亲签名借钱，不料此事引起海尔茂的恐惧，害怕因此影响自己的前程。所幸后来债主被感化后主动退还借据，了结此事。这时海尔茂立即转怒为喜，与妻子和好。娜拉却因此看透了他的虚伪，不甘心再做家庭中的玩偶，为争取女性的独立自主，愤而离家出走。这里表现出的是挪威妇女争取独立与自主的斗争精神。该剧演出后，受到一些人的攻击，但易卜生坚持不懈，继续为宣传自己的主张而创作。《人民公敌》（即《国民公敌》）写医生斯多克芒无意中发现疗养院中的矿泉水中有传染病菌，虽受到市长与浴场主的威胁，但医生不为所动，坚持要改造浴场，结果却被当权者诬为“人民公敌”。由于剧本对资产阶级“民主制度”的强烈批判，引起争论。易卜生从浪漫主义与现实主义创作出发，晚年又以象征主义剧作引起世界文坛的关注，其艺术探索精神是难能可贵的。

第二次世界大战之后，法国的戏剧家们在超现实主义理论家阿尔托等人的戏剧理论影响下，开始进行戏剧的改革。20世纪50年代起，荒诞派戏剧家的作品出现于舞台上。贝克特（Samuel Beckett，1906—1989）的主要作品是《等待戈多》，主题是表达人类在荒诞的世界里无意义的存在，两个人在等待戈多，但是这两个人是谁，戈多又是什么人，为什么要等他，戏剧中全然不做任何交代，最终戈多也没有出现，在两个人的胡言乱语中，戏剧结束了。这部戏是荒诞派戏剧的代表作。贝克特的人物多为流浪汉或是残疾人，以象征人类精神的可怜无助，其生存环境也是荒凉凋敝的，用以再现“原子时代”宇宙的荒诞。

阿达莫夫（Arthur Adamov，1908—1970）以戏剧心理表现最为出色，用梦、内心痛苦与忏悔等来构成心理冲突。人与人之间没有交流，人退化到失去姓名，只剩下符号。他的主要作品有《一切人反对一切人》《塔拉纳教授》《弹子机》等。

尤奈斯库（Eugène Ionesco，1912—1994）是荒诞派戏剧家中的多产者，有40多部戏剧问世，其中相当多的戏剧都有一定影响。《秃头歌女》是他的成名作，这其实是一部完全没有戏剧冲突或情节，或是说没有戏剧形式的“反戏剧”，人物是一对英国老夫妻，全剧是他们之间的对话，这些对话又全是没有意义的。《椅子》的剧情也很离奇，一对老夫妻面对一排椅子，空发一通近乎呓语的议论。《犀牛》有些近似于现代版的变形记，人类在物化的压迫下，变为了犀牛，也丧失了人格，当然包括失去自我。这一类戏剧的剧情、主题是什么都令人无法捉摸，所以有人干脆用“异化”来概括它的主题。

回顾西方戏剧的历史，从古代希腊戏剧到现代派戏剧，其内容和形式都产生了巨大的变化，但是我们从中仍然可以看到继承与变革的关系，这就是一种文化的内在关联。人与自然的关系、人与命运的关系等，是从《俄狄浦斯王》到《等待戈多》中一脉相承的因素，作为重要的主题，在西方戏剧中一直持续下来。

第三节　西方艺术

一、艺术源流与古代希腊罗马

“艺术”一词在西方语言中有两种理解，一种是广义的理解，因为在古代语言中，Art 指一切人工制品，从制陶到铁匠制品。最初的诗人与工匠同属于艺术家，所以希腊哲学家柏拉图的《理想国》中论述诗的创作时，用木匠制作床来比喻诗人作诗，并非偶然。另一种含义是狭义的，相当我们现在的艺术概念，包括文学艺术等种类。当然，直到今天，艺术的范围仍然是相当广泛的，艺术包括雕塑、建筑与绘画等视觉艺术，其中又可以分为立体的与平面的不同类型，也包括音乐等听觉艺术，同时还有戏剧与电影等综合性艺术类型。如果从时间与空间角度来划分，可以分为空间与时间的艺术。考虑到我们所考察对象的历史特殊性，这里只能将重点放在雕塑绘画和建筑这两种最古老的艺术类型上。

古代希腊是西方艺术的起源，这只是一般的说法，其实西方的艺术来源是相当复杂的，应当提到的是，由于埃及与美索不达米亚文明起源早于地中海地区，所以这些地区的古代东方艺术对地中海地区有重要的启蒙作用。就整体的艺术思想而言，古代埃及金字塔与几何学对西方建筑与科学的影响最深，它为西方提供了一种以几何学为基础的空间艺术思想。埃及墓葬绘画中的几何学画法与线条，不仅对于希腊人，而且对于从达·芬奇到毕加索等一代又一代西方画家产生深刻影响，这就使西方艺术成为一种以几何学与透视法为基础的艺术，这是一种重视准确的再现事物形态的艺术，即重视空间感，提倡写实精神。正是这种思想观念使得西方艺术与远东的中国和印度的主体情感抒发型的写意艺术相分离。同时，古代埃及等地的方尖碑建筑，以其直指苍穹象征神灵崇高精神，成为以后著名的哥特式教堂的原型。同时还有埃及的太阳神崇拜等古代宗教艺术，通过文明之间的交流传入西方，使得西方艺术从开始就广泛吸纳了东方的遗产。东方各种各样的建筑艺术结构与表达，都直接或间接地进入西方，例如埃及卢克索的阿蒙神庙（太阳神）的巨大廊柱式建筑，成为西方神庙的样板之一。

从公元前2000年起，爱琴海周围的米诺斯与迈锡尼文明在吸收东方艺术的基础上，发挥独立创造性，形成了自己的艺术风格。公元前10世纪到前8世纪，荷马时代的希腊人开始了自己的艺术历程，他们一定程度上参考了米诺斯与迈锡尼的样板，创造出了典型的希腊艺术。它的主要成就可以归纳为以下几个历史阶段，其中每一阶段都有自己的代表作：

首先是希腊古典艺术风格的形成，以巴特农神庙为代表的宗教建筑艺术最为突出。公元前5世纪，希腊艺术家们改变了设计方式，在吸收了公元前6世纪的多利亚式与伊奥尼亚建筑的经验之后，以更加精确的数学与几何模式来建筑神庙，巴特农神庙就是这一艺术风格的结晶。神庙始建于公元前480年克塞尔克塞斯入侵之后的波利克时代，是献给雅典娜的神庙，这一艺术风格可以称为古典风格。神庙圣殿高达100古希腊尺，全部用白色大理石建成。周围全部是廊柱，其底座为三层高阶平台，面积为30.80×69.47平方米。矗立其上的黄金象牙雕刻的雅典娜神像，风姿秀美，仪态万方，活脱脱一个聪慧而威武的女神。该雕像出自雕塑大师菲迪亚斯之手。

希腊三大雕塑家米隆、波留克列特斯和菲迪亚斯是这一时期的代表人物。米隆的作品《掷铁饼者》成为希腊艺术的精品，与所有同一风格的作品一样，人物面部神情严肃，身体健美，身体姿态合乎运动规律，表现出理想的人类形象所具有的真善美相结合的特点。波留克列特斯有《持矛者》与《束发的运动者》等名作。菲迪亚斯则在巴特农神庙的雕刻中为自己留下了永久的纪念碑。这些艺术作品反映出希腊人重视体育运动，提倡具有健康的体魄与健全的精神的社会理念，具有一种古典、刚健与粗拙的美感。

第二阶段是希腊化早期的艺术，从公元前4世纪开始，希腊化开始形成，它与严肃的古代艺术完全不同，建筑艺术以科林斯式为主。雕塑中变化相当大，女性形体开始成为雕塑的中心，对于女性美的欣赏与表现成为一时风尚。普拉克西特列斯的《尼多斯的阿芙洛蒂忒》是这一时期的代表作品，这是希腊人的第一尊女性裸体的雕像，开风气之先。

第三阶段是希腊艺术的终结时期，即所谓的“希腊化时代”。虽然此阶段已不再有古代艺术的辉煌，但是留给后世的佳作却大多出于这一时期。这一时期的建筑以追求圆熟与匀称为目标，如同中国古代江南园林一样，纤巧、雅致的风格成为奢华的时代风气的表征。公元前3世纪前后，大量的维纳斯与阿芙洛蒂忒的雕像被制作出来，其中既有裸体的，也有着衣的。中国人所熟悉的一些作品如《弥罗岛的维纳斯》与《拉奥孔》等雕塑，基本上属于这一时期的作品。外表的美与圆润华丽的风格，精细的雕刻技巧，比起古典希腊雕塑已经是大相径庭了。

弥罗岛的维纳斯

罗马帝国建立之前的一千年间，生活于亚平宁半岛的伊特鲁里亚人创造了辉煌的文化。其中最为突出的是陶器与金器。房龙在《人类的艺术》一书中曾说过：“有人类，就有陶器。世界各地，从中国到秘鲁，从西班牙到墨西哥，都有陶器，但伊特鲁里亚人是历代最伟大的陶工。”应当说，伊特鲁里亚人也是杰出的陶瓷艺术家。从公元前9世纪到公元前1世纪，伊特鲁里亚人制作的陶器的种类是举世无双的，他们的陶器艺术不仅为主人生前服务，也为死后在阴间的人所用。生前的器具如酒瓶、酒杯、调酒杯等都是精致之极的用品，死后的陶棺、骨灰坛等也是陶器。伊特鲁里亚人最大创造是发明了布开罗黑陶（bucchero），这种黑陶在公元前7世纪到公元前5世纪占有重要地位，它的特点是模仿金属器，具有相似的光泽，从工艺与制作成型都相似于金属器，成为世界陶艺中的上品。

《拉奥孔》

最奇特的是，伊特鲁里亚人用动物内脏进行占卜，为此他们用陶器与金属品制作了大量动物内脏，特别是陶瓷的鸟类的肝脏，是占卜的重要用品。伊特鲁里亚人学习了希腊人的彩陶技术，甚至在自己的神庙中，采用了光洁的陶立柱技术。罗马建筑学家威特鲁韦的《建筑十书》中尤其称赞这种华美的陶立柱。伊特鲁里亚人是世界上最早打造金银饰品的能工巧匠，意大利托斯卡纳地区的博物馆中至今仍珍藏着大批精美的金制品，其中的银包金斯芬克司形饰针、金发簪等制作之精妙，受到世界工艺师们的高度评价。青铜武士像等也表明伊特鲁里亚人青铜器的制作达到相当高的水平。如果说今天的意大利工匠制作的首饰仍然是世界精品，那么应当是源自于此。艺术传统看起来变化最大，其实又是历史长河中最为稳定的成分，它在存在中不断更新，却永远为人类保存下最美的艺术。

从 2 世纪起，罗马建筑艺术体系开始出现。从城市布局来看，罗马式广场是中心建筑，城市成方形，道路与河流规划整齐一致，反映了罗马国家的集中与统一。罗马式建筑是世界闻名的建筑风格，主要建筑可以分为 4 大类，即大会厅、公共浴池、大剧院与竞技场。它们各具特色，庄严宏大，气派不凡，这些建筑的布局方式与风格至今在欧洲国家中随处可见。令世人惊叹不已的是罗马竞技场，竞技场的拉丁文原意为“半圆形”，是根据它的形态来命名的。公元 70 年到 80 年间建造的科洛塞竞技场，是三代皇帝建立起来的巨型场所，其呈椭圆形，高近 50 米，外围是 188×54 平方米，有 80 座拱门可用以出入。这个竞技场主要是供皇家使用，可以容纳 5 万人，按照今天的标准仍然是一座大型的公共场所。这是世界上空前绝后的竞技场，因为罗马帝国之后，以角斗士互相残杀来取乐的娱乐活动在西方已经不复存在，也就没有再建设类似建筑的可能性了。这些古代残留下来的建筑经历了千年风雨，如今仍然屹立在意大利罗马，似乎在向后人展示着罗马帝国当年的辉煌。

二、中世纪与文艺复兴时期

罗马把基督教立为国教之后，西方艺术随之发生转向，从以世俗为中心的建筑向以神为中心的艺术转化，人体的艺术与王权中心式的建筑让位于圣像与教堂建筑。从此之后，西方艺术再也没有摆脱这一模式，在长达 1 000 年的中世纪，教堂的圣像绘画与宗教艺术一直处于中心地位。14—16 世纪的文艺复兴虽然对于这一建筑与艺术倾向产生一定的扭转作用，但仍然没有全部改变局势，即使在古典主义艺术时代，西方社会已经基本实现了政教分离，宗教已经不能直接干涉政治，但在艺术领域中，宗教艺术仍然占有相当的优势。直到现实主义与现代派艺术的兴起，才可以说西方艺术进入了一个新的时期。

中世纪时期的艺术一般分为这样几个阶段：古代基督教与拜占庭艺术时期、罗曼艺术、哥特艺术与欧洲的伊斯兰教艺术。

古代基督教与拜占庭艺术时期大约从 3 世纪末期基督教绘画开始，到 9 世纪末的加洛林王朝灭亡为终结。基督教艺术的萌芽从 3 世纪末出现，这时基督教的国教地位尚未得到确立，基督教徒们开始创作一种壁画，画面是祈祷与圣像。早期基督教艺术借鉴了当时并不信教的罗马人的技艺，也出现了石刻，其格调沉重，充满压抑感。4 世纪基督教被确立为国教之后，这种艺术得到解放，成为教堂艺术正宗，但艺术风格也发生了变化，从当初的简朴变为华丽，加强了装饰性。476 年罗马帝国崩溃，罗马人的基督教艺术随之解体。不过，它并没有完全消灭，而是东移到君士坦丁堡，进入东方化的拜占庭时代。

在世界雕刻史上，西方传统以雕塑为主体，而东方则以浮雕见长。拜占庭艺术是西方艺术的一个转折点，即从希腊罗马以雕塑为主体的艺术向东方风格的浮雕转化。这种艺术的另一种独特表现形式——镶嵌画——以其鲜艳的色彩而成为时代的象征。6 世纪由查士丁尼皇帝建立的君士坦丁堡的索菲亚大教堂就是拜占庭艺术的一个典范。穹窿形的屋顶如同上天，象征上帝的神圣。砖结构的平面建筑为主体，金色成为主色调，如同以后所有的东正教教堂那样一片金碧辉煌。不过，在教堂中也有世俗画面，如皇帝与皇后的壁画也经常可以看到。12 世纪之后，哥特式艺术兴起，它取代了罗曼艺术。哥特式艺术是一种典型的西方风格的建筑。1140 年的圣德尼修道院的尖拱，大而光亮的花玻璃窗洞，都令人耳目一新。从外观来看，意大利的米兰大教堂是哥特风格的典型，即所谓“燃烧的哥特式”，在这种风格中法国式的温柔被克服，代之以雄浑与神秘的北欧风格。在绘画艺术领域，随着基督教理性化的过程加强，到 15 世纪初期，透视技术已经广泛运用于绘画之中，为文艺复兴开辟了道路。

从 11 世纪到 14 世纪，中世纪的理性与幻想世界结合为一，创造出一种神圣与甜蜜的情感，它的罗曼风格、哥特式的建筑等已经定型。而城市化与工业化的兴起，海外冒险的成功，都在要求一种革新。这种革新并不指向未来，相反，它表面上是返回到古典时代，以古典艺术的形式来表达新艺术的精神。古典艺术的重生，这是文艺复兴的口号。西方艺术在文艺复兴时代达到了另一个高峰，在古希腊罗马的古典艺术之后，它第二次成为世界艺术的领跑者。

如果说古典艺术是以雕塑为自己的标志，那么文艺复兴则是以绘画为自己的旗帜。

文艺复兴运动发生于 14—16 世纪的欧洲，从意大利起源向西欧与东欧扩散，主要表现于宗教改革与古代文学艺术的复兴和创新等方面。1453 年东罗马帝国首都君士坦丁堡被土耳其人所占领，这是罗马帝国崩溃之后西方文化的一次劫难，研究古希腊文化的学者们纷纷逃往意大利，并且在这里掀起了古代文化复兴运动。中国印刷术传入欧洲后推动了欧洲印刷技术的快步发展，古代文物与手抄本也在此时被大量发现，这使得古代希腊的人文主义艺术开始向统治了 1 000 多年的宗教艺术挑战。恩格斯说：

> 拜占庭灭亡时抢救出来的手稿，罗马废墟中发掘出来的古典古代雕像，在惊讶的西方面前展示了一个新世界——希腊古代；在它的光辉的形象面

前，中世纪的幽灵消逝了……[①]

这一时期的学者与艺术家们有一个口号：回到希腊去。文艺复兴运动既是思想运动又是文艺运动，意大利艺术家达·芬奇（Leonardo da Vinci，1452—1519）、米开朗琪罗（Michelangelo Buonarroti，1475—1564）与拉斐尔（Raffaèllo Sanzio，1483—1520）成为一代宗师，而威尼斯的乔尔乔内画派、乔基姆·杜倍雷与温克尔曼等人无论从理论与实践方面都对艺术有巨大贡献。

英国著名艺术史家沃尔特·佩特曾经说：

> 15 世纪的运动是双重的，一是文艺复兴，一是有着现实主义和对经验的渴求的所谓“现代精神”。它包括一种向古代的回归、一种向自然的回归。拉斐尔代表着向古代的回归，列奥纳多代表着向自然的回归。[②]

《最后的晚餐》

如果再做一个简明的阐释，可以说达·芬奇在自己的绘画中注重以科学的方法、自然的方法来表现，他重视透视学、力学、医学、运动学等方面的研究。而拉斐尔则着力于再现人文主义精神。

达·芬奇的作品《最后的晚餐》是其宗教题材作品中最为著名的一幅，画面选取富于表现力的一瞬间，相近于古代希腊雕塑《拉奥孔》中的画面选择，是古典画风的标准表现。耶稣受难之前，向 12 门徒宣布：你们之中有人出卖了我。众人都感到十分吃惊，各自神态在画中得到了惟妙惟肖的表达，最引人注目的是犹大捂住了钱袋，在惊慌之余，以掩饰自己的劣迹。《岩间圣母》现存于巴黎罗浮宫，画面中共有 4 个人物，除圣母与圣婴外，还有天使与施洗者约翰，这是对于神圣事物的一种自然与世俗式的处理，以和谐的画面体现出爱的主题。全部画面采用深色，只有借助于强光的反射才可以看出人物与环境，这是典型的充满自然精神的画面，因为在现实世界中，人类能看到事物的原因，就在于事物本身在反射光线，如果没有光，

《蒙娜丽莎》

① 马克思恩格斯选集：第 4 卷．北京：人民出版社，1995：261.

② ［英］沃尔特·佩特．文艺复兴．张岩冰，译．桂林：广西师范大学出版社，2000：133.

就无法看到事物。最为世人所喜爱的名作是《蒙娜丽莎》是作者的朋友乔康达的妻子的画像，女主人面部丰满，流露出一种略带神秘的微笑，这幅画即以这种神秘的微笑而著称。如何欣赏这幅画？可谓仁者见仁，智者见智。这正是艺术杰作的特征，它能带给人们巨大的想象空间，而不必拘于一种理解。达·芬奇一生坚持画素描，特别是晚年，留给世人数百幅充满想象精神的素描，这些素描把科学的透视法、几何学的测量与艺术技法结合为一体，使之成为西方美术的一种传统。

米开朗琪罗的主要作品是罗马西斯廷教堂的《创世记》，其取材于《圣经》故事，场面宏大，气势磅礴，共分为 9 个连续的场景与 300 多个人物，在世俗中再现了历史与天国。米开朗琪罗在同一所教堂的另一幅名作同样取材于《圣经》，这就是《末日的审判》。同时，米开朗琪罗也是一位杰出的雕塑家，他的《大卫》同样取材自《圣经》故事，大卫是以色列人的第二位国王，公元前 1000 年前后在位，曾经与巨人哥利亚作战，以石子击杀对方，从此结束了以色列人与菲利士人的长期敌对。文艺复兴时代的大卫雕塑并不只一座，意大利佛罗伦萨的多纳太罗的铜雕《大卫》也是一件艺术名作，与米开朗琪罗的雕塑比较，更可以看出米开朗琪罗作品的特色。米开朗琪罗选取的是青年时代身体健壮的大卫，具有古典人物健美壮硕的形体特色，肌肉结实，形象高大。而多纳太罗的大卫则是一位身材如同少年一般秀美的人物，虽然同样是英雄，却更具世俗色彩。米开朗琪罗的另一座雕塑《摩西》，沿袭古代艺术表现规律，选取最富于表现力的一刻：当以色列首领摩西从圣山走下，手持十诫之板，不料却看到以色列人在崇拜金牛犊的场面，摩西感到万分震怒，几乎要摔碎手中的诫板。这一雕塑以其高超的表现技术受到世人关注，著名精神分析学家弗洛伊德看到雕塑之后，感动不已，专门撰写论文从精神分析学的角度来分析其心理与艺术价值。

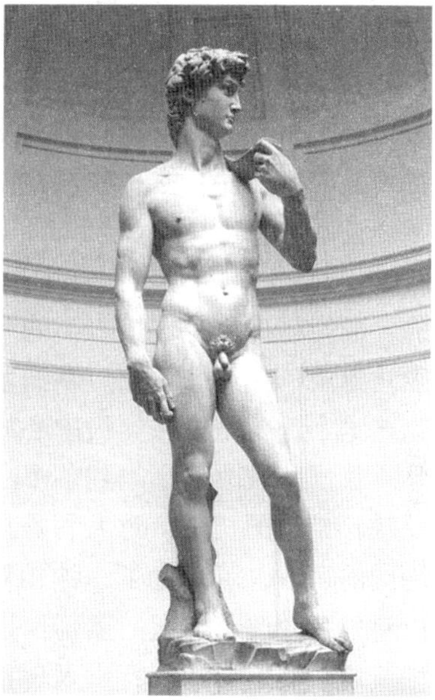
《大卫》

拉斐尔最著名的作品是《西斯廷圣母》，这是他 16 世纪初期来到佛罗伦萨之后所创作的众多圣母题材作品中最优秀的一部。但是，拉斐尔的圣母题材作品与后世特别是东欧地区流行的圣母画像是完全不同的，那些圣母画像大多是一些制作粗糙的工艺制品，而拉斐尔的作品是艺术大师的杰作。《西斯廷圣母》对于圣母的形象做了世俗化的处理，圣母成为慈爱的母亲代表，神圣的光环褪去之后，整个画面显得柔美温润，与中世纪的圣母画像形成鲜明对比，这种处理具有一种时代的特色，是一种人文主义精神的表现。

除了意大利之外，文艺复兴运动在西欧与北欧甚至东欧也迅速扩展开来。法国人在接受了意大利人的艺术之后，开始创造属于自己的具有法兰西民族特色的艺术。吉尔·勒布勒东所设计的枫丹白露堡、彼埃尔·莱斯柯所设计的罗浮宫等是一批具有法国文化特色的建筑。画家克罗埃父子则以肖像画为主，创作了索朗索瓦一世等一大批肖像画名作。德国杰出画家阿尔布雷希特·丢勒是可以与意大利大师们并驾齐驱的人物，他早年就已经熟悉了意大利风格，并把意大利大师们的技艺与哥特晚期的现实主义结合为一，独树一帜。丢勒的《牧人崇拜》、《圣热罗姆》与《四使徒》等作品，成为文艺复兴时代的名作。

三、从巴洛克到洛可可

文艺复兴的高潮过后，从1520年起到16世纪末期，欧洲艺术创作中，形式主义异军突起。这可能有多种原因。首先文艺复兴对于古典艺术的崇拜可能限制了原发的创造性，这种原发的创造经过长期的积蓄终于爆发。其次，形式主义其实是艺术发展中反复出现的阶段。16世纪末期，巴洛克艺术兴起，并且一直持续到1760年，成为艺术领域里的主要潮流之一。“巴洛克”一词产生于葡萄牙语，原指珍珠或是珠宝之类的装饰品，以后用来指具有独特形式与意义的思想或表达方式。在这一时期，欧洲艺术分为两大潮流，一个是以意大利为中心的巴洛克艺术，一个是以法国为中心的严谨的古典主义。

德国宗教改革影响到整个欧洲，包括意大利在内的各国都对宗教改革做出了反映。与德国相反，意大利是欧洲天主教的中心，所以部分教职人员与教徒对于德国的宗教改革产生了一种相对立的情感。意大利天主教要求进行内部的调整，以对付宗教改革引起的震荡，这是巴洛克艺术产生的根源。巴洛克艺术要求用一种线条来规定形状，特别表现在建筑与绘画中，以几何图形对宗教建筑的装饰性加以强化，甚至用些奇怪的图形，以对抗文艺复兴的精神改革。在罗马的教堂设计中，巴洛克的内部装饰性得到最大程度的发挥，一批巴洛克风格的教堂出现。彼埃尔·德·柯尔托纳设计的圣路加与马尔蒂纳教堂、贝尼尼的安德烈·德吉利纳教堂等都是巴洛克艺术的代表性作品。巴洛克风格强调典雅与高贵，但是与古典的庄严不同，它的庄严来自人工的雕琢。这种艺术在北欧与西欧也得到推广，法国芒埃尔设计的瓦尔德格拉斯教堂，勒沃设计的著名学术机构法兰西学院（原名四国学院）都明显受到意大利巴洛克艺术的影响。在法国，巴洛克艺术的发展有一种本土化的倾向，这就是与古典主义的结合，我们可以从罗浮宫的柱廊与凡尔赛宫的忒提斯洞里的群雕中，看到这种完美结合。

将巴洛克艺术与古典主义融为一体，并且有个性化创造的大师伦勃朗，是运用色彩与光线的巨匠，他通过明暗对比与暗色调共同使用，创造了三幅群像《解剖学课》、《夜巡》与《呢绒》。这些不同画风的作品，奠定了伦勃朗在欧洲画坛的地位。

洛可可式装饰

洛可可（Rococo）原名为洛赛勒（Rocaille），后来被人贬称为洛可可，这是从巴洛克艺术中蜕变出来的一种类型，它是由于欧洲人把岩洞、贝壳与钟乳石等自然装饰引入室内而形成的一种具有非宗教性精神但又带有强烈的装饰性的风格。洛可可这种类型主要起源地是法国，不过，对于法国艺术家来说，最伟大的作品仍然是洛可可与古典主义风格的结合，如布夏东的巴黎《四季喷泉》与《爱神在海洛里斯的狼牙棒上磨金弓》，让·安东尼·乌东的《狄安娜》等。洛可可不仅在欧洲得到传播，而且通过葡萄牙的殖民者把它带到了南美洲，在巴西的米纳斯吉拉斯地区，一位名叫安东尼奥·弗兰切斯科·里斯伯亚的优秀设计师，建筑了具有洛可可风格的弗朗索瓦大教堂。我们尤其要注意的是，在地理大发现中，葡萄牙人在进行了所谓的“美洲征服”之后，来到了南中国海，并长期占据了中国的澳门直到 1999 年 12 月 20 日才归还给中国，至今在澳门的一些葡萄牙风格的建筑与雕塑上，可以看到洛可可风格的表现。

洛可可式家具

四、流派纷呈的 19 世纪

1. 新古典主义兴起

18 世纪的新古典主义首先揭开了艺术革新的序幕。启蒙主义与古典主义者们早已经对洛可可之类的形式主义深感不满，如何能革除这种既有神性因素又充满肉欲的艺术类型？唯一的方法似乎仍然是举起古希腊人的法器，于是古典艺术再次被抬了出来。不过与文艺复兴时代一样，这里所谓的“复古”其实意味着创新，这一次的创新价值更为重大。19 世纪初期与中期，众多的艺术流派纷纷亮相，百花齐放，到了 19 世纪末期，现代艺术终于登场。

新古典主义理论基础起源于德国艺术理论家约翰·温克尔曼，他在《古代艺术史》一书中认为，希腊艺术是追求美的，这种古典美是由和谐、比例、简洁等构成的。启蒙主义思想家卢梭的《关于科学与艺术的谈话》以及莱辛的《汉堡剧评》与《拉奥孔》，宣扬启蒙主义与百科全书派学者们的观念，成为新古典主义的理论之源。从罗马到巴黎再到伦敦、圣彼得堡、赫尔辛基，甚至一直到新大陆的波士顿、华盛顿，这是一个遍及整个欧美的艺术潮流，其影响之广可以说是空前绝后的。今天我们来到这些地方时，任何一处都可以感受到来自最古老的欧洲罗马与巴黎艺术的影响。

1758年，雅克·热尔曼·苏夫洛受命于重病之中的路易十五，重建巴黎圣热纳维埃沃修道院，经过长期的艰难施工，终于在法国大革命之年1789年成功完成。1791年，法国决定这个教堂要开始接受法兰西所有自由时代的伟大人物的骨灰，从此改名为先贤祠。先贤祠是法国最伟大的建筑之一。这个建筑中的穹顶极其独特，是一个悬挂结构，当时许多人都对这创举表示怀疑，担心它会塌下来，可是几个世纪以来，它一直坚固如初，这被认为是欧洲艺术史的一个奇迹。先贤祠的壁面采取了一种没有装饰的平淡而庄严的处理，这就是以后的拿破仑风格的前驱。更重要的是，它所代表的整体风格与追求，受到了世界进步艺术家们的肯定。美国首都华盛顿的政府大厦就一定程度上学习了先贤祠的艺术，表达了无数志士仁人为了自由而斗争的志向，其美学风格体现出罗马诗人朗吉弩斯所推崇的那种崇高，寓意深沉，给人以鼓舞与启迪。

2. 浪漫主义

欧洲文化内部的冲突决定了它反复多变的思想潮流，科学与宗教、民主与专制之间的斗争使得对立的思潮之间互相批判又互相继承，形成了极为多姿多彩的历史进程。18世纪末到19世纪初，浪漫主义成为风行欧洲的主流。宗教的传统依然是浪漫主义的精神之一，因此有人将浪漫主义称为“圣经式艺术”，这虽然有过于贴近之嫌，但从历史深处来看并非没有道理。同时，德国古典哲学、英法的空想社会主义也是重要思想推动力。“浪漫主义”（Romanticism）的词源是中世纪的“浪漫传奇”（romance），它的主要形式是英雄史诗与骑士传奇等，当启蒙主义思想涌起时，它要求思想自由、个性解放与返回自然，反对封建王权。1789年法国大革命之后，浪漫主义更加流行，从不同方向产生的向往与追求，理想破灭的伤感等都刺激了浪漫主义的勃兴。在艺术表现中，崇拜英雄与个人奋斗的题材比比皆是，风靡欧洲与美洲，直到19世纪中期以后，现实主义才逐渐部分取代了其地位。

1792年，西班牙画家弗兰西斯科·戈雅·伊吕西安特（Francisco José de Goyay Lucientes，1746—1828）开始耳聋，造成他性格孤僻，与世人不来往，但是他的艺术却征服了广大观众。他的作品《疯人院》中斗牛者的浪漫色彩别具一格。现存于马德里普拉托美博物馆的《五月三日的枪杀》，是一幅政治题材的名作，画家真实描绘了 1808 年 5 月 3 日拿破仑军队对西班牙人民进行残酷镇压并用军队枪杀人民的场面，反映了在悲惨中激发起的一种反抗的情绪。

法国的浪漫主义前驱人物泰奥多尔·籍里柯（Théodore Géricault，1791—1824）的名作《梅杜萨之筏》是现实题材的作品。1816 年，一艘名为“梅杜萨”的船在海上遇难，这一事件震动一时。画家选取了“梅杜萨”将沉之际这一惊心动魄的时刻，表现了一群处于生死危难关头的人们向远方灰暗的天际呼喊求救的情形。画中远方模糊不清的来船轮廓更是令人分外担忧。

《梅杜萨之筏》

德国科隆大教堂一直是各种建筑艺术家们展现身手的地方，其中最为重要的当然是浪漫主义的卡里·弗里德里希·申克尔，他将科隆大教堂重新修复，体现了一种历史主义原则。其余的各种新作也在这一时期诞生，如法国夏尔·加尼哀设计的巴黎歌剧院、彼得·库帕斯设计的阿姆斯特丹的国家博物馆等。

3. 现实主义与印象派的产生

19 世纪中期艺术流派的多样性发展达到了新的高峰。1850 年前后，现实主义开始兴起，但是仅过了 10 年，画坛具有震撼力的流派——印象派——产生，这两种看起来完全不同性质的艺术流派先后兴起，一方面标志着现代艺术的多元化局面已经形成，另一方面，也表明任何艺术流派之间并不是绝对对立的。作为艺术，它们之间的关联性一直被人们所忽视，最常见的是用某种流派的标签来划分它们，而没有看到它们彼此之间的天然存在的互相依存的关系。

现实主义作为一种思想是历史悠久，它形成一种艺术流派却是在特定的历史条件下。19 世纪 30 年代，欧洲国家的工业化已经进入发达阶段，1830 年法国七月革命与 1832 年的英国议会改革，标志着政治局势的新发展。科学技术改变了人类对于世界与社会的看法，细胞学、能量转化与守恒定律、进化论等重要科学发现使宗教与信仰观念面临新的考验。孔德的实证主义，泰纳的时代、环境与种族决定理论等影响日益扩大。如果说浪漫主义是以英雄主义为基调，那么现实主义是以人道主义为主旋律；如果说浪漫主义是以幻想为手段，那么现实主义是以写实为手段；如果说浪漫主义是以感动为目标，那么现实主义是以理解为目标。

法国画家居斯塔夫·库尔贝（Gustave Courbet，1819—1877）创作了大批反映现实的画作。起初他的画并未得到承认，《画室》（全名为《画室：决定着我 7 年艺术生活的故事》）与《奥南的葬礼》是他于 1855 年提交给美术院的作品，用以参加当年在巴黎举行的世界博览会，但是由于不符合古典主义画派的要求而被拒绝。库尔贝十分愤怒，于是在世界博览会对面租了一幢楼房，举行了一个名为“现实主义画展”的展出，同时出版了《现实主义的宣言》一书，与官方唱起了对台戏。《画室》中，居于画面中心的是画家与一位裸体的模特，模特把披着的袍子扔在地上，代替了艺术家们所崇拜的女神缪斯。画家自己正在作画，左右两边分列着不同的人群，右边是画家的朋友、艺术家、艺术爱好者；左边是平庸世界的人们，包括劳苦大众、资本家与工人、体验死亡的人们等等。这是一幅含有讽刺意味的现实主义佳作，同时也具有强烈的象征意义。其主题是艺术家与艺术在资本主义制度面前的独立性，在平民与劳动者们面前，艺术的理想化日益淡薄，女神也不再神圣，甚至成为裸体的模特，而画家自己却能够自立于世。有人分析，这幅画的构图其实很像《圣经》中“末日的审判”的场面，画家自己就是上帝，处于裁判者的地位。

现实主义的雕塑家罗丹（Auguste Rodin，1840—1917）创造了一系列名作，如《思想者》《行走者》《地狱之门》，其中有的作品带有一些象征主义的色彩，但总体精神仍然是现实主义的。

法国的巴比松原本只是枫丹白露地区的一个小镇，但是一个法国画派以此为名，使得巴比松名扬世界。巴比松画派是从现实主义向印象主义过渡的画派。风景画在古典主义绘画中是一个不起眼的画种，浪漫主义者们开始重视它，他们通过风景画来抒发自我的情感，所以风景在他们的作品中往往失真，成为情感的表现。现实主义画派也重视风景画，他们以写实的方法来画风景，但是多数以牧歌式的风景画而著称。印象派可以说是西方风景画真正的创造者，在他们笔下，风景画不再是一种陪衬，而成为一种生活的内容，是自然与社会重要的主题。

1874年四五月间，在巴黎加布钦修女院路35号的纳塔尔照相馆，一批青年画家举行了自己的画展，美术评论家路易·勒卢瓦看到莫奈（Claude Monet，1840—1926）的一幅名为《印象·日出》的画，遂不无嘲讽地称他们为“印象派画家”，谁也没有料到，这一称呼不胫而走，成为一批艺术巨匠们的总称。印象派画家以自然景物描绘而著称，他们在自然光线下作画，他们认为自然是不断变化的，而捕捉与表现自然的变化是画家的重要职责。在他们的画中，起关键作用的是对于光线的变化的把握。印象派存在的时间很短，1886年印象派画家举行最后一次集体画展后，印象派其实从此就名存实亡了。不过，新画家们以后印象主义与分色主义等名称继续进行创作，不过，对于广大观众来说，有时索性也把他们归入印象派画家之中。

印象派画家中，莫奈、德加（Hilaire Germain Edgar Degas，1834—1917）与雷诺阿（Pierre Auguste Renoir，1841—1919）属于主流画家。在他们之中，最先引起世人注意的是马奈（Edouard Manet，1832—1883），他以《草地上的午餐》一画引起争论。马奈对于光线与色彩的用法与传统相悖，表达出一种创新精神。雷诺阿以善于画女性裸体而著称，有《阳光下的浴场》与《浴女》等作品。其中最为突出的是莫奈的名作8幅系列画《圣拉扎尔车站》。19世纪20年代，铁路在西方各国出现，这种表现了科学与工业发展的新事物，立即引起了印象派画家们的关注，特纳创作了《雨、蒸汽、速度》，马奈画了《铁路》。圣拉扎尔车站举行典礼之后，莫奈感受深刻，他通过一种运动的感觉与光来表达这一新生事物给世界的观感。其实在画面上，我们所看到的只是一片片烟雾，但是我们似乎听到了火车的吼叫声。法国自然主义作家左拉看了莫奈的画之后，大为感慨，认为是一种艺术上的创新。

莫奈等都属于早期的印象派画家，以后，在通常的印象派之外，有三位画家也颇有影响。其一是万森·凡·高（Vincent van Gogh，1853—1890），他于1886年从绘画艺术根基深厚的荷兰到达西方艺术之都巴黎，立即被当时崭露头角的印象派所吸引，但是，他很快就发现自己的艺术实践其实与印象派并不相同，他更为重视线条的构形作用。于是他转而来到了法国普罗旺斯，在这里进行艺术探索。一般认为凡·高的创作是表现主义的前驱，其代表作有《向日葵》《吃马铃薯的人》《堂吉老爷子》等，静物与人物画俱佳。其二是保罗·高更（Paul Gauguin，1848—1903），他与前者不同，他曾经参加过印象派的第五届画展，并且受到过毕沙罗的指教，被认为是后期印象派的一员，但实际上他最终还是脱离了印象派。高更对于当时流行的分隔派画法很推崇，这种画法主要是用平面涂写，再用粗线条来勾勒形状。有人认为，这是吸取了日本版画的特点。高更后来定居于著名的塔希提岛，远离西方文明与喧嚣尘世，其代表作有《游历的灵魂》、《向你致敬，玛丽亚！》与《布道后的幻象》等。其三是保罗·塞尚（Paul Cézanne，1839—1906），他年轻时曾经跟随毕沙罗等名画家，以后吸收了印象派的光与色彩运用方法，但是讲究形体，重视绘画方法的研究，成为绘画构成感的大师。塞尚的作品数量不多，但是影响不小，《玩纸牌的男人们》《果盘》《女浴者》等，都是体现其绘画思想的力作。

埃菲尔铁塔

19世纪最后10年，工业化社会对于艺术的影响全面显现出来。铁的使用虽然从远古时代已经成为人类文明的标志，但是直到19世纪末期，钢铁工业的突飞猛进才使得人们生活处处离不开钢铁。这种意识对于艺术有重要推进，现代主义就是工业化进程中的产物。巴黎于1889年建起了埃菲尔铁塔，这座钢铁结构的建筑与凯旋门一起成为巴黎的象征。从 1871 年起，美国芝加哥开始修建钢结构的摩天大楼，在这里形成的芝加哥学派，不仅是工程技术学派，也对艺术有直接影响。这些可以看成是现代建筑艺术的成果，它们与中世纪以来的教堂建筑艺术迥然不同了。

纽约的摩天大楼

五、力求革新的新时代艺术

20 世纪人类社会进入高科技时代，科学技术的发展极大地改变了世界，也改变了人们的生活。人类活动的领域从地球走向了宇宙，火箭、人造卫星与航天飞机的创造，使得人类进入了太空，人的生存空间变化也使人们的空间观念发生了变化。现代通信工具包括电报、电话与互联网使空间进一步实体化，无论是扩大还是缩小，空间的感觉已与前人不同。但同时，两次世界大战又给人类留下了极为惨痛的回忆，历史永远不会消除这种感受与记忆。

在这一历史背景下，才有可能回顾 20 世纪艺术的发展。如果概括起来，其基本特点是现代艺术的求新与创造，这种创造包括形式与内容的全面创新。主要的艺术流派有未来主义与立体派等，艺术形式与内容的改革相当激烈，从绘画雕塑发展到人体艺术品、非形象艺术与几何抽象艺术，其中也包括建筑工程的革新。

1909 年，意大利人再次引领世界艺术潮流，未来主义（futurism）作家们发表了自己的宣言，次年，未来主义画家贾柯莫·巴拉（Giacomo Balla，1871—1958）、安波托·波丘尼（Unberto Boccioni，1882—1916）、卡洛·卡拉（Carlo Carrà，1881—1966）、鲁依基·鲁索罗（Luigi Russolo，1885—1947）、基诺·谢沃里尼（Gino Severini，1883—1966）等人共同发表了《未来派绘画宣言》，他们认为，世界上一切事物都在运动之中，由于事物形象持续存在人的视网膜之上，运动中的物体便会成倍增长，当这些形象连续而来，就会产生变形，如同在空中的快速振动，于是一匹奔跑中的马就不是四条腿了，而是二十条腿，而且它们的运动呈现为三角形。为了真实地再现自己的这一看法，未来派画家们对运动的物体采用摄影方法，用这些连续的照片来作为绘画的基础。

鲁索罗的《一辆汽车的力量》中，画面上是一辆疾驰的汽车产生的如同射出的箭一般的形象，表达的是一种力量与运动感。而马莱的《撑杆跳》则是无数个连续的画面，如电影胶片一样，除了能看到不同位置的运动员之外，也能感受到一种运动的连续过程，其实这正是未来主义者所追求的目标。未来主义作为一种思潮，起于对城市化的反应，以一种过程来表达大工业与科学技术产生的社会生活剧变所引发的色泽、声音、味道等的变化。这样，它就与野兽派的色彩、立体派的切割与新艺术的装饰性结合起来。未来主义兴盛的时间在 1912—1915 年间，在第一次世界大战之后，它的法西斯主义立场使得它臭名昭著，从而失去了在画坛的地位。

就在未来主义发表宣言的前一年，法国人乔治·布拉克（Georges Braque，1882—1963）与西班牙人巴布洛·毕加索（Pablo Picasso，1881—1973）共同发展了一种被称为“立体主义”（Cubism）的画派。这个名称来源于一些批评家，他们看到布拉克的油画《葡萄牙人》时，对于画中的几何学的立体画面感到可笑，称之为“立体主义”，从此这一称呼就被传开来。在这幅画面中，我们甚至连完全的立体也看不到，只能看到被分割开来的不同几何形体。只有进行组合之后，才可以看出是一个手持吉他的人的形状。这就是立体主义的奥妙，布拉克强调，画面上所出现的并不是对象，而是一种新的整体，是一种抒情，它完全取决于你运用它的方式。立体主义如同使用显微镜之类的科学仪器来分析事物，你只能看到事物的局部，不可能看到整体。毕加索是世界上最多产的画家之一，他的名作如《亚威农的少女》《格尔尼卡》《带藤背椅的静物》等都在西方绘画史上占有重要地位。立体主义兴起之后，立即获得热烈响应，一批巴黎画家相继加入其中，并且又陆续发展出“黄金分割派”与“俄耳甫斯派”等新的画派。立体主义最兴盛的时期是在 1913—1914 年间，第一次世界大战之后，立体主义衰退，但是毕加索等画家的创作仍然如日中天，并未受到丝毫影响。

20 世纪中期到晚期，艺术总体的变化规律可以说是多元分化，而不仅仅是多元化。多元分化是指各种艺术主张的独立发展。虽然从总体来说，这种艺术之间的关联仍然是存在的，但各种艺术的独立性得到最大程度的表现。

从发展趋势来看，主要是抽象主义与具象主义的并存，一方面，艺术越来越向几何体形式抽象与观念抽象的方向发展。俄国画家与艺术理论家瓦西里·康定斯基主张，艺术家的任务不是要驾驭形状，而是要达到形式与内容的统一。抽象艺术就是要通过几何图式来创造自然，从物体外表的描绘中解放出来，以表现对象的精神为主。俄国构成主义画家卡西米尔·马列维奇的《白底上的黑方块》是一些几何体图形，但作者将其称为“裸体的圣像”。此外，荷兰、法国、瑞士等地都出现了大批的抽象主义画家与画派。另一方面，与抽象主义相对立，具象派艺术也大行其道，具象艺术主张通过与可见的现实之间的关系来表现。这种艺术主张的流派较多，西方艺术史家将其分为具象现实主义、批判现实主义、组合艺术与表现艺术。

除此之外，超越现实也是一种重要的艺术主张，实践这一艺术主张的艺术家与流派也相当多，如玄学画派、超现实主义、神奇现实主义、怪诞现实主义与神话方法等，各有不同的具体观念与方法实践，不可一概而论。

第三编
西方与东方文化的“融新”

第十三章 西方与东方：不可分离的文化

第一节　西方古典文明的东方观

一、东方观的滥觞

西方文化起源于希腊，希腊地处地中海。地中海向西就是浩瀚的大西洋，由于航海技术限制，古代希腊人还不能在大西洋进行远航。因此古代希腊对于世界其他民族的经验集中于东方，希腊人自称为西方，将亚洲的波斯人等称为东方。

希腊水手在地中海航行，以西侧的陆地为欧罗巴，以东侧的陆地为亚细亚，当时他们并不知道这就是以后世界两大洲的分界。东方为亚细亚，就是以后的亚洲；西方为欧罗巴，就是以后的欧洲。至于为何如此命名，人们争论不休。其中一种说法是，亚细亚是爱琴海太阳升起一侧的名称，而欧罗巴则是爱琴海太阳落下一侧的名称。也有西方历史学家认为，亚细亚与欧罗巴都是古代神话中女性的姓名，以后被用于代表两大洲。但可以肯定的是，这两大洲的名称来自古代希腊。在东西方相互认识的过程中，埃及人、希腊人、波斯人、印度人、以色列人互相之间接触较早，而远东其他民族较晚才被认识。

古代西方对东方文明的认识经历了不同阶段。在第一阶段的认识中，希腊人曾经把位于北非的埃及看作东方的主要国家，并且以埃及为东方文明的代表。埃及文明早于希腊，而且埃及、利比亚都曾与希腊有过频繁的文化交往，这些地区相对于希腊，地理位置都偏向东方，所以希腊人将他们看成是东方人。这时的希腊人对发达的埃及文明还是羡慕的，对东方文明所取得的成就是基本肯定的。第二阶段是雅典时代，即公元前6世纪前后，古代希腊文明达到较高程度，其中一个重要方面就是对世界整体性认识的萌芽。发生于这一时期的希腊与波斯之间的战争，使希腊人产生截然不同的异己文明——东方——的印象，东西方二元化的立场开始形成。从希罗多德开始，欧洲与亚洲、希腊与波斯成为西方与东方的代表，这时希腊人对于东方文明的态度十分矛盾，睥睨与恐惧、神秘与好奇等多种复杂心理同时具有，对于东方社会制度、经济与物产、人民生活方式等有许多猜想。

真正区分不同东方的是希罗多德的《历史》，这是对西方历史学的一个重大贡献。希罗多德首次明确了远东与近东的概念，东方，不再是一个整体，而有远东与近东之分。当时他并不知道有中国，但是已经指出波斯距离希腊较近，另外还有“最东面的民族”就是印度。

公元前6世纪，雅利安人已经将领地向南推进，印度已经是经济文化繁荣的文明古国之一，并不比希腊落后。另外，这时的希腊人已经知道赛里斯人等其他东方民族，并且将赛里斯人看成是世界最东方的民族之一。关于这一时期希腊人的看法，可靠的资料并不多，其中比较有名的是希腊人克泰夏斯关于赛里斯人与印度人的记载：

> 赛里斯人及北印度人，相传身体高大，达十三骨尺（cubits），寿逾二百岁。格忒罗斯河（Gaitros）畔某处有人，其形类兽，皮与河马相似，故弓箭不能入。[①]

克泰夏斯生活年代大约于公元前5世纪到前4世纪，相当于中国周代。这种记载具有神话性质，如同中国《山海经》中所述海外诸国一样，估计是古代民族之间的直接或间接接触中所传达的异域消息。

二、东西方的早期接触

公元前4世纪，亚历山大东征，成为西方对于东方认识新阶段的开始，亚历山大的大军征服了波斯、小亚细亚、北非，直到印度。公元前327年亚历山大的军队进入印度河流域，因为气候炎热与瘟疫流行，才没有继续前进。亚历山大建立的大帝国虽然时间很短，但是使得东西方国家之间第一次实现了全面的交流。以后，东西方关系进一步扩大，地中海民族对于东方的国家与民族有了新的认

① 张星烺编注．朱杰勤校订．中西交通史料汇编．北京：中华书局，2003：119．

识。经过中世纪的十字军东征，再发展到全球海上航线的开通，无论是对于近东还是远东国家，西方人都有了更为深入与切实的看法。

中国人与希腊人一样，从最初的以自己为世界的中心，逐渐向“万国世界”的认识转化。根据中国历史学家的看法，史书所载“黄帝登昆仑”，表明中华民族的先祖已经到达了西域各国。而当时的西北地区活动着多种民族，其中的安息、大夏、康居、月氏等民族，显然是不同于中华民族的人种。这些民族后来在匈奴、突厥等游牧民族的威胁下，陆续西迁，离开了西域，进入欧洲与西亚，有的成为西方古代民族。中国汉代已经完全清楚西方罗马的存在，《史记·大宛列传》与《后汉书》中关于大秦与其他罗马别名的记载，说明中国人当时已经知道，在世界的西方有一个发达的文明国家，其人民类似于中国人，土地肥沃，物产富饶，有健全的国家制度，“置三十六将，皆议国事”，甚至提到了他们的市场交易规则。中国人隐约意识到，这个远方的国家不同于当时草原上的游牧民族，而是一种与中国的文明程度相近的国家。当时的局势是，大汉帝国与罗马帝国都在努力寻找到达对方的通路，但是居于两大文明与两个大陆中间的安息国阻断了这种联系，使得两大文明不能全面接触。

161 年，罗马皇帝马尔库斯·奥留斯·安东尼派出使者到东方。162—165 年间，罗马征服了帕提亚人，解除了古代罗马的重要威胁之一。166 年罗马使团到达中国，这一年是汉延熹九年，这是罗马第一个到达中国的使团，也是地中海文化的使者第一次正式进入中国。以后的几个世纪中，西方不断向东方派出各种宗教人士以传播基督教，再加上印度佛教、波斯拜火教、伊斯兰教的大传播，这样就在东西方交通要道上形成了一种壮观的交流局面。在东西方交流中两条路线同时在其间展开，一条是传教士、教士、教民与各种各样的学者，他们来往于东西方国家之间，进行传教、朝圣等活动与学习交流；另一条路线则是商业交往，东西方之间的大量货物与产品交易熙熙攘攘，热闹非凡。两条路线其实是基本合一的，这就是闻名世界的丝绸之路。

第二节　近代西方看东方

一、中世纪东西方文化之间的关系

从中世纪到文艺复兴这一历史时期中，西方改变了对东方的原有的认识，西方人眼中的东方原本是专制而强大的波斯与富饶文明的中国、印度，现在却成为落后愚昧的东方、野蛮的东方。与东方的交流开始变成对东方的掠夺和以传播宗教的名义进行文明征服。在西方人眼中文明差异变成了文明的等级高低不同，西方成为高级的文明，其他文明则被认为是低级的，“罗马之外全部是蛮族”的思想成为主流观念，并且在以后的各个世纪中越来越强，直到现代社会的到来。

10 世纪开始，西方经济发展速度加快，与此同时，西欧的城市化也随之产生，到 16 世纪之后，西欧工商经济基础已经基本形成，新的国家政治制度已经初现雏形，新兴的人文主义与科学技术进一步丰富了西方文化。经过产业革命，西方在世界工业化的过程中逐步领先于世界。正是由于这一历史原因，西方文化与其他文化之间的关系才出现了不对等。

东西方之间的交往从中世纪到文艺复兴几经反复，曾经兴旺发达的商业贸易一段时期几乎中断。陆路交通上，受到阿拉伯帝国兴起的影响，经常处于交通隔绝的状态。只有在蒙古帝国打通欧亚大交通的时代，才建立起短暂的联系，但是好景不长，随着蒙古大帝国的崩溃，东西方交通再次基本断绝。其原因在于，从西亚到中亚这一咽喉地带再次被奥斯曼帝国所垄断，使得商人们望而却步，于是漫漫丝绸古道，驼铃声稀，商贾冷落。虽然不像有的学者断言丝绸之路已经断绝，但它们已经远非当年的兴盛景象。

中西文化交往中的一段插曲经常被人们提到，那就是意大利商人马可·波罗（Marco Polo，约 1254—1324）于 13 世纪进入中国。当时由于蒙古人的征伐，东西方交通处于战争状态下，相互隔绝的时间已经很长，有的西方人已经对远东与中国感到完全陌生。所以当《马可·波罗游记》在欧洲出版时，竟然被视为奇书，书中记述了一个当时不为多数欧洲人所知的中国文明。绝大多数人认为世界上竟然存在着比欧洲还发达的东方文明是不可想象的，从对这本书的评价中，我们可以看到当时东西方文化关系的真相，可以看出当时欧洲人对于中国的了解真是非常之少。

中世纪东西方交往中有一些重要的历史事件与现象，从这些事件与现象中，可以看到世界主要文明之间的联系在这一历史时期是相当复杂的。一方面古老的东方文明仍然在继续对西方发生影响；另一方面，欧洲人对于东方产生了不同看法，有了新的东方观念。

中国的四大发明在这一时期西传欧洲，成为影响世界文明发展趋势的大事件。中国人发明的指南针、火药、印刷术与造纸术是人类历史上最重要的发明。它们传入欧洲之后，推动欧洲航海、军事、经济与科学飞跃发展。近代西方科学的先驱、英国思想家培根在《新工具》一书中，指出这些发明是推进人类社会发展的最重要发明，这是一个公正的评价，可惜的是，培根竟然不清楚这些发明是中国人完成的。明代来到中国的意大利传教士利玛窦是中西关系史上最著名的人物之一，但他进入中国后，还不承认西方的印刷术是从中国传入的。他曾经比较过中国的印刷术与西方的印刷术：

> 他们的印刷比我们的历史悠久，因为在五百年前已经发明了印刷术，但

与西方的有所不同。中国字的数目极多，不能用西方的方法，不过现在也采用一种拼凑法。……至于论速度，我觉得西方印刷工人排版与校对一张所用的时间，与中国工人刻一块版所用的时间不相上下，也许中国工人所用的时间还少一点。[①]

但也有相当多来到中国的传教士们承认，中国的这些发明使世界受惠。中国人发明的指南针使得哥伦布能够完成环球航行，开辟世界海上航线。中国人发明的火药使西方能够制造枪炮，不幸的是，这些枪炮竟然成为近代西方殖民者们用来敲开中国大门、屠杀中国人的利器。中国人发明的印刷术与造纸术是近代文明推广的主要工具，在进入中国的传教士们向中国人宣传福音书时，他们并未意识到，他们手中的《圣经》与来自中国人发明的纸与印刷术紧紧联系在一起。

二、早期传教士的活动

向东方传教是从基督教诞生之后就开始的事业，无论是天主教还是耶稣教，无一不把东方看作最重要的地区。西方向东方派出传教士至今已经有1 000多年历史，其中派出人员最多的是在17世纪之后。中世纪来东方的传教士人数不多，特别值得注意的是，历来的传教活动中，人数最少的是东正教，在东方信徒最少的也是东正教。中世纪来到中国的传教士中，最有影响的是景教传教士，其传教活动颇具传奇性，成为东西方关系史上的一段很具有研究价值的历史。传教士的活动是双向的，一方面是传播基督教，另一方面则是通过传教士们的活动把东方国家的状况向本国反映，这为西方了解东方开辟了一条途径。绝大多数西方人包括政府都是通过传教士来了解东方的，所以西方的东方学研究中，传教士的书信、日记、著作与杂记等都成为最重要的文件。这就产生了一种极为不利的情况，传教士们毕竟是从宗教活动角度来看待东方事物，在政治经济思想方面都有许多偏见，这种偏见通过传教士们的眼睛，传入了西方世界，左右了西方人的看法。

海上交通航线开通之前，来到东方的传教士中能称职者其实屈指可数。这一时期，意大利人在东方探索中居于重要地位，因为意大利是欧洲工商业文明发展的前锋，而意大利工商业能够发展的重要原因之一就是与东方的贸易，来自东方的香料、丝绸、染料等产品是意大利贸易的主要货物。同时，意大利在欧洲宗教中所处的特殊地位——罗马教廷就在意大利的领土之上，也是它首先派出大批传教士的主要原因之一。在与远东的交往中，第一位来华传教士是意大利的柏朗嘉宾（Jean de Plan Garpin），史称“第一位东方传教士”。他受教皇英诺森四世派遣，于1245年出发来华，主要任务是说服蒙古人信仰基督教，与欧洲十字军夹

---

① ［意大利］利玛窦．中国传教史．刘俊余，王玉川，译．台北：光启出版社，1986：17-18.

攻穆斯林军队。众所周知，蒙古人与欧洲教皇之间的交往曾经引起世界关注，这是一种相当复杂的宗教关系。因为唐代之后，欧洲人对东方的目光已经不再紧盯着中国了，而是转向突然崛起的伊斯兰国家。信奉实用主义的基督教徒要对抗伊斯兰大帝国，从战略上拉拢蒙古人是至关重要的。当年游牧民族匈奴人进入欧洲，致使罗马帝国灭亡的历史给欧洲以深刻教训，所以发展蒙古人信仰基督教成为教皇的重要任务。可是这位传教士似乎是位饱学之士，他最感兴趣的不是蒙古人的政治动向，反倒是中国文明。第二位是方济各会的约翰·孟加维诺（Jean de Monte Corvino），他于1289年前后来华，在当时的元大都传教，后来由于功业不俗，受到教皇的奖赏，可见当时他是来华传教士中相当杰出的人物。第三位是方济各会士鄂多立克（Odorico da Pordenone，1286—1331），他与孟加维诺是同一时代的人，继孟加维诺之后来到中国。鄂多立克善于观察，好学深思，但不擅长著述，他的名著《鄂多立克游记》据说是别人根据他的口述记载下来的。这本游记与马可·波罗的游记相比，虽然不如后者那样广为人知，但是很受历史学家们欣赏，因为其中提供的历史资料更为史学家们相信。

鄂多立克大约于1322年到1328年在中国传教，1331年回到意大利后去世。他东行的路线是从中东到波斯湾入海，到印度西海岸的塔纳登陆，经斯里兰卡到南洋，在游历了南洋诸岛之后，经越南到广州。在中国境内，他先到了海上丝绸之路的重镇泉州，然后北上到达杭州与南京，经扬州到元大都，在这里居住了大约两年，然后到达中国的山西与西藏，后经过中亚地区与波斯，回到意大利。这一路线完全是根据他的书中记载来确定的。如果认真考察，其中当然有相当多的可疑之处，如从西藏到中亚的路途当时没有开通，西方人到西藏的可能性不大。

鄂多立克游记中对于东方国家从波斯到印度、中国都涉及了，是全面的东方游记，与同时期及其后的阿拉伯人的游记相比，记述内容广泛，见解深刻，有独到之处。他认为东方国家宗教是多样的，撒拉逊人即阿拉伯人的宗教、偶像教等在这里可以并存。其中特别关于元朝的多种宗教有详细的记载。

关于中国的记载资料有一定的历史价值，比如有关于景教在中国传播的记载。这是一条重要史实。书中第35节说到扬州城中有“聂斯脱里派的教堂”，以后的历史记载与考古发现证明了这一记录是可靠的。来到汗八里城后，描述这里的庄严宏伟的宫殿与王宫礼仪也很精确，但关于国家的行政划分只做了最简略的记载：

> 这个帝国被其君主划分为十二个部分，每部分叫作一个省（singo）。这十二个部分中，蛮子那部分构成一个省，下属两千大城。并且，确实地，他的那个帝国是那样大，如有人想逐个访问这些省，那他要足足花上六个月的时间；而这尚不把为数五千的岛屿算在内。它们不包括在十二个省中。［再

者，有四名大臣管治这位大君王的帝国。]①

作者关于中国社会行政管理机构的观察显然十分粗略，记载也不够详细。

在鄂多立克之前，《海屯行纪》（原名《行纪》）是中世纪最早的东方游记之一，作者是小亚美尼亚国王海屯，他于 1254—1255 年间来到中亚地区与中国北方，先是晋见拔都及其子，然后再拜见蒙古王。如果此行果真如作者所言，那么他们的行程穿越中亚与中国，是中世纪极为重要的东方行纪。这本书受到地理学家们的极大重视，书中的路线及所记载的地名对于研究变化多端的中亚古代地理极为重要。但是相比之下，这本书中对于东方世界的了解实属不多，其中有相当多的怪诞神奇的描写，如描写沿途所见的蛮族时说，在契丹那边有个国家，其中女的是人形，天赋理智，而男人却是狗形，缺乏理智，大而有毛等等。这种记载与其说是历史不如说是神话，相当于中国古代的《山海经》之类。中国的《山海经》是与古代希腊神话同时代的传说，这种游记却写于早已进入文明社会的 13 世纪，从这里也可以看出当时的西方对于遥远的东方是多么缺乏了解。其中有的记载至今已经完全不可考证，如在准噶尔沙漠中，作者遇到了野人，他们是哑的，"还有黄黑色的野马，黑白色的骡子，大过马驴，还有双峰野驼"②。关于野人，也有一些历史学者有过零散的记录，但流行不广。而有人推测，作者所见到的野马可能就是著名的普氏野马。关于双峰野骆驼，已经被当代生物学家们所证实，世界上只有两个国家有野生双峰驼，其中一个国家就是中国。

三、东方探险的终结：发现中国

海上大交通主要分为两个历史阶段。第一阶段是葡萄牙与西班牙于 15—16 世纪所进行的海上探险，分为两条航线。一条是绕过非洲南端到印度洋的航线，由于这条线路经由非洲，这就使得殖民主义者进入非洲成为必然。另一条航线则是穿过大西洋，经麦哲伦海峡，来到太平洋，发现新大陆美洲，殖民主义从此进入美洲。两条路线的探险分别以葡萄牙与西班牙为主。第二阶段是 17 世纪欧洲列强对北极、大洋洲等地的探险。前后经历 200 多年，世界主要国家与地区都被一一发现，这也使得殖民活动遍及全球，世界文明体系得以形成。

值得注意的是，前两条航线最终会聚于南中国海。1509 年，中葡两国商人在马六甲海峡初次会面，1513 年葡萄牙人先来到了宁波海岸，然后转向珠江三角洲定居。1565 年前后，定居于菲律宾的西班牙人来到中国福建海岸，开始定居。其后不久，英国等列强也进入南中国海，这就使中国成为世界文明体系形成的中心，海上交通的终结点。

---

① 海屯行纪　鄂多立克东游录　沙哈鲁遣使中国记. 何高济，译. 北京：中华书局，2002：84.

② 同①16.

西班牙、葡萄牙等国的传教士与商人们最先大批来到远东，见到了传闻已久的东方丝绸之国，这打破了以往只有少数冒险家与敢于冒险的传教士才能踏上中国与日本土地的局面，其后到远东成为欧洲的时尚，各国纷纷组织传教士们进入东方。也就在这一时期，欧洲的耶稣会成立，耶稣会是基督教中新派组织，文艺复兴之后在欧洲成立，它的成立是基督教近代发展的结果。耶稣会的指导思想与传统教会有相当大的不同，其重视宗教理性，宣传文明与进步。耶稣会教士中有不少立志于科学研究的学者，来到中国的教士不但传播宗教，而且带来了欧洲的科学与学术。由于耶稣会教士素质较高，能够将西方科学技术介绍给中国知识界，并且采取所谓“合儒”的方针，改变了西班牙、葡萄牙等早期传教士不能深入中国社会的局面，使东西方文明之间的交往有了大的进展。耶稣会大批教士远行东亚，进行深入考察，这些传教士在华期间便将中国社会状况以书信形式向国内报告，他们回国后几乎人人著书立说，使东亚社会的真实状况被欧洲所知。

葡萄牙第一位派驻中国的使节托梅·皮雷斯（Tomé Pres）的《东方概要》于1515年前后在马六甲等地写成，其中关于中国的记载是欧洲人最早的东方印象之一，他写道：

> 中国皇帝不信教，他〔拥有〕大量土地和人口。中国人是白人，和我们的皮肤颜色一样。大部分人穿黑棉布做的袍子，跟我们的差不多，只是很长。冬天腿上套上像短袜一样的毡子，脚穿制作精细的短靴，身着羊皮和其他皮毛的衣服。……中国皇帝不是父子相传，也不传给侄子，而是由常驻北京的王国委员会进行选举，并经大臣们通过产生。①

从这些记载可以看出，早期葡萄牙人关于中国的记载是初步的印象，其中关于生活风俗方面的内容大多是符合实际的，但关于社会政治方面的见解有不可靠的地方。原因可能在于作者未能来到中国封建统治的中心北京等地，只是在南海一带活动。不过类似这样的记载在西方相当多，流行一时，引起了民众对东方的兴趣，也推动了欧洲与中国的交往。

利玛窦（Matteo Ricci，1552—1610）是16世纪对于东西文化交流贡献最大的传教士之一，也是最早为中国人所熟知的西方传教士。利玛窦本人是一位虔诚的教士，也是杰出的学者，1582年来华。他在中国期间认真学习中国语言文化，成为传教士中的第一位真正的中国通。在此之前，西方传教士研究学习中国文化者固然相当多，但是西方国家大多数使用拼音文字，表意文字的汉字对于他们来说相当难学。来华传教士中，能熟练讲汉语、用汉字书写者并不太多。一个国家的语言文字与它的思维方式等方面有直接的联系，中国的语言文字与思维方式与

---

① ［澳门］文化杂志编．十六和十七世纪伊比利亚文学视野里的中国景观．郑州：大象出版社，2003：003-005.

西方相异，有自己的文化传统，能进入这一文化传统的传教士很少。同时，多数传教士来中国传教时并不了解中国现实，不懂中国的儒释道思想，直接将西方基督教教义向中国人灌输，结果无不遭到惨败。利玛窦接受了他们的教训，他知道：要想教化中国人，必须先学好中国的语言文字，熟悉中国的文化，在中国的士大夫中扎下根，才可能使基督教深入中国人心中。从广东肇庆到南昌、南京、北京等地，利玛窦广泛结交中国各界人士，从朝廷大臣到布衣庶民。当时的中国名士几乎都与他相过从，李贽、袁宏道、袁中道、徐光启、焦竑、章潢、李日华、李之藻等人更是经常与他讨论学术问题。利玛窦勤于著述，除了传教外，还把西方科学技术介绍给中国人。他在中国出版的《乾坤体义》《几何原本》《测量法义》《同文算指》等书，多数是采用各种形式与中国学者合作的，这使他声名大震。同时，他的《中国传教史》一书在欧洲引起巨大反响，其中关于中国社会与科学的详细而真实的描绘，使欧洲人看到了一定程度上是相当真实的中国，塑造了近代以来的东方观念。

西方传教士利玛窦

利玛窦认为，中国与西方的一个重要区别在于，西方多以基督教为国教，中国虽然没有基督教，却有孔子的学说，这种学说世代左右中国，包括皇帝的作为也要受到儒学的制约。他明确指出，孔子不是神，即儒学不是神学，但同时他又认为儒学是宗教，因为其作用与基督教等宗教是相同的。这对于西方震动极大，世界主要文明中，除了中国之外尚没有以一种非神学的思想体系来治理国家的。中国不但做到了这一点，而且成功延续数千年，这不能不说是一种历史奇迹。中国的统治思想与社会的关系，对于欧洲是一个震撼，它引发欧洲思想家对自身文化进行反思，这种反思的推动力来自中国。从西方的历史来看，此前任何西方文明的反思主要只是内部的反思，直到 20 世纪后期才有了对于理性中心的反思，与 16 世纪西方首次对于基督教的宗教批判相比，甚至连现代主义与后现代主义这样离经叛道的批判都成了小巫见大巫，因为由中国引发的批判是真正的神学批判，其激烈程度更是远超过德国宗教改革中的路德等人。这是一种世界性的文明批判，是无神论文明对于一神论文明的批判，其意义可能会在较长的历史时期之后，才能更深刻地为世界所认识。

世界交往史上有许多相似的事件，中国历史上有一位不谙外文的翻译家名叫林纾，他根据懂外文的人口述从事外国小说翻译，成了知名的翻译家。同样，西方也有一位从来没有到过中国的学者，他写的中国历史成了西方影响最大的中国史。这就是西班牙的门多萨（J. G. de Mendoza），其名著《中华帝国志》被当时人称为“中国的大百科全书”，是全面描写中国历史文化的传世之作。门多萨本是一名普通的奥古斯丁教会的传教士，他传教的地区并不在中国，而是在墨西哥。1580 年，教会曾经命令门多萨到中国来，但是因计划改变没有成行。这可能形成了他的中国情结。他受命编写一部关于中国的最全面的论著，获得材料的方法就是广泛利用所有到过中国的传教士的记录与书信等。1585 年这部书以西班牙文出版。这本书是当时所有关于中国文献的集成。《中华帝国志》内容丰富，涉及中国的语言文字、社会体制、科学技术与文明传统等各个方面。作者掌握的关于中国的资料，虽然不是第一手资料，其中难免有不实之处，但是由于作者知识丰富，思考缜密，这本书对于中国的介绍大体上是成功的。正因为如此，作者的许多观念也影响了当时西方世界，成为西方人看中国的一种重要参考。

16 世纪后期只是欧洲传教士来华的开始，17—18 世纪大批的传教士进入中国。这是中世纪长期隔离之后双方接触的开始。工业革命之后，英法等国的大工业生产领导世界文明潮流，使它们逐步取代葡萄牙与西班牙的地位，成为海外扩张的主力。到了 17 世纪之后，随着对中国更深入的了解，东方研究呈现了新的形势。英法德等欧洲大陆具有相当高的思想文化水平的大国加入东方研究，彻底改变了东方研究的浅层次观察局面，深入理解东方文明的时代已经到来。启蒙主义时代是东西方互相认识最为深刻的时期，也只有在这一时期中，西方中心观念的影响最小。特别是杰出的法国启蒙思想家与德国思想家们，开始以文明对话的观念来研究东方。从表面上看来，欧洲对东方与中国的看法波澜起伏，似乎没有规律，但事实上，从这种曲折的认识中，我们仍然可以看到双方各自运动所引起的文化格局的变化。启蒙主义之后，随着西方科学技术的发展，其实用主义观点、文化自我中心与殖民主义心理愈来愈明显，一直持续到美国汉学家的加入研究。英美法德等国汉学家的研究，使得汉学研究的财力、物力、人力与资料都极大丰富，但同时由于严重的偏见、文物掠夺与偷运等行为，也宣告了它的衰落。

第三节　东西方文化的融新

经过两个多世纪对中国与印度的探索，大批传教士、商人、学者与旅行家写出了大量的游记、论文、传记与各类著作，介绍与研究中国。从 17 世纪中期开始，在欧洲形成了第一次“中国潮”，一直延续到18世纪。在这一时期，欧洲对于东方文明虽然也有批评，但相当多的人是持赞赏态度的。从1840年到1900年，西方工业化国家内部新旧交替继续进行，德国、日本、俄国等新兴工业强国参加到世界帝国争霸的行列，东方再一次成为西方强国的牺牲品，这是中世纪之后西方再次超越东方的时代。这时，西方对于中国的态度也转变了，古代希腊人对于波斯人的批评再次在20世纪重现，所谓“东方专制主义”“神秘的东方”“木乃伊式的帝国”等轻视与敌视东方的说法盛行起来。这就是近三个世纪以来欧洲东方观的主要模式，与之相适应的东方学也发生变化，从莱布尼茨等人的东方观到美国费正清等人的东方帝国理论，表现出大致相同的起伏曲线。更重要的是，就在这一时期，从鸦片战争到八国联军侵华，对东方的殖民与“征服”也在进行。这种“征服”虽然由于历史环境的变化，与非洲黑奴贩卖和对美洲印第安人的屠杀不相同，但这并不意味着中国是与西方同等的文明，对于此时的西方来说，中国只是一个比非洲与美洲稍发达的殖民地国家。

一、18世纪欧洲启蒙主义的东方观

欧洲东方观念的发展，除了受时代因素影响之外，各民族文明差异也是一个决定因素。利比里亚半岛上的葡萄牙与西班牙虽然借助于地理大发现，最早进入东方国家，但是伊比利亚半岛的这两个国家毕竟不能与后起的英国、法国、意大利等欧洲列强相比，如果要充分理解中国这样一个东方文明古国，尚缺少思想与文化的准备条件。随着时代的进步，西欧发达文明对于伟大的中国思想文化产生了更为深刻的理解。正如德国思想家莱布尼茨所说，地球两极的伟大文明会产生相互的吸引力。

18世纪欧洲出现了三种中国学研究的专刊，它们的出现标志着中国学研究在欧洲的成立，西方人称之为汉学。值得注意的是，中国虽然受到西方文明的巨大影响，但是系统研究西方的学术刊物并不多见。这三种研究中国的专刊是巴黎耶稣会雷里主编的《耶稣会士通信集》，由杜赫德主编的《中华帝国全志》，最后一种是《中国杂纂》。这三种法国出版的刊物影响相当大。同时，有关中国的学术争论此起彼伏，连续不断，这引起了西方学术界的极大兴趣，也加深了对中国文明的性质、中国宗教道德与西方之间的差异等方面的理解。

真正对中国文明进行了深刻理解的并不是亲自来到中国的传教士，甚至那些在中国居住了数十年的人，依然表现出对于中国文明的隔膜。相反，倒是一些从未来过中国的理论家，他们以其伟大的思想家的品质和深刻的见识，对于远隔重洋的文明表示了理解，这就是欧洲启蒙主义思想家。

当欧洲已经成为工业化社会时，中国仍然是农业大国；当欧洲已经以君主立宪制度而自豪时，中国仍是专制帝国。这就使得两种文明的比较集中于农业文明与工业文明的差异和专制制度与民主制度之间的差异上。这样，东西方的政治经济对比，已经成为欧洲学者特别是杰出的启蒙主义思想家与当时一切杰出学者最关心的问题。法国经济学家佛朗斯瓦·魁奈（Quesnay，1694—1774）的见解在当时很有代表性，他以中国为榜样来批评欧洲的政治经济。魁奈的巨著《中国的专制制度》发表于 1767 年的《市民日志》。这部著作的俄译本发表时，译者特意作了一段说明："这部著作当然不能看是历史作品。中国只是魁奈用以叙述自己思想的一个方便的手段，其内容与中国的实际情况是完全没有联系的。"魁奈与启蒙主义者狄德罗、伏尔泰等人十分关注中国研究，魁奈在书中多次指出，自己的研究是根据"历史学家与旅行家的叙述"，而这些旅行家们"大多数是亲闻目见的，并且由于他们的意见都一致，所以是完全可以相信的"。相反，倒是认为魁奈不了解中国的人举不出任何例证来说明自己的看法。

魁奈认为，中国政府与制度是建立在科学基础上的，而科学基础又是符合自然原则的，这两者是统一的。

> 你们已经研究了广大的中华帝国建立在科学和自然规则上的政治制度和道德制度，这种制度也就是科学和自然规律的发展结果。[①]

为什么魁奈会主张建立一种专制制度，并且认为这种制度是"科学和自然规律"发展的结果呢?

魁奈认为社会的基本规律是对人类最有利的自然规律，这种规律既是实际的，也是具有社会道德的。在建立社会秩序时，不应当把政权交给暴君，这样的君主并不是专制的实行者，相反是专制的掠夺者。政权也不应交给贵族，否则会引起权力的冲突。同时，最高权力也不应当是民主的，因为百姓的"愚昧和偏见"会产生无穷的欲望与狂暴的行为，会使国家变得"动荡不安与遭遇可怕的灾难"。政权应当是统一的，"因此，它应当集中在一个统治者的手里"。

此外，维持一个国家存在的基础在于农业而不是其他，这是魁奈与重商理论的一个根本区别。魁奈认为，从人类社会的发展史看，"除了同一切社会组织为敌的盗匪集团以外，所有其余的社会团体都是靠农业联合起来的，如果没有农业，它们只能组成不完善的民族。只有从事农业的民族，才能够组成稳固和持久的国家"。他反对向个人征税，因为征税会在不提高劳动生产的情况下提高劳动价格，造成劳动、产量与人口的递减。他认为这是中国政府不同于欧洲国家之处：

> 根据中国人的意见，同样不能对食物或人们日用必需的商品征税，因为

① 魁奈经济著作选集. 吴斐丹，张草纫，选译. 北京：商务印书馆，1997：395-396.

> 这就是意味着对人们本身征税，对他们的需要和劳动征税，从而把似乎为满足国家的需要而征收的这种税，变得反而加速国家的破灭，因为它把国家交付给许多征收这种可耻的税的贪婪的人或敌人。[①]

相当多的西方人认为，东方民族人民意志孱弱，缺乏反抗精神，由于受专制制度长期统治，使其如同僵化的木乃伊一样，没有活力。但是魁奈提出了相反的看法，他认为中国政府稳定、国家长治久安恰是一种文明的表现：

> 有一种非常普遍的看法，认为国家只能有暂时的统治形式，世界上的一切都是在不断改变的，国家有它的创始、发展、衰落、灭亡。这种看法是根深蒂固的，因此把统治中的一切混乱现象都认为是合乎自然秩序的。难道这种荒谬的宿命论能为理智的光辉所接受吗？恰恰相反，确立自然秩序的那些规律是永恒的和颠扑不破的，统治中的混乱现象只是由于这些永恒的规律遭到破坏，这不是很清楚的吗？中华帝国不是由于遵守自然规律而得以年代绵长、疆土辽阔、繁荣不息吗？那些靠人的意志来统治并不得不靠武器来征服人的民族，难道不会被人数众多的中华民族完全有根据地看作野蛮民族吗？这个服从自然秩序的疆土辽阔的帝国，不就是一个稳定而持久不变的政府的范例吗？……然而难道不能说，中国政府所以能保持这种幸运的和经久的不变（uniformitié），只是由于这个帝国比别的一些国家较少遭到邻国的侵袭吗？但它不是也曾被占领过吗？难道它的辽阔的土地不曾遭到分裂和形成几个国家吗？由此可见，它的政府所以能维持很长的时间，并不是由于局部的情况，而是本质上的稳固的秩序。[②]

中国文明的长期持续的根本秘密在于它的文明的本质及其特殊发展规律，而不是其他任何外部原因所能解释得了的。魁奈所提到的几个观点其实都是欧洲最常见的看法，但就是这样一些常见的错误看法，欧洲当时最杰出学者都不能完全解释。如果与魁奈相比，即使当代的一些东方学家都难免相形见绌。中国长期稳定并不是由于没有邻国侵略，众所周知，中国从殷周时代起就边患不断，从匈奴到突厥、蒙古、女真等周边民族与国家长期进犯中国。但是中国的命运与罗马不同，中国战胜了匈奴、突厥等民族，保持了长期的稳定。其中最重要的原因之一是，中国当时是东亚最发达与最强大的文明国家，所以能创造农业民族战胜游牧民族的奇迹。同时，中国也不是没有分裂过，甚至还被异族占领过，但是，中国并没有最后分裂，占领者并未成为真正的征服者，蒙古人与满族都归化了中国文明，完成了文明转型，中国文明仍然保持了统一性。当然，中国文明并非绝对完

---

① 魁奈经济著作选集．吴斐丹，张草纫，选译．北京：商务印书馆，1997：413.

② 同①420.

美，特别是在文明转型之后，在长期封建专制统治之下，思想僵化，故步自封。清朝是满族建立的政权，由于自身素质的限制，不可能自然接受世界文明体系形成后所必然产生的交流与推动，使得中国在近代落后贫弱，这也是不可忽视的事实。

从人类文明与国家社会、宗教、哲学、文学艺术等各种不同角度，18 世纪的欧洲学者对中国进行研究与评价，其中虽不乏贬低中国文明的看法，但是多数启蒙主义思想家或是进步的科学家对中国的看法是肯定的，是赞扬的。特别是德国思想家与科学家莱布尼茨，他认为中国是欧洲之外的世界最伟大文明，它的文明历史比欧洲都要长，中国与欧洲是世界两极的伟大文明，这两大文明应当携手共同创造人类社会的新纪元。在中西文明比较方面，他认为中国实用哲学与道德胜过欧洲，欧洲的思想与精密科学胜过中国。这种比较看法至今都有许多拥护者，可以说是一种典型的比较观念的开始。莱布尼茨本人并没有到过中国，但他极为关心中国，通过间接方式来研究中国，达到了相当高的水平。特别是他给从中国归来的传教士闵明我写的信中，提出了 30 个重要问题，涉及天文、数学、几何、物理、化学、地理、工艺等诸多方面，表现出一位真正的科学家的智慧与博大胸怀。莱布尼茨信中的第 15 个问题是：

> 15. 在中国古代文献中是否根本没有进行证明的几何学和任何形而上学的痕迹？中国是否就已掌握了毕达哥拉斯的那个定理？①

莱布尼茨的这封信写于 1689 年 7 月 19 日，他所问的那个“定理”指的就是毕达哥拉斯的“直角三角形斜边的平方等于其他两边的平方的和”。熟悉中国历史的人都知道，中国古代数学名著《周髀算经》中商高已经成功运用了这一公式——“勾股定理”。

莱布尼茨对于世界数学有一个重要发明，就是二进制。但是他却认为自己的二进制的数学观念是来自中国的《易经》，并且把易经推崇为二进制数学的观念之始，莱布尼茨说道：

> 根据二进制算术，我们只需用两个符号：0 与 1，去写其他所有数字。（我后来发现它也包含相对性逻辑，这也是很有用的，特别若是我们要在除法的数字之间，维持详确的相对的话。）当我将这算术解释给白晋神父时，他在其中认出了伏羲的符号，因为［0 与 1］数字与它们完全符合：若是我们以断行［阴爻］代表 0，以不断行［阳爻］代表 1 的话（只要在数字前，多置“0”字，使最低的数字和最高的数字有一样多的爻即可）。这算术虽然千变万化，也是非常简单，因为它只有两个因素。…… 由此也可见中国的

① ［德］夏瑞春编．德国思想家论中国．陈爱政，等译．南京：江苏人民出版社，1997：19.

古人不但在忠孝方面（而这是一切道德的基础）［而且在学术方面］都远远超过今人。[①]

无论是否真的如此，但二进制数学对于世界的贡献是无可怀疑的，当代计算机数学正是以二进制为基础的。在一定程度上可以说，正是莱布尼茨的二进制数学思想启发了当代科学家。

当然，把二进制从观念上与中国易经联系到一起并不只是莱布尼茨一个人。莱布尼茨指出，在他之前，已经有阿拉伯数学家研究了中国人的这一发现，并且指出它的意义。而且，莱布尼茨是一位杰出的哲学家，他还从哲学角度指出《易经》的贡献。他认为，《易经》含有一种辩证观念——相对性逻辑。他这里所说的正是“辩证逻辑”，中国文明的思维与逻辑起源正是这种出自《易经》的辩证逻辑。

法国启蒙主义作家伏尔泰是一位真心崇拜中国文明的人，他本人是一个多产的作家，有关中国的作品更是不计其数，其中如《历史哲学》、《论风俗》、《中国对话集》、《巴比伦公主》、《论宽容》、《无知的哲学家》、《路易十四时代》和《中国孤儿》等名著都是以中国为主要论题的。有人统计，伏尔泰关于中国的作品多达 70 多种，信件多达 200 封。在这些大量的作品中，伏尔泰赞美中国的皇帝与政府，特别对乾隆崇拜，认为其能够在统治国家之余写下如此之多的诗，是“柏拉图《理想国》中那种哲学家式的国王”。中国的制度更是伟大，它合理而宽容，以道德治理天下，崇尚公正。此外，伏尔泰还对中国的人物风俗发表了大量的赞美之词。虽然这些赞美之中有的是出于一种对于欧洲现实不满而有意美化的倾向，但伏尔泰本人的情感是真诚的。伏尔泰的这种情感对于欧洲人影响极大，如 19 世纪的歌德等伟大作家经常称赞中国人的道德，歌德在与他人的谈话中说，他十分赞赏中国人纯洁的道德观，他说他曾经看到过一本文学作品中描写一对男女虽然被迫同居一室，但他们一直保持纯洁的关系，通过谈话来度过长夜。

18 世纪欧洲，经过宗教改革的剧烈震荡，科学技术突飞猛进，工业化进展迅速，而且社会政治制度的改革已经势在必行，这种改革所要求的思想启蒙与理性观念正在与传统封建意识进行交锋。远东中国的发现成为西方创造理想王国的参照，从古代传闻中的黄金之国到今日的封建大帝国，中国对于西方有什么价值，是欧洲中国热潮中所考虑的核心问题。由此必然形成两种对立的观念：一种是把中国看成是理想王国，它的帝国制度、封建道德、文学艺术引起欧洲的赞美，这种赞美中有理想化的成分，也有理性的想象，甚至混杂了对于旧日传统的怀念。另一种相对的看法则是以西方标准来衡量中国，从西方的历史与现实出发，以异己文明的苛刻态度来批评中国。18 世纪对中国的评价，无论是褒是贬，

---

① 秦家懿编译．德国哲学家论中国．上海：上海三联书店，1993：126-127.

都旗帜鲜明，这也是欧洲历史上对中国态度分歧最大的一个时期，这种认识方式，恰是西方理性主义的一个范例。有趣的是，理性主义认识的对象，恰是以儒学的中庸与辩证理性为特征的中国，两种不同认识方式的文明相会，历史的错位与理解呈现多种色彩，实在是出于必然了。

二、19世纪东方观的逆转

进入19世纪之后，东方多数国家已经不同程度地沦为西方的殖民地，世界文明体系中西方的领导作用已经形成，西方对于本土文明的批判与怀疑逐渐被赞美所取代。而同时，对于东方文明的赞赏也转化为一种批判。

其实早在18世纪的启蒙主义者中，就已经存在对于中国与东方文明的批判，正像我们已经指出，孟德斯鸠等人在《论法的精神》等著作中，认为中国并不是一个完全持续的文明，其朝代的改换十分频繁；中国人不信宗教，儒学不是真正的宗教；亚洲与中国人口众多，易于产生动乱；中国是一个专制国家，法律与道德不分，但是中国的政府尚不太腐败。孟德斯鸠的东方批判是一个总结性的看法，成为东方研究中一种有影响力的见解，特别是在一些支持帝国主义政治的社会上层中间流传较广。18世纪后期，原先曾有过的对中国文明崇拜的高潮已经开始低落，欧洲人不仅公开批评中国的专制，就连曾经赞美过中国丝绸陶瓷园林器具精美的一些人也开始诋毁中国，以为这些都不足道。

18世纪末期，中英外交史上的一个事件轰动欧洲，使欧洲调整了对华视角，重新审视中英关系。

1793年9月14日凌晨4时，在欧洲人来到南中国海200多年之后，英国政府的首任大使马嘎尔尼（George Macartney，1737—1806）来到热河行宫，觐见乾隆皇帝，这是东西方文明的代表首次正式会晤。这次庄重的会见却被一些意想不到的细节所纠缠，在会见之前，外交礼仪问题凸显出来。清朝廷要求英国大使按照中国礼仪行跪拜礼，而马嘎尔尼不同意，因为英国人认为下跪是一种有辱尊严的行为，更何况是一国大使。双方经过多次谈判之后，最终达成一种妥协性的协议，马嘎尔尼行单腿下跪的礼节。这个礼节充满象征性意义，从英国人看来它是英式的单腿吻手礼的形式，而从中国大臣看来是向中国皇帝的跪拜。当时由于英国的实力已经位居西方之首，中国才如此优待，如果是葡萄牙等小国尚不能享有这种待遇。而在英国人看来，中国只是一个衰老的帝国，还这样要面子，实属狂妄。觐见十分不愉快，双方都认为对方粗鲁无礼，彼此都印象不佳。马嘎尔尼甚至在觐见后就已经形成了侵略中国的设想，他在10月25日的日记中写道："他们不知道英国的两艘战舰就能战胜大清帝国的全部海军，只需要半个夏天，他们就能完全摧毁中国沿海的所有船队……"他观察了沿途的中国驻军，认为这些军队完全没有战备意识，身穿笨重的长袍与棉靴子，显得不灵活与柔弱无力。

这位大使完全不像是外交使节，更像一个军事侦探，借外交机会来观察对方的军事实力。

马嘎尔尼使华本是世界外交史上的一段小插曲，但却引起了异乎寻常的关注。围绕此事引发了无数议论，见仁见智，说法不一。这件事虽小，但它是东西方关系史上的一个典型事件，关于觐见礼仪的冲突，其实反映出东西方两大文明观念的冲突，表现了外交与国家实力的斗争。在西方看来，中华帝国已届垂暮之年，英国与中国之间的关系不过是当年西班牙人与印加王国关系的重演，所以中国的陈腐礼仪是十分可笑的，是中国不自量力的表现。英国派使来华是出于亚洲战略与外交的考虑，特别是与俄罗斯等争夺远东，并不是无力征服中国。而对于中国来说，英国等“西夷”并没有什么区别，来到中国通商就要遵从朝廷的规矩，服从中国的礼仪。西方文明的实力政策和实用主义观念与中华帝国传统的蛮夷戎狄来朝天子的观念之间的冲突，突出地显示了东西方文明之间的冲突。这种冲突是新兴的工业社会和殖民主义者与古老的封建制度之间的意识形态对立，也是欧洲与亚洲、西方与东方的文化传统之间的分歧，这是一种时空交错的、多维因素纠缠在一起的矛盾。

19 世纪欧洲目睹了东西方交往过程中的每一步骤，其后发生的就是欧洲列强对中国的进攻，使中国沦为半殖民地国家，印度成为殖民地国家，从此对东方文明的评价也变为一种无可逆转的贬抑，即使是 20 世纪后期，亚洲经济突飞猛进，仍未能彻底改变这种评价。

英国经济学家理查德·琼斯（Richard Jones）研究了所谓“亚细亚社会”生产形态，指出亚洲国家实行土地国有制度，政府垄断土地，这是形成专制制度的根本原因。生产收入由国家进行分配，这是以首都为中心的经济分配制度。城市发展受到政府开支的支配，因此不可能发展出欧洲的商业型城市。这种制度导致经济落后，社会发展迟缓。其中俄罗斯与东方国家的不同之处在于，俄罗斯出现了贵族大地主，这种贵族制度限制了专制制度。此外，还有一批经济学家如詹姆斯·穆勒等人，也批判了东方的专制制度与亚细亚式生产方式。同时，黑格尔等人从哲学与文化上批判东方，认为东方不是世界历史民族，人民没有自由意识，屈服于奴役，所以在整个东方包括波斯、印度、中国、土耳其等都是专制国家。这种对东方的认识长期在西方理论与舆论界占重要地位，只有少数有远见卓识的学者才可能认识到东方的意义。

三、全球化时代：东西方文化的融新

20 世纪到 21 世纪前期，世界经济全球化推动了东方国家的现代化进程，东方文明在这一过程中经历自身的演变，同时也与西方文化之间形成了新的关系。

东西方文明交往的主要形势表现为，多元文明格局取代了传统的东西方的二

分。非洲国家经历了民族独立运动后，开始有选择地吸收现代文明成分，特别是近年非洲经济迅速发展，民族文化空前繁荣。美洲文明产生分化，美国成为世界超级大国；中国崛起，成为世界第二大经济体，根据世界经济发展规律，多数经济学家预测：未来十五到二十年内，中国将取代美国成为世界第一大经济体。

如何看待东西方文化关系的历史演变与未来发展？

第一，西方文化与东方文化之间将经历：文明冲突——文明互鉴——文明融新的不同历史阶段。这是由世界文化 6 000 年发展规律所决定的，任何违背这一原则的企图必然失败。任何通过征伐、殖民、侵略与文化强权来进行文化灭绝、文化殖民，任何企图消灭其他民族文化的做法都必然失败。从古代亚历山大帝国、十字军东征、阿拉伯帝国、蒙古大帝国、奥斯曼大帝国直到两次世界大战，任何一次改变与消灭其他民族的宗教信仰、侵占他们的土地、奴役他们的人民的企图都必然的失败了。不同文化之间，通过相互融合创新，构建人类命运共同体，这是世界未来的主流。

第二，促进文化价值的公平评价。民族文化具有盛衰兴亡的自然发展规律，每一种文化都有它的优越之处，也必然有它的不足之处。先进文化与落后文化都是一种历史概念，当一种文化处于兴盛时期——这种文化的构成与世界历史的要求相符合产生的必然状态，它就会引领世界潮流。例如，古代东方文化首先兴起，世界主要古代文明基本上全都在东方，埃及、印度、中国与巴比伦都是兴盛的东方文化，它们共同创造了人类历史最辉煌的农业文明社会。以后先进的农业生产技术传入欧洲，才促进了欧洲文化的兴起。东方创造的农业社会使人类结束了依赖自然的局面，也使人类进入文明社会。同样，从 17 世纪起，西方工业化成为世界文化的推动力，使人类社会进入现代化。东西方各有自己的历史创造，不能说其中任何一种文化在价值评判上不如对方。

第三，尊重文化特性的各自发挥。每一种文明都有自己的特性，这种特性是由这种文化所赖以产生的民族的生产方式等多种因素所决定的。如果具体分析，东西方文化应当说是各有千秋，西方文化产生了古代工商经济与现代工业化的社会基础，其强调理性、重视发展科学技术、鼓励民主制度与社会竞争、以法律为行为准则。东方文化则产生于以农业生产为主的封建社会中，它的特性表现为推崇道德、重视国家统一与社会安定，以伦理与教化作为社会行为法则，重视人文思想的发展。每一种文化都有丰富的内容，都有多种表现与多种特性，尊重其他民族的文化特性，是处理文化关系的基本准则。

第四，未来社会是多元文化之间的互相濡染与契合的社会。事实上，从古代起，世界文化就一直处于互相交流互相补充的过程，文化大传播从古代社会起就从没有间断。人类形成过程中，非洲古人类就开始向世界各地扩散，古代社会的生产技术与发明也向世界传播。西亚北非的农业进入了欧洲，东亚的农业传入了东北亚，南亚的宗教文明向东南亚与中亚传播。进入近现代社会后，各种文化之间的交流更为频繁，从而使每一种文化都不同程度接受了其他文化的有利因素，丰富了自我。所以没有绝对的东西方文化之分。现代社会中，西方文化向世界各国传播，同时东方文化也进入世界各地，从纽约到新德里，从北京到伦敦，从巴黎到东京，到处有欧洲人、亚洲人、非洲人、美洲人等各色人种，各个民族共同生活。跨越各个国家企业生产的产品销往世界各地，各种文字的互相交流，各个城市中都有基督教堂与伊斯兰和佛教寺庙，麦当劳、中餐馆、清真餐馆等遍布世界各地。2017 年 4 月中国与美国两国领导人在海湖庄园会晤，双方互为第一大贸易伙伴。中国重庆出发的中欧班列直达荷兰鹿特丹，两千年前的丝绸之路出现空前辉煌，中国与欧盟贸易达到三百多亿欧元，这是前人所无法想象的历史巨变！

未来社会属于谁？它既属于东方，也属于西方，但是，它不会属于其中单独的任何一方。未来社会是承认不同文化共同存在与共同繁荣的社会。研究新的东西方文明关系，应当有一种辩证的视域，即承认东西方的差异性与同一性的合理，并且以此来研究东西方文明的历史与现实。西方中心与东方中心都不可能在东西方文明关系研究中取得最终的发言权，有东方才可能有西方，正像有西方才可能有东方一样。

参考文献

Charles K. Maisels, *The Emergence of Civilizations*, Routledge, 1990

Charles K. Maisels, *Early Civilizations of the Old World*, Routledge, 1999

Iain Chambers, *Culture after Humanism: History, Culture, Subjectivity*, Routledge, 2001

Michael Witmore, *Culture of Accidents: Unexpected Knowledge in Early Modern England*, Stanford University Press, 2001

Lawrence S. Cunningham, John J. Reich, *Culture and Values: a Survey of the Humanities*, Harcourt College Publishers, 2002

John L. Beatty, Oliver A. Johson, *Heritage of Western Civilization*, Prentice Hall, 2004

L. S. Stavrianos, *A Global History*, Prentice Hall, 2004

Oliver A. Johnson, James Halverson, *Sources of World Civilization*, Prentice Hall, 2004

Niall Ferguson, *Civilization: The West and Rest*, The Penguin Press, New York, 2011

[美] 路易斯·亨利·摩尔根. 古代社会. 北京：商务印书馆，1977

[英] 培根. 新工具. 北京：商务印书馆，1984

[英] 亚·沃尔夫. 十八世纪科学、技术和哲学史. 北京：商务印书

馆，1984

马克思恩格斯选集．1～4卷．北京：人民出版社，1995

［法］让-皮埃尔·韦尔南．希腊思想的起源．北京：三联书店，1996

［美］普雷斯科特．秘鲁征服史．北京：商务印书馆，1996

［美］威廉·夏伊勒．第三帝国的兴亡．北京：世界知识出版社，1996

［德］康德．历史理性批判文集．北京：商务印书馆，1997

［英］亚·沃尔夫．十六、十七世纪科学、技术和哲学史．北京：商务印书馆，1997

沈福煦编著．现代西方文化史概论．上海：同济大学出版社，1997

［古罗马］塔西佗．历史．北京：商务印书馆，1997

［法］托克维尔．旧制度与大革命．北京：商务印书馆，1997

［德］阿·魏根纳．大陆和海洋的形成．北京：商务印书馆，1997

［西］贝尔纳尔·迪亚斯·德尔·卡斯蒂略．征服新西班牙信史．北京：商务印书馆，1997

［美］伊曼纽尔·沃勒斯坦．现代世界体系．北京：高等教育出版社，1998

国家教委高校社会科学发展研究中心编写．中外历史问题八人谈．北京：中共中央党校出版社，1998

何兆武主编．历史理论与史学理论．北京：商务印书馆，1999

马世力主编．世界史纲．上海：上海人民出版社，1999

［美］斯塔夫里阿诺斯．全球通史——1 500年以前的世界．上海：上海社会科学出版社，1999

［英］阿诺德·汤因比．历史研究．上海：上海人民出版社，2000

［古希腊］希罗多德．历史．北京：商务印书馆，2001

［德］奥斯瓦尔德·斯宾格勒．西方的没落．北京：商务印书馆，2001

［英］W.C. 丹皮尔．科学史．桂林：广西师范大学出版社，2001

［法］孟德斯鸠．论法的精神．西安：陕西人民出版社，2001

［英］沃尔什．历史哲学．桂林：广西师范大学出版社，2001

［德］伊曼纽尔·康德．宇宙发展史概论．上海：上海世纪出版集团，2001

雷海宗．西洋文化史纲要．上海：上海古籍出版社，2001

刘家和，廖学盛主编．世界古代文明史研究导论．北京：高等教育出版社，2001

［英］赫·乔·韦尔斯．世界史纲．桂林：广西师范大学出版社，2001

［波兰］卢卡西维茨．亚里士多德的三段论．北京：商务印书馆，2002

周谷城．世界通史．石家庄：河北教育出版社，2002

［英］L.T. 霍布豪斯．形而上学的国家论．北京：商务印书馆，2002

［法］雅克・德比奇，让・弗兰索瓦・法弗尔，特利奇・格鲁纳瓦尔德，安东尼奥・菲利普・皮芒代尔．西方艺术史．海口：海南出版社，2002

许序雅主编．世界文明简史．上海：华东师范大学出版社，2002

联合国教科文组织编．世界文化报告——文化的多样性、冲突与多元共存(2000)．北京：北京大学出版社，2002

［英］爱德华・吉本．罗马帝国衰亡史．北京：商务印书馆，2002

方汉文．比较文化学．桂林：广西师范大学出版社，2003

［英］柏克．法国革命论．北京：商务印书馆，2003

［英］伯特兰・罗素．西方的智慧．北京：中国妇女出版社，2004

［法］马克・布洛赫．封建社会．北京：商务印书馆，2004

方汉文．比较文化学新编．北京：北京师范大学出版社，2011

方汉文．比较文明学．五卷本．北京：中华书局，2014

图书在版编目（CIP）数据

西方文化概论/方汉文著. —3版. —北京：中国人民大学出版社，2018.6
21世纪通才教育系列教材
ISBN 978-7-300-25751-8

Ⅰ.①西… Ⅱ.①方… Ⅲ.①西方文化-文化史-高等学校-教材 Ⅳ.①K500.3

中国版本图书馆CIP数据核字（2018）第088196号

21世纪通才教育系列教材
西方文化概论（第3版）
方汉文　著
Xifang Wenhua Gailun

出版发行	中国人民大学出版社		
社　　址	北京中关村大街31号	**邮政编码**	100080
电　　话	010－62511242（总编室）		010－62511770（质管部）
	010－82501766（邮购部）		010－62514148（门市部）
	010－62515195（发行公司）		010－62515275（盗版举报）
网　　址	http://www.crup.com.cn		
经　　销	新华书店		
印　　刷	涿州市星河印刷有限公司	**版　　次**	2006年3月第1版
规　　格	170 mm×240 mm　16开本		2018年6月第3版
印　　张	22.75 插页1	**印　　次**	2025年1月第7次印刷
字　　数	431 000	**定　　价**	49.80元